Beck-Wirtschaftsberater
Ratgeber Existenzgründung

dtv

Beck-Wirtschaftsberater

Ratgeber Existenzgründung

1000 Ideen und Checklisten zum Erfolg

von
Dr. Karsten Füser

Deutscher Taschenbuch Verlag

Originalausgabe

© November 1998
Redaktionelle Verantwortung: Verlag C.H. Beck, München
Umschlaggestaltung: Fuhr & Partner Design-Agentur, Mainz
Satz: Fotosatz Otto Gutfreund GmbH, Darmstadt
Druck und Bindung: C.H. Beck'sche Buchdruckerei, Nördlingen
ISBN 3 423 508280 (dtv)
ISBN 3 406 443249 (C.H. Beck)

*„Verdiene ich auch nicht zum Schnell-Reichwerden,
so verdiene ich doch zum hinreichenden Auskommen
und das ist heutzutage schon von großem Werte."*

David Hansemann, Unternehmer und späterer Gründer der Industrie-
und Handelskammer zu Aachen, am 11. August 1818 seinem ehemaligen
Lehrherrn, dem Kaufmann Schwenger in Rheda

Vorwort

Gut vorbereitet gründen,
erfolgreich selbständig bleiben.

Dieses Buch verfolgt das Ziel, einem Existenzgründer anhand von Checklisten die wesentlichen Informationen zur Formulierung (s)eines Geschäftsplanes zu vermitteln, um ihm sowohl die notwendige Planungssicherheit im Vorfeld seiner Gründung als auch ein Controlling-Instrument zur Überprüfung seiner Schritte während der eigentlichen Gründungs- und Existenzsicherungsphase an die Hand zu geben. Im Vordergrund der Ausführungen steht allein die Praxisrelevanz. Deshalb findet sich in diesem Buch nicht alles, was der Fachmann weiß, sondern nur das, was der Existenzgründer wirklich braucht. Dieses für einen Existenzgründer zwingend notwendige Wissen habe ich für Sie „verdichtet", und in dem vorliegenden Buch zusammengefaßt.

Durch die komprimierte Form der Darstellung mit Hilfe von Tabellen und Checklisten sind viele Passagen unabhängig voneinander zu lesen, zu bearbeiten, zu verstehen und damit auch sehr schnell gedanklich zu verarbeiten. Die in dem Text formulierten Ideen (Anregungen) lassen sich rasch in der Praxis nutzen (umsetzen). Werden Sie aktiv, wenn Sie Checklisten sehen. Kreuzen Sie an, wenn Sie etwas tun müssen („Ja"-Antwort). Streichen Sie Punkte, die für Sie ohne Bedeutung sind („Nein"-Antwort) und haken Sie Erledigtes ab.

Wissen *schnell* zu erwerben und in die Unternehmensgründung einzubringen, ist für Existenzgründer zwingend notwendig, denn im Alltag als Unternehmer gilt: „Nicht die Großen fressen die Kleinen, sondern die Schnellen die Langsamen".

Zahlreiche Hinweise aus den Tabellen und Checklisten können Sie z. B. direkt in Ihren Geschäftsplan einfließen lassen. Viele Punkte helfen Ihnen darüber hinaus bei den allgemeinen Formalitäten, der Ideenfindung oder bei Problemen in der Mitarbeiterführung. Dieser Ratgeber behandelt alle wesentlichen Dinge, die den Existenzgründer im Vorfeld seiner Selbständigkeit und auch in den ersten Jahren seines Unternehmertums berühren. Denken Sie beim Lesen des Buches immer an sein Leitmotto: „Gut vorbereitet gründen – erfolgreich selbständig bleiben".

Bedienen Sie sich während des Lesens immer nur der Informationen, die Sie gerade benötigen. Das heißt im Klartext: Sie müssen nicht von vorne bis hinten alles lesen, sondern sollten auf die für Sie in der jeweiligen Phase Ihrer Existenzgründung wesentlichen Aspekte direkt zugreifen. Beantworten Sie sich dabei immer schnellstens offene Fragen (mit Hilfe des Buches) selbst oder lassen Sie sich bei der Beantwortung Ihrer Fragen von kompetenter Stelle unterstützen. Grundsätzlich unterstützt Sie das Buch von „vorne bis hinten" bei der Erstellung Ihres Geschäftsplanes.

Trotz oder gerade wegen der komprimierten Form der Darstellung einzelner Themen empfiehlt es sich zum Kennenlernen, das Buch zunächst von der ersten bis zur letzten Seite „quer" nach den für Sie interessantesten Punkten zu durchforsten.

Meine Anregung an Sie lautet: „Lesen sie zunächst diagonal, bevor Sie sich in Einzelaspekten vertiefen!" Wenn Sie sich dann nach dem ersten Durchblättern und dem Anlesen einzelner Passagen genauer informieren wollen sowie einen Schreibblock und einen Stift für wichtigen Notizen zur Seite gelegt haben, dann gehen Sie der Reihe nach vor und lesen Sie das Buch von Anfang an. Sie werden sehen, wie vielfältig die Punkte sind, die es im Rahmen einer Existenzgründung zu beachten gilt. Eine Fülle von Fragen werden Ihnen im Buch von mir direkt gestellt. Sie sollten von Ihnen nach und nach beantwortet werden. Als Vorgeschmack verstehen sich die nachfolgenden Fragen: „Haben Sie eine Idee?", „Kennen Sie Ihre Kunden und deren Potential?" oder „Wieviel wollen Sie verdienen?". Diese und weitere Fragen sollten sie im Rahmen Ihrer Existenzgründung – oder noch besser davor – beantworten können. Wichtig für Sie: Stellen Sie sich selbst Fragen, bevor Dritte Ihnen Fragen stellen. Im ersten Bankgespräch müssen Sie z. B. auf zahlreiche Fragen die passende Antwort kennen. Meine Empfehlung: Bereiten Sie sich hierauf durch die Erstellung eines detaillierten Geschäftsplanes vor.

Vorbereitet sein sollten auch all diejenigen, die heute Existenzgründer beraten. Für sie mag dieses Werk eine Reihe von Zusatzaspekten behandeln, die bis dato nicht Bestandteil ihrer Gespräche waren. Auch für sie gilt: Vertiefen Sie Ihr Wissen zum Nutzen Ihrer Kunden, d. h. den um Rat fragenden Existenzgründer. Zum Nachschlagen oder auch als Gesprächsleitfaden eignet sich dieses Taschenbuch hervorragend.

Egal, ob Sie Existenzgründer sind und sich selbst informieren wollen oder aber Berater von Existenzgründern sind, nutzen Sie die im Buch dargelegten Aspekte zu Ihrem eigenen Vorteil. Dazu gehört auch, daß die Frage der *Existenzsicherung* von ihnen frühzeitig behandelt wird.

Denken Sie daran, daß auch heute noch – oder gerade in der Informationsgesellschaft – der Satz gilt: „Wissen ist Macht". Informieren Sie sich also rechtzeitig und vielschichtig.

Das in diesem Buch zusammengetragene Wissen entstammt nicht nur aus (m)einer Feder. Eine Vielzahl von Personen haben tatkräftig die Entstehung des Buches unterstützt, die hier nicht alle mit Namen genannt werden können. Ihnen – jeder wird sich seines Beitrages bewußt sein – sei hiermit recht herzlich gedankt. Auch sei an dieser Stelle zahlreichen Existenzgründern gedankt, die in einer Reihe von Diskussionen eine Vielzahl von Anregungen beisteuerten. Manche Checklisten und Ideen entstammen natürlich sekundären Quellen. Sie sind und bleiben die originären Ideen Dritter, die hier zum Wohle der Existenzgründer zusammengetragen wurden. Als Beispiel möchte ich hier die Ratgeber der Banken nennen.

Denken Sie immer daran: Viele wollen Ihnen helfen. Nutzen Sie die Angebote der Handwerkskammern, Industrie- und Handelskammern, Sparkassen, Volksbanken oder anderer Institute und Einrichtungen. Auch Steuerberater und Rechtsanwälte stehen Ihnen in aller Regel für eine Erstinformation zur Verfügung.

Nutzen Sie die Ihnen angebotenen Hilfen, bevor Sie sich selbständig machen! Guter Rat ist oft nicht teuer. Wenn Sie nur den einen oder anderen Tip aus diesem Buch für sich verwenden können, hat sich meine Arbeit schon gelohnt.

Ditzingen, im September 1998   *Karsten Füser*

Inhaltsverzeichnis

1. Existenzgründung – Die ersten Schritte in die Selbständigkeit

Träumen Sie nicht vom schnellen Geld!

1.1 Vor der Entscheidung

Gemäß der Grundkonzeption des Buches will ich Sie sofort mit ersten Checklisten konfrontieren. Mein Ziel ist es, daß Sie auf den ersten Seiten feststellen, inwieweit Sie geeignet sind, ein Unternehmen zu gründen. Um ein Unternehmen zu gründen, braucht man nämlich ein wenig mehr als Kapital und Know-how.

Neben ausreichendem Fachwissen und einem angemessenen Eigenkapitalanteil zur Finanzierung der geplanten Aktivitäten gehören untrennbar dazu der gesunde Körper und der eiserne Wille des Existenzgründers, um über Jahre den Anforderungen der Selbständigkeit gerecht werden zu können. Nur noch Naive glauben an das große Geld, die grenzenlose Freiheit oder sonstige mit der Selbständigkeit oftmals in Verbindung gebrachte Annehmlichkeiten – quasi wie von selbst – gelangen zu können.

Selbständig machen – diesen Wunschtraum haben viele. Man möchte

- unabhängig sein,
- sich nicht mehr den unberechenbaren Launen eines Chefs unterwerfen,
- selber Entscheidungen treffen,
- die eigenen Fähigkeiten besser ausnutzen,
- aus der Arbeitslosigkeit herauskommen,
- nicht mehr im Alltagstrott sein,
- Erfolg haben,
- Karriere machen und
- Last, but not least, mehr verdienen.

Viele haben den Wunsch nicht mehr länger als Arbeiter oder Angestellter tätig sein zu wollen. Wenige bereiten sich jedoch, haben sie sich einmal für die Selbständigkeit entschieden, gewissenhaft darauf vor. Ohne Vorsicht, ohne Planung, ohne Beratung ist das Scheitern des Vorhabens leider viel zu oft fast schon im vorhinein vorprogrammiert, da man sich Hals über Kopf in die Selbständigkeit gestürzt hat. Die nachfolgenden Zahlen aus dem Bundeswirtschaftsministerium sprechen dabei eine allzu deutliche Sprache:

- an **Finanzierungsmängeln** scheitern knapp **70 Prozent** aller Existenzgründungen,
- an **Qualifikationsmängeln** scheitern etwa **50 Prozent**,
- an **Planungsmängeln** mehr als **30 %** aller Fälle und
- an exogenen Einflüssen scheitern ca. **15 Prozent** aller neu gegründeten Unternehmen.

Es liegt damit an Ihnen, Ihre Start- und **Überlebenschancen** signifikant zu erhöhen. Im Rahmen dieses Buches werden die wichtigsten Informationen gegeben, um Ihre Markteintrittsbarriere zu senken und Ihre Chancen fühlbar zu steigern, d. h. die Gefahr einer Insolvenz zu mindern. Ziel des Buches ist es, den Traum von der allzeit sicheren Selbständigkeit verwirklichen zu helfen. Beginnen wir von vorne.

1.2 Existenzgründung

> *Unternehmer werden ist nicht schwer,*
> *dies zu bleiben jedoch sehr.*

Jede Existenzgründung hat Ihre Besonderheiten. Patentrezepte verbunden mit Garantien für einen erfolgreichen Weg in die Selbständigkeit gibt es nicht. Entscheidend für den Erfolg sind die Vision und der Wille, besser zu sein als der Durchschnitt. Ohne seriösen Business-Plan ist der Flop jedoch in aller Regel bereits bei Gründung vorprogrammiert. Sie können ihre Erfolgschance nur durch ein professionelles Gründungsmanagement erhöhen.

- **Prüfen Sie Ihre Leistungsfähigkeit.** Analysieren Sie Ihre Ausbildung und Ihren Werdegang, um daraus Ihre Berufserfahrung zu ermitteln. Arbeiten Sie die Schlüsselfaktoren heraus, die im Zusammenhang mit Ihrer fachlichen und persönlichen Eignung zum Unternehmer von besonderer Bedeutung sind.

- **Analysieren Sie die Marktfähigkeit Ihrer Idee.** Ihre Produkt-/ Dienstleistungsidee muß Probleme anderer lösen!
- **Stimmt Ihre finanzielle Basis?** Wieviel Startkapital benötigen Sie? Welche Sachmittel benötigen Sie? Wie sehen die laufenden betrieblichen Ausgaben aus?

Die Grundvoraussetzung für eine Selbständigkeit ist die Fähigkeit zu harter und konzentrierter Arbeit. Arbeiten Sie an Ihren Zielsetzungen, denken Sie an die Probleme der Anlaufzeit, die damit verbundenen Anlaufkosten und das stets immanente Risiko des Versagens.

1.3 Der Weg durch das Buch

> *Es ist nicht genug, zu wissen –*
> *Man muß auch anwenden.*
> *Es ist nicht genug, zu wollen –*
> *Man muß auch tun.*

Nach einer Reihe von Selbsttests, die die Tauglichkeit des potentiellen Gründers erforschen, ist die Untersuchung der eigentlichen Geschäftsidee eine weitere Feuerprobe, der sich der Existenzgründer (also Sie!) recht früh in diesem Buch stellen muß. Dem Existenzgründer und seiner Idee gilt somit zunächst die ungeteilte Aufmerksamkeit. Erst nach einer positiven Einschätzung der Idee – ich gehe an dieser Stelle noch von der grundsätzlichen Eignung des Existenzgründers aus – gilt es, erste Pläne zu erstellen. Sie selbst erstellen im Rahmen der Lektüre z. B. einen Marketingplan, einen Absatzplan und einen Finanzplan. Aus diesen Teilplänen sollten Sie Schritt für Schritt mit Hilfe der Checklisten des Buches Ihren ganz persönliche Geschäftsplan ableiten. Das Buch liefert Ihnen dabei sukzessive eine Reihe konkreter Ideen zur Gestaltung Ihrer Pläne. Dennoch, nichts ist perfekt. Nutzen Sie die Möglichkeit, über den Tellerrand zu schauen und Ihre eigenen Ideen zu verwirklichen. In diesem Buch gebe ich Ihnen an entsprechenden Stellen dazu ausreichend Gelegenheit. Machen Sie sich Ihre eigenen Notizen, erweitern Sie z. B. die im Buch befindlichen Checklisten. Schreiben Sie grundsätzlich alles für Sie

Wichtige auf. Das Buch darf nach dem Lesen durchaus etwas „gebraucht" aussehen. Im Vordergrund stehen Ihre Pläne, diese sind „sauber" zu erstellen. Arbeiten Sie immer gewissenhaft und sorgfältig an ihnen. Pläne gilt es zunächst aufzustellen, dann zu überdenken, gegebenenfalls anzupassen und vor einer Präsentation vor Dritten in eine endgültige und ansprechende Form zu bringen. Denken Sie bereits jetzt daran, daß die Bank an Ihrer Seite i. d. R. die (erste) letzte Prüfinstanz Ihrer Pläne (Idee) ist. Die Realisierungschancen Ihres Vorhabens und damit die Finanzierung werden von ihr in kritischster Form beurteilt. Dieser Überprüfung müssen Ihre Pläne standhalten. Bemühen Sie sich somit von vornherein, höchsten Ansprüchen gerecht zu werden. Denn auf ein vages Konzept hin leiht Ihnen niemand Gehör, geschweige denn Geld zur (Vor-)Finanzierung Ihres Vorhabens.

Nachdem Sie mit Ihrem Geschäftsplan die Klippe des Bankgespräches genommen haben (hierzu gebe ich Ihnen die notwendigen Tips), können Sie sich der Gründung (Eröffnung) Ihres Unternehmens widmen. Auch dabei will ich Sie unterstützen. Einige Checklisten zeigen Ihnen, worauf es in der Vorgründungs- bzw. Gründungsphase ankommt.

Mit der Eröffnungsfeier haben Sie die erste Hürde als Unternehmer genommen. Nunmehr gilt es, Ihre Existenz aufzubauen und zu sichern. Zahlreiche Ratschläge zur praktischen Existenzsicherung finden Sie hierzu im hinteren Teil des Buches. Lesen Sie diese, wenn es z. B. um die Einstellung und Führung von Mitarbeitern, die Erweiterung Ihres Unternehmens oder ganz einfach, um den täglichen Kampf um den Kunden geht.

„Wichtiges wird wiederholt." Gemäß dieser Prämisse wiederhole ich im Buch zuweilen für Sie bedeutende Sachverhalte. Diese sollten Sie sich besonders einprägen. Gekennzeichnet habe ich die für Sie wichtigen Aspekte mit den Wörtern „Hinweis", „Tip" oder „Rat". An solchen Stellen gebe ich zuweilen Platz zum Schreiben. Nutzen Sie auch diesen, um Ideen festzuhalten.

Bevor ich Sie an Geschäftspläne heranführe oder wir uns gemeinsam der Finanzierungsfrage stellen, gilt es nunmehr, Sie eingehend auf Ihre persönliche Tauglichkeit zur Gründung und Führung eines Unternehmens hin zu prüfen.

Grundsätzlich gilt: Nicht jeder Gründungswillige ist geeignet, sich selbständig zu machen. „Gründung heißt Planung!" Können Sie planen?

1.4 Erste Schritte in die Selbständigkeit – Prüfen Sie sich!

Nur wer wagt, gewinnt!
Also, holt euer Sparschwein und beginnt!

Was bedeutet/bringt es für Sie, selbständig zu sein? Beantworten Sie sich diese Frage einmal selbstkritisch! Ist die Selbständigkeit für Sie nur ein Weg aus der Arbeitslosigkeit oder ein Weg aus der Gefangenschaft innerhalb Ihrer jetzigen Position/Organisation? Oder wollen Sie etwas bewegen? Wollen Sie etwas Neues anfangen und Ihre Zukunft selbst gestalten? *H. Emge* betont, daß der Langzeitarbeitslose als Existenzgründer die gleichen Chancen hat, die der Drogensüchtige in Therapiemaßnahmen besitzt. Was bedeutet dies für Sie?

Selbständigkeit bringt:
- Unabhängigkeit im Sinne von Handlungsfreiheit,
- umfassende Ausübung von Managementfunktionen (z. B. Verantwortung für Produktentwicklung, Vermarktung, Einkauf, Vertrieb, Finanzierung, Personaleinstellung und Organisationsfragen),
- längere Wochen- und Jahresarbeitszeiten (60–70 Stunden wöchentliche Arbeitszeit bei max. 2–3 Wochen Jahresurlaub),
- kein festes Einkommen,
- keine Absicherung bei Erfolgslosigkeit des Betriebes, z. B. durch Gewährung von Arbeitslosengeld .

Dennoch: Nur Mut, der Erfolg liegt auf der Hand! Das Patentrezept für den Erfolg gibt es jedoch nicht! An ihm müssen Sie arbeiten. Sie selbst sind dabei Ihr größter Erfolgsfaktor. Arbeiten Sie zunächst an sich und Ihrer Person bzw. Ihrem Persönlichkeitsprofil. **Gleichen Sie Defizite aus.**

Denken Sie daran: Sie können jedes Ziel erreichen – Sie müssen es nur wirklich wollen. Selbständigkeit bedeutet jedoch auch – Sie wissen es – ständig *selbst* arbeiten zu müssen! Nehmen Sie jetzt bewußt Abschied vom Achtstundentag, der Fünftagewoche, den sechs bezahlten Urlaubswochen pro Jahr.

Eidesstattliche Versicherung
Ich, Herr/Frau ——————— *erkläre hiermit, mir darüber bewußt zu sein, daß die Selbständigkeit den zwingenden Abschied vom Achtstundentag, der Fünftagewoche und den sechs bezahlten Urlaubswochen nach pro Jahr bedeutet.*
Unterschrift des Existenzgründers

Lassen Sie, um auch sicher zu gehen, Ihren Ehe-/Lebenspartner die obige Eidesstattliche Versicherung gegenzeichnen. Hiermit erreichen Sie die Unterstützung Ihrer wichtigsten Bezugsperson. Mit ihr gemeinsam sollten Sie Ihre persönlichen Anforderungen nunmehr selbstkritisch hinterfragen.

Checkliste: Persönliche Anforderungen

> *„Selbständig heißt, man arbeitet selbst und ständig."*
> *Ist Ihnen das bewußt?*

Wenn Sie die Mehrzahl der nachfolgenden Fragen mit gutem Gewissen bejahen können, dann dürften Sie die persönlichen Voraussetzungen für ein erfolgreiches Selbständigsein erfüllen. Machen Sie weiter!

Sind Sie	**Ja/Nein**
risikobereit?	
aufgeschlossen gegenüber Veränderungen?	
in der Lage, auch Mißerfolge zu verkraften?	
arbeitsmäßig belastbar?	
körperlich fit?	
eine Person mit überwiegend optimistischer Einstellung?	
kontaktfreudig?	
zu zielbewußtem Handeln fähig?	
entscheidungsfreudig?	

organisatorisch begabt?	
in der Lage, Menschen zu führen?	
in der Lage, aus Fehlern zu lernen?	

Tabelle 1: Persönliche Anforderungen

Wenn Sie alle Fragen mit „Ja" beantwortet haben, sind Sie 100 %ig fit für die eigene Firma. Machen Sie weiter! Widmen Sie sich der nächsten Checkliste.

Sollten Sie einzelne Fragen mit „Nein" beantwortet haben, so halten Sie diese Punkte fest. Versuchen Sie Ihre offensichtlichen Defizite auszugleichen. Sofern Sie nicht die meisten Fragen mit „Nein" beantwortet haben, werden Sie es schaffen!

Warum wollen Sie sich selbständig machen?

Gründe für die Selbständigkeit (vgl. Checkliste für Existenzgründer – Eine Broschüre der Sparkassen)	Ja/Nein
Weil ich den elterlichen Betrieb übernehmen will.	
Weil ich den Betrieb eines Verwandten übernehmen will.	
Weil ich die Meisterprüfung abgelegt habe.	
Weil ich gerne mein eigener Chef sein möchte.	
Weil ich mit meiner derzeitigen Arbeit unzufrieden bin.	
Weil ich mit meinem Chef unzufrieden bin.	
Weil ich mir zutraue, vieles besser zu machen.	
Weil ich arbeitslos bin.	
Weil meine derzeitige Firma vielleicht bald zumacht.	
Weil ich kein berufliches Weiterkommen sehe.	
Weil mir Verwandte oder Bekannte dazu geraten haben.	
Weil ich glaube, gute Chancen zu haben.	

Weil ich Geld geerbt habe.	
Weil ich eine Erfindung gemacht habe.	
Weil ich eine gute Produktidee habe.	
Weil ich eine aussichtsreiche Marktlücke sehe.	
Weil ich einen geeigneten Geschäftspartner habe.	

Tabelle 2: Gründe für die Selbständigkeit

Haben Sie auch hier die meisten Fragen mit „ja" beantworten können? Zwingen Sie sich – wie ein Unternehmer –, Fragen mit „ja" oder „nein" zu beantworten und nicht mit „vielleicht"!

Sie sollten genau „Gewissenserforschung" betreiben, bevor Sie sich dazu entschließen, Ihren Job aufzugeben und selbständig zu werden. Ihre Entscheidung sollte nicht von unausgegorenen Ideen abhängen, sondern reiflich überlegt sein. Geerbtes Geld oder die Unzufriedenheit mit der jetzigen Arbeitsstelle sind keine Garantie für eine erfolgreiche Selbständigkeit!

Es ist ein bedeutender Unterschied, so *H. Emge*, ob sich jemand aus freiem Willen zur Gründung entscheidet oder ob die Not ihn treibt.

Grundvoraussetzungen

Analyse der Grundvoraussetzungen (vgl. Sparkassen-Kunden-Service: Selbständig und erfolgreich sein.	Ja/Nein
Haben Sie sich auf die Existenzgründung schon längere Zeit vorbereitet?	
Haben Sie ausreichend Berufs-, Branchen- und Lebenserfahrung?	
Ist Ihnen Vertriebsarbeit vertraut?	
Erfüllen Sie die gesetzlichen Voraussetzungen? Sind Sie körperlich fit?	
Können Sie sich vorstellen, in den Anfangsjahren auf Freizeit und Familienleben weitgehend zu verzichten?	
Haben Sie den Mut und die Nerven, in den	

Anfangsjahren mit einem unregelmäßigen Einkommen zu leben?	
Können Sie sich selber Ziele setzen?	
Können Sie sich auf Dauer in Streßsituationen behaupten?	
Können Sie Verkaufsgespräche führen? Haben Sie Verkaufstalent?	
Sind Sie kontaktfreudig und begeisterungsfähig?	
Ist Ihr Partner/Ihre Familie mit Ihrem Vorhaben einverstanden?	

Tabelle 3: Analyse der Grundvoraussetzungen

Wenn Sie bis hierhin die meisten Fragen mit „ja" beantwortet haben, dann sind Sie persönlich für den Start in die Selbständigkeit gerüstet. Sie sehen, einige Punkte wiederholen sich in den Checklisten. Sie sind besonders wichtig! Sie müssen kontaktfreudig und gesund sein, um den Anforderungen der Selbständigkeit genügen zu können. Prüfen Sie nunmehr, ob Ihre Ausbildung und Erfahrung hinreichend ist.

Bei Ihrer **Ausbildung** und **Erfahrung** sollten Sie sich überlegen,

- ob Ihre Berufsausbildung zu der Branche paßt, in der Sie sich selbständig machen wollen,
- ob Sie in Ihrer bisherigen beruflichen Tätigkeit genügend *praktische Erfahrungen* gesammelt haben,
- ob Sie in Ihrem Berufsleben auch als *Führungskraft* tätig sein konnten,
- ob Sie die Arbeit von Mitarbeitern oder Untergebenen organisiert haben,
- ob Sie an Ihrer jetzigen Arbeitsstelle auch *Kontrollfunktionen* ausgeführt haben,
- ob Sie eine gut fundierte *kaufmännische Ausbildung* haben oder ob Sie aber wenigstens Erfahrungen in diesem Bereich besitzen. Auch eine betriebswirtschaftliche Ausbildung ist von Nutzen, wenn Sie sich selbständig machen wollen,
- ob sie – wenn Sie etwas verkaufen oder vertreiben wollen – genügend Erfahrungen im *Vertrieb* haben.

Ganz wichtig:

- Haben Sie kaufmännische Kenntnisse?
- Haben Sie Erfahrungen beim Wareneinkauf und -verkauf?
- Haben Sie Kenntnisse über den Beschaffungsmarkt?
- Haben Sie Grundkenntnisse im Steuerrecht?
- Haben Sie ein kleines *finanzielles Polster*?
- Haben Sie PC-Grundkenntnisse und beherrschen Sie ein gängiges Programm zur Tabellenkalkulation?

Wenn Sie auch die nächste Frage mit „Ja" beantworten, widmen Sie sich den weiteren Passagen, ansonsten gehen Sie nochmals zum Anfang des Buches zurück!

Überprüfen Sie, ob Sie auch alle Fragen ehrlich und gewissenhaft beantwortet haben! (Dies ist eine sehr entscheidende Frage!) Vielleicht kann Ihnen Ihr Lebenspartner bei der Beantwortung der Fragen zur Seite stehen. Ihm fällt im Rahmen Ihrer Selbständigkeit (gewollt oder ungewollt) schließlich eine (mit)tragende Rolle zu.

Bei Qualifikationslücken – d. h. bei jedem einzelnen „Nein" ist dringend auf entsprechende Weiterbildungsangebote zurückzugreifen, die noch vor der Existenzgründung absolviert werden sollten. Stellen Sie einen Qualifizierungsplan bis zur Existenzgründung auf! Bei nur geringer branchenspezifischer Fachkompetenz ist z. B. ein Praktikum in einem vergleichbaren Betrieb zu empfehlen. Darüber hinaus ist es sinnvoll, in Spezialkursen, beispielsweise bei der Handwerkskammer, vertiefende Kenntnisse, besonders im kaufmännischen Bereich, zu erwerben. Nur so können teure Anfangsfehler vermieden werden. Der Geschäftsalltag nach der Gründung läßt zumeist keine Zeit für Weiterbildungsmaßnahmen.

Nach der Selbstanalyse

> *„Wichtig sind nicht Kenntnisse,*
> *sondern wen man kennt."*

Ich freue mich über alle Leser, die diese Stelle ohne Umweg erreichen. Dennoch: Ergibt Ihre Selbstanalyse, daß wesentliche Punkte negativ ausfallen, dann stellen Sie sich bitte folgende Fragen:

- Wodurch kann ich meine fehlenden Voraussetzungen kompensieren?
- Würde ein Geschäftspartner das festgestellte Defizit ausgleichen?
- Sollte ich den Zeitpunkt der Gründung verschieben?

Motivation und gedanklicher Einstieg in die Selbständigkeit bestimmen letztlich die Zielsetzung. Die Ziele können nur erreicht werden bei entsprechender Qualifikation des Inhabers. Hellhörig und skeptisch sollte man werden, wenn man nicht selbst ausreichend motiviert ist, sondern von anderen beeinflußt wird, vielleicht aus Familientradition oder weil andere dies gut finden. Die Selbständigkeit ist keine Notlösung bei Arbeitslosigkeit!

Denken Sie daran: Selbständigkeit ist eine freizeitverschlingende Lebensform. Niemand kommt mit dem Laster voller Zaster.

Merken Sie sich bitte:
Existenzgründung =
Verlust im ersten Jahr,
Verlustaufholung im zweiten
und
erst im dritten Gewinn.

Den letzten Teil des Satzes kann man gar nicht groß genug schreiben. *Nochmals:* Es lohnt sich nicht, wegen eines Auftrags und des daraus resultierenden Vorteils die Sicherheit eines festen Arbeitsplatzes aufzugeben.

Lassen Sie sich nicht von Verdienstträumen blenden! Fragen Sie sich statt dessen, wieviel Sie mindestens zum Leben brauchen, eine Frage, der wir uns im Rahmen der Erstellung Ihres Finanzplanes noch eingehend widmen. Vorab will ich Ihnen jedoch den Weg in die Selbständigkeit skizzieren. Er ist gepflastert mit etlichen Hindernissen, zu denen z. B. die Behördengänge zählen. Wie Sie sehen haben wir einen Meilenstein bereits hinter uns gelassen, die Prüfung ihrer Persönlichkeit.

1.5 Wegweiser in die Selbständigkeit

Die schönste Ausrede ändert nichts am Mangel selbst!

Gründungsphase 1: Prüfen Sie Ihre persönlichen Voraussetzungen

---

1. Persönlichkeit kritisch prüfen.
2. Dürfen Sie einen (Handwerks)Betrieb eröffnen?
3. Wie umfassend sind Ihre Kenntnisse?
4. Fangen Sie nicht ohne Beratung an.

Gründungsphase 2: Machen Sie eine umfassende Bestandsaufnahme

---

1. Ermitteln Sie Ihre Finanzkraft.
2. Erkunden Sie Ihren Markt.
3. Forschen Sie die Konkurrenz aus.

Gründungsphase 3: Treffen Sie Ihre Entscheidungen

---

1. Welcher Weg in die Selbständigkeit ist der geeignetste?
2. Suchen Sie den optimalen Standort.
3. Erarbeiten Sie Ihr Unternehmenskonzept.
4. Suchen Sie einen einprägsamen Firmennamen.
5. Knüpfen Sie Ihr Sicherheitsnetz.
6. Entwickeln Sie Ihre Steuerstrategie.

Gründungsphase 4: Stellen Sie Ihre Pläne auf

---

1. Errechnen Sie eine Rentabilitätsvorschau.
2. Errechnen Sie die Ausgaben vor der Startphase.
3. Errechnen Sie den Startkapitalbedarf.
4. Stellen Sie einen Finanzplan auf.
5. Nun kommt die konkrete Marketingplanung.

Gründungsphase 5: Die praktische Kleinarbeit beginnt

1. Suchen Sie Ihre Mitarbeiter.
2. Bereiten Sie, wenn nötig, den Gesellschaftsvertrag vor.
3. Es wird Zeit für Förderanträge und Kreditverhandlungen.
4. Klären Sie die Betriebsgenehmigungen.
5. Schließen Sie Miet-, Kauf- und Lieferverträge ab.
6. Schließen Sie jetzt die Versicherungsverträge ab.
7. Nehmen Sie Mitarbeiter unter Vertrag.
8. Vergessen Sie die Formalitäten nicht.
9. Starten Sie nun Ihre Werbung.

Tabelle 4: Wegweiser in die Selbständigkeit

Vieles gilt es auf dem Weg in die Selbständigkeit zu bedenken. Zu den wichtigsten Fragen, die von Ihnen beantwortet werden müssen, gehören folgende:

• Ist meine Geschäftsidee wirklich tragfähig?
• Wie mache ich mich unverwechselbar?
• Wie wähle ich meinen Standort aus?
• Ist mein Konzept wasserdicht?
• Welche Rechtsform paßt zu mir und meiner Idee?
• Mit welchen Steuern und Versicherungen muß ich rechnen?
• Wo muß ich mich anmelden?

Etlichen ähnlichen Fragen werden Sie auf Ihrem Pfad hin zum Geschäftsplan noch wiederholt begegnen. Zwingend zum Geschäftsplan gehören immer der Finanzplan und die Standortanalyse! Ich zeige Ihnen die „Werkzeuge" zum Erstellen solcher Pläne und zur Beurteilung ihrer Inhalte. Was an Arbeit vor der Existenzgründung noch auf Sie zukommt, faßt die folgende Liste zusammen. Markieren Sie die für Sie relevanten Punkte, um festzuhalten, was von Ihnen noch zu tun ist. Streichen Sie erledigte Punkte, wie z. B. den Punkt 1.

Zwanzig Schritte zur Existenzgründung

1. ~~Prüfen Sie selbstkritisch Ihre persönlichen und fachlichen Qualifikationen.~~
2. Analysieren Sie genau den Markt und die Absatzmöglichkeiten.
3. Klären Sie, ob es sinnvoller ist, einen neuen Betrieb zu gründen oder einen bestehenden Betrieb zu übernehmen.
4. Wählen Sie sorgfältig Ihre zukünftigen Mitarbeiter aus.
5. Planen Sie Ihre Betriebsstätte und die Betriebseinrichtung sorgfältig.
6. Beachten Sie die baurechtlichen Vorschriften.
7. Berücksichtigen Sie den Umweltschutz.
8. Ermitteln Sie Ihren genauen Kapitalbedarf.
9. Finanzieren Sie Ihre Existenzgründung richtig und denken Sie vor allen Dingen an die zahlreichen öffentlichen Finanzhilfen.
10. Planen und überwachen Sie zukünftige Umsätze, Kosten und Gewinne.
11. Sorgen Sie für ausreichende Liquidität.
12. Ermitteln Sie Ihre voraussichtlichen Kosten und bauen Sie darauf Ihre Kalkulation auf.
13. Erfassen Sie betriebliche Zeiten.
14. Richten Sie eine aussagefähige Buchhaltung ein.
15. Prüfen Sie die Einsatzmöglichkeiten der EDV für Ihren Betrieb.
16. Berücksichtigen Sie zukünftige Steuerbelastungen.
17. Wählen Sie die richtige Rechtsform für Ihren Betrieb.
18. Denken Sie an die Risikovorsorge und sichern Sie sich und Ihren Betrieb umfassend.
19. Erledigen Sie die notwendigen Anmelde- und Gründungsformalitäten.
20. Holen Sie rechtzeitig einen Rat ein!

Wer nichts riskiert, kann nichts gewinnen. Deshalb: Das Risiko keinesfalls scheuen, auf jeden Fall aber überlegt handeln! Vermeiden Sie Fehler. Typische existenzbedrohende Fehler sind in der folgenden Aufstellung zusammengefaßt. Sie zeigt prophylaktisch Gründe, die zum Scheitern einer Existenzgründung führen können. Auf die genannten Aspekte gilt es aufzupassen. Ich werde auf sie später noch im Detail eingehen.

Typische Fehler bei der Existenzgründung

- Ungeeignete Gründerperson („Unternehmertum ist nichts für schwankende Gemüter.")
- Unzureichende berufliche, fachliche und persönliche Qualifikation des Unternehmers
- Nichtbeachtung der Gründungsformalitäten
- Falsches Unternehmenskonzept, fehlende oder zu späte Beratung
- Nichttragfähige Geschäftsidee
- Fehlende Marktkenntnisse
- Mängel bei der Betriebsübernahme
- Vorhandene oder sich entwickelnde Standortnachteile
- Falsche oder fehlende Marktanalyse
- Häufiger Mitarbeiterwechsel, zu hohe Personalkosten
- Falsche Gestaltung der Miet-, Pacht-, Kauf-, Arbeits- und Gesellschaftsverträge
- Kalkulationsschwächen
- Nachlässige Ermittlung des Kapitalbedarfs
- Zu wenig Eigenkapital
- Unzureichende und fehlerhafte Finanzierung
- Überschätzung der Ertragskraft
- Fehlende Planung
- Schlechte Organisation
- Unqualifizierte Mitarbeiterführung
- Keine oder nicht ausreichend qualifizierte Mitarbeiter
- Keine oder fehlerhafte Unternehmensplanung
- Falsche bzw. fehlende Kostenrechnung und Kalkulation
- Mangelnde Buchführung
- Unkontrollierte Entnahmen
- EDV-Einsatz ohne Vorbereitung
- Schlechte oder keine Verträge, falsche Rechtsform
- Nichtbeachtung der steuerlichen Pflichten, Über- und Unterversicherung
- Falsche Betriebsstätte (vgl. U. Kirst, Selbständig mit Erfolg)

1.6 Konzept: Von der Geschäftsidee zum Unternehmensplan

„Wer nicht billiger ist, muß eben besser sein."

Sie haben noch keine Geschäftsidee? Am Anfang steht die Idee!

- **Marktlücken entdecken:** Selbst in gesättigten Märkten gibt es Nischen, die bislang noch unbesetzt sind. Um Sie aufzuspüren, benötigen Sie zumeist detailliertes Branchenwissen. Manchmal reichen aber auch schon gesunder Menschenverstand oder eigene Erlebnisse.

- **Erfolgreiche Konzepte kopieren:** Wildern Sie doch mal in fremden Revieren. In anderen Branchen und Ländern gibt es genügend Geschäftsideen, die ihren Erfolgsbeweis schon angetreten haben. Oft lassen sich diese übertragen. Wer Ideen kopiert, gründet mit eingeschränktem Risiko.

- **Neue Ideen in alten Branchen verwirklichen:** Alte Branchenhasen werden mit der Zeit betriebsblind. Eine pfiffige Neuheit macht selbst aus dem verschlafensten Konzept eine Top-Geschäftsidee. Doch sind solche Ideen nicht immer leicht zu finden. Manchmal hilft das Naheliegende.

- **Technische Entwicklungen nutzen:** Wer Innovationen rechtzeitig erkennt und sinnvoll in seine Branche integriert, kann fast sicher sein, ein tolles Konzept gefunden zu haben. Der einzige Haken an diesem Modell: Gute Entwicklungen gibt es nur sehr selten.

- **Mit Spezialisierung abheben:** Mit einem kleinen Dreh erhalten selbst altbekannte Geschäftsideen plötzlich neuen Schwung. Wer sich in seinem Angebot oder einem besonderen Service von der Konkurrenz abhebt, schwimmt auf der Erfolgswoge.

- **Neue Trends erkennen:** Der Strukturwandel vollzieht sich oft sehr plötzlich. Nur wer Änderungen schnell erkennt, präzise und gleichzeitig gefühlvoll darauf reagiert, kann mit einer Geschäftsidee profitieren.

Ihre Notizen:

Die **Erfolgsgleichung** lautet:
Idee (=Problemlösung)
+ richtiger Zeitpunkt
+ richtiger Ort
+ richtige Durchführung
= Erfolg

Oder:

Sie und Ihre Geschäftsidee
+ Eigenkapital, Kredit, Gründungsdarlehen
+ Maschinen, Mitarbeiter
= Produkt oder Dienstleistung
+ Marketing
= Ihr Gewinn und Ansehen

Sie haben eine Idee?

Fragen, die in einem Test für ein neues Produktkonzept in Betracht gezogen werden sollten, sind:
- Ist das Konzept klar und einfach zu verstehen?
- Welche besonderen Vorteile hat Ihrer Meinung nach das Produkt gegenüber seiner Konkurrenz?
- Glauben Sie, daß die Vorteile wirklich existieren?
- Ziehen Sie dieses Produkt seinen Hauptkonkurrenten vor?
- Würden Sie das Produkt kaufen?
- Welche Produkte würden Sie durch dieses neue Produkt ersetzen?
- Entspricht dieses Produkt Ihrer Meinung nach einem echten Bedürfnis?

- Welche Verbesserungen schlagen Sie vor?
- In welchen Abständen würden Sie das Produkt kaufen?
- Wer wird das Produkt konsumieren?
- Zu welchem Preis sollte Ihrer Meinung nach das Produkt verkauft werden?
- Kennen Sie die durchschnittlichen Ausgaben einer Familie (pro Monat/Jahr) für ein Produkt wie das Ihre?

Fünf Kardinalfehler

1. Das falsche Produkt am falschen Ort oder zur falschen Zeit anzubieten.
2. Die Kosten und die Finanzierung falsch einzuschätzen.
3. Den Einfluß des Wettbewerbs falsch zu beurteilen.
4. Den Markt mit falschen Mitteln zu bearbeiten.
5. Die falschen Mitarbeiter einzusetzen.

Das Firmenkonzept ist das Wichtigste überhaupt! Beschreiben Sie nunmehr Ihr Produkt/Ihre Geschäftsidee. Die Produktbeschreibung bzw. die Beschreibung Ihrer Dienstleistung ist der erste wesentliche Bestandteil Ihres Geschäftsplanes. Berücksichtigen Sie, daß eine originelle und innovative Idee allein jedoch nicht ausreicht, um ein erfolgreicher Unternehmer zu werden.

H.-J. Hofmann sagt ganz lässig: Wenn Sie etwa planen, Steinmühlen für die Feinsandherstellung in die Sahara zu stellen, oder das Monopol für den Tiefkühltruhenhandel am Südpol anstreben, sollten Sie alles noch mal genau überdenken. Stimmt das Konzept Ihres Vorhabens wirklich?

Klären Sie folgende Fragen:

- Ist Ihr Produkt/Ihre Dienstleistung eindeutig preiswerter als andere bereits bekannte Angebote?
- Besteht eine regelmäßige, einschätzbare Nachfrage nach Ihrem Produkt?
- Kennen Sie genau die Zielgruppe für das von Ihnen angebotene Produkt?
- Wird sich Ihr Produkt ohne große Werbung durchsetzen?
- Haben Sie einen Produktvorsprung, den andere schnell einholen können?

- Gibt es Möglichkeiten, Ihr Produkt auf Dauer nachahmungsfrei anzubieten?

Wer sich lediglich die Mühe macht, zu einem anstehenden Problem nur eine einzige Idee zu finden, handelt fahrlässig. Ganz schlimm wird es, wenn Sie sich in Ihre einzige Idee verlieben. Dann ist eine Krise vorprogrammiert! Wie plazieren Sie ein Produkt auf dem Markt? Durch gute Werbung, durch Vertreter, durch spektakuläre Veranstaltungen, durch Partnerschaft mit den Japanern, durch Vergabe von Lizenzen? Stellen Sie sicher, daß Sie mehr als nur eine Idee haben, und sehen Sie auch zu, daß Sie mit einer dieser Ideen eine „heilige Kuh" schlachten. Selbst *Mercedes* verhandelt zur Zeit mit *BMW* darüber, bestimmte Einzelteile gemeinsam und dadurch in größeren Mengen günstiger einzukaufen.

Und was tun Sie?

Improvisation und Fingerspitzengefühl sind zwar wichtig, können aber eine sorgfältige Existenzgründungsplanung nicht ersetzen. Hierzu dient der Aufbau des Geschäftsplanes. Er sollte in Form eines Exposés geschrieben folgenden Mindestumfang besitzen (vgl. *H. Emge*, Wie werde ich Unternehmer, S. 30):

	O. K.
1. Projekt- bzw. Unternehmensname, Beteiligte, Anschriften	✔
2. Ausgangssituation	✔
3. Persönliche Daten und Erfahrungen	✔
4. **Geschäftsidee** und deren Markt	
5. Konkurrenz(analyse)	
6. Erläuterung notwendiger Vorbereitungsmaßnahmen	
7. Planung bzw. Realisierung der eigenen Betriebsaufbaus	
8. Liquiditätsplanung	
9. Kosten- und Rentabilitätsplanung, Erlösplanung	
10. Zukunftserwartungen	

Tabelle 5: Mindestumfang eines Geschäftsplanes

Ein Geschäftsplan mit den obigen Punkten ordnet eigene Gedanken, da er zur Systematik zwingt. Er ist in einem die Grundlage zur Überzeugung von Kreditgebern, eine Unterlage zur Gewinnung von Teilhabern und ein Dokument zur Überzeugung von Genehmigungsbehörden.

1.7 So finden Sie Geschäftsideen

Es ist sehr gefährlich, nur eine Idee zu haben!

- Versuchen Sie zuerst, eine Geschäftsidee aus Ihrem privaten Hobby zu machen. Schreiben Sie gerne, basteln Sie leidenschaftlich oder sind Sie ein...?
- Was fehlt Ihnen in Ihrer Umgebung? Oft sagen Sie zu sich selbst: „Es müßte doch jemanden geben, der dies oder jenes macht." Könnten Sie nicht derjenige sein?
- Beobachten Sie den Markt genau. Welche Mängel haben bestimmte Produkte? Wo mangelt es am Service? Könnten Sie da nicht irgendwie einspringen?
- Finden Sie neue, außergewöhnliche Anwendungen für gewöhnliche Dinge. Beispiele sind winzige Motoren oder riesige Postkarten.
- Finden Sie heraus, welche sozialen Nischen noch nicht besetzt sind, z. B. „Einkaufservice für Senioren".
- Denken Sie an eine Spinn-off-Gründung mit oder ohne Hilfe Ihres derzeitigen Arbeitgebers.
- ...

Sieben Ratschläge für Ideensucher

1. Denken Sie „ganz anders", denken Sie „quer"!
2. Suchen Sie in dem Sachgebiet, das Sie am besten beherrschen!
3. Streben Sie nach einer Idee, die Ihnen Spaß macht!
4. Informieren Sie sich umfassend!
5. Prüfen Sie die Voraussetzungen zur Verwirklichung!
6. Verlieren Sie keine Idee!
7. Hüten Sie Ihre Zunge, Nachahmer sind schneller da als erwartet!

Grundsatz 1: Gute Ideen findet man nur auf einem zukünftigen Markt.

Grundsatz 2: Geschäftsideen leben nicht ewig. Ein auf Dauer angelegter Betrieb muß kontinuierlich an der Entwicklung neuer Geschäftsideen arbeiten.

Suchen Sie die richtige Geschäftsidee:
Machen Sie sich einmalig und unverwechselbar!

Abschließende Fragen zu Ihrer Geschäftsidee:

- Ist Ihre Idee völlig neu?
- Gibt es etwas, was Ihre Idee völlig unverwechselbar, einmalig macht?
- Bietet Ihre Idee gegenüber anderen Möglichkeiten einen Nutzen, der leicht erkennbar ist?
- Stimmt für den Kunden das Verhältnis von Kosten und Nutzen?
- Ist der Nutzen für den Kunden ohne große Mühe erkennbar?
- Kennen Sie Gründe, warum bisher noch niemand Ihre Idee aufgegriffen hat?
- Haben Sie schon „Experten" mit Ihrer Idee konfrontiert?

Checkliste: Anforderungen an die Darstellung der Gründungsidee

- Fassen Sie sich kurz!
- Beschreiben Sie Ihr Vorhaben knapp, aber verständlich!
- Denken Sie daran, daß auch ein Außenstehender Ihr Konzept verstehen muß!
- Legen Sie die Motive Ihrer Gründungsidee dar!
- Beschreiben Sie die Erfolgsaussichten aus Ihrer Sicht!
- Untermauern Sie Ihr Konzept mit eigenen und/oder fremden Erhebungen (Marktdaten, Statistiken, Wettbewerbssituation u.ä.)
- Vermeiden Sie unrealistische Umsatzschätzungen!
- Weisen Sie auf Branchen- und Betriebsvergleiche hin!

Formulieren Sie nunmehr Ihre Geschäftsidee aus. *Achtung:* Nicht jede Idee ist eine Innovation! *Es gilt:* Neues wagen – Altes anders machen!

Einhundert Ideen...

Dafür brauchen Sie **maximal 50 000 DM** Startkapital

Agentur für Maßkleidung; Anzeigen- und Stadtteilzeitung; Aquarien-Service; Autogenes Training; Auto-Anzeigenblatt; Auto-Komplettreinigung; Babysitter- und Tagesmütter-Agentur; Balkon-Bepflanzungsdienst, Baumaterial-Zulieferung, Bastelarbeiten und Beratung, Bewerberservice; Blaskapellen-Vermittler, Biologische Gartenpflege; Boutique für Modeschmuck; Brennholzservice; Buchführungshilfe-Service; Chauffeur auf Abruf, Computer-Gravuren; Computer-Horoskop; Computerschulung; Creperie; Dachdeckungs-Berater, Dachrinnenreinigung; Datenverarbeitungs-Lehrer, Elektrostatischer Entstörungsservice; Entrümpelungsdienst, Filmemacher für Privatleute, Fleischwaren-Zustelldienst, Fotografische Gemälde; Fotokopier-Shop; Führungskräfte-Karriereberatung, Fußbodenreinigungs-Schnelldienst, Fußmassage und Fußpflege (mobil), Gardinenservice/Heimdekoration; Gardinen-Nähservice, Gartengeräteverleih, Gartenpflegedienst, Glas- und Porzellanreinigungsdienst, Geschenkverpackungen; Hausaufgabenbetreuung; Heimwerker-Geräteverleih, Hightech-Recycling; Homesitting; Keramikatelier und -schulung; Kochkurse; Koch auf Abruf, Kompensationsagentur; Möbelaufstelldienst, Neuheitenverkauf; Obst- und Gemüse-Einkochhilfe, Ölportraits; Pediküre; Privat-Kinderhort, Prospektverteilung; Public-Relations-Agentur; Recherchenagentur; Salatbar; Sandwichbar; Schönheitssalon; Senioren- und Krankenpflege; Stadtplanverlag; Telefon- und Faxgeräteladen; Telefonmarketing; Teppich- und Polsterreinigung; Tierbetreuung, Tiffany-Verglasungen; Tonträgerverlag; Veranstaltungskalender; Vermietung von Gebrauchtwagen; Videoproduktion; Video-Eheanbahnung; Wärmepumpen- und Solarheizungswartung, Windel-Hol-und-Bringedienst; Windschutzscheiben-Austausch, Winterservice für Fahrzeuge aller Art, Zubehörhandel (EDV).

Dafür brauchen Sie **über 50 000 DM** Startkapital

Abbeiz-Werkstätte; Abholmarkt für Büromöbel; Alarm-Zentrale; Antiquitätengalerie; Autolackierung; Autowäsche auf Do-it-yourself-Basis; Baustellen-Toiletten; Bettwäscheladen; Bilderrahmen-Atelier; Billigflug-Börse; Biologischer Baumarkt; Bio-Safterei; Bonsai-Laden; Büroservice; CD-ROM-Shop; Computergraphik, Desktop-Publishing; Computer-Boutique; Computer-Instandsetzungsservice; Cookies; EDV-Büsten (3-D-Atelier); EDV-Schriftenatelier; EDV-Sticken; EDV-Vermietung; Estrich-Instandsetzung; Fahrrad-Reisen; Fliegende Teller; Foto-Sofortentwicklung; Hamburger-Schnellrestaurant; Hausbesitzerpostille; Im- und Exportagentur; Kindertagesstätte; Küchen- und Baddesign; Laden für biologische Kosmetik; Laptop-Verleih; Laserdruck-Atelier; Lebensmittel-Tresor; Mobile Werkstatt; Party-Service; Reisebüro für Familien; Schnellreinigung; Solaranlagen, Tanzschule; Textkassetten (Herstellung und Vertrieb); Tiefkühlcenter; Vermietung von Hebebühnen; Vollwertkost-Restaurant; Zeitarbeit-Service.

Ihre Notizen:

Könnte es mit Hilfe und Rat erfahrener Freunde gehen? Oder wird es besser sein, sich eine Arbeits- und Führungsstelle in einem Unternehmen zu suchen?

Schaffen Sie sich ein Stück Pioniergeist

Der amerikanische Komiker *Woody Allen* hat es einmal treffend formuliert: „Wenn nicht das eine oder andere Mal etwas fehlschlägt, ist das ein Zeichen dafür, daß Sie nichts wirklich Innovatives tun!" Jedes Kind besitzt Pioniergeist par excellence. Leider wird dieser Pioniergeist später durch Sachzwänge, durch Ängste oder durch Negativerlebnisse blockiert. Aber in jedem steckt mehr Pioniergeist, als es heutzutage sichtbar wird.

Ohne Vorbilder geht nichts!

Macher mit Herz vereinigen wichtige Eigenschaften:
- Kooperationsbereitschaft,
- Innovationsfähigkeit,
- Selbstkritik,
- Bereitschaft, Verantwortung zu tragen und zu teilen,
- visionäres Denken,
- Persönlichkeit.

Die unternehmerische Vision (Ihre Idee!) ist die Quelle des Unternehmenserfolgs. Versuchen Sie Ihre Vision mit einem Stück Pioniergeist zu verbinden. Nur so erreichen Sie wirklich Neues.

1.8 Gründungsmodalitäten und Behördengänge

Unter der eigentlichen Gründung versteht man alle Maßnahmen zur Errichtung eines Unternehmens. Der erste Schritt kann dabei unterschiedlich erfolgen, z. B. indem in das Unternehmen eingebracht werden:

1. **einzelne Vermögensgegenstände**, wobei die Gründung sein kann:
   - **Bargründung**: Es werden Geldmittel eingebracht.
   - **Sachgründung**: Es werden Sachmittel (z. B. Maschinen) eingebracht.
   - **Gemischte Gründung**: Geldmittel und Sachmittel werden eingebracht.
2. **ganze Unternehmen**, wobei man unterscheidet zwischen
   - **Fusion** und **Rechtsformwechsel.**

In der Regel findet sich bei mehr als 80 % aller Existenzgründungen die Form der „gemischten Gründung". Der Existenzgründer bringt etwas Bargeld und z. B. sein Auto, sein Werkzeug oder seinen Computer in die Firma ein. Dieser klassische Fall der Existenzgründung soll nachfolgend bei unseren Betrachtungen im Vordergrund stehen.

Grundsätzlich gilt: Um ein Unternehmen zu gründen, sind neben den klassischen Gründungsentscheidungen – diese werden nachfolgend dargestellt – etliche (behördliche) Hürden zu nehmen.

Gründungsentscheidungen

Die Gründungsentscheidungen umfassen insbesondere:

* Den **Standort**, der material-, arbeits-, abgaben-, verkehrs-, energie-, umsatz-, landschafts-, absatz- oder auslandsorientiert sein kann.
* Die **Rechtsform**, die sein kann
  * Einzelunternehmen,
  * Personengesellschaften (OHG, KG, GbR, GmbH & Co. KG),
  * Kapitalgesellschaften (GmbH, AG, KGaA),
  * Sonstige Rechtsformen (Genossenschaft, VVaG).
* Die **Firma** als der Name des Vollkaufmanns, unter der er seine Geschäfte betreibt, seine Unterschrift abgibt und klagen bzw. verklagt werden kann. Im Verlaufe einer Gründung muß eine Vielzahl von Entscheidungen getroffen werden, beispielsweise über:
  * die zugrundeliegenden Verträge,
  * die Bankverbindung,
  * den Gesellschaftervertrag,
  * den Druck der Geschäftsbriefe und Formulare,
  * die Geschäftsräume,
  * den Telefon-/Telefaxanschluß,
  * die erforderlichen Versicherungen,
  * die Art der Buchführung.

Der Reihe nach gilt es obige Punkte – eine feste Reihenfolge soll hier nicht zwingend vorgegeben werden – zu behandeln. Widmen wir uns zunächst dem HGB (Handelsgesetzbuch) und den daraus resultierenden Verpflichtungen.

Die Firma und der Kaufmann

Nach § 17 HGB ist die Firma der Name, unter dem der Vollkaufmann seine Geschäfte betreibt und seine Unterschrift abgibt. Will man als Existenzgründer nach Art und Umfang seiner Tätigkeit eine vollkaufmännische Einrichtung unterhalten, ist man zu einem Eintrag ins Handelsregister verpflichtet. Schließlich gelten für Kaufleute im Geschäftsverkehr viel strengere Regeln als für Privatleute. Eine Gewerbetätigkeit muß bei der zuständigen Behörde angemeldet werden. Für zahlreiche Gewerbe, z. B. Makeln, Verkehrsgewerbe, Gaststätten, Spielhallen..., dies vorab, sind Sondergenehmigungen bzw. Konzessionen einzuholen. Für Handwerkerinnen und Handwerker, die ein Vollhandwerk als Gewerbe betreiben wollen gilt überdies, daß die Eintragung in die Handwerksrolle (neben der Eintragung ins Handelsregister) zwingend vorgeschrieben ist. Der selbständige Betrieb eines Handwerks ist nur den in der Handwerksrolle eingetragenen Personen gestattet. Für die Eintragung in die Handwerksrolle sind in der Regel ein Abschluß als Handwerksmeister oder ein Ingenieurstudium mit anschließender Berufserfahrung erforderlich. Ein Gründer muß, sofern er ein Vollhandwerk betreiben will, den entsprechenden Meisterbrief selbst besitzen oder aber eine entsprechend qualifizierte Person einstellen bzw. am Unternehmen beteiligen. Diese muß im Betrieb anwesend sein und das Handwerk auch ausüben.

Für viele Gründungswillige führen somit der erste Weg zur Handwerkskammer oder zum Gewerbe(aufsichts)amt, um sich dort persönlich über die notwendigen Modalitäten zur Anmeldung Ihres Unternehmens zu erkundigen. Gehen auch Sie diesen Weg. Dort wird man Sie über die Bedeutung der Begriffe „Handelsregister", „Firma" und „Kaufmann" aufklären, die hier nur kurz behandelt werden.

Exkurs: „Handelsregister"

Das Handelsregister ist ein amtliches Verzeichnis der Vollkaufleute eines oder mehrerer Amtsgerichtsbezirke, das vom Registergericht des zuständigen Amtsgerichts geführt wird.

Beim Handelsregister bestehen zwei Abteilungen:
- In der **Abteilung A** werden die Einzelunternehmungen und Personengesellschaften erfaßt. Einzutragende Inhalte sind:
  - Firma
  - Sitz der Gesellschaft (Standort)
  - Gegenstand des Unternehmens
  - Namen der Geschäftsinhaber
  - Namen der persönlich haftenden Gesellschafter
  - Namen der Prokuristen
  - Rechtsverhältnisse (bezogen auf die Unternehmensform)

- In der **Abteilung B** werden die Kapitalgesellschaften eingetragen. Außer den obigen Daten wird die Höhe des gezeichneten Kapitals erfaßt.

Mit der Eintragung ins Handelsregister erwirbt der Unternehmer die **Kaufmannseigenschaft**. Er unterliegt damit den strengen Vorschriften des HGB.

Der Eintrag in das Handelsregister macht Ihr Unternehmen erst zu einer **Firma**.

Das von den Amtsgerichten geführte **Handelsregister** ist somit eine öffentlich zugängliche Datenbank. Sie belegt den rechtlichen Aufbau eines Unternehmens und weist aus,

- wie die Firma heißt (z. B. „Gesellschaft zur Zucht von Seepferden mbH")
- wer Geschäftsinhaber (z. B. Herr J. Füser) ist,
- wer Prokurist (z. B. H. Füser) ist,
- wo das Unternehmen angesiedelt ist (z. B. Kreisstraße 14, 33142 Büren-Ahden),
- was der Unternehmer macht (Zucht von Seepferden),
- welche Rechtsform das Unternehmen (z. B. GmbH) hat und
- wer für das Unternehmen bis zu welcher Höhe haftet (z. B. bis 50 000 DM).

Die Anmeldung eines neuen Unternehmens im Handelsregister erfolgt in aller Regel durch einen Notar.

Exkurs: Der Begriff „Firma"

Der Begriff „Firma" ist **nicht** als anderes Wort für „Betrieb", „Geschäft" oder „Unternehmen" zu verstehen, vielmehr meint Firma den Namen, die korrekte Bezeichnung eines Unternehmens: „Bücherschreiber GmbH", „Leseratten KG", „Buchhandlung Josef Füser" oder „Altpapierentsorgung Kraus & Kopf OHG". Am Firmennamen ist zu erkennen, um welche Rechtsform es sich handelt – und wie es um die Haftung des Unternehmens bestellt ist. Gänzlich frei wählbar ist der Firmenname somit nicht. Weist ein Firmenname z. B. auf den Umfang des Geschäftsbetriebes oder die Stellung am Markt hin, so muß ein solcher Zusatz durch Tatsachen gedeckt sein. So kann z. B. ein kleines Unternehmen mit nur lokaler Bedeutung in seiner Firma nicht den Bestandteil „Europa-Center" führen. Ähnliche Begriffe sind „Haus", „Mark", „Fabrik" und geographische Bezeichnungen wie etwa „Norddeutsche". Bei Begriffen wie diesen ist Vorsicht geboten. Lassen Sie sich durch die Handelskammer beraten.

Exkurs: Der Begriff „Kaufmann"

Ebenso wie der Begriff „Firma" bedarf auch der Begriff „Kaufmann" einer kurzen Erläuterung. Ein Kaufmann im Sinne des HGB ist, wer ein Handelsgewerbe betreibt (§ 1(1) HGB). Das Gesetz unterscheidet zwischen (vgl. Existenzgründungsleitfaden, Hrsg. Gesellschaft für Wirtschaftsförderung im Kreis Höxter mbh und ZEUS KG, 1997):
1. Kaufmann kraft Grundhandelsgewerbe (Mußkaufmann)
2. Kaufmann kraft Eintragung in das Handelsregister
   • Sollkaufmann
   • Kannkaufmann
3. Kaufmann kraft Rechtsform (Formkaufmann)
4. Scheinkaufmann

1. Kaufmann kraft Gewerbebetrieb (Mußkaufmann)

ist ein Unternehmer, der einen in § 1(2) HGB aufgeführten Gewerbebetrieb betreibt, der auch als Grundhandelsgewerbe bezeichnet wird. Übt der Unternehmer ein Grundhandelsgewerbe aus, ist er automatisch Kaufmann, ohne daß er im Handelsregister eingetragen ist. Der Mußkaufmann ist laut § 29 HGB verpflichtet, sich in das Handelsregister einzutragen, es sei denn, er ist Minderkaufmann i. S. d. § 4 HGB.

2. Kaufmann kraft Eintragung in das Handelsregister

Das HGB unterscheidet hier den Soll- und Kannkaufmann.

a) Sollkaufmann

Nach § 2 HGB ist ein Unternehmer Sollkaufmann, wenn er einen handwerklichen oder sonstigen gewerblichen Betrieb führt, der nach Art und Umfang einen in kaufmännischer Weise eingerichteten Geschäftsbetrieb erfordert. Dabei darf der Gewerbebetrieb nicht nach § 1 HGB als Grundhandelsgewerbe gelten. Der Sollkaufmann ist verpflichtet, sich in das Handelsregister eintragen zu lassen. Die Eintragung hat eine konstitutive (rechtserzeugende) Wirkung, d. h. der Unternehmer erlangt erst mit dem Handelsregistereintrag seine Kaufmannseigenschaft.

b) Kannkaufmann

§ 3 HGB gilt nur für Land- und Forstwirte sowie deren Nebenbetriebe. Dem Unternehmer wird die Eintragung in das Handelsregister freigestellt. Er erhält mit Eintrag in das Register die Kaufmannseigenschaft. Die Eintragung hat eine konstitutive (rechtserzeugende) Wirkung. Vorausgesetzt wird aber, daß das Unternehmen eine gewisse Umsatzhöhe hat und in kaufmännischer Organisation geführt wird.

3. Formkaufmann

Handelt es sich bei Unternehmen um eine Kapitalgesellschaft oder eine Genossenschaft, sind sie nach § 6 HGB immer Kaufleute kraft Rechtsform. Die Kaufmannseigenschaft wird erst mit Eintrag in das Handelsregister erlangt. Die Eintragung hat eine konstitutive Wirkung. Zu beachten ist, daß die Gesellschaft selbst (juristische Person) die Kaufmannseigenschaft erhält und nicht der Vorstand, der Geschäftsführer oder die Gesellschafter.

4. Scheinkaufmann

Wirbt ein Neugründer, der die Kaufmannseigenschaft nicht besitzt, auf Briefumschlägen oder ähnlichem mit seiner Kaufmannseigenschaft oder schließt er beispielsweise mündliche Bürgschaftserklärungen bei seiner Ehre als Kaufmann ab, so muß er damit rechnen, daß er sämtliche Pflichten des Kaufmanns hinsichtlich dieser Handlung zu tragen hat (§ 5 HGB). Man bezeichnet ihn als Scheinkaufmann.

Eine weitere Unterscheidung des Begriffs „Kaufmann" wird nach dem Umfang der Rechte und Pflichten vorgenommen. Man differenziert hierbei zwischen dem Vollkaufmann und dem Minderkaufmann.

Vollkaufmann

Hier gelten alle Vorschriften des HGB. Zu den Vollkaufleuten zählen Kann-, Soll- und Mußkaufleute, deren Umsatzhöhe und kaufmännische Organisation über den Umfang eines Kleinbetriebes hinausgehen, sowie die Formkaufleute.

Minderkaufmann

Betreibt ein Unternehmer ein Grundhandelsgewerbe, das so klein ist, daß es einen in kaufmännischer Weise eingerichteten Geschäftsbetrieb nicht erfordert, ist der Mußkaufmann gleichzeitig ein Minderkaufmann (z. B. Kioskbesitzer). Seine Rechte und Pflichten sind gegenüber denen eines Vollkaufmanns eingeschränkt (§ 4 HGB).

Anmeldung der Firma:
Zuallererst müssen Sie zum Gewerbeamt

Für diejenigen, die ein Gewerbe betreiben wollen, gelten wie erwähnt verschiedene Anzeigepflichten. Die Anmeldung der Firma und ihrer sonstigen Belange erfolgt dabei in Einzelschritten. Hierbei kann die Eintragung in die Handwerksrolle notwendig sein. Darüber hinaus gilt es, Mitarbeiter bei der Krankenkasse anzumelden, Unfallversicherungen abzuschließen, der Ortsbehörde den Geschäftsbetrieb anzuzeigen, beim Finanzamt eine Steuernummer zu erfragen, beim Arbeitsamt eine Betriebsnummer einzuholen und bei der Post ggf. ein Postfach anzumieten. Sie sehen, daß das Gründen einer Existenz eine Reihe von Behördengängen nach sich zieht. Sie werden um diese Schritte nicht herumkommen.

Wichtig: Zuallererst sollten Sie zum Gewerbeamt und ggf. zur Handwerkskammer gehen und sich dort erkundigen. Man wird Ihnen die Vorschriften zur Anmeldung Ihrer Firma im Detail erläutern und mit Ihnen die dazu notwendigen Schritte besprechen.

Wer ein Gewerbe betreiben will, muß sich zunächst umfassend erkundigen! Existenzgründer, die zu den freien Berufen (z. B. Ärzte und Apotheker) zählen, haben es da vielleicht etwas leichter. Was eine freiberufliche Tätigkeit ist, regelt § 18, Abs. 1 des Einkommensteuergesetzes. Bei den dort genannten Berufen handelt es sich lediglich um eine beispielhafte, keineswegs um eine vollständige Aufzählung. Freiberufler sind grundsätzlich von der Gewerbesteuer befreit und besitzen ein Wahlrecht, ob sie ihre Gewinne im Rahmen einer Einnahme-Überschuß-Rechnung oder einer Bilanzierung ermitteln. Sie sind keine Zwangsmitglieder der Industrie- und Handelskammer und unterliegen nicht dem Gewerberecht, sind somit auch nicht gewerbesteuerpflichtig.

Die Schritte zur Anmeldung eines Kleinbetriebes des Handwerks stellt die nachfolgende Checkliste zusammen:

1. Die Eintragung in die Handwerksrolle vor der Handwerkskammer mit der Ausstellung der Handwerkskarte.
2. Die Eintragung des Unternehmens, je nach Rechtsform, in das Handelsregister des zuständigen Amtsgerichtsbezirkes.
3. Meldung vor Beginn und Veränderungen des Gewerbes in das gemeindliche Gewerberegister mit Gewerbeanmeldungsbestätigung.
4. Die Anmeldung des Unternehmens beim Finanzamt nach der Steuergesetzgebung.
5. Mitteilung an die Berufsgenossenschaft und Sicherung der Unfallversicherung.
6. Gang zum Arbeitsamt, um die Betriebsnummer „abzuholen", um für Mitarbeiter Fördermittel zu beantragen oder auch (und dies nicht zuletzt) um geeignete Mitarbeiter zu finden.
7. Anmeldung von Arbeitnehmern innerhalb von 7 Tagen bei der zuständigen Krankenkasse.
8. Klärung von Bezugsbedingungen bei den Ver- und Entsorgungsunternehmen für Strom, Gas, Wasser und Müllabfuhr.
9. Einholen der Betriebsgenehmigung bei überwachungspflichtigen Anlagen.
10. Besorgen von Sondergenehmigungen, wobei Ämter und Kammern Auskünfte geben. Womit wir wieder am Anfang wären, den zwingend notwendigen Behördengängen.

Exkurs: Gewerbeanmeldung

1. Unabhängig von der Wahl der Rechtsform, müssen Sie dem **Gewerbeamt** (Bürgermeisteramt, Gemeinde, in dessen Bezirk Ihr

Unternehmen seinen Sitz haben wird, die Aufnahme Ihrer gewerblichen Tätigkeit anzeigen.

2. Notwendig sind hierzu ein Personalausweis bzw. Paß sowie eventuell besondere Genehmigungen und Nachweise (z. B. Handwerkskarte, Konzessionen).

3. Beim Gewerbeamt müssen **nicht** angemeldet werden: Freie Berufe (Ärzte, Architekten, Steuerberater, Rechtsanwälte, Künstler, Schriftsteller, Wissenschaftler sowie Betriebe der Land- und Forstwirtschaft).

4. Mit der Gewerbeanmeldung wird in aller Regel automatisch auf dem Amtswege die Anmeldung beim **Finanzamt**, dem **Gewerbeaufsichtsamt**, der **Berufsgenossenschaft** sowie der **Industrie- und Handelskammer**, der **Handwerks-** oder **Landwirtschaftskammer** verbunden.

5. Es ist zu empfehlen, mit diesen Behörden selbst Kontakt aufzunehmen, um Anmeldeformalitäten zu beschleunigen oder auftauchende Fragen direkt zu klären.

6. Das **Finanzamt** teilt Ihnen aufgrund der Anmeldung eine Steuernummer mit, unter der Ihr Unternehmen zukünftig geführt wird.

7. In einem Fragebogen des Finanzamtes müssen Sie verschiedene Fragen zu künftigen Umsätzen und Gewinnen beantworten. Gehen Sie bei der Berechnung dieser Schätzwerte eher vorsichtig vor, da hiervon zunächst die Höhe Ihrer Einkommen- und Gewerbesteuervorauszahlungen abhängt.

8. Das **Gewerbeaufsichtsamt** prüft, ob technische oder umweltschützende Auflagen für die Ausübung der Tätigkeit zu erfüllen sind und Sie mit Ihrem Unternehmen den Bestimmungen der Arbeitsstättenverordnung gerecht werden.

9. Bei der **Berufsgenossenschaft** sind Ihre Mitarbeiter gegen Arbeitsunfälle und Berufskrankheiten zu versichern. In einer Reihe von Berufsgenossenschaften sind Sie als Unternehmer pflichtversichert. In anderen Fällen können Sie sich freiwillig versichern lassen. Aufgrund der niedrigen Beiträge und günstigen Leistungen sollten Sie diese Möglichkeit nutzen (vgl. Unternehmer werden – Dresdner Bank).

Zur Eintragung in das **Handelsregister** ist dem für den Unternehmenssitz zuständigen Amtsgericht eine notariell beglaubigte

Anmeldung einzureichen. Kapitalgesellschaften haben den notariell beurkundeten Gesellschaftsvertrag beizufügen.

Wie Sie sehen, sind vor dem Weg zum Gewerbeamt eine Reihe von offenen Punkten zu klären. Neben der Wahl der Rechtsform, sie behandelt das Buch später, steht der Standort bzw. die Standortwahl zunächst im Mittelpunkt des Interesses, da diese Entscheidung i. d. R. kein Fachwissen, sondern „nur" den gesunden Menschenverstand des Gründers erfordert. Dennoch, auch bei dieser Entscheidung sollten Sie sich beraten lassen. Ein Existenzgründungsberater einer Bank oder einer Handelskammer kann Sie im Rahmen Ihrer Standortwahl umfassend informieren.

Bezüglich der Standortwahl sei in diesem Zusammenhang erwähnt, so formuliert es die *Gesellschaft für Wirtschaftsförderung Nordrhein-Westfalen mbH* in ihrem Leitfaden zur Existenzgründungsberatung für die kommunale Wirtschaftsförderung, daß das Gewerbemietrecht auf folgendes hinweist:

„Ein Gewerbeschein berechtigt noch nicht dazu, das Gewerbe an jedem Ort auszuüben. Wohnraum – auch der eigne – darf in der Regeln nur mit entsprechender Genehmigung als Gewerberaum genutzt werden, um nicht gegen das **Zweckentfremdungsverbot** von Wohnraum zu verstoßen. Diese Regelung gilt jedoch nicht bei der teilgewerblichen Nutzung einer Wohnung, d. h. wenn höchsten 50 % der gesamten Wohnfläche abzüglich der Verkehrsflächen für die selbständige Arbeit genutzt werden, z. B. bei der freiberuflichen Nutzung eines Arbeitszimmers. In einem solchen Fall werden jedoch in der Regel kein Firmenschild, keine Warenanlieferungen und kein Publikumsverkehr geduldet. Für die notwendige Einwilligung der Vermieterin bzw. des Vermieters in die teilgewerbliche Nutzung ist meistens ein Gewerbezuschlag zu zahlen.

Außerdem ist auch die örtliche Stellplatzverordnung zu beachten, in der die Anzahl der Parkplätze in Abhängigkeit von der Branche und der Größe des Unternehmens geregelt ist. Über die örtlichen Rahmenbedingungen informiert das kommunale Bauamt.

Vor dem Hintergrund dieser Ausführungen sollten Sie sich nunmehr schleunigst auf die Standortsuche begeben.

Wie Sie sicherlich erkannt haben, gibt es eine große Anzahl von Fragen und Punkten die geklärt werden müssen. Spätestens an dieser Stelle verliert der ein oder andere „Jungunternehmer" schon einmal der Mut. Aber: Nur wer etwas unternimmt ist auch ein „Unternehmer", wer etwas unterläßt, ist ein „Unterlasser".

Ihre Notizen:

Zur Standortsuche:

„Kein Baum wird dort wachsen können, wo schon ein Baum steht!"

1.9 Standort – „Der Betrieb am richtigen Platz"

„Marktlücke und Standort müssen zusammenpassen!"

Unterschätzen Sie die Standortfrage nicht. Um den richtigen Standort zu finden, sollten zunächst einige Grundsatzfragen geklärt werden.

* **Ist die Nähe zum Kunden wichtig?** Aus Ihrem Leistungsangebot und Ihrer ausgewählten Zielgruppe wird deutlich, ob Sie Ihren Platz im Zentrum, in einer Randlage oder im Gewerbegebiet am Rande der Stadt wählen.
* **Wie ist die Konkurrenzsituation?** Wenn sich Fachgeschäfte gleicher Art in einem Gebiet konzentrieren, sind durch direkte Preisvergleiche nur geringe Gewinne möglich, andererseits können ein großes Kaufhaus oder ein Supermarkt als „Magnet" in der Nähe vorteilhaft sein.
* **Wie wichtig ist die Verkehrssituation?** Ist es notwendig, daß die Kunden das Geschäft oder den Betrieb gut und bequem erreichen und ist ausreichend Parkraum in der Nähe zu finden?
* **Wie ist die Energiesituation?** Wie ist der Bedarf, und ist dafür

eine ausreichende Versorgung des Betriebes mit Strom, Gas, Wasser und sonstigen Energien gewährleistet?

- **Gehen von Ihrem Betrieb Umweltbelastungen aus oder gehen Sie mit gefährlichen Stoffen um?**
- **Wie ist der Personalbedarf?** Gibt es genügend Fach- und Hilfskräfte auf dem Arbeitsmarkt?
- **Ist der Standort gewerbefreundlich?** Wie hoch ist der Gewerbesteuer-Hebesatz der Gemeinde?

Persönliche Standortsuche

Stellen Sie anhand Ihrer Geschäftsidee fest, wie wichtig bestimmte Faktoren für Ihren Unternehmenserfolg sind und vergeben Sie Punkte: 5 für sehr wichtig, 0 für unwichtig. Einige zu bewertende Faktoren sind beispielhaft vorgegeben, wobei weitere hinzukommen oder einige der genannten bei Ihrem Projekt auch wegfallen können. Bewerten Sie nunmehr die Punkte der Kriterienliste wie folgt: „geringe Kosten: (5)".

Kriterium: Was ist für Sie wichtig?

geringe Kosten ( ) – repräsentative Räume ( ) – gute Adresse ( ) – Konkurrenzsituation ( ) – Bedarf am Standort ( ) – große Verkaufsräume ( ) – hohe Raumreserven ( ) – große Schaufenster ( ) – Ausstellungsraum ( ) – Erweiterungsmöglichkeit ( ) – Lagerräume ausreichend ( ) – Einbauten vorhanden – ( ) kein Umbau erforderlich ( ) – ausreichende Sozialräume vorhanden ( ) – Wasch-, Duschräume ( ) – getrennte WCs ( ) – Teeküche ( ) – Netzwerk-Verkabelung ( ) – komplette Beleuchtung ( ) – Drehstrom/Starkstrom ( ) – ISDN-Anschluß ( ) – verkehrsgünstige Lage ( ) – gute Autobahnanbindung ( ) – Parkplätze vorhanden ( ) – gute Lauflage ( ) – leichte LKW-Anfahrt – Laderampe ( ) – Umweltschutzauflagen ( ) – tragfähiger Betonboden ( ) – Konkurrenzbedingungen ( ) – staatliche Förderung ( ) – Strukturentwicklung ( ) – soziales Umfeld ( )

Stellen Sie nunmehr die hoch bewerteten Kriterien in einer Liste zusammen und konzentrieren Sie sich hierauf bei Ihrer Standortsuche. Nur wenn ein hervorragender Standort und eine gute Idee zusammenfallen, ist das Risiko einer Gründung gering. Stellen Sie sich die Frage, wo Ihr Produkt/Ihre Dienstleistung einen erfolgversprechenden Markt und keine (übermächtige) Konkurrenz haben.

Unterschätzen Sie die Standortfrage nicht!
Wählen Sie ihn sorgfältigst!

- Wie bedeutend ist der Standort für die Art des Unternehmens, das Sie gründen möchten?
- Welche Bedeutung hat der Standort für Sie persönlich?
- Welche Größe und Reichweite hat das Einzugsgebiet?
- Wie viele Mitbewerber in welcher Größe, Entfernung und Attraktivität gibt es am geplanten Standort?
- Brauchen Sie einen absatzorientierten Standort? Handels- und Dienstleistungsbetriebe leben vom Kundenkontakt.
- Sind die am geplanten Standort vorhandenen Verbraucher auch die richtigen für Sie?
- Wenn die Vorteile eines Standortes seine Nachteile nicht eindeutig überwiegen – Hände weg!
- *Wichtig:* Luxus- und Billiganbieter sollten nie nebeneinanderliegen!

Checkliste zum Betriebsstandort	
Wo befindet sich meine zukünftige Betriebsstätte (Industrie-, Gewerbe- oder Mischgebiet bzw. Innenstadtlage, Stadtrandlage)?	
Bestehen am vorgesehenen Betriebsstandort behördliche Nutzungsbeschränkungen, die bei einer Erweiterung der Angebotspalette hinderlich wären?	
Welche Bau- oder Umbaumaßnahmen sind zu veranlassen, um die Betriebsstätte auf den Geschäftszweck auszurichten?	
Wie könnten sich Änderungen der Bauleitplanung oder eine Änderung der städtebaulichen Sanierungsmaßnahmen auf das Unternehmen auswirken?	
Bestehen gute Verkehrsanbindungen zu meinem Unternehmen (Autobahnnähe, Gleisanschluß, Haupt- bzw. Durchgangsstraßen)?	

Halten die Verkehrsanbindungen meinen Erfordernissen stand?	
Welche Größe hat die betriebliche Nutzfläche, gegliedert nach Produktion, Lager, Verwaltung, Freifläche oder Verkaufsbereich?	
Sind ausreichende Parkmöglichkeiten für Kunden und Mitarbeiter vorhanden?	
Ist der Kaufpreis/Mietpreis der Betriebsstätte ortsüblich und angemessen?	
Ist mit Mieterhöhungen zu rechnen?	
Wird ein befristeter Mietvertrag abgeschlossen? Über wie viele Jahre läuft dieser? Kann der Mietvertrag verlängert/gekündigt werden? Zu welchen Terminen kann der Miet- oder Pachtvertrag erstmals gekündigt werden?	

Tabelle 6: Checkliste zum Betriebsstandort

Wichtig: Standorte nahe den Kunden bedeuten hohe Mieten; Standorte fernab der Kunden sind billiger, bescheren dafür aber hohe Kosten für Werbeaktionen, ganz abgesehen davon, daß nur mobile Kunden darauf reagieren können. Ihr Kundenkreis sollte Ihren Standort bestimmen und nicht der jetzige Wohnort. Vor einer Unternehmensgründung stellt sich somit immer die Frage, ob der angehende Unternehmer oder die angehende Unternehmerin bereit ist, den Wohnort zu wechseln. Mobilität zwischen Wohn- und Arbeitsort allein reicht oftmals nicht aus. Sie müssen sorgfältig bedenken, daß die Anfahrtstrecke zum Arbeitsplatz nicht zum 12–14 Stundentag eines Unternehmers zählt. Gerade deshalb finden sich bei kleineren Unternehmen Wohn- und Firmensitz in direkter Nachbarschaft.

Wie findet man geeignete Betriebsflächen?

- Informieren Sie sich über freie oder freiwerdende Flächen durch eigene Beobachtungen (z. B. Neubauvorhaben)!
- Schalten Sie einen oder mehrere Immobilienmarkler ein!

- Lesen Sie aufmerksam und regelmäßig die Immobilienanzeigen der örtlichen und regionalen Presse!
- Schalten Sie eine eigene Suchanzeige!
- Führen Sie Gespräche bei der Gemeindeverwaltung und schildern Sie Ihre Standortabsichten!
- Informieren Sie auch die zuständigen Kammern und Verbände über Ihren Standortwunsch!
- Bitten Sie auch Banken (speziell Ihre Hausbank) und eventuell Ihren Steuerberater um Unterstützung!
- Setzen Sie auch Ihren Bekanntenkreis über Ihr Vorhaben in Kenntnis!

Bevor Sie sich für einen Standort endgültig entscheiden, sollten Sie den „Mercedes-Test" machen! Stellen Sie sich vor Ihre potentiellen Geschäftsräume und zählen Sie die Zahl der *Mercedes*-Wagen, die diese Stelle – bezogen auf die Gesamtzahl der vorbeifahrenden Fahrzeuge – passieren. Hieraus ergibt sich eine gute Kaufkraftaussage (vgl. *H. Dittrich*, Wege und Tips zur Existenzgründung).

Lassen Sie sich auf keine Kompromisse bei der Standortwahl ein. Lassen Sie sich nicht von einem Makler überreden, einen Geschäftsraum „nur 100 Meter vom optimalen Standort entfernt" anzumieten. Beharren Sie auf Ihren Grundvorstellungen. Eine Seitenstraße kann für Sie ein kundenleeres Geschäft bedeuten.

In bezug auf die Standortwahl ist es außerdem wichtig, sich auch für die Zukunft eine möglichst große Flexibilität zu erhalten. Standortfaktoren ändern sich im Zeitablauf. So besteht unter Umständen die Notwendigkeit, Büros zu vergrößern, wenn das Unternehmen wächst oder den Standort gar zu wechseln.

Betriebsräume – Was ist zu beachten?

Die Ausstattung der Betriebsräume ist nicht allein Ihrem Geschmack überlassen. Die Arbeitsstättenverordnung und Arbeitsrichtlinien machen Vorgaben zu den Raumabmessungen und Raumhöhen, zu den Raumtemperaturen, zur Belichtung und Beleuchtung, zu Toiletten, Wasch-, Pausen- sowie Umkleideräumen und zu Schallpegelwerten. Die für Sie gültigen Vorgaben erhalten Sie z. B. bei der Berufsgenossenschaft oder dem Gewerbeaufsichtsamt. Welche Räumlichkeiten benötigen Sie?

1.10 Die falsche Selbständigkeit

Eine Warnung vorweg!

Im Zuge struktureller Veränderungen wird sich ein neuer Trend zusehends verstärken: die Auslagerung bestimmter Tätigkeiten, verbunden mit dem Versuch, bisher angestellte Mitarbeiter künftig als selbständige Unternehmer zu beschäftigen, die mit den gleichen Aufgaben betraut sind, die sie auch bisher im Rahmen eines größeren Unternehmens ausgeführt haben.

Für die Unternehmen ist dieses mit einer Reihe von Vorteilen verbunden:

- Sie bezahlen für Leistungen nur noch dann, wenn diese tatsächlich benötigt werden.
- Sie sind nicht mehr gezwungen, für bestimmte Aufgaben ständig eine eventuell auch größere Zahl von Mitarbeitern zu beschäftigen, wenn der augenblickliche Arbeitsanfall dies gar nicht erforderlich macht.
- Lohnnebenkosten fallen nicht mehr in der bisherigen Form an. Krankheits- und Ausfallrisiken sind nicht mehr vom Unternehmen zu tragen.
- Mitbestimmungsrechte der Arbeitnehmer, z. B. durch Personal- und Betriebsräte, spielen für das Unternehmen bei selbständigen Mitarbeitern keine Rolle mehr.
- Statt der Bindung an Tarifverträge, die für gleiche Arbeit annähernd gleichen Lohn versprechen, können freie Unternehmer in ihren Preisen gegeneinander ausgespielt werden.

Für den „Scheinselbständigen" bringt das viele Risiken:

- Er ist von einem einzigen Auftraggeber abhängig.
- Trotz Ausübung der gleichen Tätigkeit genießt er nicht mehr die soziale Absicherung, die er als Arbeitnehmer besaß.
- Er riskiert bei vorübergehender Auftragsflaute erhebliche Einnahmeausfälle, die bisher durch Lohngarantien des Arbeitgebers aufgefangen wurden.
- Er muß Risiken übernehmen, die bisher zum Unternehmerrisiko seines Arbeitgebers gehörten und für die er nur einen vergleichsweise geringen finanziellen Ausgleich erhält.

Ihre Notizen:

2. Gründungsalternativen – Allein, zu zweit oder ein Unternehmen übernehmen?

2.1 Fünf Thesen zur Gemeinschaftsgründung

1. Die Gesellschafter ergänzen sich

Dies gilt sowohl für die fachliche Seite, wenn die beiden Handwerkspartner unterschiedliche Stärken haben, aber auch ihre Kundenkontakte werden sich addieren. Sinnvoll kann auch sein, wenn sich ein handwerklich qualifizierter Gesellschafter auf die Produktion, der kaufmännisch versierte sich dagegen auf den Außendienst und die Kundenpflege konzentriert.

2. Die beiden Gesellschafter erbringen zusammen mehr als ein Solist

Vier Augen sehen mehr als zwei, und vier Hände arbeiten mehr als zwei. Außerdem wird die Zahl der Verantwortlichen verdoppelt, während sich das Risiko halbiert.

3. Die beiden Partner können sich gegenseitig vertreten

Sie können sich ihre Aufgaben teilen; in Zeiten des Fachkräftemangels – wie der heutigen – ist das ein nicht zu unterschätzender Vorteil.

4. Filialgründungen sind bei einer Partnerschaft unproblematischer

Die Überwachung der Filialen oder entfernter Betriebsstätten wird besser, wenn für jede ein Gesellschafter zuständig ist.

5. Die Finanzierung wird durch die Partnerschaft erleichtert

Gemeinsam fällt es den Partnern leichter, das notwendige Eigenkapital aufzubringen und die erforderlichen Sicherheiten zu stellen. Zudem vertraut die Bank zwei haftenden Gesellschaftern mehr als einem (vgl. *handwerk magazin* – Meister 95/96).

Beachten Sie: Eine genaue Aufgabenabgrenzung erleichtert den täglichen Ablauf im Betrieb und verhindert, daß aus Freundschaften Feindschaften werden. Vertrauen, der unbedingte Wille zur Zusammenarbeit und die „gleiche Wellenlänge" sind Grundvoraussetzungen für eine erfolgreiche Gemeinschaftsgründung.

Acht Schritte zu einer erfolgreichen Gemeinschaftsgründung

1. Suchen Sie Ihren Partner sorgfältig aus. Prüfen Sie, ob er menschlich zu Ihnen paßt und ob er Sie fachlich gut ergänzt. Erkundigen Sie sich über seine Zuverlässigkeit und Ehrlichkeit.
2. **Stecken Sie die gemeinsamen Unternehmensziele ab.** Welchen Markt wollen Sie bearbeiten? Welche Betriebsgröße streben Sie an? Wieviel wollen oder können Sie investieren? Testen sie, ob Ihr Partner realistische Vorstellungen hat.
3. **Machen Sie einen Kassensturz.** Stellen Sie fest, wieviel Eigenkapital jeder Partner einbringen kann und welche Sicherheiten vorhanden sind.
4. **Besprechen Sie die Modalitäten der Partnerschaft.** Beteiligungsverhältnis, Vergütung und Entnahmen, Gewinnverteilung, Aufgabenverteilung, Kompetenzen, Urlaub. Halten Sie die Ergebnisse schriftlich fest.
5. **Erarbeiten Sie einen Zeitplan.** Legen Sie fest, wer wann was zu erledigen hat.
6. **Wählen Sie eine Rechtsform.** Für die Anlaufphase kann eine Gesellschaft des bürgerlichen Rechts sinnvoll sein, in die GmbH können Sie später jederzeit wechseln.
7. **Besprechen Sie alle Vereinbarungen mit Ihren Ehepartnern.** Denn der Ehepartner muß die Gründungspläne voll unterstützen.
8. **Lassen Sie sich bei der Abfassung des Gesellschaftsvertrages beraten.** Sonst werden Sie staunen, wie Juristen später das, was Sie vereinbaren wollten, interpretieren.

Das Problem jeder Teamgründung: „Team = Toll, ein anderer machts."

Teamgründungen erscheinen gerade dort angebracht, wo Qualifikationsdefizite einzelner Gründer ausgeglichen werden sollen.

Dabei kann an Partnerschaften wie „Techniker/Kaufmann" oder „Wissenschaftler/Manager" gedacht werden. Allgemein gilt, daß Teamgründungen das junge Unternehmen vom individuellen Ausfallrisiko der Einzelperson wie etwa einer Erkrankung unabhängiger machen. Denken Sie aber auch an die **Reibungspunkte**:

- Neuinvestition oder Konsum
- Finanzierung mit Eigen- oder Fremdkapital
- Personalführung u.ä.

Neun Punkte im Vertragstext einer Gemeinschaftsgründung

1. Bestimmen Sie, welche Geschäfte Einstimmigkeit erfordern, z. B.: Immobilientransaktionen, Kauf oder Leasing ab einer bestimmten Größenordnung, Miete und Pacht, Einstellungen und Entlassungen, Kredite, Beteiligungen an Unternehmen (oder deren Auflösung).

2. Schaffen Sie ansonsten Mehrheitsverhältnisse, damit Entscheidungen nicht blockiert werden.

3. Halten Sie alles, was Sie mündlich vereinbaren, auch schriftlich fest.

4. Regeln Sie die Kündigungsfristen der Gesellschafter. Geben Sie den verbleibenden Gesellschaftern ein Vorkaufsrecht. Vereinbaren Sie die Abfindung für einen ausscheidenden Gesellschafter.

5. Vermeiden Sie hohe Liquiditätsbelastung durch ausscheidende Gesellschafter. Regeln Sie deshalb, daß der Kaufpreis frühestens nach einem Jahr fällig wird.

6. Vereinbaren Sie, daß bei Tod oder schwerer Krankheit der Anteil dem verbleibenden Gesellschafter angeboten wird. Legen Sie den Preis dafür fest.

7. Treffen Sie Regelungen über Nebentätigkeiten der Gesellschafter.

8. Legen Sie fest, wieviel Gehalt jeder Gesellschafter erhält und wieviel Geld er entnehmen darf. Verpflichten Sie jeden Gesellschafter, bei Bedarf Kapital nachzuschießen.

9. Stimmen Sie den Gesellschaftsvertrag mit Ihrem Ehevertrag und Ihrem Testament ab.

2.2 Franchising – Nicht ganz allein

Geschäfte, bei denen genaugenommen die Ideen anderer für den eigenen Erfolg genutzt werden, werden als Franchising bezeichnet. Dies ist ein Trend, der in den letzten Jahren enormen Auftrieb erfahren hat.

Was ist eigentlich Franchising? Im Grunde genommen geht es beim Franchising um die Übernahme eines Markennamens (z. B. „McDonalds") und von Erfahrungen, von Know-how im Rahmen eines Marketing-Konzeptes durch den Franchise-Nehmer gegen die Bezahlung einer Gebühr.

Es ist somit eine Art Lizenz, durch die ein Unternehmen mit einer Systemzentrale ein Partnerverhältnis zum gegenseitigen Nutzen eingeht. Franchise ist dabei die intensivste Form der Kooperation unabhängiger Unternehmen, bei der i. d. R. Gebietsschutz existiert.

Jedoch: **Franchising ist nicht billig.** Je nach Art der vereinbarten Kooperation zahlt der Franchise-Nehmer eine Gebühr, sowohl einmalig als Pauschale als auch laufend in Form eines Prozentsatzes vom Umsatz.

Es gibt sechs Punkte, die bei Vertragsverhandlungen mit einem Franchise-Geber unbedingt beachtet werden sollten (vgl. Selbständig machen, Selbständig bleiben – Ratgeber der Volksbanken und Raiffeisenbanken):

1. Es wird eine vertraglich geregelte, auf Dauer angelegte Zusammenarbeit zwischen selbständig bleibenden Unternehmen vereinbart.
2. Aufgrund des Vertrages erhält das eine Unternehmen (der franchiser = Kontraktnehmer) gegen Zahlung eines einmaligen Betrages und/oder laufender Beträge die Genehmigung, unter genau festgelegten Bedingungen über bestimmte Rechte des anderen Unternehmens (des franchisors = des Kontraktgebers) zu verfügen.
3. Der Franchise-Geber bietet i. d. R. die Gewähr, daß kein anderer Franchise-Nehmer in seinem Gebiet einen Betrieb eröffnet.
4. Die monatliche **Franchise-Gebühr** sollte nicht höher als **5 Prozent** des Umsatzes sein.

5. Die Rechte, die Gegenstand des Vertrages sind, umfassen unter anderem die Benutzung einer Marke oder des Firmennamens, die Erzeugung oder den Vertrieb einer Ware beziehungsweise einer Warengruppe, die Anwendung eines Produktionsverfahrens oder einer Rezeptur (etwa für *Coca-Cola*), die Nutzung eines bestimmten Absatzprogramms.

6. Der Kontraktgeber unterstützt den Kontraktnehmer beim Aufbau und der Einrichtung sowie bei der laufenden Führung des Betriebes, indem die im Vertrag festgelegten Rechte ausgewertet werden.

Die Zusammenarbeit zwischen Franchise-Geber und Franchise-Nehmer ist nicht immer einfach und problemlos, da der Franchise Geber in der Regel bedeutend größer als der Franchise-Nehmer ist.

Lange ist verborgen geblieben, daß die Mehrheit der Franchise-Nehmer härter arbeiten muß, als sie es sich bei Vertragsabschluß vorgestellt hatte.

Allein der Rückgriff auf eine erprobte Geschäftsidee und die Anwendung erfolgreicher Unternehmensstrategien sind noch keine Garantie dafür, daß es letztlich in der eigenen Kasse klingelt.

Wer mit seinem Geschäft Schiffbruch erleidet, kann nicht automatisch Hilfe oder Unterstützung des Franchise-Gebers erwarten. Es gilt jedoch: Über 80 Prozent der Franchise-Nehmer sind zufrieden mit ihren Verträgen und froh darüber, gemeinsam mit einem Franchise-Partner in die Selbständigkeit gegangen zu sein.

Sollte Sie das Konzept des „Franchising" interessieren, so empfiehlt sich eine direkte Kontaktaufnahme mit dem Franchise-Verband.

Adresse:
Franchise-Verband e. V.
Paul-Heyse-Str. 33–35
80336 München
Telefon: 089/535027
Telefax: 089/531323

Nach der Kontaktaufnahme gilt es die Angebote zu sichten und zu bewerten. Als sehr hilfreich hierzu erweisen sich die beiden nachfolgenden Checklisten zum Franchise-Angebot.

Ihre Notizen:

Achtung: Existenzgründungen per Franchising werden nicht in jedem Fall öffentlich gefördert. Erkundigen Sie sich rechtzeitig vor Abschluß eines Franchising-Vertrages (z. B. bei der *Deutschen Ausgleichsbank*).

Checkliste zum Franchise-Angebot

1. Ist der Franchise-Geber qualifiziert?

Seit wann ist er aktiv?
Ist er Mitglied im DFV?
Stimmen die Leistungen?
Drehbuch?
Intensive Schulung?
Markt- und Standortanalyse?
Permanente Betreuung?
Existieren genaue Pläne, wie es nach Vertragsabschluß weitergeht?

2. Funktioniert das System?

Wie viele Partner sind wie lange schon dabei? Kriterien:
• bis 10 = System-Erprobungsphase
• bis 50 = Kinderkrankheiten überwunden
• ab 50 = im Markt etabliert
Wie viele Partner sind ausgeschieden und warum?
Wie entwickeln sich die Geschäfte bei anderen Franchise-Nehmern dieser Kette? Befragen Sie mehrere von ihnen selbst!

3. Taugt die Geschäftsidee?

Ist sie über einen längeren Zeitraum tragfähig oder ist sie nur ein Modetrend?

Ist sie originell oder nur eine Kopie?

Sind die Erfolgsfaktoren an Ihrem Standort wiederholbar oder
sind sie nur bei den geprüften Beispielen gegeben?
Hat die Branche, in der Sie sich bewegen wollen, auch Zukunft?

4. Ist der Markt am geplanten Standort vorhanden?

Wie groß ist das Kundenpotential?
Wie entwickelt sich die Nachfrage?

5. Sind die Gebühren marktgerecht?

6. Erhalten Sie ein Mitspracherecht?

7. Verkraften Sie die Finanzierungsbelastung?

8. Ist die Verdienstspanne für Sie lukrativ?

Tabelle 7: Checkliste zum Franchise-Angebot

Checkliste für Franchise-Projekte

Frage	Ja	Nein
Besteht die Firma des Franchise-Gebers schon über einen längeren Zeitraum?		
Gibt es Nachweise über eine größere Zahl erfolgreicher Franchise-Nehmer?		
Hatten Sie Gelegenheit, mit einigen dieser Franchise-Nehmer zu sprechen?		
Ist sichergestellt, daß die besuchten Betriebe keine Testprojekte sind?		
Bietet das Franchise-System deutliche Wettbewerbsvorteile?		
Weist der Franchise-Geber eingetragene Waren-/Markenzeichen auf?		
Wurden Vorteile des Systems gegenüber Konkurrenzangeboten bewiesen?		
Handelt es sich um eine einmalige Geschäftsidee, die konkurrenzlos ist?		
Besteht nach dem Angebot an Ihrem Standort tatsächlich rege Nachfrage?		
Ist Konkurrenzschutz (Gebietsschutz) unter Franchise-Nehmern zugesagt?		

Wurden Ihnen Daten über die Branche, den Markt zur Verfügung gestellt?		
Sind Leistungen des Franchise-Gebers klar umrissen, vertraglich fixiert?		
Sind die Kosten dafür (einmalig, laufend) klar umrissen, vertraglich fixiert?		
Gibt es klare Anleitungen und Hinweise zur erfolgreichen Geschäftsführung?		
Werden bei aktuellen Betriebsführungsproblemen Beratungen gewährt?		
Welche Schulungen, Seminare oder dergleichen werden für Sie und evtl. Ihre Mitarbeiter angeboten?		
Liegt Ihnen das Franchise-Angebot ohne Zeit-/ Entscheidungsdruck vor?		
Ist der Franchise-Geber Mitglied im Deutschen Franchise-Verband e. V.?		
Ist das Franchise-System zur Förderung mit öffentlichen Mitteln anerkannt.		

Tabelle 8: Checkliste für Franchise-Projekte

Vorsicht ist geboten, wenn ein Franchise-Geber von Ihnen vor Abschluß des Vertrages bereits Zahlungen verlangt. Hier könnte es sich um eine Falle handeln! Solche Zahlungen vor Vertragsabschluß sind völlig unüblich. Es gibt viele seriöse und ausgereifte Franchise-Konzepte, aber auch „Schwarze Schafe" auf dem Markt.

Als Franchise-Nehmer sollte man sich auch durch eine weitreichende Gebietsschutzzusage des Lizenzgebers nicht zu der irrigen Annahme verleiten lassen, daß darin eine bequeme Umsatzgarantie stecke.

Entsprechend den Empfehlungen in der Broschüre „Starthilfe – Der erfolgreiche Weg in die Selbständigkeit" sollten Sie vorgehen. Nehmen Sie sich Zeit! Lassen Sie sich nicht unter Druck setzen! Schließen Sie nie einen Franchise-Vertrag ab, ohne das Vertragswerk und die kaufmännischen Unterlagen sorgfältig geprüft zu haben – mit einem fachkundigen Rechtsanwalt an Ihrer Seite.

2.3 Übernahme von Betrieben

Wer gerne auf ein erprobtes Produkt oder Konzept setzen will, umschifft mit einem Firmenkauf viele Anfangsschwierigkeiten, mit denen ein Pionier zu kämpfen hat. Gegenüber der Neugründung hat die Übernahme eines Betriebes in der Regel den Vorteil, daß erheblich geringere Unsicherheiten und Zukunftsrisiken bestehen. Die Umsatz- und Kostenplanung ist wesentlich einfacher, da auf den Ergebnissen der Vorjahre aufgebaut werden kann. Wie auch immer, eine Betriebsübernahme ist eine sehr komplexe Sache. Keinesfalls sollten Sie daher unvorbereitet in eine Übernahmeverhandlung mit dem Erstbesten gehen. Vor diesem Schritt steht jedoch die Suche nach einem geeigneten Übernahmekandidaten. Erste Anlaufstellen können die Mergers & Acquisitions-Abteilungen der Banken sein.

Kennen Sie Betriebsbörsen?

Viele Kammern haben es sich zu ihrer Aufgabe gemacht, Käufer und Verkäufer zusammenzuführen. Jeder Betriebsinhaber, der einen Nachfolger sucht, kann die Betriebsbörse seiner Kammer in Anspruch nehmen. Eine Kurzbeschreibung des Betriebes wird dort veröffentlicht. Ihre Kammer schickt Ihnen i. d. R. kostenlos solche Kurzbeschreibungen.

Pluspunkte einer Betriebsübernahme

- Der vorhandene Kundenstamm
- Übernahme eines eingespielten Teams von Mitarbeitern
- Zweckentsprechende Werkstatträume und das komplett vorhandene Betriebsinventar
- Die Erfahrungen des Betriebsvorgängers, die Sie während Ihrer Einarbeitungszeit nutzen können

Minuspunkte bei einer Betriebsübernahme

- Der Verkäufer hat häufig überzogene Vorstellungen über den Wert seines Betriebes
- Die Betriebseinrichtung entspricht oft nicht dem neuesten technischen Stand, so daß Investitionen erforderlich werden

- Bei Übernahme des Betriebes müssen alle bestehenden Arbeitsverträge, auch die von älteren Mitarbeitern, übernommen werden
- Die Haftung für betriebliche Verbindlichkeiten des Betriebsvorgängers wird übernommen (z. B. für betriebsbedingte Steuern)
- Oft akzeptieren Mitarbeiter und Kunden den neuen Betriebsinhaber nicht

**Die Grundsatzfrage bei Betriebsübernahmen lautet:
Warum wird ein Betrieb abgegeben?**

Ein bestehender Betrieb wird verkauft, weil

- der bisherige Inhaber für die Weiterführung zu alt oder zu krank ist und keine geeigneten Angehörigen hat,
- der alte Inhaber verstarb, die Erben keine Geschäftsleute oder völlig branchenfremd sind,
- der Betrieb unzureichende Gewinne und Umsätze erzielte oder für die Zukunft befürchtet
- der Betrieb in Zahlungsschwierigkeiten geriet.

Je breiter der Kundenstamm des Betriebes ist, um so geringer ist für Sie das Risiko der Übernahme und die Gefahr der Abwanderung von Kunden.

Gut laufende Geschäfte werden meistens verpachtet oder gegen langfristige laufende Zahlungen übergeben. Alles andere wäre dumm. Wenn sich der Eigentümer aber gegen eine einmalige Zahlung möglichst schnell wegen „mangelnder Lust" zurückziehen will, sollten Sie stutzig werden.

Wichtige Fragen beim Kauf einer bestehenden Unternehmung

1. Aus welchen Gründen gibt der bisherige Betreiber seine Unternehmung ab?
2. Sind diese Gründe glaubhaft und nachvollziehbar?
3. Liegt Ihnen aktuelles Zahlenmaterial (Bilanzen, Statistiken u.ä.) des Geschäftsvorgängers vor?
4. Läßt sich daraus die betriebliche Entwicklung nachvollziehen?
5. Zeigt diese zumindest einen gleichbleibenden bzw. positiven Trend?
6. Lassen sich trotz eventueller negativer Entwicklungen den-

noch plausible Gründe für eine zukünftige positive Entwicklung angeben?

7. Gibt es Anzeichen dafür, daß sich in absehbarer Zeit der Standort verschlechtert bzw. der Wettbewerb verschärft?

8. Kann der Kundenstamm gehalten werden oder besteht eine starke persönliche Bindung der Kunden an den bisherigen Betreiber?

9. Sind die bisherigen Lieferanten bereit, auch Sie zu beliefern?

10. Können Sie in bestehende, betriebsnotwendige Verträge (Konzessionen, Vertretungen o.ä.) eintreten?

11. Ist die Fortsetzung bestehender Miet- bzw. Pachtverhältnisse gesichert?

12. Können Sie die bisherige Firmenbezeichnung übernehmen?

13. Läßt der Miet- bzw. Pachtvertrag eventuell eine Sortiments- oder Angebotserweiterung zu?

14. Ist Ihnen eine detaillierte Kaufpreisberechnung vorgelegt worden?

15. Sind die Werte realistisch geschätzt worden?

16. Wird ein Geschäfts- oder Firmenwert gefordert?

17. Ist ein eventuell geforderter Firmenwert begründet und in der Höhe gerechtfertigt?

18. Ist bei der Übernahme des Material- bzw. Warenlagers eine gemeinsame Inventur vereinbart?

19. Sind im Kaufvertrag eindeutige Grundsätze für die Bewertung des Material- und Warenlagers festgelegt?

20. Ist der Zeitpunkt der Betriebsübergabe genau bestimmt?

21. Ist die Bezahlung des Kaufpreises (bar bzw. in Raten) mit eindeutigen Fälligkeiten vorgesehen?

22. Erfolgt die entgeltliche Übernahme des Unternehmens über einen Kauf, eine Leibrente, eine Zeitrente, eine Versorgungsrente oder wird der Betrieb verpachtet.

23. Ist Ihnen bewußt, daß grundsätzlich zu allen vereinbarten Preisen die Mehrwertsteuer zugerechnet werden muß?

24. Enthält der Kaufvertrag einen klaren Ausschluß der Übernahme bestehender Verbindlichkeiten?

25. Haben Sie die Behandlung von bestehenden Garantie-/Gewährleistungsansprüchen der bisherigen Kunden im Kaufvertrag berücksichtigt?

26. Sind Sie darüber informiert, daß bei Pachtverhältnissen speziell im Handel ein der Geschäftsübergabe vorausgehender Räumungsverkauf in der Regel nicht zulässig ist bzw. für den Übernehmer zur Gewerbeversagung führen kann?
27. Wissen Sie, daß bei Betriebsübernahmen bestehende Arbeitsverhältnisse weitergelten? (vgl. *Bach/Kilian*, Sicher in die Selbständigkeit von A-Z)

Falls der Übergeber nicht bereit ist, Ihnen ausreichendes Zahlenmaterial über die bisherige Geschäftsentwicklung zur Verfügung zu stellen, ist Skepsis angebracht. Ein weiteres Engagement ist dann in der Regel nicht zu empfehlen.

Sollten Sie keine oder nur geringe Kenntnisse über die Verwertbarkeit oder Verkäuflichkeit von zu übernehmenden Wirtschaftsgütern besitzen, so vereinbaren Sie bereits vertraglich die Anwesenheit eines Sachverständigen bei der Inventuraufnahme oder lassen Sie sich von einem Branchenkundigen über Wertansätze informieren.

Vergleichen Sie: Immer mehr Betriebe werden auf den Markt kommen, deren Inhaber aus Altersgründen einen Nachfolger suchen. Seit einiger Zeit ist das Thema „Unternehmensnachfolge" zum Kernpunkt der mittelstands- und wirtschaftspolitischen Diskussion geworden. Hierfür gibt es einen triftigen Grund: In den nächsten zwei bis drei Jahren steht nach Berechnungen des Instituts für Mittelstandsforschung für rund 300 000 Familienunternehmen ein Generationswechsel an. Diese Chance, in ein Familienunternehmen einzusteigen, sollten Sie als Existenzgründer erwägen. Schließen Sie die überall ersichtliche Nachfolgerlücke.

Zu Ihrer Sicherheit: Ein weiterer Fragenkatalog

- Warum wird der Betrieb aufgegeben? Warum übernimmt ihn niemand aus der Familie? (Der Verkäufer muß plausibel antworten können.)
- Wie ist der Ruf des Unternehmens? (Lassen Sie sich Referenzen geben, fragen Sie Lieferanten, Kunden und Neutrale.)
- Wie sind Zustand und Zuschnitt der Räume, des Grundstücks usw.? (Antwort durch Betriebsführung, Bau- und Planungsun-

terlagen, auch Auskünfte von Vermietern oder Behörden, gutachterliche Belege.)
- Wie sind Ausstattung und Einrichtung? Genügen sie den technischen Anforderungen und den Arbeits-, Umweltschutz- und Bauauflagen? (Lassen Sie sich das durch Anschaffungsbelege und Behördentestate bestätigen.)
- Wie sind Zahl, Struktur und Bonität der Kunden? Bestehen langfristige Verträge? (Lassen Sie sich die Kundenunterlagen zeigen, nehmen Sie mit wichtigen Kunden selbst Kontakt auf.)
- Welche Mitarbeiter hat der Betrieb? Können Sie auch mit ihnen weiterarbeiten? (Sie übernehmen alle Pflichten aus den bestehenden Arbeitsverhältnissen.) Wollen die Mitarbeiter auch mit Ihnen weiterarbeiten? (Beim Chefwechsel darf der Mitarbeiter kündigen.) Gibt es schriftliche Arbeitsverträge. (Wenn nicht, schließen Sie sie ab.)
- Wie ist die Kostensituation? Welche Ertragskraft hat der Betrieb?
- Wie ist die Standort- und Konkurrenzsituation?
- Welche Verträge müßten Sie auf jeden Fall übernehmen?

Stellen Sie auch folgende Fragen:

- Welchen Stellenwert hat das Kerngeschäft?
- Welcher neue Weg wurde beschritten?
- Welche Überlegungen stehen hinter diesem Weg?
- Seit wann wird dieser erfolgreiche Weg gegangen?
- Warum ist das Unternehmen so erfolgreich?
- Gibt es schon Nachahmer?
- Wie flexibel reagieren die Mitarbeiter auf Änderungen?
- Was wird anders gemacht im Vergleich zum Mitbewerber?
- Wie lautet die Vision für die nächsten zehn Jahre?
- Unter welchem Schlagwort läßt sich der Erfolg messen?
- Wie lautet die Firmenphilosophie?

Erwerbsarten

Beim **Kauf eines Unternehmens** erwerben Sie den Betrieb gegen Zahlung einer fixen Kaufpreissumme. Der Verkäufer muß für den Veräußerungsgewinn Einkommensteuer zahlen, der Käufer hat den Kaufpreis in Form einer einmaligen Zahlung oder aber in Raten zu entrichten.

Im Ergebnis ist die Unternehmensübernahme durch Zahlung einer **Zeitrente** einem Ratenkauf gleichzusetzen, da der Kaufpreis über einen endlichen Zeitraum entrichtet wird. Stirbt der Verkäufer vor Ablauf der vereinbarten Zeit, so müssen Sie als Übernehmer an die Erben weiter bezahlen.

Bei der **Übernahme gegen Leibrente** leisten Sie als Unternehmer monatliche oder jährliche Geldzahlungen. In der Regel geschieht das bis zum Lebensende des Leibrentenberechtigten, sofern nicht noch weitere Begünstigte (z. B. die Ehefrau) eingesetzt sind.

Beliebt ist noch immer die **Verpachtung**. Wenn Sie ein lebendes Unternehmen (Betriebsstätte, Arbeitnehmer und Einrichtung) auf bestimmte Zeit gegen eine Zahlung übernehmen, spricht man von einer Verpachtung.

Beteiligung, Ja oder Nein?

Das Für und Wider einer Beteiligung im Detail zu diskutieren, sprengt hier den Rahmen des Ratgebers.

Für eine Beteiligung sprechen:
* Man hat für eine Neugründung zu wenig eigene Mittel,
* man braucht eine fachliche Ergänzung, weil man „Nur-Kaufmann" oder „Nur-Techniker" ist,
* man möchte den Schwierigkeiten einer sofortigen Betriebsübernahme aus dem Wege gehen durch Beteiligung an einem Betrieb, den der Inhaber in absehbarer Zeit verkaufen will, um sich zur Ruhe zu setzen
* man verfügt über Neuentwicklungen, für die es noch keinen Markt gibt, die Neuerschließung aus eigener Kraft erscheint aber zu risikoreich.

Für viele Unternehmer stellt sich die Frage, wie sie ihren „Junior" beteiligen und ihn damit zum Existenzgründer machen, ein Aspekt, der hier nur kurz beleuchtet werden soll, da Details nur im konkreten Einzelfall zu beurteilen sind.

So können Sie Ihren Junior am Betrieb beteiligen:
* über eine Gewinnbeteiligung,

- als stiller Gesellschafter,
- als Kommanditist,
- als BGB-Gesellschafter,
- als OHG-Partner,
- als GmbH-Gesellschafter oder
- durch eine Betriebsaufspaltung.

Bei der Weitergabe eines Unternehmens an Dritte, egal ob es sich hierbei um ein Familienmitglied oder eine außenstehende dritte Person handelt, gerät der Aspekt der Unternehmensbewertung in den Mittelpunkt der Betrachtung. Exemplarisch soll er hier diskutiert werden, wobei auch bei diesem Sachverhalt gilt, daß das Werturteil über ein Unternehmen nicht losgelöst von detaillierten Betrachtungen erfolgen kann. Regelmäßig veröffentliche IHK-Listen mögen hier einen Anhaltspunkt darstellen, letztlich sind jedoch die konkreten Umstände wertbestimmend. Der Wert eines Unternehmens wird vielfach überschätzt. Eine einfache Bewertungsformel wollen wir nachfolgend, sie ist als Faustformel zu verstehen, diskutieren. Es bleibt jedoch festzuhalten, daß diese Formel nicht den „Wert des ausscheidenden Unternehmers" berücksichtigt. Dieser ist letztendlich erst nach seinem Ausscheiden quantifizierbar. Aufgrund seines Wirkens ist er vielfach unbezahlbar, da die Kunden den Unternehmer vielfach mit dem Unternehmen gleichsetzen. Beurteilen Sie kritisch, inwieweit diese Komponente für Sie eine Chance oder ein Risiko darstellt.

Wie man den Wert eines Unternehmens ermittelt

Der Wert eines Unternehmens bemißt sich nach
- dem Substanzwert und
- dem Ertragswert.

Wie man den Substanzwert ermittelt

Zur Ermittlung des Substanzwertes bedient man sich des Wiederbeschaffungswertes, also des gegenwärtigen Neupreises der betrieblichen Anlagen, des Umlaufvermögens und der Vorräte unter Berücksichtigung der Wertverringerungen durch den Verschleiß und die technische Überalterung. Beachten Sie bei der Ermittlung des Verkehrswertes aller Vermögenswerte, – diese Summe errechnen Sie im Rahmen der Ermittlung des Substanzwertes – daß die Vermögensgegenstände abzüglich der Schulden und Verbindlichkeiten des Unternehmens bewertet werden. Es empfiehlt sich, diese Werte durch neutrale Sachverständige schätzen zu lassen. Adressen von Schätzern können Sie bei der Industrie- und Handelskammer oder der Handwerkskammer erfragen.

Wie man den Ertragswert ermittelt

Der Substanzwert muß in Verbindung zum Gewinn, dem Ertrag des Betriebes, gesehen werden. Denn die Substanz erwerben lohnt sich nur, wenn damit Gewinn erwirtschaftet werden kann. Um Zufälligkeiten in der Ertragserzielung auszuschließen, stellt man auf die nachhaltige Ertragslage ab. Man ermittelt in der Regel den Durchschnittsgewinn der letzten fünf Jahre. Dabei werden außerordentliche Aufwendungen und Erträge ausgeklammert. Die zukünftigen Gewinnaussichten werden unter Berücksichtigung der Entwicklungschancen des Geschäfts geschätzt.

Den auf diese Weise ermittelten künftig nachhaltig erzielbaren Jahresgewinn kapitalisiert man sodann, d. h. man errechnet, wie hoch das Geldkapital sein muß, das man unter Berücksichtigung marktüblicher Zinsen von der Bank erhalten müßte, um den ermittelten nachhaltigen Gewinn zu erzielen. Dieser Wert ist der Ertragswert. Er sollte mit einem Sachkundigen bestimmt werden.

Vom Ertragswert und Substanzwert zum Unternehmenswert

Eine realistische Einschätzung des Wertes eines Unternehmens wird etwa in der Mitte zwischen dem Substanz- und dem Ertragswert liegen. Es gilt:

Wert des Unternehmens = (Substanzwert + Ertragswert) : 2

Beispiel:

- Anlagevermögen: 400 000 DM
- Umlaufvermögen: 100 000 DM
- Gewinn 1990: 45 000 DM
- Gewinn 1991: 60 000 DM
- Gewinn 1992: 90 000 DM
- Gewinn 1993: 80 000 DM
- Gewinn 1994: 60 000 DM
- Gewinn 1995. 80 000 DM
- Gewinn 1996: 80 000 DM

- marktübliche Bankzinsen: 10 %
- Durchschnittlicher Gewinn: 70 715 DM

Bei 10 % marktüblicher Bankzinsen beträgt der Ertragswert: 707 150 DM

Wert des Unternehmens = (500 000 + 707 150) : 2 = 603 575 DM

Besitzt man diese Kenntnisse, sollten Sie nunmehr eingehend die nachfolgenden Checklisten und Fragen zum Unternehmenserwerb betrachten.

Checkliste zum Unternehmenserwerb	
Basis: Bilanz und GuV der drei letzten Jahre	
Vermögenswerte	
Kostenentwicklung	
Forderungsbestand	
Bestehende Verträge (Mitarbeiter, Lieferanten, Kunden, Vermieter)	
Mitarbeitersituation und Betriebsklima	
Image des Unternehmens	
Kundenstruktur	
Konkurrenzsituation	
Standortentwicklung	
Belastungen und Verpflichtungen gegenüber Dritten	

| Veräußerungsmotiv |
| Kaufpreis |

Tabelle 9: Checkliste zum Unternehmenserwerb

Nicht vergessen! Wichtige Fragen sind:

• Warum übergibt der derzeitige Eigentümer den Betrieb?
• Wie lange versucht der Inhaber schon, einen Nachfolger zu finden?
• Welchen Ruf haben der zu übernehmende Betrieb und sein Eigentümer bei seinen Kunden und Lieferanten?
• Kann der zu übernehmende Betrieb am alten Standort weitergeführt werden oder stehen Änderungen des Bebauungsplanes oder Auflagen des Gewerbeaufsichtsamtes dem entgegen?
• Genügen die vorhandenen Räumlichkeiten noch den heutigen Ansprüchen?
• Bestehen Eigentumsvorbehalte, Sicherungsübereignungen oder Vorkaufsrechte an Vermögensteilen, die Sie übernehmen werden?
• Bestehen Steuerschulden?

In Zweifelsfragen hat es sich bei der Bewertung im Rahmen einer Betriebsübernahme bewährt, einen Sachverständigen um Rat zu bitten. Schließen Sie keine Kaufverträge ohne ein Beratungsgespräch mit einem kompetenten Partner ab.

Checkliste für Beteiligungen und Übernahmen

Checkliste für Beteiligungen und Übernahmen	
Würden Sie Ihrem Partner einen Gebrauchtwagen abkaufen?	
Würden Sie ihm in einer Gaststätte, weil Sie auf die Toilette müssen, Ihre Geldbörse anvertrauen, damit er daraus bezahlt?	
Passen sein Auftreten und sein Lebensstil zu dem, was er Ihnen über Erfolge und Gewinne erzählt?	

Würden Sie mit ihm eine Bergtour machen, bei der er für Ihre Sicherheit verantwortlich ist?	
Hat er Ihnen Auskünfte über die Erbregelungen im Falle seines Todes gegeben?	
Genießt Ihr potentieller Partner bei denen, mit denen Sie über ihn sprechen, allgemein einen guten Ruf?	
Ist das Unternehmen unter der angegebenen Firma im Handelsregister eingetragen?	
Stimmen alle Angaben im Handelsregister mit den Ihnen erteilten Auskünften überein?	
Ist die technische Ausstattung des Betriebes so, daß auf sofortige Änderungen verzichtet werden kann?	
Haben Sie (z. B. über Ihre Bank) eine Wirtschafts-auskunft über den Betrieb einholen lassen?	
Sind gesetzliche Vorschriften für die Übernahme zu beachten und/oder auch zu erfüllen?	
Ist eine eventuelle Erweiterung grundsätzlich möglich?	
Sind alle Umweltschutzauflagen erfüllt?	
Ist sichergestellt, daß es keine Umwelt-Altlasten gibt, die auf das Unternehmen zurückzuführen sind?	
Hat ein Sachverständiger Abschlüsse/Bilanzen zur Ermittlung des Unternehmenswertes geprüft?	
Sind eventuelle Gläubiger mit der Übernahme/ Beteiligung durch Sie einverstanden?	
Besteht das Kundenverhältnis auf Unternehmens-leistungen (oder nur auf persönlichen Kontakten)?	

Tabelle 10: Checkliste für Beteiligungen und Übernahmen

Wichtig: Eine Betriebsübernahme ist nicht ohne Risiko. Über-durchschnittlich viele Insolvenzen treten nach Betriebsübernah-men auf. Suchen Sie sich die besagte „Rosine" aus der Masse der Unternehmen, die nach dem Zweiten Weltkrieg aufgebaut wurden und deren Gründer heute in den Ruhestand wechseln.

Für Beteiligungen an einem Betrieb gelten die gleichen Aussagen wie für die Übernahme eines Unternehmens. Auch hier spielen der Preis und die Zukunftsaussichten neben der konkreten Ausformulierung des Gesellschaftsvertrages eine bedeutende Rolle.

Auch das Management-Buy-Out (MBO) bzw. das Management-Buy-In (MBI) sind zunehmend interessante Alternativen für Gründungswillige, wenngleich sich die Option als solche für einen Existenzgründer wohl eher zufällig ergibt. Die Übernahme eines Unternehmens durch das eigene Management (MBO) oder die Übernahme eines Unternehmens durch fremde Manager (MBI) erfolgte in den vergangenen Jahren häufig bei Unternehmen, die von der Treuhand in den neuen Bundesländern verwaltet wurden. In Westdeutschland ist heute MBO aufgrund der vielen noch anstehenden Generationswechsel an den Unternehmensspitzen, die Gründergeneration der Aufbaujahre nach dem Zweiten Weltkrieg tritt zurück, eine recht interessante Alternative. Diese spezielle Form der Übernahme dürfte zukünftig noch weiter in den Mittelpunkt des Interesses rücken.

Haftung bei Übernahme?

Normalerweise haftet Ihr Vorgänger für seine Verbindlichkeiten. Sie haben mit seinen Schulden solange nichts zu tun, wie er zahlungsfähig und -willig ist. Sie müssen jedoch für ihn einstehen, wenn er seinen Verpflichtungen aus der Zeit vor der Übergabe nicht mehr nachkommt (oder nicht mehr nachkommen kann).

Sie haften,
- wenn Sie einen Betrieb übernehmen, der im Handelsregister eingetragen ist, für alle Geschäftsverbindlichkeiten,
- wenn Sie einen Betrieb fortführen, der das wesentliche Vermögen des Übergebers darstellt, für alle betrieblichen und privaten Verbindlichkeiten,
- wenn Sie einen Betrieb übernehmen, der Personal beschäftigt, für alle Personalverpflichtungen,
- wenn Sie einen Betrieb fortführen, der Steuerschulden hat, für alle betriebsbedingten Steuern.

Prüfen Sie vor der Übernahme, wie die Bonität des Vorgängers ist; das ist die beste Möglichkeit, sich zu schützen.

2.4 Frauen als Gründerinnen

Eigentlich widerstrebt es mir, einen eigenen Abschnitt dem Thema „Frauen als Gründerinnen" zu widmen. Schließlich sind wir im Zeitalter der Gleichberechtigung. Aber, trotz der Tatsache, daß von den rund 3 Mio. Unternehmen in Deutschland etwa 20 % von Frauen geleitet werden und zur Zeit jedes dritte Unternehmen von Frauen gegründet wird, gibt es eben geschlechtsspezifische Probleme, die Gründerinnen von Gründern unterscheiden.

Gewinnmaximierung ist z. B. ein Begriff, der Frauen noch heute schwer über die Lippen kommt. Da wundert es nicht, daß selbständige Frauen – anders als Männer – oft bei weitem nicht den wirtschaftlichen Erfolg vorweisen können, den eine Selbständigkeit gemeinhin zu versprechen scheint. Im Durchschnitt erzielen sie ein deutlich geringeres Einkommen als Männer. Zunehmend steigt jedoch die Zahl bemerkenswerter Ausnahmen. Richten Sie, liebe Existenzgründerin, Ihr Augenmerk hierauf. Vorrangig liegt zumindest zur Zeit noch das Scheitern vieler Vorhaben von Frauen an folgenden Gründen:

- Frauen nehmen mögliche Hilfen zum Beispiel in Form von Förderprogrammen und Unterstützungen durch Informationsmaterial und Beratung weniger in Anspruch als Männer.
- Die von Frauen bevorzugten Branchen bergen ein höheres Risiko, weil sie bereits durch zu viele Konkurrentinnen und Konkurrenten besetzt und die Handlungsspielräume sehr gering sind.

Typische weibliche Fehler sind:

- Frauen konzentrieren sich trotz qualifizierter Ausbildung meist auf wenige nicht sehr zukunftssichere Berufe (AVON-Frau, Tupper-Party,...).
- Frauen fehlt es an Selbstbewußtsein. Treten Sie z. B. im Gespräch mit Ihrer Bank selbstbewußt auf und legen Sie ein ausgereiftes und durchdachtes Unternehmenskonzept vor. Geben Sie nie zu früh auf, bleiben Sie selbstbewußt!

Frauen sind als Unternehmerinnen für die deutsche Wirtschaft unverzichtbar.

Sehr spät, was dieses Buch betrifft, ich hoffe jedoch nicht zu spät, weise ich explizit darauf hin, das mit der Anrede „Existenz-

gründer" geschlechtsneutral auch die „Existenzgründerin" angesprochen werden soll. Liebe Leserinnen, nur der besseren Les-
barkeit zuliebe wurde auf das das Schriftbild zerstörende „Exi-
stenzgründer/-in" verzichtet. Wie Sie anhand der nächsten Überschrift sehen, dort wird vom „Partner an der Seite des
Unternehmers" gesprochen, habe ich mich bemüht, wo immer
möglich „geschlechtsneutral" zu formulieren. Ich widme Ihnen
damit das ganze Buch und nicht nur diese Passage! Nun noch ein
Wort an die Männer an der Seite einer Gründerin: „Unterstützen
Sie Ihre Partnerin!" Leider ist noch immer zu beobachten, daß der
männliche Existenzgründer sich der Hilfe seiner Lebenspartnerin
gewiß sein kann, Frauen jedoch nicht grundsätzlich die Unterstützung Ihres Partners finden. Es gilt immer noch: „Ein Mann hat
bei der Karriere seine Frau im Rücken, eine Frau hat die Familie
im Nacken".

Den allgemeinen Vorurteilen („Frauen wollen sich durch die
Existenzgründung bloß selbst verwirklichen", „Frauen haben rei-
che Männer, die ihnen die Existenzgründung als Hobby ermöglichen",) denen Frauen in der Unternehmerwelt begegnen, sollten
Sie sich stellen und versuchen, durch Erfolge zu entkräften.

Unterstützung finden angehende Unternehmerinnen z. B. beim
Verband deutscher Unternehmerinnen oder beim Bundesverband
der Unternehmerfrauen im Handwerk (UFH). In Einzelfällen sind
gestandene Unternehmerinnen der Verbände bereit, Partnerschaften für Existenzgründerinnen zu übernehmen und die Existenzgründerin beim Markteintritt zu begleiten.

Adressen:

Verband deutscher Unternehmerinnen (VdU) e. V.

Gustav-Heinemann-Ufer 94

50968 Köln

Tel.: 02 21/37 50 74

Fax.: 0221/34 31 71

Bundesverband der Unternehmerfrauen im Handwerk (UFH)

c/o Landesgewerbeamt Baden-Württemberg

Postfach 4196

76026 Karlsruhe

Tel.: 07 21/1 35 40 30

Fax.: 07 21/1 35 40 20

2.5 Der Partner an der Seite des Unternehmers

Wenn die Ehepartner nicht schon von vornherein strikte Gütertrennung vereinbart haben, sollten Unternehmer in einem Ehevertrag folgende sechs Punkte berücksichtigen:

1. Das Anfangsvermögen bei Heirat sollte in einem Anfangsvermögensstatus dokumentiert werden.
2. Größere Zuwendungen und Erbschaften von Dritten sollten mit dem Datum und dem genauen Wert festgehalten werden.
3. Wertsteigerungen bestimmter Vermögensteile (Immobilien; Firmenanteile) können vom Zugewinnausgleich ausgeklammert werden.
4. Im Scheidungsfall sollte von vornherein der Zugriff auf das Firmenvermögen ausgenommen bzw. eingeschränkt werden, so daß der Fortbestand des Unternehmens nicht gefährdet wird.
5. Auch bei Gütertrennung sollte der Rentenausgleich für den Fall der Trennung wirtschaftlich vernünftig gestaltet werden.
6. Der Ehegattenunterhalt sollte für die Zeit nach der Scheidung an feste Größen wie zum Beispiel die Beamtenbesoldungsentwicklung gekoppelt sein und nicht uferlos wachsen können.

Nach *H. Dittrich* ist ein Firmengründer so gut wie der Partner an der Seite. Es ist besser, so sagt er, keinen Ehepartner zu haben, als einen, der eine zusätzliche Last wird, wenn Sorgen drücken, und schließlich davonläuft sowie zusätzliche finanzielle Schwierigkeiten bereitet. Ideal ist es, wenn der Partner vom kaufmännischen und verwaltungstechnischen Bereich etwas versteht und dort entlasten kann.

Ihre Notizen:

In manchen Unternehmen herrscht eine hohe Personalfluk-
tuation; manche Mitarbeiter gehen freiwillig, andere werden
befördert, anderswo werden ganze Abteilungen aufgelöst. Von
heute auf morgen können Sie langjährige Kontakte verlieren.
Achten Sie darauf, Ihr Schicksal nicht so stark an eine bestimmte Person zu knüpfen, so daß Sie mit ihr stehen und fallen.
Vermeiden Sie Geschäftskontakte mit Freunden und Ver-
wandten.

2.6 Checkliste zum Unternehmenskonzept

An dieser Stelle sollten Sie Ihr bisheriges Unternehmenskonzept einer konsequenten Überprüfung unterziehen. Sie brauchen
ein klares und überzeugendes Konzept um Ihre Kapitalgeber zu
überzeugen und damit Ihre Geschäftsidee Erfolg hat. Sie müßten
mit ihm in der Lage sein, die nachfolgenden Kontrollfragen zu beantworten:

• Welches Unternehmensziel streben Sie an? Welche Ideen und
  Inhalte sollen realisiert werden?
• Wie hebe ich mich von der Konkurrenz ab? Welche Vorteile bie-
  tet mein Unternehmen?
• Können meine Angebote leicht von der Konkurrenz übernom-
  men werden?
• Wie mache ich mich selbständig, allein oder mit einem Partner?
• Werde ich ein Unternehmen neu gründen, mich an einem Unternehmen beteiligen oder ein bestehendes Unternehmen übernehmen?
• Sind für mein Unternehmen spezielle Konzessionen erforderlich?
• Habe ich mich für eine Rechtsform entschieden? Eignet sie sich
  für das Unternehmen? Aus welche Gründen habe ich sie gewählt?
• Ist schon ein Gesellschaftsvertrag geschlossen worden? Sind
  Regelungen über Nachfolge, Gewinnrechte und Vertretungs-
  rechte getroffen worden? Wurden Steuerfachleute und Rechts-
  experten zu Rate gezogen?

- Muß mein Unternehmen in das Handelsregister eingetragen werden?
- Ist der Name des Unternehmens mit der Industrie- und Handelskammer bzw. Handwerkskammer besprochen worden?
- Wer führt den technischen und wer den kaufmännischen Bereich des Betriebes?
- Bestehen bereits ausbaufähige Geschäftsverbindungen?
- Wurde eine Existenzgründungsberatung in Anspruch genommen?
- Ist ein Unternehmensexposé erstellt worden?
- Wurde Ihre Idee von unabhängigen und kompetenten Dritten als zukunftsträchtig tituliert?

Ihre Notizen:

3. Ihre Kunden wollen ...

Der Kunde darf sich unmöglich aufführen. Sie nicht!

An dieser Stelle wollen wir dem Kunden einen Stellenwert beimessen, den Sie ihm im Rahmen Ihrer Selbständigkeit zukommen lassen sollten. Bedenken Sie, daß der Kunde des Unternehmers der „Chef des Selbständigen" ist. Um den Kunden zu gewinnen, gilt es Grundsätze zu beachten, die z. B. die Kundenpflege, den Kundenservice oder die Geschäftseröffnung betreffen.

3.1 Kundenservice – Ein Fremdwort?

Service macht Spaß und zahlt sich aus.

Widmen Sie sich von vornherein nicht Ihrem Unternehmen, sondern dem Kunden. Kundenservice darf für Sie kein Fremdwort sein. Schaffen Sie ein unverwechselbares und sympathisches Gesamtbild.

Um sich von der Konkurrenz abzuheben, müssen Sie nicht unbedingt aufwendige Zusatzleistungen bieten. Oft genügen kleine Extras. Zum Beispiel:

- **Autoverleih**: Paßt ein gekauftes Produkt nicht in den Kofferraum, kann sich der Kunde ein Firmenfahrzeug zum Transport mieten.
- **Einpackdienst**: Auf Wunsch werden die im Laden gekauften Produkte geschenkfertig eingepackt.
- **Geschenkgutscheine**: Sie erleichtern den Kunden die oft schwierige Suche nach einem passenden Geschenk und vermitteln Kontakte zu Neukunden.
- **Heim-Service**: Ab einem bestimmten Rechnungsbetrag bekommt der Kunde im 20- oder 30-Kilometer-Umkreis seine Ware frei Haus geliefert.
- **Hotline**: Eine Rufnummer ist rund um die Uhr oder zu festen Zeiten für dringende Kundenanfragen reserviert.

- **Kinderspielecke**: Damit die Eltern in Ruhe einkaufen oder aussuchen können, ist für Kinder eine gut einsehbare Spielecke eingerichtet.
- **Leihgeräte**: Für die Zeit der Reparatur erhält der Kunde auf Wunsch ein Ersatzgerät.
- **Preispakete**: Leistungen werden zu populären Paketen zusammengefaßt, die preisgünstiger sind als die Summe der Einzelangebote.
- **Reservierung**: Will sich ein Kunde den Kauf noch einmal überlegen, kann er die ausgewählten Produkte bis zu einem vorgegebenen Zeitpunkt reservieren.
- **Sonderanfertigungen**: Wünsche des Kunden werden wenn möglich ohne oder nur mit geringem Aufpreis umgesetzt.
- **Zahlungsservice**: Gute Kunden können Schecks über 400 Mark hinaus ausstellen, bargeldloses Zahlen mit EC- oder Kreditkarte ist möglich.

Ihre Notizen:

Sie müssen erreichen, von Kunden empfohlen zu werden!

So können Sie sich von der Konkurrenz abheben

Pflegen Sie Kundenkontakte.

- **Flexibel:** Schaffen Sie Problemlösungen für unterschiedlichste Anforderungen.
- **Umweltsensibel:** Schaffen Sie eine ökologische Ausrichtung im Angebot und in der Leistungserstellung.
- **Spezialisiert:** Suchen Sie spezielle Mitarbeiter für spezielle Aufgaben.

- **Servicefreundlich:** Denken Sie an Wartungsverträge, Schnell-Service, Wochenenddienste,...
- **Preisaggressiv:** Wichtig sind eine effiziente Organisation und eine kostengünstige Abwicklung.
- **Selbstinitiativ:** Seien Sie regelmäßig präsent bei Ihrer Kernzielgruppe.
- **Innovationsfreundlich:** Sie sollten führend sein bei neuen Produktideen.
- **Künstlerisch:** Haben Sie auch einen kreativen Anspruch in Richtung Kunst.
- **Individuell:** Gehen Sie persönlich auf spezielle Kundeninteressen ein.
- **Kundenorientiert:** Tun Sie alles für den Kunden.
- **Schnell:** Nutzen Sie den Engpaß „Zeit" zu Ihren Gunsten.
- **Qualitätsorientiert:** Heute sind Zertifizierungen, Garantien und sorgfältige Lieferantenauswahl unumgänglich.
- **Traditionsverbunden:** Bauen sie nach Möglichkeit auf einem gewachsenen Image auf.
- **Engagiert:** Unumgänglich ist ein persönliches, offenes Führungsverhalten.

Schenken Sie jedem 100 % Ihrer Aufmerksamkeit!

Ihre Reputation ist Ihr Kapital. Denken Sie daran, daß sich die positiven Eindrücke über Sie im Laufe der Zeit unglücklicherweise abschwächen, negative Erfahrungen bleiben indessen für immer im Gedächtnis.

3.2 Schaffen Sie sich eine Unique Selling Proposition

Fragen Sie sich ständig:
- Was wollen wir ab heute auffallend angenehm anders als alle anderen für unsere Kunden tun?
- Was unterscheidet uns von den Mitbewerbern?

Aus der Beantwortung dieser Fragen ergibt sich Ihr persönlicher Vorteil, den Marketing-Experten als USP (Unique Selling Proposition) bezeichnen. Sie verstehen darunter eine unverwechselbare Leistung Ihres Unternehmens, die nur Sie Ihren Kunden bieten.

Eine USP können Sie z. B. in folgenden Bereichen finden:
- Unternehmenskultur
- Kundendienst
- Umweltschutz und Umweltfreundlichkeit
- Wiederverwendbarkeit
- lange Lebensdauer
- 24-Stunden-Service
- Kundenfreundlichkeit
- individuelle Betreuung
- Kundenklubs
- Kundenseminare
- Einladung zur Jahrestagung
- kulante Reklamationsbearbeitung
- Qualitätsmanagement (nach DIN EN ISO 9000 ff., CE-Zeichen, Zertifizierung,...)
- Entwicklungsvorsprung
- Innovation
- Kooperation
- Fairneß
- Vertrauen
- Harmonie
- ...

Unternehmensstrategie und -kultur sollten nahtlos zusammenpassen. Schaffen Sie sich frühzeitig eine USP!

3.3 Service-Sünden

Oft genügt es, einfach anders zu sein! Bieten Sie mehr!

Fünf Service-Sünden im Verkauf (vgl. *handwerker magazin*, Ausgabe 3/97)

Falsch:
1. Das Telefon wird erst nach mehrfachem Läuten abgehoben und ein hörbar abgehetzter Mitarbeiter meldet sich mit „Firma Müller".
2. Der Kunde fragt nach einem Termin und wird mit einem unverbindlichen „Wir melden uns in den nächsten Tagen wieder" abgespeist.

3. Obwohl abzusehen ist, daß sich der vereinbarte Termin verschiebt, erhält der Kunde keine Nachricht und wartet vergeblich auf den Kundendienst.
4. Auf die Frage nach einem Produkt oder einer Dienstleistung erhält der Kunde die Antwort „Das gibt es nicht" oder „Das geht nicht".
5. Der Kunde erhält eine Rechnung, die erheblich vom ursprünglichen Angebot abweicht.

Richtig:
1. Spätestens nach dem dritten Klingeln meldet sich eine freundliche Stimme mit „Firma Müller, guten Tag, mein Name ist..."
2. Falls kein konkreter Termin vereinbart werden kann, wird mit dem Kunden abgesprochen, wann ihn ein bestimmter Mitarbeiter (Name und Funktion nennen!) zurückruft.
3. Bei Terminverschiebungen von mehr als einer halben Stunde sorgt der für den Auftrag zuständige Mitarbeiter sofort für eine telefonische Benachrichtigung der nächsten Kunden.
4. Läßt sich ein Kundenwunsch nicht erfüllen, erklärt ein Mitarbeiter die Ursachen und zeigt Alternativen auf.
5. Bei jeder Auftragserweiterung von mehr als zehn Prozent der Angebotssumme wird der Kunde informiert.

Fünf Service-Sünden beim Kundenkontakt

Falsch:
1. Sie lassen den Kunden nichts mehr von Ihrem Betrieb hören, nachdem er seine Rechnung bezahlt hat.
2. Sie stellen sofort alle Bemühungen ein, wenn der Kunde nicht auf einen Nachfaßbrief reagiert.
3. Sie unterlassen es, die Informationen über Ihre Kunden zu erfassen und systematisch in einer Kundendatei auszuwerten.
4. Sie empfinden Fragen des Kunden „Wie funktioniert denn das?" als lästig oder störend und reagieren genervt.
5. Sie entwerten Veranstaltungen zur Kundenkontaktpflege, indem Sie dort nur Selbstdarstellung betreiben, die der Kunde als aufdringlich erlebt.

Richtig:

1. Ein Dankeschön („für die prompt bezahlte Rechnung") und einige Monate später ein Nachfaßbrief („Haben Sie noch Wünsche").

2. Sie fassen immer wieder nach, in unterschiedlichen Zeitabständen – lieber ein Brief oder Anruf zu viel, als den Kunden frühzeitig verloren geben.

3. Sie sammeln alle (auch private) Daten in der Kundendatei und nutzen Geburtstage sowie Hobbys als Gelegenheit zur erneuten Kontaktaufnahme.

4. Sie nehmen sich die Zeit, dem Kunden die Zusammenhänge zu erklären und damit auch Ihre Kompetenz zu beweisen.

5. Sie binden Ihre Veranstaltungen und Aktionen eng an den Betriebszweck und beziehen den Kunden ein.

Fünf Service-Sünden bei Reklamationen

Falsch:

1. Der Mitarbeiter nimmt die Beschwerde persönlich, er fühlt sich angegriffen und will sich verteidigen.

2. Er nimmt den Kunden nicht ernst und will ihn mit Floskeln („Das ist bei dem Produkt nicht üblich") abwimmeln.

3. Er sucht den Fehler zuerst beim Kunden („Da haben Sie wohl etwas falsch gemacht") und verärgert den unzufriedenen Käufer noch mehr.

4. Statt sich für den Fehler beim Kunden zu entschuldigen, sucht der Chef einen Sündenbock, dem er die Schuld für den Mangel zuweisen kann.

5. Der Betrieb hält die im Zusammenhang mit der Reklamation gemachten Versprechungen nicht ein.

Richtig:

1. Der Mitarbeiter soll Ruhe bewahren – auch bei üblen Beschimpfungen – und das Gespräch schnellstmöglich versachlichen.

2. Er soll jede Beschwerde interessiert anhören und – wenn sie unberechtigt ist – dem Kunden die Zusammenhänge erklären.

3. Er soll den Kunden, der tatsächlich etwas falsch machte, nicht kritisieren, sondern Fehler entschärfen („Das kann jedem passieren").

4. Der Chef soll Fehler nicht abwälzen, sondern den Betrieb als Einheit präsentieren, der an einer schnellen Regelung interessiert ist.
5. Zusagen sind penibel einzuhalten, denn nichts vertreibt einen Kunden zuverlässiger als eine zweite Enttäuschung.

3.4 Der Kunde der Zukunft

Wichtig ist es im Rahmen Ihrer Zielgruppendefinition – sie ist zwingend Bestandteil eines Business-Plans – sich über den Kunden der Zukunft Gedanken zu machen. Viele Geschäftsideen lassen sich zudem nur auf eine Kundengruppe fokussieren.

- Immer schneller ändern sich die Bedürfnisstrukturen der Kunden.
- Die Zahl der Ein- und Zwei-Personenhaushalte wird steigen, der Anteil der älteren Bürger stetig zunehmen.
- Der Ausländeranteil wird wachsen, ebenso wie die Zahl der 35- bis 45jährigen mit höherem Einkommen.
- Durch Arbeitszeitverkürzung gewinnt die Freizeit immer mehr an Bedeutung.
- ...

Elf Schlüsselfaktoren für die als maßgeblich erkannten Entwicklungen und Konsumententrends – und damit eminent wichtig für Ihre nachhaltige mittelfristige Zukunftssicherung – sehen Experten und Wissenschaftler in den nachstehend skizzierten Themen:

1. Eine wachsende Bedeutung älterer Konsumenten,
2. eine steigende Umweltorientierung,
3. Zeitknappheit der Verbraucher,
4. wachsendes Gesundheitsbewußtsein,
5. kritischere und fordernde Verbraucher,
6. ausgeprägtere Individualität,
7. Änderung (Verkleinerung) der Haushaltsgrößen,
8. Bedeutungsgewinn von Design,
9. neues Rollenverständnis Mann – Frau,
10. Kultur als Freizeitbeschäftigung der Zukunft,
11. der Rückzug ins eigene Heim.

Hören Sie auf die Bedürfnisse Ihrer Kunden! Noch besser: Kommen Sie Kundenbedürfnissen zuvor.

4. Planen Sie ein modernes und innovationsfähiges Unternehmen!

Der Wettbewerb verlagert sich vom Produkt zur Philosophie.

Nachdem wir uns Ihren Kunden gewidmet haben, wollen wir uns nun dem nächsten „K" widmen, der „Konkurrenz". Mit Kunden und Konkurrenz (besser gefällt mir der Ausdruck „Wettbewerber", der leider nicht mit „K" beginnt) sollten Sie lernen umzugehen, denn Ihr Unternehmen bewegt sich im Spannungsfeld zwischen diesen beiden „K's". Denken und handeln Sie in diesem Umfeld wie ein moderner Manager.

Ein Buchhinweis in eigener Sache sei hier erlaubt: „Modernes Management", ein Beck-Wirtschaftsberater im dtv, der im letzten Jahr von mir geschrieben wurde, behandelt das Thema *Modernes Management* umfassend und zeigt Ihnen, mit welchen Methoden innovationsfähige Unternehmen geführt werden. Dort finden Sie alles Wissenswerte zum modernen Management. Die wesentlichen Punkte, die ein innovatives Unternehmen ausmachen, habe ich hier für Sie zusammengestellt. Als Existenzgründer müssen Sie sich im Kontext gestandener Unternehmer bewähren. Erlernen Sie somit frühzeitig deren Methoden! Hierzu gehört es auch, über den besagten Tellerrand zu blicken und sich mit anderswo zu anderer Zeit bewährten Ansätzen zu befassen. Ausgangspunkt für diese Betrachtung ist für uns ein Blick in die Zukunft, also in die Zeit, in der Sie Ihr Unternehmen gründen wollen.

4.1 Wie geht's weiter in der Zukunft?

Bisher finden wir vor allem „konservative, bodenständige Unternehmen mit qualitativ hochwertigen, aber technologisch traditionellen Produkten".

Zukünftig werden m. E. nur „dynamische, technologisch orientierte Unternehmen mit qualitativ hochwertigen Produkten" überlebensfähig sein.

Vor dem Hintergrund dieser Aussagen gilt es, den Wandel der Management-Werte zu beleuchten und in die Überlegungen einzubeziehen.

Bisher eher	Zukünftig eher
Zielsetzungen	Werte
Normen	Richtlinien
Präzision	Intuition
Zentralisierung	Dezentralisierung
lokal	global
Vorhersagen	Visionen
rational	emotional
Insellösungen	Netzwerke
Organisation	Selbstorganisation
Spezialisierung	Ganzheitlichkeit

Tabelle 11: Management-Werte heute und morgen

Sie müssen sich den ständig wechselnden Erfordernissen des Marktes anpassen.

Ordnen Sie nunmehr vor dem Hintergrund der Management-Werte „heute" und „morgen" die von Ihnen gewählte Branche den Gruppen „Gewinner" und „Verlierer" zu. Wo finden Sie sich? **Führt Sie Ihre Geschäftsidee in eine Gewinner- oder Verliererbranche?** Es ist besser, die Branche zu wechseln, als in einer sterbenden Branche zu gründen.

Die Entwicklung verschiedener Branchen bis ins Jahr 2010

Gewinner
- Hotel- und Gaststättengewerbe
- Nachrichtenübermittlung, Telekommunikation
- Finanz- und Versicherungsdienstleistungen
- Freizeit, Gesundheit, Kultur, Bildung
- Beratungs- und Dienstleistungsunternehmen
- Datenbankanbieter
- Wachdienste

- Umweltschutz
- Planungsbüros
- Softwarehäuser
- Treuhandgesellschaften
- Werbeagenturen

Verlierer
- Handel
- Land- und Forstwirtschaft
- Bergbau und Energie
- Weite Teile der sonstigen Industrie
- Öffentlicher Dienst
- Verkehr
- Bau

Beantworten Sie sich selbst folgende Fragen und überprüfen Sie anschließend Ihre Geschäftsidee nochmals kritisch:

- Wie verändern sich Einkommensverhältnisse?
- Wie verändern sich Lebenshaltungskosten?
- Wie verändern sich Lebensbedingungen allgemein?
- Wie verändert sich das Konsumverhalten?
- Welche Auswirkungen haben die Veränderungen auf Ihre Selbständigkeit, Ihr Produkt, Ihre Dienstleistung?

Ihre Notizen:

4.2 Thesen zum Kultur-Prozeß

Die Seele jedes Unternehmens
ist die gewachsene Firmenkultur.

1. In den nächsten Jahren wird sich der Management-Schwerpunkt von der Technologie zur Philosophie verlagern.
2. Auf übersättigten Weltmärkten mit nivelliertem Produktangebot wird die Motivation und Identifikation der Mitarbeiter über zukünftige Markterfolge entscheiden.
3. Unternehmenskultur wird als Chance eigenständiger Marktprofilierung erkannt und genutzt werden.
4. Jedes Unternehmen hat eine Kultur.
5. Jedes Unternehmen ist ein Organismus mit der Fähigkeit der Selbstorganisation, Mutation und dem Abstoßen von Fremdkörpern (allergische Reaktion).
6. Die spezifische Unternehmenskultur entsteht durch das Zusammenspiel von Werten, Symbolen/Ritualen und den Kultur-Multiplikatoren.
7. Das persönliche Lebens-Drehbuch des Chefs/der Führungskräfte bestimmt die Kultur des gesamten Unternehmens in hohem Maße.
8. Das Lebens-Drehbuch eines Menschen ist nicht absolut statisch und unveränderbar.
9. Gezielte Änderungen der Unternehmenskultur erfordern gezielte Änderungen des persönlichen Lebens-Drehbuchs des Chefs/der Führungskräfte.
10. Ausgeprägte Firmenkulturen erleichtern die Identifikation der Mitarbeiter, fokussieren alle Einzelaktivitäten und ermöglichen ein klares, glaubhaftes Marktprofil.

Strategische Planung wird oft an der Firmenkultur vorbei konzipiert und realisiert.

Der Unternehmer der Zukunft ...

Ein Vorgesetzter, der Menschen führt, ist etwas ganz anderes als ein „Kommandierer", der Macht ausübt. Wir brauchen global denkende Unternehmer mit Herz und Aufbruchstimmung.

...wird drei wichtige Eigenschaften haben:

- die Witterung für profitable Geschäfte,
- das richtige Gespür für Menschen,
- strategisches und visionäres Denken.

Zehn Schlüssel zum Erfolg

1. Blick für die richtige Gelegenheit
2. Heißhunger auf viel Arbeit
3. Selbstdisziplin
4. Unabhängigkeit
5. Anpassungsfähigkeit
6. Selbstvertrauen und -bewußtsein
7. Urteilsvermögen
8. Zielstrebigkeit
9. Fähigkeit, Streß zu tolerieren
10. Lust auf Gewinn

4.3 Global denken!

Global denken, ist die nächste Forderung, die hier an Sie gestellt wird. Vergessen Sie Grenzen. Von überall droht Konkurrenz. Ihre Wettbewerber finden sich nicht nur im geographisch näheren Umfeld sondern sind im Zeitalter des *World-Wide-Web* weltweit zu suchen. Lernen Sie z. B. von den Japanern. Vergleichen Sie deren Denkmuster mit eigenen.

Die Herausforderung der japanischen Revolution

Konventionelle Weisheit

Höhere Qualität führt zu höheren Kosten
Größere Lose führen zu niedrigen Kosten
Arbeiter müssen nicht mit in die Überlegungen einbezogen werden

Japanische Revolution

Höhere Qualität führt zu niedrigen Kosten
Kleinere Lose führen zu niedrigeren Kosten
Ein mitdenkender Arbeiter ist ein produktiver Arbeiter

Europäisch	Asiatisch
Denken	
kausal-funktional, linear	vernetzt-ganzheitlich, nicht linear
absolut-horizontal	relativ-vertikal
Entscheiden	
kontrollgerecht	vertrauensgerecht
individuell, freiheitlich	gruppensolidarisch
mehrheitsgerecht	konsensfähig
Verhalten	
prinzipiengerecht	situationsgerecht
legalitätsbezogen	gemeinschaftsgerecht
konfliktfähig dynamisch	harmoniegerecht konservativ
offen-direkt	bedeckt-indirekt
selbstbewußt	selbstsicher
extrovertiert	introvertiert

*Tabelle 12: Europäische und asiatische Denk-, Entscheidungs-
und Verhaltensmuster im Vergleich*

4.4 Modernes Management

Hier wird die These nochmals unterstrichen, daß der Existenzgründer in einem Markt antritt, in dem gestandene Unternehmer
agieren. Er muß sich deshalb auch mit deren Methoden auseinandersetzen, zu denen die hier kurz angerissenen Managementme-
thoden zählen.

Zum modernen Management gehören Konzepte wie:

Just-in-Time-System

Das richtige Material bzw. die richtige Information in der richtigen Menge und Qualität zur richtigen Zeit am richtigen Ort.

Kaizen-System

Kontinuierliche Verbesserung von Situationen bzw. Zuständen
in kleinen Schritten, wobei jeder Fehler, jede Abweichung bis hin
zur grundlegenden Ursache verfolgt und behoben wird.

Total Quality Control

Ein Konzept, welches verhindert, daß ein Fehler durch den gesamten Prozeß getragen wird und sich kumuliert.

Total Productive Maintenance

Ein Konzept zur effizienten Instandhaltung, die von allen Mitarbeitern und nicht nur vom Instandhaltungspersonal ausgeführt wird.

Portfolioanalyse

Sie unterteilt Produkte und Geschäftsfelder je nach Erfolgspotential in eine Vier- oder Neun-Felder-Matrix mit Siegern und Verlierern. Angewandt wird diese Methode zur Strategiefindung seit den 70er Jahren.

Kernkompetenzen

Dieses Konzept fordert die Konzentration auf die unternehmerischen Stärken.

Lean Management/Business Reengineering

Diese Begriffe werden heute von gestandenen Unternehmern als von Beratern verordnete Gesundschrumpfungskuren aufgefaßt. Lean Management widmet sich dabei primär den Hierarchien in Unternehmen und postuliert deren Abschaffung, wohingegen Business Reengineering mit dem Ziel betrieben wird, Prozesse wie Auftragsabwicklung, Produktentwicklung oder Kundenakquise so zu gestalten, daß signifikante Einsparungen bei den Kosten hieraus resultieren.

Zero-Base-Budgeting

Hierbei wird davon ausgegangen, daß die einzelnen Unternehmensbereiche ohne Kapital starten. Die Kernfrage lautet: Wie sehen die Budgets aus, wenn wir morgen auf einer grünen Wiese von vorne anfangen?

Benchmarking

Beim Benchmarking wird vom Besten abgeschaut. Über Unternehmensgrenzen hinaus werden, z. B. unter Automobilzulieferern, Unternehmensbereiche miteinander verglichen und im eigenen Hause aus dem Vergleich resultierend Verbesserungen angeregt.

Target Costing

Beim Target Costing steht nicht die Frage „Was wird ein Produkt kosten?" sondern „Was darf ein Produkt kosten?" im Mittelpunkt des Interesses.

1. Neues Denken: **Ganzheitliche Verbesserung**

In Zusammenhang mit verkürzten Produktlebenszyklen, denken Sie z. B. an Computer, die bereits nach einem Jahr veraltet sind, führt nur eine Kombination aus den Zielfaktoren höhere Qualität, schnellere Marktreife und geringere Kosten zu einer verbesserten Wettbewerbsfähigkeit.

2. **Lean Management** bedeutet:
- eine hohe durch Teams garantierte Standardisierung,
- eine moderate Form der Kontrolle,
- eine geringe Lagerhaltung,
- keine Zwischenlager,
- sehr kleine Reperaturabteilungen und eine
- stark ausgeprägte Teamarbeit.

3. Schritte zur Einführung von **Lean Production:**
- Erarbeitung des Konzeptes (Definition der Kernbereiche)
- Verhandlungen mit Lieferanten (Art, Umfang und Zeit der Lieferung)
- Änderung der Organisation, der Logistik und der Zuständigkeit
- Umsetzung der Mitarbeiter und evtl. Freisetzung
- Training der Mitarbeiter im Lean
- Stufenweise Umsetzung des Konzeptes für einzelne Unternehmensbereiche
- Vollständige Umstellung auf Lean Management und Lean Production

4. Ein **kontinuierlicher Verbesserungsprozeß** verlangt die Berücksichtigung der folgenden Punkte:
- Jeder ist sich des Kostendrucks im Wettbewerb bewußt
- Produktivität ist Gruppenaufgabe
- Mitarbeiter verbessern ihren eigenen Arbeitsplatz
- Beteiligung am Erfolg durch effizientes Anerkennungssystem
- Konzentration auf die Produktion von Fahrzeugen
- Artfremde Arbeiten werden von kompetenten Lieferanten bezogen

5. Wissenswertes zur **Kaizen-Philosophie:**

- Kaizen ist eine japanische Erfolgsmethode, die **Fortschritt durch kontinuierliche Verbesserung betrieblicher Zustände und Verhaltensweisen** forciert.

- Kaizen ist eine Methode, die **durch Problemlösungen Verbesserungen** erzielt und alle Mitarbeiter in den Verbesserungsprozeß einbezieht.

- Kaizen ist mitarbeiterorientiert. Der Erfolg hängt von den Bemühungen der Mitarbeiter ab. **Der Mensch und sein Verhalten bestimmen den Erfolg des Veränderungsprozesses.**

- In Kaizen investieren heißt, **in Mitarbeiter investieren.**

- Kaizen anwenden bedeutet, **prozeßorientiert zu denken**, weil zuerst die Prozesse verbessert werden müssen, ehe verbesserte Ergebnisse erwartet werden können.

- Kaizen setzt eine fortdauernde Anstrengung und eine Verpflichtung voraus, die **Beharrlichkeit, aber keine großen Investitionen erfordern.**

- Die Methoden und Werkzeuge von Kaizen sind **einfach und zuverlässig.**

- Kaizen will Standards pflegen und verbessern. (**Standard = Der beste Weg, den wir kennen, um etwas zu tun**). Standards sind einzuhalten, damit ein günstiger Zustand aufrecht erhalten wird. Ziel ist es, die Standards zu verbessern.

- Die Grundlage von Kaizen ist eine Unternehmenskultur, in der jeder auf das Vorhandensein von Problemen aufmerksam machen kann. Fehler dürfen gemacht werden, denn **Fortschritt ohne Fehler und ohne Kenntnis über deren Ursache ist unmöglich.**

- Das Ziel von Kaizen ist die **kontinuierliche Verbesserung von Zuständen und Prozessen.**

6. Total Quality Maintenance

Ein Konzept zur effizienten Instandhaltung, die von allen Mitarbeitern und nicht nur vom Instandhaltungspersonal ausgeführt wird. Machen Sie sich folgende Punkte zu eigen.

Schritt 1: Seiri (Ordnung schaffen)

- Trenne Notwendiges von nicht Notwendigem und entferne alles nicht Notwendige

Schritt 2: Seiton (jeden Gegenstand am richtigen Ort aufbewahren)
- Gegenstände müssen so aufbewahrt werden, daß sie bei Bedarf griffbereit sind.

Schritt 3: Seiso (Sauberkeit)
- Halte den Arbeitsplatz sauber.

Schritt 4: Seiketsu (persönlicher Ordungssinn)
- Mach die Sauberkeit und Ordnung zur Gewohnheit, indem Du damit bei Dir selbst beginnst.

Schritt 5: Shitsuke (Disziplin)
- Halte an Deinem Arbeitsplatz die Vorschriften ein.

4.5 Fakten, die die Leistungsfähigkeit eines Kleinbetriebes steigern

Warum hat das eine Kleinunternehmen Erfolg, das andere nicht? Gewiß spielen viele Einflüsse mit, doch muß es Grundregeln geben, deren Befolgung/Nichtbefolgung zu unterschiedlicher Leistungsfähigkeit führt. Einige davon sind:

- Dem beweglichen Unternehmen gehört die Zukunft, das sich ohne Zögern den rasanten wirtschaftlichen, technischen und strukturellen Veränderungen anpaßt.
- Selbsthilfe und Selbstkritik führen zu großer Eigenständigkeit und zu einem fundierten Selbstbewußtsein, das alle Probleme schnell und sicher überwinden hilft.
- Überstarkes Traditionsdenken, Eigen- und Starrsinn sind in leistungsfähigen Betrieben ausgeschaltet. Es führt der Begabteste und Tüchtigste, auch wenn er nicht zur Familie gehört.
- Das Gesprächsklima in guten Betrieben ist offen und schonungslos. Konstruktive Kritik wird anerkannt, gleich, ob sie aus dem Mitarbeiterkreis oder aus außerbetrieblichen Bereichen kommt.
- Jedes Betriebsmitglied ist bestrebt, Ratschläge und Wissen von Kollegen, Beratern und jedem, der gute Wege findet, anzunehmen und im Interesse des Unternehmens zu nutzen.
- Die Unternehmensführung sondiert laufend die Lücken in den Programmen und Leistungen der Großen, um Einsatzpunkte zu

finden, in denen der bewegliche Kleinbetrieb leistungsfähiger ist.

- Weil kaum eine Spezialisierung auf Dauer ihre Leistungsfähigkeit behält, muß man rechtzeitig umstellen können und nach dem Erwägen, Berechnen und Beraten auch investieren.
- Weil jede Fertigungsart ihre optimale Größe hat, ist notfalls trotz eines gewissen Risikos auch zu expandieren, wenn man ein positives Ergebnis rechnerisch vorausbestimmen kann.
- Eigenbrötlerei und einen zu aufwendigen Lebensstil findet man bei erfolgreichen Betrieben so gut wie nie.
- Gerade die Fähigkeit zur Kooperation, die eine vorübergehende Einschränkung der Freiheit des Handelns bedeutet, zeichnet aufstrebende, leistungsfähige Unternehmen aus.
- Unternehmerpersönlichkeiten in leistungsfähigen Kleinbetrieben wissen, daß Märkte und Strukturverschiebungen sowie eine kapitalkräftige Konkurrenz einen kleinen Betrieb erdrücken können, wenn er nicht ausweicht.
- Besser als das Ausweichen ist ein rechtzeitiger guter Verkauf und der Aufbau eines neuen Unternehmens in einer der sich immer neu bildenden Marktlücken.

Ihre Notizen:

4.6 Pleite, oder was?

Frühzeitig sollten Sie wissen, woran Sie scheitern könnten. Arbeiten Sie hierbei selbst an Ihren Defiziten und minimieren Sie hierdurch das Risiko einer Zahlungsunfähigkeit.

Sieben entscheidende Pleiteursachen:
Woran scheitern Existenzgründer?

Oft gibt es für Pleiten mehrere Ursachen. Die angegebenen Prozentzahlen zeigen an, wie oft die jeweilige Ursache mitbeteiligt war.

1. **Finanzierungsmängel (68,6 %)** Gründer unterschätzen oft ihren kurzfristigen Kapitalbedarf. Gefährlich auch: ein zu hoher Preis bei einer Firmenübernahme.
2. **Informationsdefizite (61 %)** Gründer wissen oft zu wenig vom Marktgeschehen. Sie überschätzen z. B. die Nachfrage nach ihrem Produkt oder ihre Dienstleistung, unterschätzen die Konkurrenz.
3. **Qualifikationsmängel (48 %)** An der fachlichen Qualifikation mangelt es so gut wie nie, dafür um so mehr an kaufmännischen und unternehmerischen Kenntnissen.
4. **Planungsmängel (30,1 %)** Entweder ist die Planung fehlerhaft oder sie ist gut, wird aber nicht eingehalten.
5. **Familienprobleme (29,9 %)** Wenn der Ehepartner die familiären Belastungen in der Anfangsphase nicht länger hinnehmen will.
6. **Überschätzung der Betriebsleistung (20,9 %)** Hier ist der Umsatz des Betriebes zu gering im Verhältnis zu den hohen Investitionen oder Fixkosten.
7. **Äußere Einflüsse (15,4 %)** Ursachen, die der Unternehmer weder vorhersehen noch beeinflussen kann: Änderungen im Kundenverhalten, schwindende Kaufkraft in der Kunden-Zielgruppe, Wertverlust teurer Maschinen durch technischen Fortschritt.

Insolvenzursachen

Die Ursachen einer Insolvenz lassen sich genauestens feststellen. Nachfolgend wurden Sie Bereichen zugeordnet. Suchen Sie das schwächste Glied der Kette. Für Sie besteht dort höchste Insolvenzgefahr.

Betriebsführung
- unzureichende Unternehmerqualitäten
- ungenügende Führungskenntnisse
- mangelnde Erfahrung

Betriebsstruktur
- Kapitalausstattung nicht hinreichend
- Rechtsformprobleme

Betriebsleistung
- geringe Kapazitätsauslastung
- falsche Sortimentsstruktur

Beschaffung
- Preiserhöhungen
- Lagerhaltungsprobleme

Absatz
- falsche Markteinschätzung und fehlende Marktkonzeption
- fehlerhafte Preisgestaltung und schlechte Verkaufsorganisation
- mangelnde Flexibilität bei Entwicklung und Änderung von Produkten

Konkurrenten
- Konkurrenzdruck

Überbetriebliche Ursachen
- Konjunktureinflüsse
- Steuer- und Sozialkostenbelastung
- tarifpolitische Auswirkungen
- überstaatliche Einwirkungen

Verwaltung/Personal
- zu hohe Personalkosten
- hohe Fluktuation
- nicht genügend qualifiziertes Personal

Finanzierung
- Eigenkapitalmangel
- hohe Zinsbelastung
- ungenügende Kreditwürdigkeit
- mangelnde Bereitschaft der Gesellschafter, die persönliche Haftung zu übernehmen
- Substanzverlust durch unangemessen hohe Entnahmen
- falsche Finanzierung der getätigten Investitionen

Investitionen
- Gefahr von Fehlinvestitionen im Hinblick auf

- technischen Fortschritt
- Mode/Trends
- Absatzchancen
- Wettbewerbssituation
- Standortentscheidung

Rechnungswesen
- unrichtige Kalkulation
- überalterte Buchungstechniken
- Mangel an kritischer Eigenbeobachtung (Kosten- und Liquiditätskontollen)
- fehlende Debitorenüberwachung und nicht funktionierendes Mahnwesen
- fehlende Finanz- und Liquiditätsplanung

Abnehmer
- Nachfragerückgang
- zunehmende Reklamationen
- Insolvenzen von (Groß-)Abnehmern

Lieferanten
- Verschärfung von Liefermodalitäten
- Lieferanten-Insolvenzen

Produktion
- zu hohe und damit nicht wettbewerbsfähige Produktionskosten infolge
  - unrationeller Fertigung
  - mangelnder Kapazitätsauslastung
- technisch überholte Produkte
- mangelnde Flexibilität

Personal
- ungünstige Altersstruktur
- Mangel an Fachkräften
- Generationenproblem

Unregelmäßigkeiten
- Spekulationen
- Substanzverlust durch überhöhte Entnahmen
- Steuerhinterziehung und Subventionsbetrug
- Betrug (Bilanzfälschung, Vermögensverschiebungen etc.)

Neben diesen internen Faktoren spielen auch eine Reihe externer Faktoren eine bedeutende Rolle. Exogene Faktoren für **Insolvenzen** sind:

- höhere Gewalt (Diebstahl, Brand u.ä.),
- hoheitliche Gewalt,
- Konjunktur (In- und Ausland),
- Geldentwertung (In- und Ausland),
- technischer Fortschritt,
- beschränkte Aufnahmefähigkeit des Marktes,
- zunehmende Konzentration und
- Insolvenzen anderer Unternehmen.

4.7 Alarmzeichen drohender Insolvenzen

Plötzliche Insolvenzen sind äußerst selten. Gewöhnlich kündigen sich Insolvenzgefahren längerfristig durch bestimmte typische außer- und innerbetriebliche Erscheinungen oder Veränderungen an.

Überbetriebliche Signale

- gesamtwirtschaftliche Konjunkturabschwächung mit der Folge rückläufiger Nachfrage der Verbraucher,
- steigende Kapitalmarktzinsen (sie verteuern die Unternehmensfinanzierung mit Fremdkapital),
- Zinsanhebung für Konsumentenkredite (sie wirken sich durch rückläufige Kreditverkäufe nachteilig vor allem auf die Nachfrage nach Gütern des langfristigen und gehobenen Bedarfs aus),
- Erhöhung der Sparquote bei günstigen Kapitalanlagemöglichkeiten (eine Erhöhung der Sparquote um 1 % führt zu einem volkswirtschaftlichen Nachfrageausfall von ca. 10 %),
- Änderungen der Einkaufs- und Verbrauchsgewohnheiten und der Mode (sie führen zu Verschiebungen im Ausgabenbudget mit nachteiligen Auswirkungen auf die betroffenen Branchen).

Zwischenbetriebliche Signale

- Einschränkung der Aufträge oder häufigerer Kauf kleinerer Mengen
- Konkurs eines bedeutenden Kunden
- Verschlechterung des Zahlungsverhaltens der Kunden
- Überschreitung des vereinbarten Zahlungszieles
- statt Überweisung des Rechnungsbetrages lediglich Leistung einer Abschlagszahlung
- ...

4.8 Planen, planen und nochmals planen

Selbstverständlich gibt es in einer Sozialen Marktwirtschaft keinen Garantieschein für späteren wirtschaftlichen Erfolg. Eine sorgfältige Planung und Vorbereitung kann aber das vielzitierte Unternehmerrisiko verringern. **Langfristige Planung ist dabei frühzeitige Insolvenzprophylaxe.**

Was die Planung noch bringt:

- Sie gewinnen Kompetenz.
- Typische Zusammenhänge und die Abhängigkeiten einzelner Positionen werden Ihnen bewußter.
- Sie erkennen besonders wichtige Details als Schlüsselpositionen Ihres wirtschaftlichen Erfolges.
- Variantenvergleiche machen Sie flexibel für spätere Situationen nach Eröffnung Ihres Geschäfts.
- Sie bekommen ein Gefühl für die finanziellen Auswirkungen Ihrer Entscheidungen.

Grundsätze der Planung

- Die Planung muß vollständig sein. Dies bedeutet die Einbeziehung aller wesentlichen Ereignisse, Vorgänge und Faktoren, die für die Steuerung des Unternehmens Bedeutung haben.
- Jede Planung muß so genau wie möglich sein.
- Jede Planung muß flexibel ausgerichtet sein. Eintretende Verän-

derungen dürfen die Verwirklichung des Planungsziels nicht gefährden. Aus diesem Grunde sind die Alternativplanungen so wichtig, auf die dann in diesen Fällen zurückgegriffen werden kann. Demzufolge müssen bevorstehende Planungen laufend überprüft werden.

- Die Planung sollte einfach, klar und widerspruchsfrei formuliert werden. Nur wenn diese Grundsätze berücksichtigt werden, können unterschiedliche Interpretationen bei der Umsetzung und Durchführung der Planung weitgehend vermieden werden.
- Als letzter Grundsatz gilt wie überall im Unternehmen auch für die Planung der Maßstab der Wirtschaftlichkeit. Jede Planung erfordert einen bestimmten Aufwand. Der Aufwand darf nicht höher sein als der Ertrag, der erzielbar ist. Allerdings läßt sich dieser nicht immer exakt ermitteln.

Planen ist besser als ahnen!

Planen bedeutet, den Zufall durch den Irrtum ersetzen.

Nach allgemeinen Erfahrungen sind bei professioneller Vorbereitung und unter vertretbarem Aufwand etwa 70 bis 80 % aller auf das Unternehmen zukommenden Themen und Wechselwirkungen im Vorfeld erkennbar und damit planbar. Es bleiben jedoch immer Unwägbarkeiten und Risiken. Das Risiko ist ein wesentliches Element unternehmerischer Tätigkeit. Planungen sollen das Risiko minimieren, Gänzlich ausschalten können auch Planungen Risiken nie.

Haben Sie einen Zeitplan erstellt für
- die Informationsbeschaffung?
- die Erledigung der behördlichen Formalitäten?
- den Grundstückserwerb?
- die Anschaffung der maschinellen Ausstattung?
- die Anschaffung der Geschäftsausstattung?
- die Materialbeschaffung?
- die Personalbeschaffung?
- die Bereitstellung der Finanzierungsmittel?
- die Aufnahme von Kundenkontakten?

Vor dem Hintergrund eines konkreten Zeitplanes mit der Überschrift „Was muß bis wann fertig sein" sollten Sie sich Ihrem Geschäftsplan- und Ihrer Geschäftseröffnung stellen. Zwingen Sie sich, unter Zeitdruck zu arbeiten. Denken Sie bereits bei der Erstellung Ihres Geschäftsplanes an die Geschäftseröffnung. Dies wirkt motivierend. Setzen Sie sich Zeitpunkte. Definieren Sie Meilensteine. Holen Sie nun einen Kalender und planen Sie mit konkreten Terminen.

4.9 Planen Sie Ihre Eröffnung langfristig

Je nach Branche, Produktpalette und Dienstleistungsangebot werden die im Rahmen der Betriebseröffnung zu ergreifenden Maßnahmen sehr unterschiedlich sein. Gedacht werden muß z. B. an die Schaufensterdekoration, die übersichtliche Präsentation des Warenangebotes oder den Druck des Demonstrationsmaterials. Sorgen Sie auch dafür, daß der Kunde einen Eindruck von Ihrer Umgebung und damit Ihren Fähigkeiten bekommt.

- Legen Sie den Termin für die Eröffnung in verkaufsstarke Zeiten (Wochenende) und beginnen Sie mit der Planung mindestens ein viertel bis ein halbes Jahr vorher.
- Erstellen Sie ein Konzept, in dem Sie Ideen sowie Anregungen für Aktionen und Vorführungen sammeln. Stellen Sie einen Kostenplan auf.
- Geben Sie zwei Wochen vorher eine Presseinformation an die Lokal- und Fachpresse mit einer Einladung zur Veranstaltung heraus.
- Engagieren Sie einen Profi-Fotografen, der Sie und Ihre Gäste mit Hausmessenambiente für die Presse festhält.
- Stellen Sie Ihre Produkte und Leistungen in den Vordergrund. Als Chef sollten Sie den ganzen Tag für die Gäste ansprechbar sein.
- Sorgen Sie für die Bewirtung der Besucher mit Speisen und Getränken. Vergessen Sie nicht, Gesundheitszeugnis und Schankgenehmigungen einzuholen. Stellen Sie genügend Sitzgelegenheiten zur Verfügung. Mieten Sie zusätzlich Toiletten an.
- Schaffen Sie ausreichend Parkplätze in der Umgebung.
- Kümmern Sie sich um die Sicherheit der Gäste, indem Sie Ge-

fahrenstellen absichern und mit Hilfe von Schildern die Orientierung erleichtern.

- Organisieren Sie eine Besucherzählung, z. B. durch Eintragung ins Gästebuch.
- Führen Sie Aktionen durch, die zu Ihrem Produkt und Unternehmen passen. Das kann z. B. ein Gewinnspiel mit Preisen aus dem Warensortiment sein. Beliebt sind auch „lebende Werkstätten", Vorführungen von Geräten sowie Gastaussteller, die das eigene Sortiment ergänzen.
- Sorgen Sie für musikalische Unterhaltung.
- Engagieren Sie Publikumsmagneten. Geeignet sind Prominente, regional bekannte Politiker, Künstler oder Sportler. Besonders glaubhaft wirkt es, wenn sie einen Bezug zu Ihrer Branche haben. Bürgermeister, Bundestags- oder Landtagsabgeordnete lassen sich kostenlos „vor den Karren spannen".
- Bieten Sie Spielmöglichkeiten für die Kinder Ihrer Besucher an.
- Schreiben Sie Berichte für die Presse mit Fotos und schicken Sie sie umgehend ab.
- Sprechen Sie über eine Anzeigen-Aktion ein „Dankeschön" an alle Besucher aus.

Ihre Notizen:

Laut *H. Emge* gilt bei der Eröffnung eines Geschäftes der Grundsatz: Zur Geschäftseröffnung müssen die Elefanten tanzen, und die Presse muß dies im redaktionellen Teil berichten.

5. Marketing – Sie müssen sich verkaufen!

Gute Werbung kostet nichts, sie zahlt sich aus!

Wenn Sie als Existenzgründer in den Markt eintreten wollen, müssen Sie diesen vorher erforschen, und Ihr Marktsegment definieren.

Dazu sollten Sie sich über die folgenden Fragen Gedanken machen:

1. Kennen Sie Ihre **Zielgruppe**?
2. Wie ist die **Kundenstruktur** (Alter, Einkommen, Beruf, Geschlecht, Familienstand, Lebensstil, Bildung)?
3. Verfügen Sie über ausreichendes Adressenmaterial Ihrer Kundenzielgruppe?
4. Haben Sie **Bedarfsanalysen** (Erfassung der Kundenwünsche und -probleme) durchgeführt?
5. Benötigen Ihre Kunden Ihr Produkt/Ihre Dienstleistungen regelmäßig oder sporadisch?
6. Woher kommen die Kunden (räumlich, produktbezogen)?
7. Wieviele Kunden befinden sich im Einzugsbereich (Kundendichte)?
8. Über welche persönlichen Kundenbeziehungen verfügen Sie?
9. Wie viele Konkurrenzbetriebe gibt es?
10. Kennen Sie deren Stärken und Schwächen?
11. Kennen Sie Ihre Stärken und Schwächen?
12. Wissen Sie, welche Zusatzprodukte Ihren Produkten am Markt zugeordnet werden?
13. Können Sie geeignetes Personal einstellen?
14. Verfügen Sie über Betriebsvergleiche?
15. Sind Sie technisch in der Lage, die erforderliche Qualität zu erbringen?
16. Ist Ihr Standort kundenabhängig?
17. Haben Sie eine realistische Umsatzerwartung?
18. Ist Werbung – und wenn, welche – sinnvoll?
19. ...

Ihre Notizen:

Zur Werbung: Niemand kann Leistungen anfordern, von deren Existenz er nichts weiß! Deshalb Werbung! Es gilt: Wer nicht wirbt, der stirbt!
Denken Sie auch früh genug daran, daß Marketing mehr als Werbung ist.

Grundsätzlich sollte Ihre Werbung an Zielen orientiert sein. Sie sollte
- Aufmerksamkeit erregen („attention"),
- Interesse wecken („interest"),
- Bedürfnisse ansprechen („desire") und
- Kaufimpule auslösen („action").

Versetzen Sie sich bei der Gestaltung und Auswahl Ihrer Werbung in die Rolle des Kunden: Was will er wissen und was soll er wissen und vor allem was könnte ihn wirklich neugierig machen?

Werden Kundenbesuche ausreichend vorbereitet? Nimmt man genügend Anschauungsmaterial mit, um den Kunden besser überzeugen zu können, und wählt man es gezielt genug aus?

Mit zunehmendem Wachstum Ihres Unternehmens werden Sie vielleicht das Bedürfnis nach mehr Selbstdarstellung verspüren. Tadellose Prospekte, Briefbogen und Geschäftskarten stehen zwar außer Frage, doch achten Sie darauf, daß Sie damit nicht ein falsches Image signalisieren.

Wer bei einem Rechtsstreit einen Star-Anwalt aufsucht, wird sich kaum über dessen eindrucksvolle Räumlichkeiten, Kunst-Originale an den Wänden, Kaffee aus Designer-Tassen oder mächtige Ledersessel wundern. Alles das ist er seinem Image schuldig.

Wenn Sie dagegen einen kostengünstigen Grafik-Service brauchen, werden Marmorhallen im Empfang Sie eher abschrecken.

Signalisieren Sie das, was sie liefern wollen – nicht mehr und nicht weniger.

Ziele im Marketingkonzept

Die Festlegung der Ziele im Marketingkonzept kann in fünf Gruppen unterteilt werden:

1. **Meine Stellung im Markt**, die alle Unternehmensziele, die ich im Markt erreichen will, umfaßt.
2. **Die Bedürfnisse meiner Kunden,** die durch die qualitativen Merkmale meiner Produkte und Dienstleistungen abgedeckt werden müssen.
3. **Umsatz und Marktanteil**, die ich als wirtschaftliche Ziele im Zielmarkt erreichen will.
4. **Produktleistung** als Ziel für die Festlegung des Sortiments und der anzubietenden Produkte.
5. **Märkte** als Wahl der kurz-, mittel- und längerfristig zu bearbeitenden Zielmärkte.

Es ist zu berücksichtigen, daß zwischen den einzelnen Zielen eine Abhängigkeit besteht und daß sie sich auch gegenseitig beeinflussen. Der Aspekt des Marketing nimmt im Rahmen des Geschäftskonzepts unabhängig davon einen hohen Stellenwert ein. Eine Geschäftsidee kann noch so gut, ein Produkt noch so zuverlässig sein, wenn die möglichen Kunden nichts darüber erfahren, kann dies niemals zu einer erfolgreichen Geschäftstätigkeit führen.

Das bedeutet, daß Marketing untrennbar mit dem Kunden verbunden ist. Bei der Schaffung, Ausweitung oder Sicherung von Märkten findet in der Regel eine Orientierung an den Kundenbedürfnissen, gekoppelt mit dem Versuch, diese zu befriedigen, statt. Um den Mitbewerbern keine auffälligen Schwachstellen aufzuzeigen und ihnen den Angriff zu erleichtern, empfiehlt es sich, ein möglichst geschlossenes und in sich stimmiges Marketing-Konzept zu erstellen.

Lieber eine teurere Werbung, die etwas bringt, als eine billigere, die sinnlos verpufft.

Kommen genügend Handzettel, die über unsere besten Angebote informieren, zur Verteilung? Wechselt man oft genug das Angebot und stimmt man es ausreichend auf neu erwachte Bedürfnisse ab?

> Absatzmengen
> + Absatzpreisplanung
> = Umsatzplanung

War früher die Einstellung des Unternehmens zum Absatzproblem die, daß die Verkaufsabteilung zu verkaufen hatte, was der Betrieb erzeugte, so muß es heute heißen: **Die Produktion muß erzeugen, was der Markt braucht!**

5.1 Zielgruppen-Festlegung

Im Rahmen einer Existenzgründung ist es unbedingt erforderlich, sich eingehend mit Kundenstrukturen auseinanderzusetzen. Im Vordergrund steht dabei die exakte Definition der anvisierten Zielgruppe sowie einer damit einhergehenden Analyse der Wünsche und Gewohnheiten derselbigen, einer Abschätzung ihres Volumens und ihrer Kaufkraft. Absatzpolitische Instrumente werden zielgruppenkonform eingesetzt. Deshalb ist es notwendig, zwischen der Zielgruppe „Großkunden aus der Industrie" und „Privatpersonen" zu differenzieren.

Im Rahmen der Zielgruppenauswahl und -analyse sollte die gewünschte Gruppe zumindest nach den folgenden drei Aspekten gegliedert werden:
- Empfänger-Merkmale (u. a. Kaufkraft, Neigungen, Altersklassen)
- Zeit-Kriterien (u. a. saisonale Schwerpunkte, gleichmäßige Betriebsauslastung im Geschäftsjahr)
- Gebiets-Präferenzen (örtlich-regionale Besonderheiten und Vorzüge)

Versuchen Sie nunmehr anhand der drei obigen Punkte Ihre ganz persönlichen Zielgruppen zu charakterisieren. Differenzieren Sie hierbei zwischen Privat- und Geschäftskunden. Bedenken Sie dabei auch, daß trotz einer genauen Ermittlung der Kundengruppe und der Berücksichtigung ihrer Marktstellung der Absatz Ihres Produktes oder Ihrer Dienstleistung keineswegs bereits als gesichert angenommen werden darf. Es obliegt dem gewissenhaften Existenzgründer abzuschätzen, ob er mit seiner Idee und seinem Konzept aus potentiellen Kunden (Interessenten) auch tatsächliche Kunden machen kann. Stellen Sie sich somit die Frage, wie sie Kunden von der Konkurrenz – sofern vorhanden – abwerben können. Sind Sie in der Lage, Ihrer Zielgruppe auch einen Wettbewerbsvorteil zu bieten? Es sollte Ihr Bestreben sein, bereits vor der Gründung Ihres Unternehmens mit potentiellen Kunden zu sprechen, um die ersten verbindlichen Aufträge bereits zum Zeitpunkt der Gründung sicher zu haben.

Ihre Notizen:

Versuchen Sie immer, Ihre Produkte mit einem Zusatznutzen zu versehen. Gehen Sie als Existenzgründer (und auch sonst nach Möglichkeit nicht) keinen Preiskrieg mit Konkurrenten ein. Informieren Sie sich genauestens über das Verhalten Ihrer Wettbewerber gegenüber neuen Marktteilnehmern. Kennen Sie die Anzahl Ihrer Konkurrenten, deren Strategien und deren Preisniveau?

Informationen über Konkurrenten erhält man beispielsweise über Jahresberichte, Veröffentlichungen, die Wirtschaftspresse, Anmeldung von Patenten, Erklärungen von Kunden und Lieferanten, aus dem Verhalten der Konkurrenten selbst und über die persönliche Ebene, d. h. direkte Kontakte.

Erst durch den Vergleich mit den größten Konkurrenten wird deutlich, ob die Geschäftsidee realisierbar ist, die Zielgruppe richtig ausgewählt wurde und die Marktchancen ausreichend sind.

Ganz wichtig:

Suchen Sie sich eine Marktnische, in der Sie operieren.
Schaffen Sie etwas neues. Dies erreichen Sie z. B. dadurch, daß
das Angebots-Sortiment um neue, zukunftsorientierte (Dienst)
Leistungen ergänzt wird. Liefern Sie z. B. „alles aus einer
Hand" und passen Sie Ihr Angebot dem Kundengeschmack an.
Dazu gehört auch, daß die Produkte/Leistungen, die keinen
Gewinn bringen, wegen zu hoher Kosten konsequent wieder
aus Ihrem Angebot gestrichen werden müssen.

5.2 Marketing durch marktorientierte Unternehmens-führung

Je wirkungsvoller die Eröffnungswerbung,
desto kürzer die Anlaufzeit.

Sämtliche Marketing-Maßnahmen umfassen vier Phasen, wenn
sich der angestrebte Unternehmenserfolg einstellen soll.
Phase 1:
Indentifizierung der Zielgruppe – hierbei sind Überlegungen anzustellen, welche Abnehmerkreise gezielt anzusprechen sind.
Dies haben Sie bereits getan!
Phase 2:
Festlegung der Ansprüche und Wünsche der Zielgruppe – hier-
bei ist eingehend zu analysieren, welche Produkte bzw. Dienstleis-
tungen aus welchem Grund in welcher Ausführung die ermittel-
ten Abnehmerkreise nachfragen. Dies sollten Sie tun!
Phase 3:
Umsetzen der Ansprüche auf das betriebliche Leistungsvermö-
gen. Hierbei erfolgt eine Abstimmung bzw. Angleichung der betrieblichen Angebotspalette an die ermittelten Kundenwünsche.
Das muß sein!

Phase 4:

Vermarktung der Leistungen – hierbei ist das geeignete Marketing-Instrumentarium zu ermitteln. Tun Sie es!

Tips:

- Suchen Sie sich eine Marktlücke.
- Bieten Sie Waren oder Dienstleistungen an, die in Ihrer Umgebung sonst niemand im Angebot hat.
- Ergänzen Sie Ihr Angebot laufend.
- Seien Sie technisch – wenn möglich – immer auf dem neuesten Stand.
- Stellen Sie Ihr Angebot auf die Kundenwünsche ab, nicht auf Ihre eigenen.

5.3 Wie gewinne ich Kunden?

Erregen Sie Aufmerksamkeit.

Mit stärker werdender Konkurrenz und enger werdenden Absatzmärkten müssen neue marktorientierte Denkansätze die Unternehmenspolitik bestimmen. Die beiden folgenden Aussagen besitzen heute mehr denn je Gültigkeit.

„Die Zeiten sind nicht schwieriger geworden, sie sind nur anders geworden, nur für den, der sich nicht anzupassen vermag, sind sie schwerer geworden."

„Denke in Problemen und Wünschen der Kunden, biete Problemlösungen an, sei innovativ und vorausschauend."

Folgende Fragen sollten von Ihnen immer beantwortet werden können:

- Welches sind die Bedürfnisse, Probleme und Wünsche meiner Kunden?
- Wie wird sich die Bedarfsstruktur künftig entwickeln?
- Wie hoch ist das Marktpotential, wie hoch sind die Marktanteile der Konkurrenz?
- Wo liegen die Stärken und Schwächen der Konkurrenz?
- Welches Marketing betreibt die Konkurrenz?

5.4 Ihr Marktsegment

Zeigen Sie dem Kunden Vorteile.

Warum sollen Kunden Ihr Produkt kaufen oder Ihren Service nutzen? Fragen Sie sich einmal selbst, welche Vorteile Ihr Produkt/Ihr Service gegenüber anderen bietet.

Vorteile:

Nachteile:

- Stellen Sie fest, wer Ihre Produkte kauft/Ihren Service nutzt.
- Stellen Sie fest, warum Ihre Kunden kaufen.
- Beurteilen Sie, welches Bedürfnis Ihr Produkt/Service befriedigt.
- Stellen Sie fest, wie Ihre Kunden kaufen.
- Stellen Sie fest, wo Ihre potentiellen Kunden normalerweise einkaufen.
- In welchen Zyklus der Kunden (Tages-, Wochen-, Jahres- oder Lebenszyklus) paßt Ihr Produkt?

5.5 Der Erfolgsfaktor „Absatzweg"

Wecken Sie den Besitzwunsch.

Die exakte Definition der Zielgruppe ist eine Grundvoraussetzung für die Auswahl des Vertriebsweges, der Werbemedien und der Servicepolitik. Bei der Wahl des Absatzweges handelt es sich um eine Grundsatzentscheidung. Je nach Art der Produkte und Dienstleistungen (Wert, Lagerfähigkeit, Erklärungsbedürftigkeit), branchenüblichen Gegebenheiten, Zielgruppe (Abnehmerzahl, Kaufkraft, geographische Verteilung) und Höhe der Kosten findet eine Wahl für direkten (unmittelbarer Verkauf an die Kunden) oder indirekten (Einschaltung von Zwischenhändlern) Vertrieb statt.

Bei dem **direkten Vertrieb** ist zu berücksichtigen, daß zwar der gesamte Erlös im Unternehmen verbleibt, aber auch die Vertriebskosten für erfahrene Vertriebsmitarbeiter geleistet werden müssen.

Beim **indirekten Vertrieb** geht vom Preis des Produktes eine gewisse Spanne für den Vertriebspartner ab. Es fallen jedoch keine fixen Kosten für teure Vertriebsmitarbeiter an.

Was Sie vom Absatzmarkt neben der Struktur Ihrer Zielgruppe unabdingbar kennen sollten, um den geeigneten Absatzweg zu finden:

- Art und Umfang der Nachfrage
- die Käufergewohnheiten
- die Einstellung Ihrer potentiellen Kunden zu den Produkten
- anwendbare Spielarten der Verkaufsförderung
- Ihre Wettbewerber

Bei der Wahl der Absatzwege sollten Sie auch die folgenden Fragen berücksichtigen:

1. Haben Sie Ihre Kundenzielgruppe richtig ausgewählt?
2. Wie werden in Ihrer Branche üblicherweise Aufträge vergeben?
3. Ist es sinnvoll, sich auf Messen und Ausstellungen zu präsentieren?
4. Vergeben überwiegend Beauftragte (z. B. Architekten) oder der Endverbraucher (z. B. Bauherr) die Aufträge?

5. Ist Ihr persönlicher Kontakt zu den auftragvergebenden Stellen (z. B. Einkaufsabteilung eines Großunternehmens) eng genug?
6. Erfahren Sie frühzeitig von geplanten Auftragsvergaben?
7. Sind in Ihrer Branche moderne Absatzwege wie Filialen oder „Shop in Shop", Franchising sinnvoll?
8. Sind Ihre Mitarbeiter ausreichend qualifiziert, um die Wünsche von Kunden zu erkennen und Sie entsprechend zu informieren?

Ihre Notizen:

- Wer bildet den Markt?
- Was wird auf dem Markt gehandelt?
- Wann wird gekauft?
- Wer tätigt den Kauf?
- Warum wird gekauft?
- Wie wird gekauft?

Ihr Motto sollte lauten: „Denke und fühle im Kopf und im Herzen des Kunden!", oder etwas drastischer „Versetze Dich in den Kunden, damit er Dich nicht versetzt!".

Denken Sie auch an das Internet als Werbemittel.

5.6 Ihr Ziel: Kundenbindung durch Service

Schaffen Sie einen Anreiz zum Handeln!

Wenn Sie langlebige Produkte größerer Komplexität oder Störanfälligkeit verkaufen, ist das Angebot von Wartungsverträgen zu überlegen. Überraschen Sie den Kunden mit Ihrem Service-Angebot.

Mögliche Service-Angebote:

- Komplette Betriebsführung
- Wartung ganzer Anlagen
- Wartung Fremdprodukte
- Wartung Eigenprodukte

- Modernisierungen
- Nutzen-Analysen
- Alt-Neu-Ersatz
- Inbetriebnahme
- Reparaturen
- Austausch

Ihre Notizen:

Mit Kulanz Kunden behalten..
Nehmen die Werbemittel genügend Rücksicht auf den Bekanntheitsgrad bei unseren Interessenten? Aktivieren sie zum Erstkauf und führen sie zu Dauerkunden?

Nutzen wir die Möglichkeiten der Zusammenarbeit mit der Presse, zu redaktionellen Besprechungen, zu Führungen im Betrieb und andere Maßnahmen, bekannter zu werden, völlig aus? Werden regelmäßig Kunden- und Werbebriefe geschrieben, um gezielt zu neuen Käufern Kontakte zu erreichen und alte wieder zu Käufen zu animieren?

Achten Sie auf makellose Drucksachen. Ihr Büro mag topmodern ausgestattet sein, aber ihre Kunden bekommen es vielleicht nie zu sehen. Was sie dagegen sehen, sind Informationen, die Sie aussenden. Sorgen Sie dafür, daß alle Ihre Botschaften an Geschäftspartner höchsten Ansprüchen genügen.

In der Gestaltung Ihres Marketing-Materials sollten Sie neben großen Unternehmen bestehen können.

Planen Sie für Ihre Drucksachen Mehrfachnutzen ein. Entwerfen Sie zum Beispiel eine Briefkarte, die sich einerseits zum Versand kurzer Notizen in einem Briefkuvert eignet, andererseits aber auch als Postkarte. Wenn Sie auf der Rückseite eine Werbeaussage anbringen, haben Sie einen weiteren Zusatznutzen.

5.7 Zehn Verkaufstips

Werbung ist einfach:
Das richtige Angebot
exzellent präsentiert
an die richtige Zielgruppe
zum richtigen Zeitpunkt.

1. **Warten Sie Kaufsignale ab**, und konzentrieren Sie sich auf die umsatzstärksten Kunden!
2. **Lassen Sie den Faden zum Kunden nicht abreißen!** Persönliche Nachverfolgung durch Briefe, Telefonate, Einladungen zur Werksbesichtigung und Schulungsveranstaltungen machen aus Ihrem Erstkunden vielleicht einen Referenzkunden.
3. **Schaffen Sie mehr Verkaufszeit** durch geschickte Termin- und Gesprächsplanung.
4. **Planen Sie gemeinsame Erlebnisse und Bezugspunkte!** Eine Kundenkarte für Stammkunden sichert Einkaufsvorteile.
5. **Veranstaltungen auf neutralem Boden** locken Kunden aus ihrer Zurückhaltung.
6. **Kleine Gefälligkeiten erhalten die Freundschaft**, wobei es nicht auf die Höhe oder den Wert der Gefälligkeit oder des Geschenkes ankommt.
7. **Eine Kundenbeziehung lebt von der Kommunikation!** Mit Hauszeitschriften, Newsletter, Audio- und Videokassetten, Prospekten und Chefbriefen wirken Sie gleichzeitig unterhaltend und informativ auf den Kunden ein.
8. **Kombinieren Sie mehrere Maßnahmen und Kontakte!** Der erste Brief an einen potentiellen Kunden muß Neugierde auf den Folgebrief wecken.
9. **Lernen Sie, im Dreieck zu verkaufen!** Suchen Sie Personen oder Institutionen, die für Sie als direkter oder indirekter Verkaufsvermittler wirken.
10. **Investieren Sie Zeit!** Bevor sich ein Kunde zum Kauf entschließt, vergehen bis zu sieben Besuchstermine. In Unkenntnis des „Siebenmal-Kontaktsystems" scheitern Akquisitionsbemühungen häufig fünf Minuten vor dem Ziel!

Ihre Notizen:

Der Weg ist das Ziel!

„The four **Ps**": **P**roduct, **P**lace, **P**romotion and **P**rice.

Gute Verkäufer verkaufen nicht Produkte, sondern deren Nutzen.

Tue Gutes – und rede darüber!

„Klappern gehört nicht nur zum Handwerk"

Zur Werbung: Oftmals sind Anzeigenblätter billiger als Tageszeitungen, und sie werden intensiver gelesen. Werbung auf Plakatwänden verpufft oftmals schon nach wenigen Tagen. Individuelle Werbegeschenke erhalten die Freundschaft.

5.8 Werbegrundsätze

KISS = Keep it simple and stupid!

Wahrheit: Die Werbung darf nichts Unwahres über die Ware aussagen, nicht mehr versprechen, als das Produkt hält.

Klarheit: Die Werbung hat einfach, deutlich, leicht verständlich und einprägsam in ihrer Aussage zu sein.

Wirksamkeit: Die Werbung soll sich der günstigsten Werbemittel für ihren Zweck bedienen und auf den Verbraucher nachhaltigen Eindruck ausüben.

Wirtschaftlichkeit: Die Kosten der Werbung sollten in einem günstigen Verhältnis zum Erfolg stehen, was oft schwer meßbar ist.

Soziale Verantwortung: Als Werbender haben Sie sich dem Verbraucher gegenüber verantwortungsbewußt zu verhalten, jede Irreführung, sowie geistige, moralische und physische Beeinträchtigung zu vermeiden. Das zielt auf alle, die Ihrer Werbung ausgesetzt sein könnten!

Ihre Notizen:

Werbung + Verkaufsförderung + Öffentlichkeitsarbeit = PR

Nutzen Sie auch die neu entstandenen Lokalradios, um Ihre Kunden über die Neueröffnung zu informieren.

Denken Sie auch an die Verkehrsmittelwerbung auf Bussen, Straßenbahnen und Taxis.

Kino- und Funkwerbung spricht vor allem jüngere Leute an.

Marktforschung

Die Marktforschung liefert Hinweise über den Werdegang einer Branche in Abhängigkeit von der demographischen Entwicklung, dem verfügbaren Einkommen, der vorhandenen Zeit für Arbeit und Freizeit und den technologischen Trends.

- Sammeln Sie Daten über die Bevölkerungsentwicklung und die altersmäßige Bevölkerungsstruktur in Deutschland, Ihrem Bundesland, Ihrem Wohnort einschließlich Ihres Vorortes.
- Beachten Sie die Entwicklung des Bruttosozialproduktes.
- Beachten Sie die Entwicklung des verfügbaren Einkommens aller Haushalte in Deutschland.
- Ermitteln Sie das verfügbare Einkommen der Haushalte in Ihrem Einzugsbereich.
- Informieren Sie sich über die Entwicklung des Verhältnisses von Arbeitszeit und Freizeit in Deutschland.

- Beachten Sie die strukturelle und technologische Entwicklung Ihrer Branche.
- Besorgen Sie sich Betriebsvergleiche über Ihre Branche.

Unlauterer Wettbewerb:

- Irreführende Angaben über Ihr Unternehmen, seine Größe, seine geschäftliche Lage, über Art, Beschaffenheit und Menge der Ware machen.
- Ihre Konkurrenten „anschwärzen".
- Unternehmensgeheimnisse verraten.
- Durch Lockvogelangebote auf Kundenfang gehen.
- Ohne Genehmigung fremde Firmen- und Markenzeichen benutzen.

5.9 Der Brief als Marketing-Instrument

Der Brief ist im Rahmen einer direkten Kundenansprache heute immer noch das am weitesten verbreitete Marketing-Instrument. Da heute fast jedes Unternehmen Werbebriefe regelmäßig schreibt oder Postwurfsendungen verteilen läßt, gilt es den eigenen Werbebrief so zu gestalten, daß der Gesamteindruck auf den Adressaten so wirksam ist, daß dieser ihn aus der Masse der in seinem Unternehmen täglich eingehenden Briefe herausfischt. Vergegenwärtigen wir uns dazu einmal das Verhalten von Personen beim Sortieren der täglich an ihrem Arbeitsplatz eingehenden Post. Ihr Brief muß Aufmerksamkeit erregen, um überhaupt erst geöffnet zu werden. Sie kennen es, viele Briefe wandern ungelesen in den Papierkorb. Das Lesen eines Briefes erreichen Sie durch die Gestaltung des Umschlags, die richtige (!) Schreibweise des Adressaten und vielleicht über ein aktuelles Postwertzeichen, welches einen persönlicheren Eindruck erweckt als der Aufdruck eines Frankierautomaten, den die typische Massenwurfsendung als Makel trägt. Öffnet der Empfänger den Brief, dann haben Sie nur die erste Hürde genommen. Untersuchungen über die Augenbewegungen von Brieflesern zeigen, daß die meisten beim Lesen eines Briefes folgendermaßen vorgehen: Der erste Blick gilt der Anrede (in einem nicht personalisierten Brief der Überschrift/Headline), danach werfen die meisten Leser einen Blick auf die Unterschrift, um zu sehen, wer da schreibt. Der dritte Blick gilt dem „P.S.", sofern es eines gibt. Dann geht der Blick wieder nach oben zur Anrede, und erst jetzt beginnt der Leser mit der eigentlichen Lektüre des ersten Absatzes. Machen Sie sich dieses typische Verhalten beim Lesen eines (Werbe-)Briefes bewußt und versuchen, Sie wichtige Botschaften im Einklang mit dem skizzierten Leserhythmus zu plazieren. Denken Sie daran, daß das Post Scriptum eines Briefes ein Platz mit hohem Wahrnehmungsgehalt ist. Nutzen Sie ihn für ein packende Botschaft.

1. Der Umschlag

Aufdrucke sowie Umschlagsgestaltung müssen bereits den Inhalt des Mailings verkaufen, Neugierde auf das Angebot wecken und damit zum Öffnen anregen.

2. Die Schreibweise der Adressen

Grundsätzlich sind Adressen in Groß- und Kleinbuchstaben leichter lesbar als reine Großbuchstaben.

3. Die Briefmarke

Aktuelle Postwertzeichen erhöhen das Interesse des Empfängers.

4. Das Firmenzeichen

Das Firmenzeichen ist ein wichtiger Baustein im Gesamt-Darstellungsbild eines Unternehmens und kann bei den Kunden die gleiche Wirkung wie ein Markenzeichen hervorrufen. Bei der Gestaltung sollte der visuellen Darstellung Vorrang gegenüber langatmigen Texten oder Wortgruppen eingeräumt werden (größerer Erinnerungseffekt beim Leser). Auch die Farbauswahl trägt zur Verbreitung eines Firmensignets maßgeblich bei. Eine unmittelbare Verbindung zwischen dem Betriebszweck und dem Firmenzeichen sollte hergestellt werden, muß aber nicht immer der Fall sein.

5. Der Briefstil

Die konsequente Beachtung des „sag es so einfach wie möglich" zeichnet einen guten Briefstil aus.

- **Einfachheit** (keine komplizierten Formulierungen, keine unnötigen Fremdwörter)
- **Klarheit** (kurze prägnante Sätze mit logischem Aufbau; ein Gedanke bzw. Vorteil je Satz)

- **Kürze** (Beschränkung auf das Wesentliche; maximal 15 Wörter je Satz, wenig Nebensätze)
- **Originalität** (keine Verwendung von Klischees)
- **Information** (Vermittlung echter Fakten)
- **Überzeugung** (ausdrucksvolle und kräftige Darstellungen)
- **Humor** (richtige Dosierung an der richtigen Stelle nicht vergessen)

6. Die Textwiedergabe

Für die Erstellung eines Mailingtextes stehen verschiedene Verfahren zur Auswahl: Maschinendruck, Fotodruck, Kopie. Die Entscheidung wird maßgeblich von der Auflage, dem umworbenen Produkt, der Dienstleistung, der Zielgruppe und den zur Verfügung stehenden Geldmitteln bestimmt.

7. Das P.S. (Postskriptum)

Eine besondere Unterstreichung von Informationen kann nach Beendigung eines Schreibens durch das P.S.-Kürzel erzielt werden. Der Empfänger der Werbebotschaft bringt solchen Hinweisen erhöhte Aufmerksamkeit entgegen (z.B. Ausstellungstermin, Sonderaktionen).

8. Das Werbefoto

Bilder vermitteln häufig eine bessere und nachhaltigere Vorstellungskraft beim Empfänger als Texte. Beide Bestandteile einer Werbemitteilung müssen einander ergänzen und dürfen sich nicht gegenseitig verdrängen.

Weitere Tips: So formuliert man einen Info-Brief

- Legen Sie eine Adreßkartei der Empfänger an und halten Sie diese stets aktuell. Versenden Sie im Zweifelsfall lieber ein paar Info-Briefe mehr als zu wenig.
- Fassen Sie sich kurz. Lange Texte schrecken ab. Versuchen Sie, mit einem Blatt auszukommen. Mehr als ein Doppelblatt sollte Ihr Brief nicht umfassen.
- Achten Sie auf ein gefälliges Layout. Unübersichtlichkeit, Schriftensalat, schlecht reproduzierte Fotos werten die Inhalte ab. Scheuen Sie nicht die Kosten für einen guten Grafiker, falls Sie nicht selbst über das nötige Fachwissen verfügen.
- Ebenso sollten Sie mit der Formulierung der Texte einen Profi

beauftragen. Versorgen Sie ihn mit ausführlichem Material, und überprüfen Sie die endgültigen Texte persönlich auf die Richtigkeit der Angaben.

- Planen Sie eine realistische Produktionszeit ein. Beginnen Sie zwei Monate vor dem Versandtermin mit den Vorbereitungen. Bei Zeitdruck schleichen sich gern verhängnisvolle Fehler ein.
- Achten Sie auf Aktualität der Inhalte. Neuigkeiten von gestern will niemand lesen. Geben Sie lieber Vorschauen und Vorankündigungen ab, anstatt „alte Hüte" anzubieten.
- Nehmen Sie persönlich Stellung, machen Sie Ihren Standpunkt klar. Fürchten Sie sich nicht vor Widerspruch aus Ihrem Publikum. Doch polemisieren Sie nicht, bleiben Sie sachlich.
- Vergessen Sie nicht Ihre Adresse, Telefon- und Faxnummer.
- Versenden Sie mindestens zwei Info-Briefe pro Jahr, besser noch alle drei Monate.

5.10 Das Telefon als Marketing-Instrument

Neben dem Brief ist heute das Telefon ein wichtiges Marketing-Instrument. Auch mit diesem müssen Sie lernen umzugehen.

Unter Telefon-Marketing versteht man die persönliche Kontaktaufnahme mit Kunden, um für sein Unternehmen zu werben, Interessenten zu beraten und schließlich seine Produkte und Dienstleistungen zu verkaufen.

Grundsätzlich werden **zwei Arten** von Telefon-Marketing unterschieden:

Das **passive oder Inbound-Telefon-Marketing** befaßt sich mit der optimalen Behandlung eingehender Anrufe.

Als **aktives oder Outbound-Telefon-Marketing** wird das Anwählen von bestehenden oder potentiellen Kunden per Telefon verstanden.

Grundsätzliche Verhaltensregeln beim Telefonieren

- Nicht monoton sprechen, sondern die Stimmlage wechseln. Wichtige Worte und Sätze hervorheben, indem die Stimme gehoben und gesenkt wird.

- Nicht zu hoch sprechen. Eine wohltönende Stimme liegt eher tiefer als hoch. Nicht zu leise, aber auch nicht zu laut sprechen.
- Tempo der Rede variieren. Wichtige Wörter und Sätze müssen besonders deutlich und langsam gesprochen werden.
- Wörter verwenden, die akustisch gut verständlich sind. „Preissenkung" ist üblicher und verständlicher als „Preisreduzierung".
- Wörter vermeiden wie also, sozusagen, gewissermaßen, insbesondere, unter Umständen, meines Erachtens. Noch störender sind Äußerungen wie öh, oh, ja. Unerträglich wirken superlativische Wendungen wie sagenhaft, phänomenal oder unwahrscheinlich.
- Negative Wörter vermeiden, wie schwierig, alt, leider, nicht, nein, teuer, billig.
- Bildhaft sprechen. Möglichst wenig Zahlen verwenden, da diese nicht im Gedächtnis haften bleiben.
- Gut zuhören, Bestätigungswörter (ja, gern, das geht, natürlich, aha, auch so, selbstverständlich) geben.
- Gezielte Wiederholungen und Zusammenfassungen: Kontrollieren, ob man richtig verstanden hat oder verstanden wurde.
- Lassen Sie den Gesprächspartner auch zu Wort kommen.
- Führen Sie jedes Telefongespräch so, als sei es das einzige an diesem Tag für Sie.
- Freundlich sprechen. Strahlen Sie durch Ihre Stimme Optimismus und Engagement aus.
- Lesen Sie nicht ab, sprechen Sie frei.
- Hinterlassen Sie beim Kunden nach dem Telefonat auf jeden Fall einen hervorragenden Eindruck über sich selbst und Ihre Firma.

Inbound-Telefon-Marketing

Der ersten telefonischen Kontaktaufnahme fällt eine nicht zu unterschätzende Schlüsselfunktion zu, die das Firmen-Image und die Kompetenz eines Unternehmens beim Anrufer maßgeblich prägt.
- Greifen Sie bald zum Hörer – unnötiges Klingeln lassen verärgert nur Ihre Gesprächspartner.
- Beheben Sie Geräusche im Hintergrund, die eine Verständigung erschweren.

- Wenn die gewünschte Person nicht anwesend ist, nicht nur darauf hinweisen, daß der Betreffende abwesend ist, sondern auch Hilfe anbieten.
- Nehmen Sie den Gesprächsgrund des Anrufers zur Kenntnis, ohne gleich selbst zu reden. Lassen Sie den Anrufer erst ausreden, bevor Sie zu Ihrem Anliegen kommen.
- Wiederholen Sie unaufgefordert Namen, Zahlen und wichtige Fakten, wenn Ihr Anrufer zu schnell und undeutlich gesprochen hat, um damit Mißverständnisse zu vermeiden.
- Halten Sie telefonische Zusagen und Abmachungen ein. Achten Sie darauf, daß versprochene Rückrufe getätigt werden.
- Leiten Sie Gesprächsnotizen an betreffende Personen unverzüglich weiter.
- Nicht auf Kosten des Anrufers große Suchaktionen starten, sondern sofort Rückruf anbieten.
- Müssen Unterlagen gesucht werden, darf der Hörer erst dann zur Seite gelegt werden, wenn der Anrufer davon informiert wurde – nicht in der Leitung „verhungern" lassen.
- Wenn Sie das Gespräch an andere Mitarbeiter im Hause weitervermitteln, sagen Sie dem Gesprächspartner, mit wem Sie ihn verbinden.

Outbound-Telefon-Marketing

- Seien Sie freundlich – lächeln sie am Telefon. Ihr Partner kann Ihr Lächeln „hören".
- Sprechen Sie Ihre Gesprächspartner immer mit Namen und evtl. auch mit Titel an.
- Kommen Sie schnell zur Sache – stehlen Sie Ihrem Gesprächspartner nicht unnötig die Zeit.
- Nennen Sie klar und deutlich den Namen Ihre Unternehmens und Ihren eigenen Namen bzw. in wessen Auftrag Sie anrufen.
- Wiederholen Sie wichtige Informationen während des Telefonats und halten Sie diese gegebenenfalls auch schriftlich fest.
- Achten Sie darauf, daß notwendiges Daten- und Zahlenmaterial in Sicht- und Griffweite Ihres Arbeitsplatzes vorhanden ist.
- Sollte die technische Qualität schlecht sein, so rufen Sie Ihren Geschäftspartner zurück.

- Sprechen Sie langsam und deutlich.
- Gestikulieren Sie ruhig – verhalten Sie sich so, als würde Ihr Gesprächspartner gegenübersitzen. So ist es Ihnen möglich, sich besser auf Ihren Partner einzustellen und dem Telefonat einen lebendigen Anstrich zu geben.
- Vermeiden Sie nach Möglichkeit hochtrabende Fremdwörter.
- Bei schwierigen Gesprächen und komplizierten Argumentationsketten sollte man Beispiele verwenden.
- Versuchen Sie die Neugier des Kunden zu wecken, so daß er um weitere Informationen bittet.
- Haben Sie den Namen des Kunden nicht verstanden, so bitten Sie nicht um Wiederholung, sondern um Buchstabierung. Dies ermöglicht, den Kundennamen in späterer Korrespondenz auch richtig zu schreiben.
- Halten Sie die Sprechmuschel nach Möglichkeit 8–10 cm vom Mund entfernt. So vermeiden sie, daß Atmungsgeräusche bzw. tiefes Luftholen übertragen werden.
- Führen Sie vertrauliche Gespräche nur dann, wenn sie sich vergewissert haben, daß der Angerufene frei sprechen kann.
- Um Kosten zu sparen, suchen Sie eine Anrufzeit aus, wo Ihr Gesprächspartner mit Sicherheit erreichbar ist – dies erspart Mehranrufe.
- Nach Möglichkeit Durchwahlnummern benutzen (beim Erstkontakt erfragen) – dies erspart Vermittlungszeit.
- Begrüßen Sie den Kunden mit der Grußformel der entsprechenden Tageszeit – immer noch legt man größten Wert auf Höflichkeit.
- Wenn Sie merken, daß Sie Ihr Ziel nicht erreichen, so resignieren Sie nicht. Gehen Sie positiv aus dem Gespräch heraus und kündigen Sie einen weiteren Anruf an.
- Achten Sie darauf, daß Sie einen möglichen Abschluß nicht zerreden. Beenden Sie das Gespräch rechtzeitig, wenn die Zeit reif ist.
- Vermeiden Sie Belehrungen und Fachdiskussionen, aus denen Sie – mit besserem Produktwissen ausgestattet – leicht als Sieger hervorgehen.
- Bedanken Sie sich für das Gespräch und den Auftrag. zeigen Sie, daß der Abschluß nicht als Selbstverständlichkeit gewertet wird. Was der Anrufer zuletzt hört, ist am wichtigsten.

• Machen Sie sich nach Beendigung des Gesprächs Notizen bezüglich Auftragsmenge, Wiederanruf, Änderung in der Kundenkartei usw. Vermerken Sie, worauf beim nächsten Telefonat zu achten ist.

Jemand, der aufhört zu werben,
um Geld zu sparen,
könnte genauso gut
seine Uhr nicht mehr aufziehen,
um Zeit zu sparen.

Kleinbetriebe wenden i. d. R. 2–5 % ihres Umsatzes für Werbung auf. In der Gründungsphase kann es sogar noch eine etwas höhere Summe sein.

5.11 Checkliste zur Marketing-Strategie

• Bewege ich mich mit meinem Unternehmen in einer Marktnische?
• Welche Zielgruppe will ich mit meiner Leistung ansprechen und welche Nutzen stiftet meine Leistung den Kunden?
• Wie entwickelt sich das vorhandene Marktpotential (Wachstum, Stagnation, rückläufige Phase)?
• Ist eine Marktanalyse durchgeführt worden? Habe ich ausreichende Informationen über den Markt?
• Wie groß ist die Nachfrage nach meiner Leistung?
• Bestehen besondere Abhängigkeiten gegenüber Großabnehmern oder der öffentlichen Hand?
• Habe ich günstige Vertriebswege für meinen Absatz ermitteln können? Unterliege ich bestimmten Vertriebsbeschränkungen?
• Welche Garantieleistungen muß ich erbringen, ist mein Unternehmen darauf ausgerichtet? Wird ein Kundendienst eingerichtet?
• Welche Unternehmen bilden für mich direkte Konkurrenz? Wurden diese analysiert auf z. B. Standort, Preispolitik, Vertriebswege, Werbeaktivitäten?
• Wie verhalten Sich meine Konkurrenten nach meiner Unternehmensgründung?

- Habe ich ein Konzept für die Öffentlichkeitsarbeit erstellt?
- Über welche Werbeträger werde ich meine Leistungen anbieten und bekanntmachen?
- Ist eine Marketingkonzeption durch eine Agentur aufgestellt worden?
- Wie wird sich die Branche in bestimmten Punkten, wie z. B. Verkaufspreise, Produktionsmenge, Personalkosten entwickeln?
- Werde ich fortlaufende Marktbeobachtungen vornehmen?

Ihre Notizen:

Sie haben einen Betrieb, der Waren produziert. Dann sollten Sie sich im Zuge Ihres Marketing überlegen, ob Sie Ihre Produkte direkt an Ihre Kunden oder aber über Groß- und Einzelhändler verkaufen.

Marketing ist nicht alles – aber ohne Marketing ist alles nichts.

Fertigen Sie so schnell wie möglich eine Referenzmappe Ihrer Produkte und Kunden an.

Geben Sie allem eine persönliche Note.
„Quality first, not profit!"

„EVa = **E**inmaliges **V**erkaufs**a**rgument"

Ein Produkt ist eine Kundenlösung!

5.12 Denken Sie nun an Ihre Corporate Identity (CI)

Worum geht es? Was ist das? Woher kommt es?

Unter Corporate Identity, ein Begriff, den sich Existenzgründer einprägen sollten, versteht man das vom Unternehmen schlüssig dargestellte Selbstverständnis, das sich u. a. aus dem Verhalten (Corporate Behaviour), dem Erscheinungsbild (Corporate Design und Corporate Image) und der Kommunikation (Corporate Communications) des Unternehmens ergibt. Angestrebt wird durch das Corporate Identity die Einmaligkeit bzw. Unverwechselbarkeit eines Unternehmens. Diese Unverwechselbarkeit durch das Corporate Identity – es ist das Ziel eines jeden Unternehmers, unverwechselbar zu sein – soll dazu führen, daß die Bezugsgrößen/ -gruppen zum Unternehmen (Konsumenten, Lieferanten, Aktionäre, etc.) dieses als einmalig ansehen.

Einzelne Elemente machen das Corporate Identity aus:

Corporate Design: Es gilt, einen unverwechselbaren Firmennamen, ein passendes Logo und einprägsame Firmenfarben festzulegen. Man denke z. B. an die Farben und Logos der Firmen *VW*, *Deutsche Bank* oder *Dr. Oetker*, die diese unverwechselbar machen.

Corporate Image: Zum konkreten Bild eines Unternehmens gehört die Identität im Auftritt – von der Architektur über die Ausstattung von Büros und Ladengeschäften bis hin zu der Gestaltung von Visitenkarten.

Corporate Communication: Neben der Pflege der unternehmensinternen Kommunikationspolitik gilt es, den Bekanntheitsgrad nach außen durch gezielte Maßnahmen (z. B. Pressekonferenzen, Bereitstellung von Broschüren, Ermöglichung von Betriebsbesichtigungen etc.) zu erhöhen.

Corporate Behaviour: Es müssen Verhaltensweisen nach innen und außen gefunden werden, die den Mitarbeitern und der Außenwelt die Identifikation mit dem Unternehmen und seinen Zielen ermöglichen.

Corporate Culture: Unter diesem Begriff sind die kulturellen Aktivitäten des Unternehmens zusammengefaßt.

Die Elemente des Corporate Identity vermitteln, daß das Prinzip des Corporate Identity weit über den Ansatz der Schaffung eines einheitlichen Erscheinungsbildes hinausgeht. Ein wesentliches Ziel ist es, im Rahmen der Schaffung eines eigenständigen Corporate Identity eine auf die Unternehmensbelange hin ausgerichtete Unternehmenskultur und -philosophie nach innen und außen sichtbar zum Ausdruck bringen. Das ist eine Aufgabe, die den Existenzgründer bereits in den ersten Wochen seiner Selbständigkeit fordert.

Ein Beispiel wie aus einem Lehrbuch für einen erfolgreichen Markteintritt mit passendem Corporate Identity war das Vorgehen von *Hyundai* in Deutschland. Mit einer Strategie, die voll auf Corporate Identity setzte, so *H. Kroehl*, eroberte der koreanische Konzern feste Positionen in scheinbar so überbesetzten Märkten wie der Automobilindustrie und dem Bereich der Personal Computer. Natürlich hatte der Erfolg auch mit dem attraktiven Preisniveau der Produkte zu tun. Aber das zeigt, daß Corporate Identity traditionelles Marketing nicht ersetzt, sondern ergänzt und auf eine breitere Basis stellt.

Ein weiteres Beispiel für erfolgreiches Corporate Identity ist *Coca Cola*. Die Marke setzt seit Jahrzehnten auf ein gleichbleibendes Gesamterscheinungsbild, wohingegen der stärkste Konkurrent *Pepsi Cola* in 100 Jahren insgesamt achtmal das Erscheinungsbild änderte. Beim letzten Mal im Jahre 1996 wurde neben dem Logo sogar die Farbe gewechselt. *Pepsi* wirbt nun mit blau statt rot. Wissen Sie, wie heute das *Pepsi*-Logo aussieht? Nein? Sicherlich erinnern Sie sich aber an den Schnörkelschriftzug von *Coca Cola*. *Coca Cola* stützt seinen Markterfolg auf einen kontinuierlichen Auftritt und seinen hervorragenden Ruf in der Öffentlichkeit. Dies macht letztendlich ein erfolgreiches Corporate Identity aus.

Unter Corporate Identity versteht man somit
- das Ansehen des Betriebes in der Öffentlichkeit samt dazugehörigen äußeren Zeichen wie einem einprägsamen Firmenlogo,
- ein einheitliches Schriftbild und einen einheitlichen Sprachstil,
- adäquate Betriebsräume,
- ein ansprechendes Dienstleistungs- und Produktionsprogramm,
- ein freundliches Auftreten und Verhalten der Mitarbeiter und
- eine vorbildliche betriebliche Organisation.

Das Corporate Identity ist somit das firmenspezifische Erscheinungsbild im Urteil der Kunden. Es ist um so klarer, je weniger Widersprüche zwischen Unternehmenspolitik, Angebot, Preispolitik- und Dienstleistungsqualität und dem Verhalten der Mitarbeiter bestehen.

Erarbeiten Sie sich nunmehr Ihr Corporate Identity. Entwickeln Sie hierzu in einem ersten Schritt Briefbogen, Visitenkarte und die zum Start notwendigen Werbehilfen, bevor Sie im zweiten Schritt verbindliche Verhaltensweisen für Ihre Mitarbeiter formulieren oder Sie sich der kundengerechten Organisation der betrieblichen Abläufe stellen.

Scheuen Sie sich nicht, Profis mit dem Aufbau eines Corporate Identity zu beauftragen.

Ihre Notizen:

Bevor Sie Ihre Geschäftsbriefe drucken lassen, sollten Sie sich noch einmal vergewissern, ob Empfehlungen der Bundespost, vor allem aber alle rechtlich notwendigen Angaben in Ihrem Entwurf berücksichtigt sind. Auf den Geschäftsbriefen der nicht im Handelsregister eingetragenen Unternehmen müssen die ausgeschriebenen Vor- und Zunamen der Gewerbetreibenden stehen. Die Geschäftsbriefe der im Handelsregister eingetragenen Unternehmen haben die vollständige Firma zu enthalten. Bei einer GmbH sind darüber hinaus der Sitz der Gesellschaft, das Registergericht des Sitzes und die Registernummer sowie die Familiennamen der Geschäftsführer mit mindestens einem ausgeschriebenen Vornamen anzugeben (Pflichtangaben auf Geschäftsbriefen). Informieren Sie sich bezüglich der Pflichtangaben bei den Kammern und Verbänden. Denken Sie auch an den Aufdruck Ihrer E-mail- und Internet-Adresse.

6. Kapitalplanung – Jetzt geht's richtig los ...

Mit den Finanzen des Existenzgründers, d. h. seinen persönlichen finanziellen Bedürfnissen und dem von ihm eingebrachten Eigenkapital wollen wir uns nun befassen. Vor dem Hintergrund der eigenen Möglichkeiten werden wird uns dann den zu tätigenden Investitionen und dem Aspekt der Finanzierung des Vorhabens widmen. Die folgenden Seiten sollen Ihnen das notwendige Rüstzeug geben, um einen ersten eigenständigen Finanzplan zu formulieren. Dieser bildet – i. d. R. erst nach mehrfacher Überarbeitung und abgestimmt mit Ihren sonstigen Plänen, ich denke da an den Absatzplan oder das Marketingkonzept – das Rückgrat Ihres Geschäftsplanes, der im Gespräch mit dem Kreditinstitut der Überprüfung von Experten standzuhalten hat. Gewinnen Sie so schnell wie möglich Übung im Umgang mit finanziellen Angelegenheiten.

6.1 Der klassische Finanzierungsfehler – Eine Warnung vorweg

Ein Tischler wollte seinen Betrieb mit einer neuen Maschine modernisieren. Er scheute jedoch ein Kreditgespräch mit der Bank. Deshalb finanzierte er den Kaufpreis über das Kontokorrentkonto, dessen Kreditlimit gerade nicht voll ausgeschöpft war. Etwa 4 Monate später fiel ein zugesagter Großauftrag eines Bauunternehmers, für den er viel Material eingekauft hatte, aus, so daß er die Holzrechnung von über 70000 DM nicht bezahlen konnte.

Zufällig erfuhr die Bank von den Schwierigkeiten und verlangte kurzfristig einen Teil des Kontokorrentkredits, mit dem die Maschine bezahlt worden war, zurück. Dazu war der Unternehmer aber nicht in der Lage.

Wäre die Bank nicht von der Leistungsfähigkeit des Unternehmens überzeugt und zu einer Umschuldung bereit gewesen, hätte der Finanzierungsfehler das Ende des Unternehmens bedeuten können.

Haben Sie schon mit Ihrer Bank über Ihre Absichten gesprochen?

6.2 Das erste Gespräch mit Ihrem Kreditinstitut

Sie sollen nunmehr nach und nach auf das erste Gespräch mit Ihrem Kreditinstitut vorbereitet werden. Betrachten Sie die nachfolgenden Punkte vor dem Hintergrund, daß die Vertiefung dieser Thematik noch aussteht.

• Besprechen Sie im Vorfeld eines Bankgespräches Ihren Finanzplan eingehend mit Ihrem Existenzgründungsberater und/oder Ihrem Steuerberater/Unternehmensberater. Lassen Sie sich, wenn Sie unsicher sind, von außen helfen.

• Vereinbaren Sie nach sorgfältiger Überprüfung Ihres Finanzplanes rechtzeitig einen Gesprächstermin mit dem Kundenberater Ihres Kreditinstitutes. Nennen Sie Ihre Wünsche. So wird der Kundenberater genügend Zeit für Sie einplanen. Bringen auch Sie genügend Zeit mit.

• Denken Sie an die notwendigen Unterlagen für das Gespräch. Bringen Sie neben Ihrem Finanzplan, der z. B. aus Investitions- und Finanzierungsplan sowie einer Rentabilitätsvorschau besteht, einen tabellarischer Lebenslauf, Zeugnisse, einen Besicherungsvorschlag, den Eigenkapitalnachweis, Entwürfe des Miet-/Pachtvertrages und eventuell des Gesellschaftsvertrages mit. All die genannten Punkte dürften Sie nicht erschrecken. Sie gehören in der Summe zum perfekten Business-Plan. Erkundigen Sie sich, ob und welche Unterlagen Ihr Gesprächspartner ggf. vor dem Termin ausgehändigt bekommen möchte.

• Es spricht nichts dagegen, daß Sie zur eigenen Sicherheit (und Stärkung Ihres Selbstbewußtseins) einen Berater zum Bankgespräch mitnehmen. Sie müssen jedoch in der Lage sein, selbst die Planungen zu erklären und zu erläutern. Sonst wird man Ihnen nicht abnehmen, daß die gesteckten Ziele auch von Ihnen erreicht werden können.

• Gehen Sie als möglicher Geschäftspartner, nicht als Bittsteller in das Gespräch, und schaffen Sie durch offene Information die notwendige Vertrauensbasis.

Rufen Sie sich die nachfolgende Checkliste zur Vorbereitung eines Bankgespräches in Erinnerung, wenn Sie vor dem ersten Gespräch mit Ihrer zukünftigen Geschäftsbank stehen.

Sie benötigen:

- einen Termin: Reservieren Sie sich rechtzeitig einen Gesprächstermin mit ausreichender Besprechnungszeit
- Vertrauen: geben Sie von sich aus alle notwendigen Informationen
- Investitions- und Finanzierungspläne
- die (vorläufigen) Gesellschaftsverträge
- Wirtschaftlichkeitsberechnungen
- Vermögens- und Schuldenübersicht
- Plandaten zum 1., 2. und 3. Geschäftsjahr
- Beschreibung Ihres Abnehmerkreises/Ihrer Kundenstruktur
- die Höhe Ihres Kreditbedarfes
- die Dauer der Kreditinanspruchnahme
- neue Grundbuchauszüge
- Angaben über belastbarer Grundvermögen
- Angaben über weitere Sicherheiten
- Bürgen
- Kopien Ihres Lebenslaufes mit beruflichem Werdegang samt Arbeits- und Prüfungszeugnissen

Je sorgfältiger Sie Ihre Unterlagen vorbereiten, desto größer dürften Ihre Erfolgschancen im Gespräch mit der Hausbank sein. *Nochmals:* Betrachten Sie sich nicht als Bittsteller, sondern sehen Sie das Kreditgespräch als Verhandlungs- und Verkaufsgespräch an. Geschäftskunden sind i. d. R. die wichtigsten Kunden einer Bank. Denken Sie im Gespräch mit der Bank immer daran, daß es Ihr Ziel ist, Geschäftskunde zu werden. Sie sind ein gleich starker Partner. Banken bemühen sich um Kunden ebenso wie Sie, denn die Bank lebt davon, (solventen) Kunden Kredite zu vermitteln. Lassen Sie sich deshalb zunächst nur unverbindlich beraten und suchen Sie auf jeden Fall eine zweite Bank auf, der Sie auch Ihr Vorhaben schildern. Auch Banken stehen im Wettbewerb untereinander. Suchen Sie die beste Alternative für Ihr Vorhaben.

Von negativen Beratungsergebnissen sollten Sie sich nicht entmutigen lassen. Denn oft bedarf es nur weniger Veränderungen oder geringfügiger Korrekturen des Konzepts, um aus der Anfangsidee ein tragfähiges Geschäftskonzept werden zu lassen.

Achtung: Je mehr Fremdkapital im Betrieb eingesetzt werden muß, desto sorgfältiger sollte die Planung von Beginn der Selbständigkeit an sein.

Grundsätzlich gilt: Vertrauensvolle Zusammenarbeit mit Kreditinstituten ist nötig.

Für den gesamten Finanzierungsbereich ist eine vertrauensvolle Zusammenarbeit mit einem Kreditinstitut notwendig. Beachten Sie daher als Unternehmer im Umgang mit den Banken und Sparkassen immer folgende Grundsätze, die für Sie stets unumstößliche Prämissen im Rahmen Ihrer Selbständigkeit sein sollten:

• Zeigen Sie sich stets aktuell informiert über den Stand Ihres Vorhabens/Unternehmens.

• Liefern Sie stets einen Status Ihrer Planziele.

• Präsentieren Sie für Investitionen stets einen konzeptionellen Finanzierungsplan und eine Wirtschaftlichkeitsberechnung.

• Bedenken Sie, daß ein Kreditinstitut, das Sie nicht kennt, von Ihnen stets Informationen über die aktuelle Situation des Unternehmens/Vorhabens haben möchte, daß z. B. die letzten drei geprüften Jahresabschlüsse vorgelegt werden, daß Sie einen Status des laufenden Geschäftsjahres vorzeigen können, daß Sie über Grundbuchauszüge, Gesellschaftsverträge und Angaben über Kunden und Lieferanten verfügen.

• Beachten Sie, daß bei der Bewertung der Kreditwürdigkeit Ihres Vorhabens/Unternehmens auch die Integrität und Leistungskraft Ihrer Führung zählt.

• Wenn Sie einmal Ihr Konto überziehen müssen, informieren Sie in jedem Fall Ihr Kreditinstitut vorher über die geplante Überziehung. Sie werden sehen, daß dies meistens problemlos geht. Eine stillschweigende Kontoüberziehung kostet Sie Vertrauen und erschwert Ihnen zukünftige Kreditverhandlungen. Der Grundsatz „lieber zuviel als zuwenig Information" ist hier ganz sicher auch die goldene Regel.

• Beachten Sie in allen Ihren Verhandlungen mit den Kreditinstituten aber auch, daß Sie Kredite nicht übersichern. Die Institute neigen natürlich dazu, ihre Engagements so gut wie irgend möglich und im Zweifel auch mehrfach abzusichern.

• Arbeiten Sie sich im Finanzierungssektor kontinuierlich nach vorne. Nachdem Sie in der Phase der Existenzgründung meistens ja noch jeden persönlichen Knopf verpfändet haben, gehen Sie langsam daran, die Belastungen Ihres Privatvermögens zu reduzieren.

Zehn grundsätzliche Ratschläge zu Kreditverhandlungen

Frühzeitige Gespräche: Führen Sie Kreditgespräche rechtzeitig. Wenn Sie für zukünftige Ausgaben Vorsorge treffen wollen, zeigen Sie, daß Ihre Planung funktioniert. Bei akuten Liquiditätsproblemen haben Sie eine deutlich schlechtere Verhandlungsposition.

Aktuelle Zahlen: Den Gesprächstermin sollten Sie so legen, daß Sie aktuelle Zahlen vorlegen können, z. B. aus dem neuen Jahresabschluß.

Kreditrahmen: Bemessen Sie Ihren Kreditrahmen so ausreichend, daß Sie nicht kurze Zeit später erneut verhandeln müssen. Dies vermittelt einen schlechten Eindruck über Ihre Unternehmensplanung.

Gesprächspartner: Führen Sie Ihr Gespräch am besten mit dem Entscheidungsträger über Ihren Kreditgesuch persönlich.

Beratung: Betrachten Sie die Bank auch als Ihren Berater. Gerade bei großen Investitionen, deren Erfolg mit von der wirtschaftlichen Entwicklung abhängt, können Sie von der Erfahrung der Banken profitieren.

Offenheit: Negative Tatsachen sollten Sie selbst erwähnen und erläutern. Das ist wesentlich vorteilhafter, als wenn die Bank Einzelheiten selbst herausfindet.

Alternativen: Erkundigen Sie sich nach Alternativen zu den angefragten Kreditformen, ggf. auch nach Finanzierungsalternativen zu geplanten Investitionen, wie z. B. Leasing statt Kauf.

Verhandeln: Verhandeln Sie mit der Bank um bessere Konditionen und vergleichen Sie die Angebote mehrerer Banken

Vollständigkeit: Berücksichtigen Sie bei einer Angebotsbetrachtung alle Kostenfaktoren, also auch Verwaltungsgebühren, etc.

Bleiben Sie immer glaubwürdig!

6.3 Wieviel Geld benötigen Sie eigentlich für sich und Ihre Familie?

Stellen Sie zur Erarbeitung Ihrer Investitions- und Finanzierungspläne und damit indirekt zur Vorbereitung des ersten Bankgespräches nunmehr detailliert auf, was Sie zwingend zur Lebenshaltung benötigen. Hierzu zählen: Lebensmittel, Kreditbelastungen, Telefonkosten, Rundfunkgebühren, Vereinsbeiträge, Kindergartenkosten, Essensgeld, Taschengeld für Kinder, Kontoführungsgebühren, Kleidung und Schuhe, Zeitungen, Zeitschriften, Reinigungsgebühren etc...

Die nachfolgende Liste soll für Sie ein Anhaltspunkt sein. Bemessen Sie hierbei alle Beträge großzügig.

Ausgabenbereich	Hinweise	Betrag
Lebensunterhalt (für die Familie)		DM
Miete	private Abzahlung für Wohneigentum	DM
Versicherungen	privat, z. B. Haftpflicht, Hausrat etc.	DM
Kfz-Kosten (auch des Zweitwagens)	Privat	DM
Altersversorgung	private Lebens-/Rentenversicherung	DM
Zwischensumme Lebenshaltung		DM
Lebenshaltungs-Reserve	15 % der Zwischensumme	DM
Rentenversicherung	(Arbeitnehmeranteil, verdoppeln)	DM
Krankenversicherung	(Arbeitnehmeranteil, verdoppeln)	DM
Einkommensteuer	(aus dem letzten Steuerbescheid)	DM
Ergebnis	Dieser Betrag ist zu erwirtschaften.	DM

Überprüfen Sie nochmals Ihre derzeitigen Kosten für den Lebensunterhalt! Legen Sie Ihrer Planung von Beginn an zugrunde, daß Sie von Ihren Einkünften leben wollen.

Bedenken Sie: Ihr Verdienst sollte so hoch sein, daß Sie damit
* Ihren Lebensunterhalt (und den der Familie) bestreiten können,
* vorsorgen können für Krankheit und Alter und
* die aufgenommenen Fremdmittel tilgen können.

Ergänzende Fragen zu Ihrer persönlichen finanziellen Situation:

1. Haben Sie private Schulden?
2. Können Sie diese Schulden vereinbarungsgemäß zurückzahlen?
3. Steht diesen Schulden Vermögen gegenüber (Grundbesitz, Eigentumswohnung, Sparverträge, Bausparverträge, Lebensversicherung, Wertpapiere, Sparguthaben und vergleichbare Werte)?
4. Ergibt sich nach Abzug der Schulden ein positives Vermögen?
5. Verfügt Ihr Lebenspartner über regelmäßige Einkünfte?
6. Reichen diese Einkünfte aus, um notfalls daraus Ihren Lebensunterhalt zu bestreiten?
7. Erreicht Ihr Vermögen (bares, jederzeit verkäufliche Wertpapiere etc.) ca. 15 % des von Ihnen ermittelten Kapitalbedarfs?
8. Haben Sie andere beleihbare Vermögenswerte?

Die 4. Frage sollten Sie auf jeden Fall mit „ja" beantworten können. Falls Sie die Frage 7 nicht bejahen können, dann sollte in der Regel das notwendige Eigenkapital durch beleihbares Vermögen aufgebracht werden (siehe 8. Frage).

Die Checkliste zur persönlichen finanziellen Situation sollten Sie sich nach der Kapitalbedarfsplanung nochmals ansehen. Zwingen Sie sich nunmehr im Rahmen Ihrer persönlichen Finanzplanung auch zurückzublicken. Erinnern Sie sich an das Gehörte, Gesagte oder Geschriebene.

6.4 Wie man Pannen bei der Finanzierung vermeidet

Gerade bei der Finanzierung neuer Unternehmen werden viele Fehler gemacht. Häufig wird nicht ausreichend oder zu teuer finanziert.

• Eine nicht ausreichende Finanzierung kann sehr schnell zu Liquiditätsproblemen führen.
• Eine zu teure Finanzierung belastet die Ertragskraft des Unternehmens.

Vorsichtige Planung schützt vor unangenehmen Überraschungen.

Typische Kriterien für Finanzierungsfehler ergeben sich aus folgendem Fragenkatalog:

• Liegt für bauliche Investitionen ein Festpreisangebot vor oder sind die Kosten ausreichend kalkuliert worden?
• Ist die Höhe des Warenbestandes ausreichend kalkuliert?
• Sind auch Lagerzeit, Dauer des Produktionsprozesses und Fertigwarenlager berücksichtigt?
• Sind eventuell erforderliche flüssige Mittel für ungewisse Risiken mit einkalkuliert?
• Sind Anlaufverluste finanzierbar?
• Stehen die eingeplanten Eigenmittel auch effektiv zur Verfügung?
• Ist Leasing eine geeignete Finanzierungsalternative?
• Können bei anderen Institutionen Zuschüsse oder zinsgünstige Sonderkredite beantragt werden?
• Wurden die steuerlichen Aspekte mit einem Steuerberater besprochen?

Sie kommen nicht umhin, sich bei verschiedenen Geldinstituten nach deren Angeboten zu erkundigen. Diese erwarten jedoch von Ihnen, quasi als Vorleistung, eine sorgfältige, in sich schlüssige und damit strukturierte Investitions- und Finanzplanung. Mit dem Aufbau eines Investitions- und Finanzierungsvorschlages sollten Sie jetzt beginnen. Mit den obigen Warnhinweisen versehen sind Sie gerüstet, um nunmehr Ihren ganz persönlichen Kapitalbedarfsplan zur Gründung Ihres Unternehmens aufzustellen.

6.5 Kapitalbedarf

Besser geschätzt als überhaupt nicht geplant!

Eine gute Finanzierung ist die Grundlage für den erfolgreichen Aufbau eines Unternehmens. Die genaue Ermittlung des Kapitalbedarfs gehört deshalb zu den wesentlichen Aufgaben jedes Existenzgründers vor der eigentliche Gründung.

Durch eine vernünftige Kapitalbedarfsplanung können Sie Ihre Liquidität sichern und die Zahlungsunfähigkeit vermeiden. Es gilt jedoch: **Ohne Eigenkapital keine erfolgreiche Unternehmensgründung.**

Die Aufstellung des Kapitalbedarfsplans, als Resultat aus einem Investitionsplan abgeleitet, kann stellenweise zunächst nur vorläufiger Natur sein, da oftmals sehr viele Einflußgrößen zu schätzen sind, auf die Sie jedoch keinesfalls im Rahmen Ihrer Planung verzichten sollten. Normalerweise sind erst im Zuge eines Beratungsgesprächs die Größenordnungen einzelner benötigter Summen genauer zu bestimmen. Banken und Berater kennen i. d. R. Referenzgrößen, die die für Sie unbekannten Variablen appoximieren, z. B. die Höhe einer Versicherung oder die laufenden Kosten eines Transporters. Mit allgemein anerkannten Schätzgrößen füllt sich sukzessive Ihr Planblatt. Auch wenn im Vorfeld nicht alles durch Sie abzuschätzen ist, sollte es dennoch Ihr Ziel sein, die Planung gleich über einen Zeitraum von drei bis fünf Jahren auf mehreren übersichtlichen Blättern vorzubereiten.

Oft wird versäumt, die Betriebsmittel ausreichend zu kalkulieren. Der Existenzgründer darf aber nicht davon ausgehen, daß er die laufenden Kosten des Unternehmens sofort aus den laufenden Einnahmen begleichen kann. In den ersten sechs bis zwölf Monaten werden normalerweise Ausgaben und Privatentnahmen nicht durch Einnahmen gedeckt – es sind also Zuschüsse erforderlich.

Lassen Sie sich durch die Zahlen anderer aber nicht verwirren! Jede Mark will erst verdient sein!

Ihre Notizen:

Detailpläne – Gründungskosten, Markteinführungskosten, etc.

Gründungskosten

Hier sind sämtliche gründungsspezifische Aufwendungen festzuhalten, die in Vorbereitung der selbständigen unternehmerischen Tätigkeit anfallen.

Dazu gehören:

Anmeldungen/Genehmigungen	DM
Handelsregistereintragung	DM
Notar	DM
Beratung (rechtlich, steuerlich, betriebswirtschaftlich, finanziell)	DM
sonst. Ausgaben	DM
Summe	DM

Beispiel für die Gründungskosten einer GmbH:

Ausgangslage: Gegründet werden soll eine GmbH mit 2 Gesellschaftern und einem Stammkapital von 50 000 DM

Beurkundungsgebühr des Notars	320 DM
Beglaubigungsgebühr für die Anmeldung zum Handelsregister	80 DM
Auslagen und Schreibgebühren	90 DM

Mehrwertsteuer auf die Notargebühren ca.	69 DM
Gerichtsgebühr für die Eintragung	160 DM
Summe	719 DM

Markteinführungskosten

Von Bedeutung ist hierbei, welche Maßnahmen zur Markteinführung ergriffen werden sollen. Dabei ist an besondere Arten der Erstwerbung oder an eine Einführungsveranstaltung zu denken. Vorgesehene oder erwogene Maßnahmen und deren wahrscheinliche Kosten sind festzuhalten.

Maßnahme	DM
	DM
	DM
	DM
	DM
Summe	DM

Personalkosten

Bestimmen Sie die tatsächlichen Personalkosten für Ihr Unternehmen. Berücksichtigen Sie in Ihrer Planung den Arbeitgeberanteil zur Sozialversicherung und z. B. das Weihnachts- und Urlaubsgeld. Es ist sinnvoll, auf die veranschlagten Bruttobeträge etwa 40 % an Lohnnebenkosten aufzuschlagen.

Funktion/Mitarbeiter	DM
	DM
	DM
Gründergehalt/Privatentnahme	DM
Summe (Bruttogehälter + Lohnnebenkosten)	DM

Auf jeden Fall sollte der Gründer seine eigenen Entnahmen von Anfang an in der Kalkulation der „Personalkosten" berücksichtigen. Er sollte nicht zwingend mit dem existenznotwendigen Minimum rechnen, sondern einen Sicherheitsbetrag einkalkulieren, um eine weitere Reserve zu besitzen. Die Höhe der notwendigen Privatentnahmen wird bei einer Existenzgründung recht häufig unterschätzt. Denn bei der Kalkulation von Privatentnahmen ist auch die persönliche Absicherung über die Kranken- und Pflegeversicherung und die Altersvorsorge zu beachten.

Geben Sie Ihrer Bank nie zu optimistische Plan- und Erwartungswerte. Wenn Sie nicht eingehalten werden, muß die Bank annehmen, daß Ihnen der Durchblick fehlt.

Denken Sie auch daran: Kann Ihr Lebens- oder Ehepartner durch sein Einkommen zeitweise für den gemeinsamen Lebensunterhalt aufkommen?

Kapitalbedarfspläne – Richtig geplant ist halb gewonnen

Der Kapitalbedarf zur Unternehmensgründung setzt sich nicht nur aus dem Betrag zusammen, der benötigt wird, um das Unternehmen zu starten, sondern auch aus dem Betrag der erforderlich ist, um die Anlaufphase – in der Regel 1 Jahr – zu überstehen. Von vornherein sollte bei einer systematischen Ermittlung des Kapitalbedarfs darüber hinaus zwischen dem langfristigen und dem kurzfristigen Kapitalbedarf getrennt werden, da spätestens bei der Finanzierung zwischen diesen beiden Punkten differenziert wird. Die nachfolgenden Kapitalbedarfspläne sollen Sie bei Ihren Planungen unterstützen und mögliche alternative Betrachtungen aufzeigen.

Investitionen

Grundstücke	DM
+ Neubaumaßnahmen	DM
+ Gebäude	DM
+ Umbaumaßnahmen	DM
+ Maschinen, Geräte	DM
+ Einrichtung	DM
+ Fahrzeuge	DM
= **Kapitalbed. f. Investitionen**	DM

Material- und Warenlager	
Voraussichtlicher Waren-/Materialeinsatz für Eröffnung	DM
= **Kapitalbedarf für Waren**	DM
Betriebsmittel	
Personalkosten	DM
+ Sachkosten (z. B. in % v. Umsatz)	DM
+ Zinsen	DM
+ Privatentnahmen (Unternehmerlohn)	DM
= **Kapitalbedarf**	**DM**

Ein zweiter Kapitalbedarfsplan..

Für langfristige Investitionen benötige ich folgendes Kapital:

Grund und Boden	DM
Gebäude	DM
eventueller Umbau	DM
Maschinen und Geräte	DM
Einrichtungen	DM
Fuhrpark	DM
Kauf eines Betriebes	DM
Konzessions-, Franchise-Kosten	DM
finanzielles Polster für Unvorhergesehenes	DM
Summe	**DM**

Für kurzfristige Investitionen benötige ich folgendes Kapital:

Material und Warenlager	DM
Mietkaution, Mietvorauszahlung	DM
Summe	**DM**

Für die laufenden Kosten brauche ich:

Miete	DM
Strom	DM
Wasser	DM
Weitere Energieträger	DM
Zinsen/Tilgung	DM
Gebühren/Beiträge	DM
Versicherungen	DM
Steuern	DM
laufende Fahrzeugkosten (Benzin/Reparaturen)	DM
PR/Werbung/Verkaufsförderung	DM
Personalkosten (Lohn/Gehalt/Sozialvers./pauschale Lohnst.)	DM
Summe	**DM**

Für die Gründung benötige ich:

Anmeldungen und Genehmigungen	DM
Handelsregistereintragung	DM
Notargebühren	DM
Beratungen	DM
Summe	**DM**

Zur Erinnerung: Von betriebswirtschaftlicher Bedeutung im Rahmen der Budgetplanung sind auch die **Gründungskosten**, beispielsweise Steuern, Bankgebühren, Zinsen für die Übernahme von Anteilen, Prüfungsgebühren, Notariats- bzw. Gerichtskosten.

Ein dritter Kapitalbedarfsplan

Der Kapitalbedarfsplan – soviel Geld brauchen Sie für die Existenzgründung:

Langfristiger Kapitalbedarf	
Grundstückskauf (inkl. Nebenkosten, z. B. Notar, Grunderwerbssteuer, Vermessungskosten)	DM
Gebäudekauf (inkl. Nebenkosten, z. B. Makler, Notar, Grunderwerbssteuer)	DM
Umbaukosten (auch für Mieträume, z. B. Trennwände, Teppiche, sanitäre Einrichtungen)	DM
Maschinenkauf und Anschaffung von Geräten (von Anrufbeantworter bis Zange)	DM
Fahrzeuganschaffung (evtl. inkl. erforderlicher Umrüstung oder Einbauten, je nach Gewerbe)	DM
Einrichtungen (bewegliche Teile, z. B. vom Schreibtisch bis zum Aktenregal und zur Lampe)	DM
Reserve (weil bestimmt etwas vergessen wurde – kalkulieren Sie 10 Prozent der vorherigen Kosten ein)	DM
Kapitalbedarf 1 (Zwischensumme inkl. Reserve)	DM
Kurzfristiger Kapitalbedarf	
Installationskosten (für Aufbau von Maschinen, Einrichtung, EDV-Anpassung)	DM
Waren und Material (für die Erstausstattung des Lagers und für den Produktionsstart)	DM
Hilfs- und Betriebsstoffe (vom Gleitöl für die Drehbank bis zu Kleinteilen für Installationen)	DM
Beschaffungskosten für Einkäufe (evtl. Reisekosten, weil Sie erst einmal Lieferanten aufsuchen müssen)	DM
Mietvorauszahlung (außerdem Maklerkosten, wenn nicht schon bei Grundstück/Gebäude erfaßt)	DM
Eröffnungskosten (z. B. für Werbung, Kataloge, Prospekte, Geschäftspapier, Leuchtreklame)	DM
Beratungskosten (Vertragsentwürfe, z. B. vom Rechtsanwalt, Gründungsberatung)	DM
Anmeldekosten (Genehmigungen, Handelsregistereintragung, notarielle Beurkundungen)	

Reserve (weil bestimmt etwas vergessen wurde – kalkulieren Sie 10 Prozent der vorherigen Kosten ein)	DM
Kapitalbedarf 2 (Zwischensumme inkl. Reserve)	DM
Laufender Kapitalbedarf (alle Kosten für ein Jahr)	
Miete, Pacht	DM
Mietnebenkosten (z. B. Heizung, Wasser, Energie)	DM
Personalkosten (aber nicht Ihr eigenes Gehalt)	DM
Büro-, Verwaltungskosten (von Porto, Telefon bis zu Heftklammern, Briefumschlägen)	DM
Zinsen, Tilgungen (für alle Finanzierungen)	DM
Serviceverträge (z. B. für die Wartung von Maschinen)	DM
Versicherungen (z. B. Betriebshaftpflicht, Produktionsausfall, Vermögensschaden, Feuer usw.)	DM
Leasingkosten	DM
Franchise-Gebühren	DM
Privatentnahmen	DM
Reserve (kalkulieren Sie wieder 10 Prozent der vorherigen Kosten ein, auch wegen Außenständen)	DM
Kapitalbedarf 3 (Zwischensumme inkl. Reserve)	DM
Gesamt-Kapitalbedarf (Summe aus Feldern „Kapitalbedarf 1–3" inkl. Reserven)	DM

Achten Sie bei der Erstausstattung auf Qualität.

Die Plandaten gehören zur laufenden Erfolgskontrolle auch nach der Gründung in die Hand des Unternehmers.

Ihre Notizen:

Klären Sie bei jeder Investition, ob sie überhaupt oder bereits zum Gründungszeitpunkt notwendig ist. Kostengünstige Alternativen können z. B. das Nutzen von Fremdleistungen durch

Subunternehmen oder auch das Anmieten von Geräten sein.Versuchen Sie, durch sinnvolles Einsparen oder Verschieben von Investitionen die Kredithöhe und die laufenden Fixkosten zu senken.

Ein vierter Finanzplan

Investitionen des Anlagevermögens	
Kaufpreis Betriebsgrundstück	DM
Erwerbsnebenkosten	DM
Baukosten für das Betriebsgebäude	DM
Gerichts- und Notariatsgebühren	DM
Einrichtungs- und Ausstattungskosten	DM
Zwischensumme	DM
Preis für den Unternehmenskauf inklusive Firmenwert, Anlagegüter und Warenlager	DM
Fixe Anlaufkosten	
Löhne und Gehälter samt Nebenkosten	DM
Telefoneinrichtung	
Einführungswerbung	DM
Beschaffung des ersten Warenbestandes	DM
Versicherungen	DM
Beiträge zu Verbänden und Körperschaften	DM
Mieten	DM
Zinsen und Tilgung auf Fremdkapital	DM
Zwischensumme	DM
Variable Anlaufkosten	
Anschaffungskosten für Betriebsstoffe	DM
Heizungs- und Lichtkosten	DM

Energieverbrauch für Maschinen	DM
Büromaterial	DM
Laufende Telefonkosten	DM
Kraftfahrzeugkosten	DM
Gebühren für laufenden Zahlungsverkehr	DM
Zinsen für Kontokorrentkredit	DM
Kosten für laufende Werbung	DM
Zwischensumme	DM
Plus 10 % Sicherheitszuschlag	DM
Kompletter Kapitalbedarf	DM

Ihre Notizen:

Fünftes Schema zur Berechnung Ihres persönlichen Kapitalbedarfs

Anlagevermögen	
Geschäftseinrichtung	DM
Werkstatteinrichtung	DM
Maschinen, Geräte, Werkzeuge	DM
Fahrzeuge	DM
Sonst. Investitionen	DM
Umlaufvermögen	
Materialausstattung	DM

Handelswarenerstausstattung	DM
Forderungen an Kunden	DM
Kasse-/Bankguthaben	DM
Sonstiges	DM
Gesamt-Kapitalbedarf	DM

Ihre Notizen:

Zur Unterstützung Ihrer betrieblichen Kapitalbedarfsplanung können Sie von folgenden groben Erfahrungswerten ausgehen:

	Anlagevermögen
Handwerk	70–90 %
Dienstleistung ca.	10 %
Handel	30–50 %

Hinweis: Der Kapitalbedarf läßt sich im Einzelfall durch die Beschaffung funktionstüchtiger Gebrauchtgeräte merklich vermindern.

Hat man das Anlagevermögen realistisch bewertet?

6.6 Drei-Jahres-Umsatzplan

Umsatz ist längst kein Gewinn!

Nachdem Sie sich bereits gefragt haben, wie hoch Ihr Jahresverdienst vor Steuern sein muß, um laufende Kosten zu decken und nachdem Sie einen ausführlichen Kapitalbedarfsplan erstellten, gilt es nun den zwingend notwendigen Drei-Jahres-Umsatzplan zu erarbeiten.

Welcher Jahresumsatz soll innerhalb der ersten drei Jahre mit welchem Produkt /mit welcher Dienstleistung erreicht werden?

	Produkt 1	Dienstl. 1	Produkt 2	Dienstl. 2
1. Jahr				
2. Jahr				
3. Jahr				

Nach einer Grobschätzung gilt es detailliert für das erste Jahr der Geschäftstätigkeit den Jahresumsatz branchenspezifisch unter Berücksichtigung saisonaler Schwankungen auf die einzelnen Monate des Jahres herunterzubrechen.

	Januar	Februar	März	April	Mai	Juni
Produkt 1						
Produkt 2						
Dienstl. 1						
Dienstl. 2						
Summe						

Stellen Sie nunmehr Ihre Umsatzplanungen vergleichend dem kostendeckenden Mindestumsatz gegenüber.

Berechnung des kostendeckenden Mindestumsatzes

Der Mindestumsatz kann mit folgender Formel errechnet werden:

Mindestumsatz =

$$\frac{\text{Fixkosten in DM}}{\text{Handelsspanne} - \text{variable Kosten in \%}} \times 100$$

Nehmen wir an, unser Unternehmer rechnet mit einer Handelsspanne von 40 %. Die fixen Kosten für das erste Geschäftsjahr (Raumkosten, Personalkosten, Versicherungen usw.) werden mit 200 000 DM, die (umsatzabhängigen) variablen Kosten (z. B. für Verpackung, Umsatzprämien, Zustellung usw.) werden mit 2 % vom Umsatz veranschlagt. Die Rechnung sieht dann so aus:

$$\frac{200\,000}{40 - 2} \times 100 = 526\,315 \text{ DM}$$

Dieser Umsatz deckt sämtliche fixen und variablen Kosten. Es bleibt aber noch kein Pfennig Reingewinn übrig.

Erst bei einem darüberliegenden Umsatz bringt jede Mark einen Gewinn von 38 Pfennig (40 % Bruttogewinn − 2 % variable Kosten).

Es gilt: Je niedriger die branchenübliche Spanne, desto höher der erforderliche Umsatz.

Wie berechnet man den Planumsatz?

1. Möglichkeit:

Diese Berechnung ist auf alle Branchen anwendbar. Sie berücksichtigt aber nicht Ihre individuellen betrieblichen Werte, sondern nur Durchschnittswerte. Sie erfragen bei Steuerberater, Fachverbänden, Kammern oder auch bei Ihrem Finanzamt den durchschnittlichen Rohgewinn (in Prozent) Ihrer Branche und berechnen dann nach dieser Formel den Mindestumsatz:

Mindestumsatz =

$$\frac{\text{Rohgewinn in DM} \times 100}{\text{Prozentsatz Rohgewinn}}$$

$$= \frac{225\,000 \text{ DM} \times 100}{47}$$

$$= 478\,723 \text{ DM}$$

2. Möglichkeit

Zahl der produktiven Stunden Ihres Betriebes multipliziert mit dem am Markt erreichbaren Stundensatz:

$$3966 \times 57 \text{ DM/Stunde}$$

= Lohnumsatz	225 000 DM
+ Materialeinsatz	250 000 DM
= erreichbarer Umsatz	475 000 DM

3. Möglichkeit

Zahl der Einwohner des Einzugsgebietes
· durchschnittliche Pro-Kopf-Ausgaben der Branche
· Kaufkraftniveau des Einzugsgebietes
+ Zuflüsse an Kaufkraft aus anderen Gebieten
– Abflüsse an Kaufkraft an andere Gebiete
= Umsatzpotential des Betriebes
– Umsatzabschöpfung der Konkurrenz
= Umsatz des Betriebes

Checkliste zur Überprüfung der Umsatzplanungen

Je exakter die Planung, um so größer der Erfolg.

Sind Umsatzmengen, vor allem bei der Erschließung von Marktlücken, realistisch angesetzt?	
Ist man bei den geplanten Umsatzmengen von realisierbarer Kundenbeeinflussung ausgegangen?	
Stimmen die zugrundeliegenden Ursachen der Kaufentscheidungen noch?	
Hat man einen realistischen Verkaufsradius angesetzt, der mit akzeptablen Kosten erreicht werden kann?	
Inwieweit hat man die Stärke der Konkurrenten und Marktinhaber realistisch beurteilt?	
Wird der Kunde die Vorteile des Produktes auch so „erleben", wie wir uns das vorstellen?	

Werden emotionale Leistungen, wie Anerkennung und Sicherheit, Bequemlichkeit und Zuverlässigkeit, ausreichend wirken?	
Werden die Wiederverkäufer Umsatz- und Kostenvorteile anerkennen?	
Ist die Leistungspalette auch mit geringem Aufwand verkaufsfähig?	
Werden Werbung, Verkaufsförderung und Öffentlichkeitsarbeit nicht zu aufwendig?	
Ist eine ausreichende, gleichmäßige Auslastung während des gesamten Jahres gesichert?	
Hat man ausreichend Varianten geprüft, um die beste auszuwählen?	
Wurden Minimal-, Maximal und Normalwerte einander gegenübergestellt?	
Hat man konjunkturelle Veränderungen in ausreichendem Maße berücksichtigt?	
Wurden die erarbeiteten Werte mit erfahrenen Beratern diskutiert?	

Wenn die zu erwartenden Umsatzwerte derart abgesichert sind, kann mit den weiteren Überlegungen zur Finanzierung Ihres Vorhabens begonnen werden.

6.7 Kredite

Scheuen Sie sich nicht vor Schulden. Bedenken Sie dabei jedoch folgende Punkte:

- Gehen Sie nicht zum erstbesten Kreditinstitut, nur weil es gleich an der nächsten Ecke liegt. Als erste Adresse empfiehlt sich Ihre Hausbank, denn dort sind Sie bereits bekannt und dort kennt man sich mit den örtlichen Verhältnissen aus.
- Prüfen Sie die Leistungen und Konditionen anderer Institute.
- Bedenken Sie, daß das Kreditinstitut zu Ihrem Vorhaben passen sollte. Es kann von Vorteil sein, die in Ihrer Branche und bei Ihren zukünftigen Geschäftspartnern üblichen Bankverbindungen zu nutzen.

- Verhandeln Sie frühzeitig über Kreditkonditionen.
- Reden Sie mit den entscheidenden Leuten in den Banken und Sparkassen. Zweigstellenleiter, Filialdirektoren oder Leiter von Sonderkreditabteilungen sind nicht nur für die großen Kunden da.
- Legen Sie bei Ihren Verhandlungen Ihr unternehmerisches Konzept, Ihre Rentabilitätsvorschau und Ihren Finanzierungsplan auf den Tisch. Geben Sie Ihrem Gesprächspartner das sichere Gefühl, ein durchdachtes und aussichtsreiches Vorhaben mitzutragen.
- Lassen Sie sich nicht in die Rolle des Bittstellers drängen. Bedenken Sie, daß es das Geschäft der Kreditinstitute ist, Geld zu verleihen.
- Sprechen Sie aber auch den Finanzfachmann in Ihrem Gesprächspartner an; lassen Sie sich von seinen Erfahrungen berichten und fragen Sie nach seiner Expertenmeinung zu Ihren Plänen.

Je sorgfältiger Sie Ihre Unterlagen für ein Bankgespräch vorbereiten, desto größer dürften Ihre Erfolgschancen im Gespräch mit der Bank sein.

Die wichtigsten Kreditarten (vgl. *H. Dittrich*, Wege und Tips zur Existenzgründung)

- **Kontokorrentkredite:** Diese „laufenden" Bankkredite sind kurzfristig und teuer. Grundlage ist der Kontokorrentkreditvertrag mit der Hausbank, die die Überziehungen bis zu einer bestimmten, vereinbarten Höhe akzeptiert und so die Liquidität stützt, damit die betriebliche Zahlungsbereitschaft gewahrt bleibt. Bei dieser Form des Kredites wird dem Kreditnehmer ein bestimmter Kreditrahmen auf seinem Geschäftskonto (d. h. ein Betrag, bis zu dem der Unternehmer das Konto überziehen kann) eingeräumt. Dabei wird in den meisten Fällen keine bestimmte Laufzeit festgelegt. Der Kontokorrentkredit sollte bei der Abwicklung von laufenden Betriebsausgaben in Anspruch genommen werden, um z. B. den Vorteil des Abzuges von Skonto auszunutzen.
- **Avalkredit:** Der Avalkredit ist im eigentlichen Sinn kein Kredit

sondern eine Bürgschaft, die das Kreditinstitut für das Unternehmen übernimmt. Die Bank stellt ihren „guten Namen" dem Unternehmen zur Verfügung. Das Kreditinstitut verpflichtet sich, bei Zahlungsschwierigkeiten gegenüber dem Lieferanten oder dem Kunden (z. B. bei Konventionalstrafen) einzutreten. Für diese Leistungsverpflichtung, die meist über eine fest vereinbarte Laufzeit geht, beträgt die Provision zwischen 0,5 und 2,5 %. Kommt es tatsächlich dazu, daß die Bank in Anspruch genommen wird, so wandelt die Bank den Avalkredit z. B. in einen Kontokorrentkredit um, dessen Konditionen dann Gültigkeit besitzen.

- **Saisonkredit:** Ist das Unternehmen von der Saison abhängig, z. B. beim Verkauf von Eiswaren, so hat es die Möglichkeit, einen Saisonkredit bei der Bank aufzunehmen. Der Kredit wird in einer festen Höhe für ca. 2–4 Monate gewährt und kann in dieser Zeit voll ausgeschöpft werden. Er ist am Ende der Saison in voller Höhe zurückzuzahlen. Der Vorteil dieses Kredits liegt darin, daß er günstiger ist als der Kontokorrentkredit aber höhere Zinsen als das langfristige Darlehen verursacht.

- **Lieferantenkredite:** Eine einfache und gängige Form der Finanzierung ist der Lieferantenkredit. Der Lieferant gewährt dem Kunden eine bestimmte Zahlungsfrist, meist 30 Tage, damit der Kunde die Zeitspanne zwischen Absatz und Beschaffung überbrücken kann. Die erzielten Einnahmen werden dann zur Begleichung der Lieferantenkredite verwendet. Bei diesen kurzfristigen Krediten geht der Skontoabzug verloren.

- **Wechselkredite:** Waren- und Investitionswechsel sollten nur dann eingesetzt werden, wenn keine Kredite möglich sind. Die Zinsen werden bei Investitionswechseln während der gesamten Laufzeit von der Ursprungssumme ausgehend gerechnet. Eine weitere Bezeichnung für den Wechselkredit lautet Diskontkredit. Der Diskont oder Wechsel – dies ist die gebräuchlichere Bezeichnung – ist eine Urkunde, in der der Aussteller (Gläubiger) den Bezogenen (Schuldner) auffordert, zu einem bestimmten Termin eine bestimmte Geldsumme (meist den Kaufpreis für ein Gut) an eine bestimmte Person zu zahlen. Die Regeln sind bei Zahlungsverzug sehr streng und hart. Ist der Wechsel vom Bezogenen (Schuldner) akzeptiert, gelten die gesetzlichen Bestimmungen des Wechselrechtes, so daß diese Form der Finanzierung eine gute Zahlungssicherheit für den Gläubiger ist. Der Inhaber des Wechsels hat nun die Möglichkeit, den Wechsel bis zur Fälligkeit bei sich zu behalten, den Wechsel als Zahlungsmittel zum Ausgleich eigener Verbindlichkeiten weiterzugeben, ein Kreditinstitut zu beauftragen, in seinem Namen den Wechsel einzulösen oder den Wechsel an die Bank weiterzuverkaufen. Bei dem Verkauf des Wechsels muß der Inhaber aber einen bestimmten Zins (Diskont) sowie Spesen zahlen. Der Diskont richtet sich nach der Restlaufzeit, d. h. der Zeitspanne vom Zeitpunkt des Verkaufes bis zur Fälligkeit unter Berücksichtigung des Diskontsatzes der Deutschen Bundesbank.

- **Kundenanzahlung:** Eine andere Finanzierungsart ist die Kundenanzahlung. Gerade im Handwerk sollte diese Form genutzt werden, da sich die Aufträge teilweise über einen längeren Zeitraum erstrecken (z. B. wie im Baugewerbe). Durch die Vorabzahlungen kann das Unternehmen mit dem Geld des Kunden arbeiten. Es muß keine Fremdfinanzierung in Anspruch nehmen und spart somit Zinsen und Gebühren.

- **Privatdarlehen:** Wird dem Unternehmer/Gesellschafter aus dem Verwandtschafts-/Bekanntenkreis ein Darlehen gewährt, ist darauf zu achten, daß zuvor ein schriftlicher Vertrag formuliert wird. Somit werden im Vorhinein Komplikationen ausgeschlossen, die zu einem späteren Zeitpunkt auftreten können, z. B. im Falle eines Konkurses oder Erbfalls. Damit das Darlehen auch steuerlich anerkannt und die fälligen Zinsen als Betriebsausgaben geltend gemacht werden können, ist auf die Üblichkeit der vertraglichen Vereinbarungen zu achten.

- **Gesellschafterdarlehen:** Handelt es sich bei dem Unternehmen um eine Gesellschaft, so könnte der Gesellschafter dem Unternehmen einen Kredit gewähren, der – je nach Vereinbarung – z. B. erst bei einer besseren Wirtschaftslage des Unternehmens getilgt wird.

- **Darlehen:** Derartige Kredite mit vereinbarter Auszahlungssumme, Bearbeitungskosten, Zins- und Tilgungsraten werden nach sehr unterschiedlichem Modus gewährt. Man sollte deshalb immer den Realzins ermitteln, um vergleichen zu können. Vor allen Dingen ist zu beachten, daß nur der Restbetrag des

Darlehens verzinst wird und nicht (auch nach Rückzahlung von Tilgungsraten) ein Zins, der von der Ausgangssumme berechnet wird.

Kreditsicherheiten

Jeder Kreditgeber ist bestrebt, das hingegebene Geld zuzüglich Zinsen vom Kreditnehmer zurückzubekommen. Nur in seltenen Fällen wird er daher Kredite ohne Stellung von Sicherheiten gewähren. Als Sicherheiten dienen regelmäßig nachfolgend dargestellte personelle und reale Sicherheiten (Vermögenswerte und/oder Rechte). Aber auch eine gute Geschäftsidee verbunden mit einer guten Unternehmenskonzeption kann eine Sicherheit für den Kreditgeber darstellen. Jeder Kreditgeber wird bestrebt sein, so viel Sicherheiten wie möglich vom Darlehensgeber zu erhalten. Es kommt nicht selten vor, daß der Wert der Sicherheiten den Kreditbetrag weit übersteigt. Bei jedweder Hingabe von Sicherheiten sind daher insbesondere folgende Punkte zu beachten:

1. Nie mehr Sicherheiten hingeben als unbedingt notwendig.
2. Kredite sollten bei einer oder wenigen Banken aufgenommen werden.
3. Es ist zu vermeiden, daß der Ehegatte auch Darlehensnehmer wird.
4. Es ist darauf zu achten, daß nur der Kredit, nicht aber weitere Kosten abgesichert sind.

Wenn mehr Sicherheiten als nötig hingegeben werden, können diese für weitere Finanzierungen später einmal fehlen. Es wird dadurch von vornherein der potentiell mögliche Finanzierungsrahmen eingeschränkt. Das gleiche gilt, wenn mehrere Kreditgeber vorhanden sind, die sich die Sicherheiten teilen müssen. Der größte Finanzierungsrahmen bei gegebenen Sicherheiten ergibt sich i.d.R. dann, wenn die Kreditinanspruchnahme nur über einen Kreditgeber erfolgt.

Hinweis: Der gesetzliche Güterstand der Zugewinngemeinschaft bedeutet gerade nicht, daß das Vermögen der Ehegatten in einen „Topf geworfen" wird. Beim Güterstand der Zugewinngemeinschaft bleiben die Vermögen der Ehegatten bis zur Beendigung der Ehe getrennt. Erst dann erfolgt ein Ausgleich des Zugewinns. Im Falle z. B. des Konkurses des Unternehmens des Existenzgründers bliebe das Vermögen des Ehegatten davon unberührt. Eine unbedachte Unterschrift unter den Darlehensvertrag des Unternehmers oder die Stellung einer Personalsicherheit (z. B. in Form einer Bürgschaft) durch den Ehegatten würde diesen „mit ins Boot ziehen".

In vielen Verträgen über Sicherungsabreden wird nicht nur der eigentliche Kredit abgesichert, sondern darüber hinaus auch rückständige Zinsen oder Kosten für z. B. Vollstreckung oder Zwangsversteigerung. Auch hier gilt Vorsicht!

Typische Kreditsicherheiten sind:

- **Bausparverträge:** Sie gliedern sich in zwei Teile: Das Bausparguthaben und das Bauspardarlehen. Solange noch kein Anspruch auf das Darlehen besteht, ist der Vertrag nur in Höhe des jeweiligen Guthabens zu bewerten.

- **Bürgschaften:** Eine gebräuchliche Form der Besicherung. Sie ist jedoch nur soviel wert, wie der Name, der hinter der bürgenden Person steht (vgl. §§ 765–778 HGB). Der Bürge ist verpflichtet, den Gläubiger ersatzweise zu befriedigen, wenn der Schuldner die Leistung nicht erbringt. Da der Bürge nicht nur mit bestimmten Gegenständen, sondern mit seinem ganzen Vermögen haftet, sollte er bei der Abgabe einer Bürgschaftserklärung besondere Vorsicht walten lassen.

- **Eigentumsvorbehalt:** Der Eigentumsvorbehalt ist ein Vorbehalt des Eigentumsrechts an einer Ware durch den Verkäufer bis zur vollständigen Bezahlung durch den Käufer dieser Ware, d. h., erst dann geht das Eigentum auf den Käufer über. Der Eigentumsvorbehalt ist in der Regel wichtigstes Sicherungsmittel des Lieferanten.

- **Forderungsabtretungen,** auch „Zession" genannt. Hier werden Ihre eigenen Forderungen, die Sie gegenüber Ihren Kunden haben, an die Bank abgetreten. Die Bezahlung der Rechnung darf dann nur an Ihre Bank erfolgen.

- **Grundschulden:** Der Wert einer Grundschuld hängt von dem Wert der Immobilie ab.

- **Kraftfahrzeuge:** Sie werden bewertet nach dem jeweiligen Marktpreis, der zum Beispiel anhand der *Schwacke*-Liste ermittelt werden kann.

- **Lebensversicherungen** haben zwei Sicherungsaspekte. Hierzu zählt zum einen die Besicherung von Krediten und zum anderen die Absicherung des „biologischen" Risikos.
- **Maschinen** können ähnlich wie ein Kfz an die Bank sicherungsübereignet werden.
- **Sparguthaben; Sparbriefe:** Sicherlich die beste Sicherheit, wenn sozusagen Geld gegen Geld gewechselt wird.
- **Warenlager:** Die Bewertung Ihres Warenlagers als Sicherheit hängt im wesentlichen von der Art der Waren ab. Eine weitere Rolle spielen auch Alter und Beschaffenheit der Artikel. Die Sicherungsübereignung ist teilweise problematisch, vor allem wenn der Lagerumschlag relativ hoch ist. Dann wird ein sogenannter Raumsicherungsübereignungsvertrag abgeschlossen, der pauschal alle heute und künftig gelagerten Waren umfaßt.
- **Wertpapiere** können ebenso wie Sparguthaben an die Bank verpfändet werden. Ihre Anrechnung als Sicherheit erfolgt über den Beleihungswert. Dieser richtet sich nach der Art der Effekten. Hochspekulative Aktien sind anders zu bewerten als festverzinsliche Wertpapiere, die nur geringen Kursschwankungen unterliegen.

6.8 Finanzierung

Aus zwei Hauptquellen werden Sie für Ihre Betriebsgründung Kapital bekommen: Sie können Ihr eigenes Geld einsetzen – das nennt man dann Eigenkapital. Sie arbeiten mit Darlehen – also mit Fremdkapital. Es ist sicher besser, den Start in die Selbständigkeit mit einem ausreichenden Posten an Eigenkapital zu wagen.

Der Anteil an Eigenkapital am Gesamtkapitalbedarf sollte mindestens ein Fünftel, eher mehr, betragen. Wenn Sie Ihren Finanzplan erstellen, prüfen Sie also,

- welche Sparverträge Sie haben,
- ob Sie bis zum Zeitpunkt der Betriebsgründung noch mehr ansparen können,
- wer Ihnen aus dem Familienkreis Geld zu günstigen Bedingungen leihen könnte (vielleicht können Sie sich einen Vorschuß

auf Ihren Erbanteil auszahlen lassen, vielleicht ist ein vermögender Verwandter bereit, Ihnen „unter die Arme zu greifen"),
• ob Sie Sachmittel in Ihre Firma einbringen können,
• wer sich als Partner oder Teilhaber für Ihre Firma anbieten würde.

Da der ermittelte Kapitalbedarf in aller Regel die privaten finanziellen Möglichkeiten übersteigt muß meistens über eine optimale Fremdfinanzierung nachgedacht werden.

Vorsicht: Überwiegend sind Finanzierungsfehler die Ursache für ein Scheitern innerhalb der ersten fünf Jahre nach Unternehmensgründung. Die Gründe sind
• zu wenig Eigenkapital,
• keine rechtzeitigen Verhandlungen mit der Hausbank,
• Inanspruchnahme eines Kontokorrent-Kredits zur Finanzierung von Investitionen,
• hohe Lieferantenverbindlichkeiten,
• kein Einsatz von öffentlichen Finanzierungshilfen,
• unzureichende Planung des Kapitalbedarfs und
• die unkritische Aufnahme von angebotenen Krediten.

Wie hoch sollte Ihr Eigenkapital mindestens sein?

Es gibt keine allgemeingültige Grenze für einen Mindestanteil der Eigenmittel. Wer staatliche Finanzhilfen in Anspruch nehmen will, muß Eigenmittel in „angemessenem Umfang" einsetzen. Als grober Richtwert gelten mindestens 20 Prozent der Investitionskosten.

Ein Finanzierungskonzept sollte immer in enger Zusammenarbeit mir Ihrem Existenzgründungsberater oder mit der jeweiligen Hausbank erarbeitet werden. Viele Banken bieten spezielle Gründungsdarlehen an, die neben günstigen Zinsen eine teilweise Zinsstundung/Tilgungsaussetzung vorsehen. Unser Ziel ist es, hier einen ersten allgemeinen Diskussionsrahmen zu formulieren und auf einige Möglichkeiten zur Kreditfinanzierung einzugehen.

Widmen Sie sich zunächst den öffentlichen Fördermitteln. Sie sind i. d. R. die günstigste Finanzierungsalternative.

Kriterien für die Kreditwürdigkeit

- Höhe und Zusammensetzung der vorhandenen Verbindlichkeiten
- voraussichtliche Stabilität des Cash Flows
- Sicherheit, mit der fällige Zinsen und Tilgungsraten gezahlt werden
- Absicherung der Vermögenswerte
- Qualität des Managements
- Anfälligkeiten bei krisenhaften Entwicklungen

Das „billige Geld" – die Existenzgründungsdarlehen

Zur Finanzierung von Existenzgründungen können unter bestimmten Voraussetzungen staatliche Finanzhilfen eingeplant werden.

Es gibt verschiedene Darlehensprogramme:

- Eigenkapitalhilfedarlehen (EKH) der *Deutschen Ausgleichsbank*, Bonn,
- ERP-Existenzgründungsdarlehen der *Deutschen Ausgleichsbank*, Bonn, (ERP = European Recovery Program)
- Existenzgründungs-Darlehen der *Landeskreditbank* (LKB)
- DtA-Existenzgründungsprogramm der *Deutschen Ausgleichsbank*,
- Existenzgründungsdarlehen bzw. -zuschüsse der Bundesländer,
- öffentliches Beteiligungskapital.

Ihre Notizen:

Voraussetzungen für eine Förderung

Die allgemeinen Voraussetzungen für die Vergabe öffentlicher Finanzierungshilfen sind, unabhängig von den speziellen Bedingungen der verschiedenen Förderprogramme,

- **die kaufmännische und fachliche Eignung des Unternehmers/der Unternehmerin** (Qualifikation, Berufserfahrung in dem betreffenden Gewerbe),
- als Antragsteller müssen Sie die **erforderliche Qualifikation** nachweisen und sich mit dem **Vorhaben erstmalig selbständig machen.** Zudem sollten Sie nicht älter als 50 Jahre sein,
- **eine angemessene Eigenfinanzierung,** (Faustregel: mindestens 20–30 Prozent),
- **wirtschaftliche Erfolgsaussichten des Vorhabens,** (nachhaltig tragfähige Vollexistenz),
- nur die **erste Gründung** eines Betriebes kann gefördert werden und
- **Antragstellung vor Beginn der Maßnahmen.**

Ihre Notizen:

Denken Sie daran, daß Sie weder einen Rechtsanspruch auf die Gewährung öffentlicher Fördermittel noch auf die Übernahme einer Bürgschaft durch eine Kreditgarantiegemeinschaft haben. Ihre steigen, je besser Ihre Qualifikation und je realistischer Ihre Planung ist.

Haben Sie alle Faktoren zur Ermittlung des Kapitalbedarfs bedacht?

Haben Sie die Anlaufkosten bei der Ermittlung der Höhe des Kapitalbedarfs bedacht?

Haben Sie sich Gedanken über die Zusammensetzung des Kapitalbedarfs (Anlage- und Umlaufvermögen) gemacht?

Wichtig: Erst beantragen, dann starten!

Das Eigenkapitalhilfedarlehen (EKH) der Deutschen Ausgleichsbank
Notwendige Eigenmittel: 15 %
Förderanteil: 25 % (die Eigenmittel werden durch EKH-Darlehen auf 40 Prozent der Investitionssumme aufgestockt)
Höchstbetrag: 700 000 DM

Zinssätze:		
1. Jahr	0 %
2. Jahr	0 %
3. Jahr	2 %
4. Jahr	3 %
5. Jahr	5 %
ab 6. Jahr	8 bis 9 %

Auszahlung: 100 %
Bearbeitungsgebühr: 2 %
Laufzeit: bis 20 Jahre, davon 10 Jahre tilgungsfrei
Sicherheiten: keine banküblichen, erfüllt damit Eigenkapitalfunktion

---

ERP-Existenzgründungsdarlehen (Deutsche Ausgleichsbank)
Förderanteil: maximal 50 % der Investitionssumme
Höchstbetrag: 1 000 000 DM (alte Bundesländer), 2 000 000 DM (neue Bundesl.)
Zinssatz: 5,25 % (alte Bundesländer), 4,75 % (neue Bundesländer)
Auszahlung: 100 %
Laufzeit: bis 10 (15) Jahre, bis 15 (20) Jahre bei Bauvorhaben, davon höchstens 3 (5) Jahre tilgungsfrei (in der Klammer: neue Bundesl.)
Sicherheiten: Bankübliche Sicherheiten, ggf. Bürgschaft einer Bürgschaftsbank bzw. Kreditgarantiegemeinschaft

---

DtA-Existenzgründungsprogramm der Deutschen Ausgleichsbank
Förderanteil: bis 50 % der Investitionskosten
Höchstbetrag: 4 000 000 DM
Zinssatz: 4,75 % (10 J. Laufzeit, alte Bundesl.), 5,05 % (20 J. Laufzeit, alte Bundesl.), 4,50 % (10 J. Laufzeit, neue Bundesl.), 4,80 % (20 J. Laufzeit, neue Bundesl.)

4,80 % (20 J. Laufzeit, neue Bundesl.)
Auszahlung: 98 %
Laufzeit: Bis zu 20 Jahren, davon bis zu 2 Jahren tilgungsfrei
Sicherheiten: Banfübliche Sicherheiten, ggf. Bürgschaft einer Kreditgarantiegemeinschaft bzw. Bürgschaftsbank
Wichtig: Erfragen Sie die aktuell gültigen Konditionen. Dies gilt auch für die weiteren hier angesprochenen Programme!

Bürgschaft einer Bürgschaftsbank oder Kreditgarantiegemein-schaft

Bei fehlenden oder nicht ausreichenden Sicherheiten für auf-zunehmende Darlehen kann eine Bürgschaftsbank oder eine Kreditgarantiegemeinschaft eine Ausfallbürgschaft bis zu 80 % des Investitionsbetrages übernehmen.

Bearbeitungsgebühr: 0,75 bis 1 % des beantragten Bürgschafts-betrages

Bürgschaftsprovision: 0,75 bis 1 % pro Jahr von der jeweiligen Restbürgschaft

---

Der Weg zur Bürgschaft:

- Der Existenzgründer wendet sich mit seinem Kreditwunsch an seine Bank; diese schaltet die Bürgschaftsbank ein, wenn ihr die Sicherheiten nicht genügen.
- Die Bürgschaftsbank prüft das Investitionsvorhaben anhand ei-ner Vorhabensbeschreibung und einer Ertragsvorschau.
- Die Bürgschaftsbank bespricht den Antrag mit dem Gründer oder Unternehmer, die Handwerkskammer nimmt gutachterlich Stellung.
- Nach positiver Entscheidung des Bewilligungsausschusses über-gibt die Bürgschaftsbank die Bürgschaftsurkunde der Hausbank.
- Die Hausbank zahlt den Kredit an den Existenzgründer aus.

Ihre Notizen:

Die Bürgschaftsbanken oder Kreditgarantiegemeinschaften des Handwerks springen oft ein, wenn der Hausbank das alleinige Risiko zu groß ist.

Finanzierung

Zur Finanzierung einer Existenzgründung werden für Maschinen, Einrichtungen, das erste Warenlager und zur Vorfinanzierung betrieblicher Kosten und Außenstände 200 000 DM benötigt. Unter Berücksichtigung der verschiedenen Existenzgründungsdarlehen könnte die Finanzierung dann so aussehen:

30 000 DM	Eigenmittel	15 Prozent
50 000 DM	EKH-Darlehen	25 Prozent
30 000 DM	ERP-Darlehen	15 Prozent
50 000 DM	Landesprogramm	25 Prozent
20 000 DM	Bankdarlehen	10 Prozent
20 000 DM	Kontokorrentkredit	10 Prozent
200 000 DM	=	100 Prozent

Kritische Phase jeder Existenzgründung ist das 3. Jahr, da dann oft die zins- bzw. tilgungsfreien Jahre auslaufen. Im 3. Jahr wird damit häufig der maximale Kapitaldienst Ihrer Finanzierung erreicht. Ihr Betrieb muß spätestens jetzt auf sicheren Beinen stehen und die gesteckten Umsatzziele erreichen.

Ihre Notizen:

Damit Sie bei der Vielzahl der Förderangebote die Übersicht behalten, bieten Ihnen die Volksbanken und Raiffeisenbanken mit dem EDV-gestützten Expertensystem GENO-STAR detaillierte Informationen zu allen Föderprogrammen, die sich mit Ihrem persönlichen Finanzierungskonzept verbinden lassen.

Ihre Notizen:

Es geht auch ohne vergleichsweise teure Kredite Ihrer Bank. Rechnen Sie damit, daß man Ihnen das bei Ihrem Geldinstitut aber nicht sofort erzählen wird. Denn dort will man auch Geld verdienen!

Kontroll-Liste (Haben Sie gedacht an?):

• staatliche ERP-Existenzgründungs-Kreditprogramme
• Eigenkapitalhilfeprogramme der Bundesregierung
• Sonderkreditprogramme der Banken für Existenzgründer
• verbilligte Darlehen und Zinszuschüsse
• Investitionszulagen und -zuschüsse
• Bürgschaften und Beteiligungen
• Beratungskostenzuschüsse
• sonst. Spezialprogramme, auch steuerlicher Natur

Stellen Sie Ihren gesamten Kapitalbedarf dar:

I. Langfristiges Kapital	
Eigenkapital	
Eigenkapital „bar"	DM
Eigenkapital als Sacheinlage	DM
Beteiligungskapital	DM
Investitionszulagen	DM
Fremdkapital	
Eigenkapitalhilfeprogramm	DM
ERP-Existenzgründungsprogramm	DM
Gründungsdarlehen	DM
Bankkredite (langfristig)	DM
Beteiligungsgesellschaften	DM

II. Kurzfristiges Kapital	
Lieferantenkredit	DM
Privat-Darlehen	DM
Kontokorrent-Kredit	DM
sonstige Kredite	DM

Basierend auf den Daten des Finanzierungsplanes sollte ein Kapitaldienstplan (Zinsen und Tilgung) mit Unterstützung der Hausbank aufgestellt werden.

Eine Kapitaldienstberechnung sollte, um keine untragbare, die Existenzgründung und das neue Unternehmen gefährdende Fremdfinanzierung einzugehen, zumindest für die ersten drei bis fünf Jahre vorgenommen werden.

Kontrollfragen:

Haben Sie sich die Höhe des Kapitaldienstes (Zinsen und Tilgung) Ihrer geplanten Finanzierung von Ihrer Bank berechnen lassen? Wissen Sie, was auf Sie in den ersten 5 Jahren nach Beginn des Vorhabens zukommt?

Die besten Adressen für Ihr Startkapital:

Deutsche Ausgleichsbank
Wielandstr. 4
53173 Bonn
Telefon: 0228/831–2400/-2401
Fax: 0228/31–2255

Deutsche Ausgleichsbank
Niederlassung Berlin
Sarrazinstr. 11–15
12159 Berlin
Telefon: 030/85085–230
Fax: 030/85085–298

Kreditanstalt für Wiederaufbau
Palmengartenstr. 5–9
60325 Frankfurt/Main
Telefon: 069/7431–0
Fax: 069/7431–2944

Verband der Bürgschaftsbanken e. V.
c/o Landesgarantiekasse Schleswig-Holstein GmbH
Muhliusstr. 38
24103 Kiel
Telefon: 0431/5907–0
Fax: 0431/5907–60

Ihre Notizen:

  Wenn man an eine Förderung durch Beteiligungsgesellschaften denkt, findet man unter der nachstehenden Adresse sicherlich Hilfe:
Bundesverband deutscher Kapitalbeteiligungsgesellschaften
Karolingerplatz 10
14052 Berlin
Telefon: 030 / 3069820

Die besten Internet-Adressen für Fördermittel lauten:
http://www.dta.de (Deutsche Ausgleichsbank)

http://www.investitionsbank.de (Investitionsbank Berlin)

Checkliste: So vermeiden Sie Finanzierungspannen

Liegt für bauliche Investitionen ein Festpreisangebot vor? Sind die variablen Kosten ausreichend hoch kalkuliert worden?	
Sind alle Neben- und Finanzierungskosten berücksichtigt worden?	
Sind diese Kosten endgültig? Oder kann es noch Kostenüberschreitungen geben?	
Sind beim Kostenvergleich alle Nebenbedingungen berücksichtigt worden? • unterjährige Zinszahlung/Tilgung • Verwaltungskostenzuschläge auf den Nominalzins	

- Berechnungsmethoden für den Verwaltungs-
  kostenzuschlag
- Freijahre
- Tilgungsstreckung
- Bereitstellungszinsen
- Schätzkosten
- Beurkundungsgebühren
- Eintragungsgebühren
- vorschüssige Zinszahlung

Wirksamkeit von Tilgungsvereinbarungen

Ist die Höhe des Warenbestandes ausreichend kalkuliert?

Sind auch Lagerzeit, Dauer des Produktionsprozesses oder Fertigwarenlager berücksichtigt?

Ist das Ziel der Kunden mit einkalkuliert? Oder kann
es bei der Höhe des Forderungsbestandes unangenehme
Überraschungen geben?

Sind erforderliche flüssige Mittel für ungewisse Risiken
mit einkalkuliert?

Sind Anlaufverluste finanzierbar?

Stehen die eingeplanten Eigenmittel auch effektiv
zur Verfügung?

Sind bei kurzfristigen Finanzierungsmitteln alle
Kostenpositionen berücksichtigt?
- Kreditprovisionen und deren Berechnungs-
  modalitäten
- Überziehungsprovision
- Kontoführungsgebühren
- Umsatzprovision
- Kosten der Valutierung

Gibt es irgendwelche Planungsrisiken?

Werden die Finanzierungsmittel so bereitgestellt, wie
dies zur Bezahlung der eingehenden Rechnungen
erforderlich ist?
Oder gibt es zeitliche Überschneidungen?

Ist die Ermittlung der nachhaltigen Kapitaldienstgrenze realistisch?
Ermöglicht der umsatzbedingte Liquiditätsüberschuß
einen ausreichenden Selbstfinanzierungsspielraum?

Ist der erforderliche Kapitaldienst einschließlich der
Leasing-Raten nachhaltig gesichert?

Sind das bewegliche und das unbewegliche Anlage-vermögen durch Eigenkapital und langfristiges Fremdkapital finanziert?	
Ist Leasing eine geeignete Finanzierungsalternative?	
Sind Finanzierungsalternativen zum Kontokorrentkredit berücksichtigt worden? • Lieferantenkredit • Scheck-Wechsel-System	
Sind alle Möglichkeiten für die Beanspruchung zins-günstiger Sonderkredite ausgeschöpft? Oder gibt es auf Bundes- oder Landesebene noch andere Möglichkeiten zur Gewährung zinsgünstiger Sonderkredite?	
Können von anderen Institutionen Zuschüsse oder zinsgünstige Sonderkredite beansprucht werden?	
Sind die effektiven Kosten des Lieferantenkredites ausreichend kalkuliert?	
Sind die steuerlichen Konsequenzen unterschiedlicher Finanzierungen gebührend berücksichtigt? Trifft das auch auf die gewerbesteuerliche Betrachtungsweise zu?	

Noch werden Sie nicht alle obigen Fragen beantworten können. Bemühen Sie sich dennoch viele zu beantworten. Greifen Sie später auf jeden Fall nochmals auf die Checkliste zur Endkontrolle Ihrer Finanzplanung zurück.

Checkliste zur Kontrolle der Finanzierung

Ist das langfristig nutzbare Anlagevermögen auch langfristig finanziert?	
Stehen außerdem langfristige Mittel für das dauernd im Warenlager und in den Forderungen gebundene Kapital zur Verfügung?	
Geht bei Ihnen Liquidität vor Rentabilität (weil Illiquidität zum Konkurs führt)?	
Nutzen Sie alle Skontierungsmöglichkeiten voll aus? Schöpfen Sie den Zahlungsspielraum des Lieferanten voll aus?	

Ist sichergestellt, daß sofort nach der Lieferung der
Ware eine Rechnung geschrieben und verschickt wird?
Werden Mahntermine festgelegt und exakt eingehalten?

Werden die Entnahmen genau geplant?

Überprüfen und vergleichen Sie regelmäßig Ihre
Finanzierungskosten?
• Zinsen für langfristige Kredite
• Kontokorrentkredit
• Spesen und Bankgebühren

Wie beurteilen Sie Ihr Verhältnis zur Hausbank?

Informieren Sie Ihre Hausbank regelmäßig über die
Geschäftsentwicklung?

Holen Sie vor größeren Investitionen mehrere Angebote für
langfristige Kredite ein, und vergleichen Sie die Effektiv-
verzinsung?

Kennen Sie Ihren Kreditbedarf für größere Investitionen
in den nächsten drei bis fünf Jahren?

Kennen Sie Ihren Kreditspielraum?

Welche Finanzierungsreserven können aus eigener
Kraft mobilisiert werden?
• Verkauf von Grundbesitz
• Verkauf nicht benötigter Anlagegegenstände
• Beleihung von Lebensversicherungsverträgen
• Verwandtendarlehen

Verfügen Sie über ausreichende Sicherheiten für
Ihre Kredite?

Haben Sie Ihre Finanzierungspläne schon einmal mit
einem erfahrenen Unternehmensberater besprochen?

Legen Sie vorübergehend nicht benötigtes Eigenkapital
zinsgünstig an?

Bereiten Sie Kreditverhandlungen sorgfältig vor?

Können Sie der Bank genügend aussagefähige Unterlagen
zur Beurteilung Ihrer Kreditwürdigkeit vorlegen?
• testierte Steuerbilanz
• Rentabilitätsrechnung
• Leistungsnachweis
• Zielkonzeption für die nächsten Jahre
• Organisation und Führung des Unternehmens

Haben Sie alle Möglichkeiten zur Stärkung der Eigen-
kapitalbasis ausgeschöpft?
• genaue Kontrolle des Warenbestandes zum Lagerabbau
• Rentabilitätskontrollen nach Abteilungen, um rendite-
  starke Abteilungen oder Sortimentsgruppen gezielt
  fördern zu können
• Ausgabe- und Gewinnplanung	

Schenken Sie der Substanzerhaltung genügend Aufmerk- samkeit? (Wenn in den Abschreibungen statt der höheren Wieder- beschaffungskosten nur die seinerzeitigen Anschaffungs- kosten erwirtschaftet werden, wird langfristig die Substanz des Unternehmens aufgezehrt.)	

Ihre Notizen:

Erarbeiten Sie ein tragfähiges Konzept, das auch Banken
überzeugt!

Die fünf goldenen Regeln betrieblicher Finanzierung

1. Mindestens das Anlagevermögen eines Betriebes sollte durch Eigenmittel gedeckt sein.
2. Nie darf die Laufzeit eines zur Finanzierung von Wirtschaftsgütern aufgenommenen Kredites die Nutzungsdauer des finanzierten Gutes übersteigen.
3. Jährliche Zins- und Tilgungsverpflichtungen ergeben zusammen den gesamten Kapitaldienst. Dabei ist unerheblich, ob die Fremdmittel für private oder betriebliche Investitionen aufgewendet werden. Dieser Kapitaldienst muß – in einer soliden Firma – aus dem umsatzbedingten Liquiditätszufluß nach Abzug der Reinvestitionen aus Eigenmitteln und den Privatentnahmen aufgebracht werden können.
4. Die Finanzierung des Umlaufvermögens muß so gestaltet und organisiert werden, daß die laufend entstehenden Verbindlichkeiten mit normalen Fristen – möglichst unter Abzug von Skonti – gezahlt werden können.
5. Die Finanzierung des Umlaufvermögens ist so einzurichten, daß die Fremdmittel den Schwankungen des Bestandes im Umlaufvermögen angepaßt werden können.

Die sechs „goldenen Finanzierungsregeln"

1. Die Eigenkapitalquote sollte mindestens 20 Prozent betragen.
2. Das langfristig im Unternehmen gebundene Anlagevermögen sollte zu 100 Prozent aus lang- und mittelfristigem Eigen- und Fremdkapital finanziert werden.
3. Während der Nutzungsdauer von Investitionen, die meist der steuerlichen Abschreibungsdauer entspricht, sollten die jeweils kongruent eingesetzten Finanzierungsmittel hundertprozentig über die verdienten Abschreibungen getilgt werden.
4. Die kurzfristigen Verbindlichkeiten sollten während des laufenden Jahres jederzeit zu 100 Prozent aus den kurzfristig gebundenen Werten des Umlaufvermögens zu bezahlen sein. Dieses Verhältnis ist das entscheidende Frühwarnsystem.
5. Die Entschuldungsdauer – das Verhältnis zwischen Ertragskraft und Verschuldung des Unternehmens – sollte zwischen zwei und fünf Jahren liegen.

6. Die laufenden Einnahmen (Cash Flow) müssen die privaten Geldbedürfnisse des Unternehmers und die Rückzahlungsforderungen seiner Geldgeber nach Abzug der Steuern mindestens ausgleichen. Die Überprüfung dieser Kapitaldienstgrenze ist bei jeder größeren Neuinvestition unerläßlich.

Ideale Forderungen an die Bilanz

„Das Eigenkapital soll mindestens ausreichen, um das betriebsnotwendige Anlagevermögen zu finanzieren!" Ist dies nicht möglich, so darf dies nur aus langfristigen Krediten finanziert werden.

„Die Ausstattung mit Anlagevermögen darf die – mit Rücksicht auf Geschäftszweig und Betriebsgröße (Umsatz) gegebene – optimale Höhe nicht über- und nicht unterschreiten!"

„Das Fremdkapital soll nicht größer sein als das Umlaufvermögen!"

„Die flüssigen Mittel müssen immer ausreichen, um die fälligen Schulden und Kosten zu bezahlen!"

„Die Belastung der Anlagen darf einen gewissen als normal, d. h. als tragbar empfundenen Satz – der im übrigen bei verschiedenen Arten von Grundstücken verschieden hoch liegen kann – nicht überschreiten!"

Krisenfest finanziert?

Von einer krisenfesten Finanzierung spricht man, wenn die Laufzeit des Kapitals der Nutzungsdauer der damit finanzierten Vermögenswerte entspricht. Mit anderen Worten: Langfristig nutzbares Anlagevermögen muß auch langfristig, d. h. mit Eigenkapital oder langfristigem Fremdkapital finanziert sein.

Ist dies nicht der Fall, müssen Sie etwas tun.

Was tun?

- Ansammlung von Eigenkapital (z. B. durch verringerte Gewinnentnahme)
- Änderung von kurzfristigen in langfristige Kredite
- Rationalisierungsmaßnahmen zur Reduzierung des Kapitalbedarfs
- Evtl. Verringerung des Lagerbestandes

Finanzierung – Vermeiden Sie Fehler

Haben Sie schon einmal daran gedacht, was eine Zahlungsbedingung „Zahlbar innerhalb von 14 Tagen nach Rechnungsdatum mit Abzug von 2 Prozent Skonto oder innerhalb von 30 Tagen ohne jeden Abzug" bedeutet und welche effektive Jahresverzinsung Sie akzeptieren, wenn Sie erst nach 30 Tagen ohne Abzug von Skonto bezahlen?

Man kann den Vorteil wie folgt berechnen:

Effektiver Jahreszins =

$$\frac{\text{Skontosatz in \% x 360}}{\text{Zahlungsziel netto – Skontofrist (Tage)}}$$

$$= \frac{2 \text{ x } 360}{30 - 14}$$

= 45 % Jahreszinssatz

Ihre Notizen:

Die richtige Finanzierung.
Oder: „Im Einkauf liegt der Gewinn."

Beispiel:

Unternehmer A bezieht im Monat für 30 000 DM Waren. Er zahlt mit Skonto und nutzt dafür seinen Bankkredit, den er für 20 Tage in Anspruch nimmt.

Unternehmer B kauft ebenfalls monatlich für 30 000 DM Waren.

Um Zinsen zu sparen, möchte er jedoch keinen Kredit und zahlt nach 30 Tagen ohne Skontoabzug. Vergleichen wir nun einmal die Wareneinstandskosten beider Unternehmen:

A

Warenwert im Einkauf:	30 000 DM
./. Skonto 2 %	600 DM
+ Zinsen 11 %	179,67 DM
für 20 Tage aus	
29 400 DM	
Wareneinstandskosten	29 579,67 DM
Vorteil:	**420,33 DM**

B

Warenwert im Einkauf:	30 000 DM
Wareneinstandskosten	30 000 DM

Es gilt: „Buy low, sell high!"

Checkliste zur Überprüfung der Gründungsfinanzierung

1. Hat man das Anlagevermögen, die Maschinen und Einrichtungen in ihren Anschaffungspreisen realistisch bewertet?
2. Wurde die Größenordnung so gewählt, daß dem Stand der Technik entsprechend konkurrenzfähig gearbeitet werden kann?
3. Ist die Vollständigkeit gegeben, um nicht bei Anlaufen der Fertigung böse Überraschungen zu erleben?
4. Berücksichtigte man beim Umlaufvermögen realistisch die Zahlungsfähigkeit der Kunden, die Vorräte und die halbfertigen Mengen?
5. Hat man beachtet, daß auch einmal Monate kommen, in denen der Verkauf langsamer läuft, aber die Kosten voll weitergehen?
6. Wurde ein ausreichender Kassenbestand sowie Guthaben auf Bank- und Postgirokonto eingeplant, damit auch skontiert werden kann?
7. Kalkulierte man genügend Monate ein, in denen die Betriebskosten gedeckt werden müssen, ohne daß Zahlungen der Kunden sie ausgleichen?

8. Stellte man eine ausreichend große Summe zurück, die die private Lebensführung deckt, bis Betriebsentnahmen möglich sind?

9. Wurde eine Risikoreserve gebildet, mit der man Rückschläge abfangen oder entstandene Fehler ausgleichen kann?

10. Untersuchte man auf dem Gebrauchtmaschinenmarkt, ob neuwertige gebrauchsfähige Maschinen dort preiswerter zu haben sind?

11. Hat man in der Finanzierung alles unternommen, um Lieferantenkredite, weil teuer und unangenehm, zu vermeiden?

12. Ließ man sich von Beratern der Sparkassen, der Handwerkskammern und der Verbände getrennt über die Finanzierung beraten?

13. Nutzte man Fördermittel aus ERP-Existenzgründungsprogrammen, Kreditgarantiegemeinschaften oder andere Kapitalhilfeprogramme?

14. Bewarb man sich um Zinsverbilligungen, Investitionszuschüsse, Beratungskostenzuschüsse und Vorteile aus sonstigen Programmen?

15. Überprüfte man, ob Leasing oder Factoring in dem einen oder dem anderen Falle Vorteile bringen könnte?

16. Ist die Finanzierung auch terminlich so abgesichert, daß in der Ausführungsphase nichts schiefgehen kann?

Goldene Regeln für Existenzgründer

1. Gründen Sie Ihr Geschäft mit ausreichendem Eigenkapital!

2. Planen Sie die „Durststrecke" in der Anlaufphase sehr großzügig! (Sie wird meistens länger als erwartet sein!)

3. Stimmen Sie alle Maßnahmen mit Ihren Beratern und mit Ihrer Bank vorher ab!

4. Beantragen Sie eventuell vorgesehene öffentliche Mittel, bevor Sie Ihr Unternehmen gründen!

5. Achten Sie auf Qualität bei Ihren Geschäftspartnern (d. h. bei Kunden, Lieferanten, Beratern und Banken) und Ihrer Mitarbeitern!

6. Kommen Sie allen Ihren Verpflichtungen stets pünktlich nach, halten Sie ein eventuell gegebenes Wort ein!

6.9 Sicher ist sicher genug – Die Kreditsicherung

Es kommt für Sie auch darauf an, daß Ihre Kredite nicht „übersichert" werden, also mehr Sicherheiten zur Verfügung gestellt werden als nötig sind.

Beispiel:

Eigenmittel	30 000 DM
EKH-Darlehen	50 000 DM
ERP-Darlehen	30 000 DM
Landesprogramm	50 000 DM
Bankdarlehen	20 000 DM
Kontokorrentkredit	20 000 DM
Finanzierungsmittel	200 000 DM

Welcher Betrag muß abgesichert werden?

Kapitalbedarf	200 000 DM
– Eigenmittel	30 000 DM
– EKH Darlehen	50 000 DM
– z. B. Sicherungsüber- eignung	
Maschinen (50 %)	20 000 DM
Fehlende Sicherheiten	100 000 DM

In Höhe von 100 000 DM müssen Sie in diesem Fall eine Grundschuld auf Ihr Haus eintragen lassen, eine persönliche Bürgschaft von Dritten vorweisen oder Ihrer Bank ein so erfolgversprechendes Gründungskonzept vorlegen, daß sie das Risiko selbst übernimmt.

6.10 Gewinn ist planbar?!

Planung erfolgt stets unter Bezug zur Wirklichkeit.

Planung ist die Grundlage für ihre Entscheidungen und für Ihren wirtschaftlichen Erfolg. Ihre Planwerte sind Zielvorgaben für Sie als Unternehmer und zudem eine wesentliche Entscheidungsgrundlage für Ihre Geldgeber (vgl. Sparkassen-Kunden-Service: Selbständig und erfolgreich sein).

Planung von Personalkosten

Stundenlohn

16,20 DM x 165 Std./Monat x 12 Monate		32076 DM
+ Weihnachtsgeld, Urlaubsgeld		3207 DM
+ Vermögenswirksame Leistungen		936 DM
= Jahresbruttolohn		36219 DM
+ gesetzliche soziale Aufwendungen (23 %)		8330 DM
+ freiwillige Sozialleistungen		451 DM
= Personalkosten für einen Facharbeiter		45000 DM

Monatslohn

bezahlte Gehälter	12 x 2500 DM	30000 DM
+ Weihnachtsgeld	1 x 2500 DM	2500 DM
+ Urlaubsgeld 0,5 x 2500 DM	1250 DM	
Gehälter pro Jahr	13,5 x 2500 DM	33750 DM
+ 21,5 % Lohnnebenkosten		7250 DM
= zu bezahlen pro Jahr		41000 DM

Ihre Notizen:

Frage: Was macht Ihr Unternehmen so leistungsfähig und so flexibel wie möglich, belastet Sie aber im Anfangsstadium finanziell nicht unnötig?

Planung von Sachgemeinkosten

Miete, Pacht, Heizung	9600 DM
Gas, Strom, Wasser	3200 DM
Versicherungen, Steuern, Beiträge	2400 DM
Fahrzeugkosten	7500 DM
Werbung, Reisekosten, Repräsentation	5500 DM
Instandhaltung, Maschinen und Geräte	3000 DM
Bürobedarf, Telefon	4200 DM
Steuerberatung, Rechtsberatung, Buchführung	6500 DM
sonstige Kosten	1100 DM
Sachgemeinkosten gesamt	45 000 DM

Planung von Zinsen

Fremdkapital x Zinssatz   170 000 DM x 4 % =   7000 DM

Planung von Abschreibungen

Die Kosten für den Wertverlust Ihrer Investitionen (Abschreibungen) ermitteln Sie so:

Abschreibung in DM/Jahr =

$$= \frac{\text{Anschaffungskosten}}{\text{durchschn. Nutzungsdauer}}$$

$$= \frac{99\,000 \text{ DM}}{6{,}6 \text{ Jahre}}$$

=   15 000 DM

Planung von kalkulatorischen Kosten

In diesem Beispiel rechnen wir mit einem kalkulatorischen Unternehmerlohn in Höhe von 60 000 DM

Einkommensteuer	7000 DM/Jahr
Krankenversicherung	6000 DM/Jahr
Rentenversicherung	8000 DM/Jahr
Lebensversicherung	6000 DM/Jahr
private Miete	9000 DM/Jahr
Lebensunterhalt	24 000 DM/Jahr
kalkulatorischer Unternehmerlohn	60 000 DM/Jahr
+ sonstige kalkulatorische Kosten	8000 DM/Jahr
= Summe der kalkulatorischen Kosten	68 000 DM/Jahr

Planung der Gesamtkosten des Betriebes

Personalkosten für 2 Mitarbeiter	90 000 DM
Sachgemeinkosten	45 000 DM
Zinsen	7000 DM
Abschreibungen	15 000 DM
kalkulatorische Kosten	68 000 DM
Kosten gesamt	225 000 DM

Gewinnplan

Rentabilitätsvorschau

	DM/Jahr
Umsatz	475 000
./. Wareneinsatz	250 000
Rohgewinn I	225 000
./. Personalkosten	90 000
Rohgewinn II	135 000
./. Sachgemeinkosten	45 000
= Erweiterter Cash Flow	90 000
./. Zinsen	7000
Cash Flow	83 000
./. Abschreibungen	15 000
= Reingewinn	68 000

Wenn Sie Ihren Lebensstandard halten und mindestens so viel verdienen wollen wie bisher als Angestellter, müssen Ihre Gewinne je nach Familienstand und persönlicher Steuerbelastung bis zu 50 % höher liegen als das bisherige Bruttogehalt, weil Sie alle Sozialleistungen wie z. B. Rentenversicherung und Krankenversicherung allein zu tragen haben. Bedenken Sie aber, daß die Gewinne nicht nur Ihren Lebensunterhalt sicherstellen, sondern darüber hinaus auch die Substanzerhaltung sowie ein angemessenes Unternehmenswachstum ermöglichen sollen.

Die wichtigste Planungsgröße für Sie sind die ganz persönlichen Umsatzerwartungen im konkreten Einzelfall.

Eine selbständige Existenz lohnt sich auf Dauer nur, wenn auch ein ausreichender Gewinn zu erwirtschaften ist. Die Aussage, was ein „ausreichender Gewinn" ist, möge der Existenzgründer, je nach eigenen Bedürfnissen, für sich selbst treffen. Er sollte hierbei jedoch immer auf die erhöhten sozialen Aufwendungen, eine ausreichende Eigenkapitalverzinsung und eine angemessene Risikoprämie achten.

Eine Rentabilitätsrechnung sollte aus dem Cash Flow bzw. einer Plan-GuV abgeleitet werden. Eine solche Rechnung liefert die Information darüber, ob das Unternehmen auf Dauer gewinnträchtig, d. h. rentabel ist. Denken Sie dabei immer an die Gradwanderung zwischen Selbstausbeutung und auskömmlichem Einkommen.

Begriffserklärung: Cash flow = „Substanz-Zufluß"

Die wörtliche Übersetzung von Cash Flow ist Kassenfluß. Gebräuchlich sind auch die Begriffe „Substanzzufluß" oder „Kassengewinn".

Liquiditätsanalyse aufgrund von Stromgrößen

Der Cash Flow gibt im allgemeinen an, **wieviel Geld ein Unternehmen erwirtschaftet** hat.

Allgemeiner Cash Flow

Für die finanzwirtschaftlichen Dispositionen eines Unternehmens ist der Kassenüberschuß der Periode eine der zentralen Steuerungsgrößen. Der Kassenüberschuß ist die Differenz zwischen den betrieblich erwirtschafteten Einzahlungen und den betrieblich in der jeweiligen Periode erfolgten Auszahlungen. Das sind auf der einen Seite vor allem die Umsatzerlöse, auf der anderen Seite die Auszahlungen für Materialien, für Löhne und Gehälter, für betrieblich bedingte Steuern und Abgaben sowie für Zinsen, die an Fremdkapitalgeber bezahlt werden müssen. Die Differenz zwischen diesen Größen wird allgemein als Cash Flow bezeichnet. Er ist definiert als die Summe der zahlungswirksamen Erträge abzüglich der Summe der zahlungswirksamen Aufwendungen und gilt als Maß für die **Ertragskraft** bzw. als Potential der **Innenfinanzierung** eines Unternehmens.

Cash Flow = Grad der Innenfinanzierung

Die Innenfinanzierung ist dadurch gekennzeichnet, daß finanzielle Mittel nicht von externen Kapitalgebern dem Unternehmen zugeführt, sondern aus dem betrieblichen Prozeß heraus erwirtschaftet und im Unternehmen zurückbehalten werden. Als Quelle der Innenfinanzierung dient der Cash Flow einer Periode.

Beim Cash Flow handelt es sich also um den Zugang an liquiden Mitteln, die **ein Unternehmen in einer Periode erwirtschaftet und über die es frei verfügen kann.** Seine Ermitlung kann auf unterschiedliche Weise erfolgen. Die Geschäftsberichte vieler Gesellschafter enthalten über die Pflichtveröffentlichungen hinaus Angaben über den Cash Flow. Nicht immer ist aber klar und nachvollziehbar, wie er errechnet wurde.

Eine greifbare Definition des Cash Flow für die praktische Anwendung lautet:

    Jahresüberschuß/-fehlbetrag
  + Abschreibungen auf das Anlage- und Umlaufvermögen
  + Zuführung von Rückstellungen
  + außerordentliche Aufwendungen
  − außerordentliche Erträge
  = Cash Flow

6.11 Rechenmuster für die Gewinn- und Verlustvorschau (Plan-GuV)

Position	DM
Umsatz (ohne Mehrwertsteuer)	
Wareneinsatz, Materialeinsatz (ohne MwSt.)	
Rohgewinn, Rohergebnis (Umsatz abzgl. Wareneinsatz)	
Personalkosten	
Löhne/Gehälter	
Weihnachtsgeld	
Urlaubsgeld	
vermögenswirksame Leistungen	
Sonstiges (Arbeitgeberbeiträge zur SV)	
Summe Personalkosten	

Rohgewinn 2, Rohergebnis 2 (Umsatz abzgl. Wareneinsatz und Personalkosten)	
Sachgemeinkosten	
Miete und Pacht	
Heizung	
Raumreinigung	
Energiekosten	
Wassergeld, Abwassergebühr	
Reparaturkosten, Instandhaltung	
Versicherungen	
Gewerbesteuer	
Vorsteuer	
sonst. Steuern (bei GmbH z. B. KSt.)	
Beiträge (z. B. für Kammern)	
Reisekosten	
Fahrzeugkosten	
Leasingkosten	
Porto	
Telefon	
Verpackungsmaterial	
Bürobedarf	
Repräsentationskosten	
Werbung	
Buchführungskosten	
Beratungskosten	
Sonstige Kosten	
Summe Sachgemeinkosten	
Sonstige Aufwendungen	
Zinsen	
Abschreibungen	
Summe der sonstigen Aufwendungen	

Gewinn vor Steuern	
Rohgewinn 2, Rohertrag 2	
abzgl. Sachgemeinkosten	
abzgl. sonstige Aufwendungen	
Überschuß	

6.12 Planrechnung für einen Handwerksbetrieb

Herr Müller will sich als Elektromeister in Büren selbständig machen. Der Ort hat im unmittelbaren Einzugsbereich 10000 Einwohner. Er kann davon ausgehen, daß die öffentlichen Aufträge in der Regel an örtliche Unternehmen vergeben werden. Pro Auftrag fallen durchschnittlich 25000 DM Umsatz an. Herr Müller rechnet mit mindestens 10 Aufträgen pro Jahr, mithin würde sein Auftragsvolumen bei 250000 DM liegen. Hinzu kommen noch Aufträge aus dem Verkauf von Elektrogeräten sowie kleinere Reparaturen. Er schätzt das Auftragsvolumen hieraus auf 50000 DM.

Investitionsplan

Investitionen im Werkstattbereich:

Schlagbohrer	2000 DM
große Flex mit Blatt	1000 DM
Werkstattwagen PKW Kombi	35000 DM
2 Sackkarren	1500 DM
Ersatzwerkzeuge für Installation	10000 DM
Sonstiges	6000 DM
Gesamt A:	55000 DM

Investitionen im Büro/Ladenbereich

Spannwände	6000 DM
Heizung	8000 DM
Büromöbel	4000 DM
Ladentheke	5000 DM
Ladeninneneinrichtung	3000 DM
Regale	5000 DM
Gesamt B:	31000 DM

Anlagegüter insgesamt A + B	86500 DM
Sicherheitszuschlag 10 %	8650 DM
	95150 DM
Warenausstattung	30000 DM
Anlaufkosten	10000 DM
Investitionen gesamt	135150 DM

Kostenplanung

Kostenarten:

Personalkosten Ehefrau	12000 DM
Aushilfskräfte	4000 DM
Miete	8400 DM
Gewerbesteuer	3000 DM
Werbung	1500 DM
Fremdkapitalzinsen	7500 DM
Kfz	9000 DM
Lagerkosten	2000 DM
Sonstige Kosten	10000 DM
Gesamtkosten	57400 DM

Rentabilität

Rentabilitätsrechnung für das laufende Geschäftsjahr in DM:

	TDM laufendes Jahr	Prozent
Umsatz 300,0	100,00	
abzüglich Wareneinsatz	145,0	48,33
Rohgewinn I	155,0	51,67
abzüglich Personalkosten	16,0	5,33
Rohgewinn II	139,0	46,33
abzüglich sonstige Kosten	33,9	11,30
erweit. Cash Flow	105,1	35,03
abzüglich Zinsen	7,5	2,50
Cash Flow	97,6	32,53
abzüglich AfA	12,0	4,00
Reingewinn	85,6	28,53

Familieneinkommen

Das Familieneinkommen beläuft sich auf:

Betriebsergebnis	85 600 DM
Mitarbeitende Ehefrau	12 000 DM
Familienbrutto	97 600 DM

Monatliches Familieneinkommen: **8133,30 DM**

Ihre Notizen:

Fast immer überschätzen Existenzgründer den Ertrag aus Ihrer selbständigen Tätigkeit.

Der Gewinn Ihres Unternehmens muß je nach Familienstand und persönlicher Steuerbelastung mindestens um 50 Prozent höher liegen als Ihr bisheriges Brutto-Einkommen, weil Sie alle Sozialversicherungsbeiträge selbst zu bezahlen haben und eventuell entsprechende Versicherungen bei privaten Unternehmen abschließen müssen.

Ein Tip: Vgl. die Gründungspläne „Fahrradfachgeschäft" bzw. „Confiserie" im Buch „Existenzgründungsplanung" von *M. Hebig.*

Viel Spaß und Erfolg bei der Planung!

6.13 Kalkulation eines Stundenverrechnungssatzes

Unabdingbar für jeden Existenzgründer ist die Ermittlung seines kostendeckenden Stundenverrechnungssatzes. Einen Ansatz hierzu zeigt das nachfolgende Schema:

Gesamtkosten	225 000 DM

Vorgehensweise zur Ermittlung des Stundenverrechnungssatzes:

Kalendertage im Jahr	365 Tage
– Samstage/Sonntage	104 Tage
– Feiertage	13 Tage
– Urlaubstage	30 Tage
– Krankheitstage	12 Tage
– sonstige Ausfalltage	2 Tage
= Anwesenheitstage	204 Tage
x Anwesenheitsstunden	7,2 Std.
= Anwesenheitsstunden	1469 Std.
– nicht direkt verrechenbare Zeiten (z. B. Nacharbeiten, Stillstandszeiten) rund 10 % der Anwesenheitsstunden	147 Std.
= verrechenbare Stunden pro Mitarbeiter und Jahr	1322 Std.
x Anzahl der Produktivkräfte (2 Facharbeiter, Inhaber)	3
= gesamte verrechenbare Stunden des Betriebes	**3966 Std.**
Gesamtkosten	225 000 DM
: verrechenbare Stunden des Betriebes	3966 Std.
= Kosten je verrechenbarer Stunde (aufgerundet)	57,00 DM

Angebotskalkulation

Material gemäß Einzelaufstellung	1400,00 DM
+ 30 Stunden x 57 DM	1710,00 DM
= Gesamtkosten	3110,00 DM
+ Gewinn (5 % der Gesamtkosten)	156,00 DM
= Angebotspreis ohne Umsatzsteuer	3266,00 DM
+ 16 % Umsatzsteuer	522,56 DM
= Angebotspreis	3788,56 DM

Ihre Notizen:

6.14 Rentabilitätsplan

Anhand des folgenden Beispiels kann die Rentabilität einer Existenzgründung kalkuliert werden. Die Rentabilitätsrechnung sollte zunächst ohne Fördermittel zu marktüblichen Konditionen (Bankdarlehen) gerechnet werden um zu prüfen, ob das Vorhaben sich auch ohne stattliche Zuschüsse rechnet. Zur Rentabilitätsplanung werden alle Beträge in das nachfolgende Formblatt netto eingestellt.

	Beispielrechnung		Geplante Existenzgründung	
Erlöse	590 000 DM			
./. Wareneinsatz	265 000 DM			
Rohgewinn I		325 000 DM		
Personalkosten	135 000 DM			
Rohgewinn II		190 000 DM		
Sachgemeinkosten				
Miete inkl. Nebenkosten	30 000 DM			
Fahrzeugkosten	10 000 DM			
Versicherungen	3000 DM			
Betriebssteuern	5000 DM			
Bürobedarf	4000 DM			
Beratung	2500 DM			
Werbung	4000 DM			
Sonstiges	5000 DM			
Abschreibung	6000 DM			
Summe Kosten		69 500 DM		
Betriebsergebnis		120 500 DM		
Zinsen				
Bankkredit	4000 DM			

ERP-Darlehen	3000 DM			
EKH-Darlehen	500 DM			
Summe Ergebnis		113000 DM		
Privatentnahmen	68000 DM			
Gewinn		45000 DM		

Hinweis: Bei Anträgen an die Deutsche Ausgangsbank muß eine Rentabilitätsplanung für mindestens drei Jahre vorliegen. Andere Kreditinstitute verlangen meistens eine Prognose über mindestens fünf Jahre.

Ihre Notizen:

Sie müssen planen, wenn Sie Ihre Gründung nicht als Abenteuer sehen. Es wird ohnehin abenteuerlich genug. Ein Gründung ohne Planung wäre wie eine Urlaubsreise, bei der man nicht weiß, wohin es gehen soll, wann man ankommt, wer mitfährt, was es kostet, man einfach aber einmal losfährt.

6.15 Unternehmensentwicklung nach der Gründung

Müssen Sie mit einem Preiskrieg, mit Dumping-Preis-Angeboten der Mitbewerber rechnen? Generell gilt: Angebot und Nachfrage bestimmen den Preis.

Zunächst kommt die finanzielle Durststrecke

Jeder Existenzgründer kann ein Lied davon singen, daß zu ihm in erster Linie die Kunden kommen, die etablierte Unternehmen nicht haben wollen: Leute, die notorisch Mängel der Leistung feststellen, um auf dem Klageweg nach mehreren Jahren dann lediglich einen Vergleichsbetrag zu zahlen, andere, die praktisch zahlungsunfähig sind, Dritte, die kostspielige Sonderanfertigungen in Auftrag geben, aber nur den Serienpreis bezahlen wollen.

Und danach: Positive Entwicklung

Die positive Entwicklung eines Unternehmens wirkt sich in fast allen Bereichen eines Unternehmens aus. Beispielsweise zeigt sich der Wandel:

- im **Marketingbereich** durch einen erheblichen Umsatzanstieg, volle Auftragsbücher, verstärkte Werbung und Öffentlichkeitsarbeit, zunehmende Lieferzeiten,
- im **Fertigungsbereich** durch die Aufnahme neuer Erzeugnisse in das Fertigungsprogramm, überlastete Fertigungsplanung, hohe Auslastung oder Engpässe in den Kapazitäten,
- im **Materialbereich** durch verstärkte Aktivitäten in der Materialbeschaffung, dem Materialzugang, dem Materialabgang und der Materialverteilung,
- im **Finanzbereich** durch verstärkte Kapitalbeschaffung und Kapitalverwendung als Folge eines erhöhten Bedarfes an Werkstoffen, Betriebsmitteln und Personal,
- im **Personalbereich** durch die Notwendigkeit, mehr Personal für die Leistungserstellung, aber auch für die übrigen Unternehmensbereiche einzusetzen.

Oder: Negative Entwicklung

Der Wandel bewirkt beispielsweise:
- im **Marketingbereich** eine starke Reduzierung der Werbung,
- im **Fertigungsbereich** eine Drosselung der Stückzahlen,
- im **Materialbereich** eine Verminderung zu beschaffender Materialien,
- im **Finanzbereich** eine Verschlechterung der Liquidität,
- im **Personalbereich** einen Abbau der Mitarbeiterzahl.

Ihre Notizen:

Gründe für eine Krise

Innerbetriebliche Gründe
Mangel an Kapital
Fehlerhafte Finanzierung
Falsche Investitions- und Abschreibungseffekte
Fehlinvestitionen
Mangelnde Rationalisierung
Fehlender technischer Fortschritt
Organisationsmängel
Hohe Privatentnahmen des Unternehmers
„Frisieren" von Bilanzen
Ungenügendes Controlling
Mangelhafte Mitarbeiterqualifikation
Außerbetriebliche Gründe
Änderung des Verbraucherverhaltens
Hohe Forderungsausfälle
Rückläufige Konjunktur
Verschärfte Konkurrenz

Tabelle 13: Gründe für eine Krise

Mein Rat: Vorsorgen, solange es gut geht!

Es sollte rechtzeitig und vorausschauend ein sorgfältig ausgearbeitetes Konzept zur Früherkennung und Krisenabwehr mit folgenden Zielsetzungen konzipiert werden. Dieses sollte die folgenden Ziele beinhalten:

- kurzfristige Renditesicherung,
- langfristige Existenzsicherung,
- Erhaltung der Arbeitsplätze und
- Abwehr oder Ausgleich schädigender überbetrieblicher und zwischenbetrieblicher Außeneinflüsse.

Sanierung

Durch die Sanierung soll das Unternehmen „geheilt" werden. Ihr Ziel ist seine Erhaltung und Fortführung durch die Wiederherstellung seiner Leistungsfähigkeit. Ich hoffe, daß die Frage der „Sanierung" Sie nie berührt.

- **Personelle Maßnahmen:** Dabei können bedeutsame Unternehmensinstanzen neu besetzt werden, beispielsweise Geschäftsführer oder Prokuristen neu bestellt werden.
- **Organisatorische Maßnahmen:** Durch Veränderungen im Aufbau und/oder Ablauf des Unternehmens kann rationalisiert werden, wodurch Kosteneinsparungen möglich sind.
- **Finanzielle Maßnahmen:** Es können neue zahlungskräftige Gesellschafter aufgenommen werden, um die Kapitalbasis des Unternehmens zu verbessern.
- **Sonstige Maßnahmen:** Unwirtschaftlich arbeitende Betriebsmittel oder Teile des Unternehmens sollten abgestoßen werden.

Merken: Schwerwiegende Gründungsmängel können sein:
- übereilte Existenzgründung ohne sorgfältig durchdachtes Konzept
- ungenügende Marktkenntnis
- voreilige Expansion (z. B. Filialgründung)
- unüberlegte Firmenübernahme
- zu starke Sortimentsausdehnung
- unzweckmäßige Gesellschaftsform
- ungünstiger Standort
- zu geringe Betriebsgröße, so daß das neue Unternehmen keine Chancen gegen marktstarke Mitbewerber hat
- falsche Organisationsform

Probleme der Betriebe, die in den ersten fünf Jahren nach der Gründung aufgeben:

- zu hohe Fixkostenbelastung
- Fehleinschätzung der Standortqualität
- zu hoher Übernahmepreis
- Unterschätzung des Betriebsmittelbedarfs
- zu hohe Personal- und Personalnebenkosten
- Überschreitung des Finanzbudgets durch nicht eingeplante zusätzliche Investitionen
- Überschätzung der Nachfrage; erhebliche Überschätzung der möglichen Umsätze

- Wettbewerbsbedingte Verkäufe unter Preis
- Diskrepanz zwischen Umsatzrückgang und Personalkostensteigerungen
- zu hohe Abhängigkeit von Kunden und Auftraggebern
- Verschlechterung der Standortqualität nach der Gründung
- Unterschätzung der Konkurrenz schlechthin
- Vernachlässigung des Rechnungswesens

Ursachen des Scheiterns im weiteren Umfeld:

- zu schmale Eigenkapitalbasis
- chronische Mittelknappheit, die zu ständigen Kreditüberziehungen führt
- Hergabe letzter Kreditsicherheiten, die dann zur Finanzierung des Umsatzwachstums fehlten
- falsche Ratschläge von dritter Seite
- von der Hausbank verweigerte Anschlußkredite
- Überschätzung der Zahlungsmoral von Kunden
- zu hoher Zeitdruck

6.16 Wer keine Gewinne macht, hat bald nichts mehr zu verlieren

Wer keine Gewinne erarbeitet, verliert zwangsläufig den Anschluß an die fortschreitende Entwicklung. Wenn alt gewordene Fertigungsanlagen die Produkte teuer machen, wenn Forschung nach besseren Gütern, nach kostengünstiger Herstellung, nach Verbesserung der Arbeitsplätze und nach wirkungsvollem Umweltschutz nicht mehr bezahlt werden kann, vergreist das Unternehmen.

Es wird von jung gebliebenen mit besseren Arbeitsplätzen und besseren Produkten abgelöst.

Ein Unternehmen, daß keine Gewinne erwirtschaftet, verliert Vertrauen: Keine Bank wagt auf die Dauer, Geld in ein Verlustgeschäft zu pumpen. Kein Aktionär läßt sein Geld ohne Ertrag verwirtschaften. Der Wettbewerb überrollt das Unternehmen, denn wer kauft schon teure, veraltete Produkte?

Das alles wäre schlimm genug. Schlimmer noch, daß Mitarbeiter, die oft viele Jahre lang beste Arbeit geleistet haben, ihre Arbeit verlieren würden. Wir aber möchten unsere Arbeitsplätze nicht nur erhalten, sondern sie weiter verbessern.

Deshalb müssen wir mit Gewinn arbeiten.

Schließlich sind wir mehr als 200000 Menschen in den Volkswagenwerken, die meisten mit Familie. Und über 1 Million leben davon, daß wir gute Automobile bauen und sie gut verkaufen können: preiswert, mit Gewinn für alle.

Volkswagen AG

Ihre Notizen:

So, an dieser Stelle müßten Sie wesentliche Teile Ihres Geschäftsplanes geschrieben und auch mehrfach auf ihre Konsistenz hin überprüft haben. Oder?

Offene Punkte, wie z. B. die Wahl der Rechtsform oder der zwingend notwendigen Versicherungen werden später noch diskutiert und können dann entschieden werden.

7. Maßnahmen zur Existenzsicherung

7.1 Das Betriebliche Rechnungswesen

... die nächste Hürde des Unternehmers nach dem Start

Zur Reduzierung des unternehmerischen Risikos ist es sinnvoll, sich sehr früh Gedanken über ein **betriebliches Frühwarnsystem** zu machen.

In diesem System müssen zumindest
- die Netto-Umsätze,
- die variablen Kosten,
- die fixen Kosten,
- die Betriebsergebnisse und
- die Liquidität.

registriert werden.

Eine wirksame Kontrolle der betrieblichen Abläufe setzt eine zuverlässige Erfassung aller betrieblichen Daten, also ein funktionierendes Rechnungswesen voraus. Unter dem Begriff „Betriebliches Rechnungswesen" werden sämtliche Verfahren zusammengefaßt, deren Aufgabe es ist, alle im Betrieb auftretenden Geld- und Leistungsströme mengen- und wertmäßig zu erfassen und zu überwachen (Dokumentations- und Kontrollaufgabe). Das Rechnungswesen ist keine Dienstleistung für das Finanzamt, sondern ein **Selbstinformationsinstrument** des Kaufmanns.

Bestandteile des **betrieblichen Rechnungswesens** sind:
- die Buchhaltung und die Bilanz,
- die Kostenrechnung und die Kalkulation,
- die betriebliche Statistik und Vergleichsrechnung sowie
- die Planungsrechnung.

Die gesamte unternehmerische Problematik liegt dabei in der Wechselwirkung von
- Umsatzerlösen,
- betrieblichen Kosten und
- der Liquiditätssituation.

Letzterer wollen wir uns nach einem Überblick zunächst widmen.

Überblick über das betriebliche Rechnungswesen

1. Buchführung
 Aufgabe: Zahlenmäßige Erfassung aller Geschäftsvorfälle eines Zeitabschnittes, und zwar zeitlich (im Grundbuch) und – bei doppelter Buchführung – sachlich (auf Sachkonten) geordnet.

2. Kosten- und Leistungsrechnung
 Aufgabe: Zahlenmäßige Erfassung aller angefallenen Kosten, und zwar geordnet nach der Art ihrer Entstehung sowie nach ihrer Verrechung (Kostenarten, -stellen, -trägerrechnung)

3. Statistik
 Aufgabe: Gegenüberstellung betrieblicher Kennzahlen

4. Planung
 Aufgabe: Festlegung der voraussichtlichen zukünftigen Entwicklung des Betriebes

---

Ihre Notizen:

Denken Sie einmal nach über eine
- Einkaufsstatistik
- Verkaufsstatistik
- Kostenstatistik
- Erlösstatistik
- Erfolgsstatistik
- Vermögensstatistik
oder einen
- Einkaufs- und Lagerplan
- Produktionsplan
- Absatzplan

 Achtung: Buchhaltungsunterlagen dienen grundsätzlich als Basis für die Kapitalbeschaffung und Finanzierung.

7.2 Indikatoren eines betriebswirtschaftlichen Frühwarnsystems

Nach der Existenzgründung steigt im allgemeinen die Liquiditätsanspannung kontinuierlich. D. h. höhere Umsätze führen zu einem gesteigerten Bedarf an liquiden Mitteln. Achten Sie immer darauf, daß der Leitsatz **„Liquidität geht vor Rentabilität"** gilt.

Ideal: Liquide Mittel = Fällige Verbindlichkeiten

Die permanente Unterdeckung der fälligen Verbindlichkeiten durch die liquiden Vermögenswerte führt erfahrungsgemäß wesentlich häufiger zum Konkurs (durch Illiquidität) als Rentabilitätsprobleme.

Tip:

• Bei der Unternehmensgründung die Anlageinvestitionen auf das absolute Minimum beschränken.
• Versuchen Sie, soviel wie möglich zu mieten oder zu leasen.
• **Vorsicht: Mehrmonatige Anlaufphasen sind zu überbrücken.**
• D. h.: Im Finanzierungsplan ist eine ausreichende Reserve zu berücksichtigen.

7.3 Ursachen und Notwendigkeit der Liquiditätsvorsorge

Nicht derjenige, der viel einnimmt wird reich, sondern der,
der wenig ausgibt.

Am Anfang einer jeden unternehmerischen Betätigung eines Industrieunternehmens steht eine finanzielle Ausgabe. Diese Ausgabe kann erst mit einer zeitlichen Verzögerung wiedergewonnen werden. Dazwischen liegen Investitions-, Produktions-, Lager- und Vertriebsprozesse. Während dieser Zeitphase ist Geld in einer anderen Vermögensform gebunden und somit dem Risiko technischer und wirtschaftlicher Entwertung ausgesetzt. Es kann nur durch den Vertriebsprozeß, also über den Markt, wieder aus dieser Vermögensform herausgelöst werden und über die Einnahmen in den Unternehmenskreislauf zurückfließen.

Ziel:

- *rasche Wiedergewinnung* der ursprünglichen Ausgaben und
- eine *angemessene Verzinsung* des eingesetzten Kapitals, wobei
- die *tägliche Sorge* primär der *Erhaltung der Liquidität* gilt, verstanden als Fähigkeit, jederzeit den Zahlungsverpflichtungen des Unternehmens nachkommen zu können.

Achtung: Jede Umsatzsteigerung treibt zunächst einmal die Kosten hoch!

Stellen Sie einen Liquiditätsplan auf! Pflegen Sie ihn ständig!

Eine vernünftige Liquiditätsplanung zieht sich wie ein roter Faden durch jedes Unternehmenskonzept.

Einnahmen

Tragen Sie Ihre zu erwartenden Einnahmen bereits zum Zeitpunkt der Rechnungsstellung in Monatsspalten ein. Gehen Sie dabei z. B. von einer durchschnittlichen Zahlungsfrist von vier Wochen aus. Ermitteln Sie im Rahmen Ihrer Liquiditätsplanung später typische Zahlungsfristen einzelner Kunden zur genaueren Kalkulation. Schlüsseln Sie die Einnahmen gegebenenfalls übersichtlich nach Einnahmearten oder Kundengruppen auf.

Ausgaben

Verteilen Sie die Ausgaben auf die Monate (des Planjahres). Achten Sie darauf, welche Ausgaben unabhängig von der Beschäftigung entstehen (Miete, Gehalt, Zinsbelastungen).

Aus der Differenz der Einnahmen und Ausgaben ergibt sich der monatliche Überschuß (Überdeckung) oder der monatliche Fehlbetrag (Unterdeckung).

Trotz sorgfältiger Planung: Berücksichtigen Sie immer Reserven, das heißt, planen Sie immer mit einem Überschuß an Liquidität.

Mit der folgenden Checkliste (vgl. Gesellschaft für Wirtschaftsförderung Nordrhein-Westfalen mbH, Leitfaden zur Existenzgründungsberatung für die kommunale Wirtschaftsförderung) kann eine Liquiditätsplanung für die ersten drei Monate erstellt werden. Dazu sind die jeweils geplanten Beträge für die Erlöse und Ausgaben in die entsprechenden Spalten einzutragen und zu summieren. In die Reihe „Salden" sind der Erlöse/Ausgaben-Saldo und der MwSt./Vorsteuer-Saldo einzutragen. Der Kontostand zeigt die aktuellen Salden erhöht bzw. vermindert um den Stand des Vormonats. Die Liquidität entspricht der Differenz zwischen dem Kontostand und dem Dispositionsrahmen zum Monatsende.

Ihre Notizen:

Liquiditätsplanung

	1. Monat		2. Monat		3. Monat	
Erlöse	Netto	MwSt.	Netto	MwSt.	Netto	MwSt.
Umsatzerlöse						
Privateinlagen						
Darlehen						
Sonstige Erlöse						
Summe						
Ausgaben	Netto	Vorst.	Netto	Vorst.	Netto	Vorst.
Investitionen						
Löhne/Gehälter						
Sozialabgaben						

Waren/Material						
Mieten/Nebenko.						
Beratung						
Fahrzeugkosten						
Bürobedarf						
Werbung						
Versicherungen						
Steuern						
Zinsen						
Tilgung						
Sonstiges						
Privatentnahmen						
Saldo						
Kontostand						
Dispokredit						
Liquidität						

Zur Liquiditätsplanung ist folgendes zu sagen:

Die Höhe der Umsatzerlöse in den Anfangsmonaten sollte eher zurückhaltend geschätzt werden, ebenso wie die Realisierung der gesetzten Zahlungsziele.

Alle Beträge sind als Netto-Beträge einzustellen. Die an das Finanzamt anzuführende Umsatzsteuer muß gesondert ermittelt werden.

Sie sollten nie aufhören, eine Liquiditätsvorausschau zu erstellen.

Ihre Notizen:

Tip: Legen Sie besondere Sorgfalt auf die Planung der Höhe und des Zeitpunkts der Einnahmen, da diese am schwierigsten zu schätzen sind.

Was tun beim akuten Liquiditätsengpaß?

Abhilfe kann in einem solchen Fall nur durch zusätzlichen Mittelzufluß, durch Ausgabensenkung oder eine Kombination von beidem geschaffen werden.

Auf jeden Fall vorbereitet sein!

- Bauen Sie frühzeitig eine vertrauensvolle Geschäftsverbindung zu einer Bank auf.
- Suchen Sie in regelmäßigen Abständen (vor Problemen) das Gespräch mit Ihrem Bankberater.
- Scheuen Sie sich nicht, offen über auftretende Probleme zu sprechen. Nutzen Sie die Chance, Anregungen und Hilfen von Ihrer Bank zu erhalten.

Auch über Mißerfolge kann man zum Erfolg kommen. Niemand hat gern Mißerfolg oder plant ihn sogar, doch gehören Rückschläge und Pleiten zum Leben als Unternehmer. Kluge Unternehmer münzen Fehler in Chancen um.

Achtung: Zahlungsunfähig zu werden, auch nur für kurze Zeit, heißt Vertrauenskapital verlieren.

Wie Sie Ihre Liquidität verbessern können

- Exakte Liquiditätsplanung unter Berücksichtigung der kurzfristig erzielbaren Umsätze sowie der Kosten, Tilgungsraten, Lagerbestandsentwicklungen und Entnahmen.
- Verkürzung der Geldeingangsdauer durch Abbau unvertretbar hoher Außenstände und zu langer Zahlungsfristen.
- Rationalisierung und weitere Kosteneinsparungen bei gleichzeitiger Steigerung der gesamten Betriebsleistung durch Verbesserung der Angebotsstruktur, Ausbau der Serviceleistung, gezielte Werbung und Verkaufsförderung, Ansprache neuer Zielgruppen usw.
- Einschränkung der Kreditgewährung an Kunden zugunsten der Barzahlung.
- Monatsrechnung nur für Stammkunden, möglichst mit Bankeinzug des Rechnungsbetrages.
- Forderung einer Mindestanzahlung (z. B. 20 %) bei Teilzahlungskäufen.

- Forderung einer Zinszahlung bei Überschreitung des Zahlungsziels durch den Kunden.
- Nutzung der Skontierungsmöglichkeiten bei voller Ausnutzung des Zahlungszieles des Lieferanten.
- Umschuldung durch Ablösung der kurzfristigen Mittel durch langfristige Kredite, falls der Betrieb die notwendigen Sicherheiten dafür bieten kann.
- Genaue Planung und ggf. Limitierung der Entnahmen in Abhängigkeit vom Geldeingang.
- Rechtzeitige Erhöhung der Kreditlinie.
- Leasing statt Kauf von Anlagegütern.
- Einen Stillen Gesellschafter aufnehmen.
- Einrichtungen durch Leasing finanzieren.
- Über Factoring Außenstände an eine Bank verkaufen.
- Vereinbaren Sie, daß die Ihnen gelieferten Waren oder die für Ihr Unternehmen erbrachten Dienstleistungen nicht sofort bezahlt werden müssen.
- Verzichten Sie im Wareneinkauf auf Skontierung. Gewinnen Sie Zeit.

7.4 Leasing – Mieten statt kaufen

Leasing ist häufig eine interessante Finanzierungsalternative. Leasing ist eine Form der Anmietung von Investitionsgütern, die späteres Eigentum an diesen Gütern zwar ermöglicht, den Erwerb aber nicht voraussetzt.

Vorteile:

- Schonung des Eigenkapitals – Möglichkeit zur Finanzierung von Investitionen ohne Einsatz von Eigenkapital – 100 %-Finanzierung
- Kreditlinien zur Fremdfinanzierung bleiben erhalten
- Kreditsicherheiten und Beleihungsgrenzen bleiben unberührt
- Liquiditätsentlastung
- Der Aufwand für die Leasingraten fällt parallel zur Nutzung des Objektes an. Somit finanziert sich das Projekt aus seinen Erträgen.
- Feste Kalkulationsbasis
- Die Bilanzstrukturen werden i. d. R. nicht verändert.

Nachteile:

- Erhöhung der Fixkosten
- komplizierte Vertragsgestaltung
- langfristige Bindung an den Leasingvertrag
- hohe Nebenkosten (Versicherungen usw.)

Wann ist Leasing interessant?

- bei hohen Gewinnen
- bei einer Vergrößerung des Betriebes
- bei geringen Eigenmitteln

Achten Sie beim Leasing auf:

- Anzahlung, Restwert (realistisch), Nebenkosten (Versicherung),..

Eine Umfrage des Leasing-Verbandes ergab, daß die Erhaltung der Liquidität das wichtigste Argument für ein Unternehmen zum Abschluß des Leasing-Vertrages ist. Weiter ausschlaggebend für diese Investitionsentscheidung ist

- die Tatsache, daß das Kreditlimit nicht tangiert wird,
- die Übereinstimmung von Leasing und Amortisationsfrist,
- die weitgehende Vermeidung technischer Überalterung und damit die Möglichkeit, ohne Eigenkapital zu binden, am technischen Fortschritt zu partizipieren und
- die kalkulierbare Kostenbelastung.

Die monatlichen Leasingkosten sind als Betriebsausgaben i. d. R. voll absetzbar.

Vor einem aber muß gewarnt werden: Leasing ist kein Rettungsanker für kranke Unternehmen. Ebenso kritisch wie die Kreditinstitute prüfen auch Leasing-Gesellschaften die Kreditwürdigkeit ihrer Vertragspartner.

Die Leasing-Palette ist groß. Man unterscheidet heute zwischen:

- **Plant-Leasing:** Hier werden komplette Betriebseinrichtungen gemietet
- **Fleet-Leasing:** Vermietung eines kompletten Fahrzeugparks.
- **Second-Hand-Leasing:** Der Mietgegenstand ist ein gebrauchtes

Wirtschaftsgut, der bereits Gegenstand eines Leasing-Vertrages mit einem anderen Leasingnehmer war.

- **Sale and lease back:** Ein Unternehmen verkauft Besitz, um Liquidität zu gewinnen und mietet die Objekte danach wieder an.

Die *Leasing-Faustregel* lautet: Leasing lohnt sich immer dann, wenn alles verfügbare Geld in Geschäfte gesteckt wird, die so rentabel sind, daß die Mehrkosten für das Leasing gegenüber einem Kauf mit Eigenkapital oder einer Kreditfinanzierung nicht ins Gewicht fallen.

7.5 Factoring zur Liquiditätsverbesserung

Wie bereits erwähnt, steht ein Produktionsunternehmen bzw. ein Handwerksbetrieb oft vor der Problematik, die laufenden Fixkosten für die Dauer von der Auftragserteilung bis Eingang des Rechnungsbetrages durch Eigenmittel bzw. Kredite finanzieren zu müssen.

Kundenanzahlungen und Kontokorrentkredit dienen vorrangig zur Überbrückung von kurzen Liquiditätsengpässen. Oftmals wird für die Dauer des eingeräumten Zahlungsziels sogar ein Bankkredit in Anspruch genommen. Dennoch gerät so manches Unternehmen durch offene Forderungen an seine Kunden in Liquiditätsprobleme. Für diesen kurzfristigen Zeitraum (i. d. R. 90 Tage) kann **Factoring** eine Alternative darstellen.

Beim Factoring werden offene Forderungen an eine Factorgesellschaft verkauft, die dem Unternehmen den Rechnungsbetrag unter Abzug der banküblichen Zinsen gutschreibt.

Rechnungsbetrag: 100000 DM
Zahlungsziel: 90 Tage
Zinssatz: 9,5 %
Gutschrift: 97 625 DM

Weitere Serviceleistungen eines Factors

Neben der Finanzierungsfunktion übernimmt ein Factor auch die Delkrederefunktion und Dienstleistungsfunktionen.

- Die **Delkrederefunktion**: Durch den Ankauf der Forderung übernimmt die Factoringgesellschaft auch das Risiko des Forderungsausfalls. Somit steht dem Unternehmen auch dann der Erlös für die geleistete Arbeit zur Verfügung, wenn der Kunde wider Erwarten in finanzielle Schwierigkeiten geraten sollte. Selbstverständlich wird sich der Factor vor Ankauf der Forderung über den Abnehmer informieren und nur bonitätsmäßig einwandfreie Forderungen erwerben.

- Die **Dienstleistungsfunktion**: Der Factor übernimmt nach Vereinbarung auch die Verwaltung der Forderung, d. h. die Debitorenbuchhaltung, das Mahnwesen und das Inkasso der Rechnungsbeträge. Gerade dieser Service kann für das Unternehmen eine gute Möglichkeit zur Einsparung von Personal- und Sachkosten im Bereich der Kundenbuchhaltung sein.

Vorteile des Factoring:

- Eine Steigerung der Liquidität und damit verbunden die Möglichkeit, durch die freigewordenen Finanzmittel Skontofristen besser auszunutzen bzw. anderweitige Verbindlichkeiten abzubauen.
- Bessere Finanzdisposition, da die Erlöse durch den Factor pünktlich und schnell bezahlt werden.
- Schutz vor Forderungsausfällen.
- Mögliche Einsparungen von Personalkosten.

Formen des Factoring

In der praktischen Handhabung werden drei Formen des Factoring unterschieden:

- **Standard-Factoring.** Das Standard-Factoring umfaßt die bereits beschriebenen Leistungen und ist die am meisten verbreitete Form des Factoring-Engagements.
- **Inhouse-Factoring.** Inhouse-Factoring eignet sich besonders für größere Unternehmen, die über eine leistungsfähige EDV verfügen. Bei diesem Verfahren bleibt die Debitoren-Buchhaltung im Hause des Kunden und wird treuhänderisch für den Factor geführt. Durch die Verwendung von Datenfernübertragungstechniken wird hier eine problemlose Kommunikation zwischen dem Factor und dem Kunden erreicht. Da im Inhouse-Factoring

die Debitoren-Buchhaltung beim Kunden verbleibt, sind die Gebühren günstiger als beim Standard-Factoring. Die Finanzierungs- und Delkredere-Funktionen entsprechen der des Standard-Verfahrens.

- **Export-Factoring.** Wie schon der Name sagt, handelt es sich hierbei ausschließlich um den Kauf von Forderungen aus dem Export-Geschäft. Die Leistungsfunktionen des Factors entsprechen dabei generell denen des Standard-Verfahrens.

Diese drei beschriebenen Factoring-Methoden werden im offenen Verfahren praktiziert, d. h., die Debitoren werden über die Abtretung sowie den Verkauf der Forderungen an den Factor durch entsprechende Vermerke auf den Rechnungen sowie den Zahlungs- und Lieferbedingungen informiert.

7.6 Wechsel zur Liquiditätsverbesserung

Der Wechseldiskontkredit spielt insbesondere bei Warenlieferungen eine wichtige Rolle.

Wechsel sind die verbindliche Zusage des Käufers einer Ware, den Kaufpreis dafür bei Fälligkeit zu zahlen. Viele Unternehmer, die Waren- oder Materialeinkäufe tätigen, zahlen nicht bar, sondern gehen eine Zahlungsverpflichtung ein, die sie mit einem Wechsel belegen. In diesem Fall verpflichtet sich der Käufer einer Ware – der Bezogene – bei Fälligkeit des Kaufpreises an den Aussteller – der die Forderung hat –, den fälligen Betrag zu einem festgelegten Zeitpunkt an einem bestimmten Ort zu zahlen. Der Wechsel erfüllt im Wirtschaftskreislauf mehrere Funktionen. Er ist

- ein **Kreditmittel.** Da die Geldzahlung nur aufgeschoben ist, dokumentiert der Wechsel einen gewährten Kredit an Ihren Kunden.
- ein **Zahlungsmittel**, da er zur Begleichung Ihrer anderen Zahlungsverpflichtungen weitergegeben werden darf, d. h., Sie verkaufen ihn der Bank oder bezahlen eine Rechnung damit.
- ein **Sicherungsmittel**, da er spätestens am Verfalltag unaufschiebbar fällig wird.

7.7 Acht Regeln für schnelleres Geld

1. Schreiben Sie die Rechnung bei Lieferung.
2. Rasche Zahlung erhalten Sie mit einer Skontostaffel. (Beispiel: bei Zahlung innerhalb von zehn Tagen drei, innerhalb von 20 Tagen zwei, innerhalb von 30 Tagen ein Prozent Skonto.)
3. Erleichtern Sie dem Kunden die Zahlung: Fügen Sie Überweisungsformulare mit Firma und Konto bei, die Sie durch Rechnungsnummer und Betrag ergänzen. Der Kunde muß nur noch unterschreiben und sein Konto angeben.
4. Setzen Sie bei jedem Kunden die optimalen Zahlungsbedingungen durch. Anzahlung oder Vorkasse ist bei Spezialanfertigungen üblich.
5. Bei Stammkunden empfiehlt sich das Lastschriftverfahren.
6. Versuchen Sie, bei der Lieferung zu kassieren. Manche Abnehmer sind zwar auf den Lieferantenkredit angewiesen, doch sollten Sie bei neuen oder unzuverlässigen Kunden oder niedrigen Beträgen sofort kassieren. Wenn Sie konsequent sind, ersparen Sie sich Mahnverfahren und Forderungsausfälle.
7. Mahnen Sie pünktlich. Schreiben Sie persönlich, Schemabriefe machen keinen Eindruck.
8. Wickeln Sie die Aufträge pünktlich ab! Prüfen Sie Ihre Lieferfähigkeit, ehe Sie einen Termin zusagen (reicht die Kapazität?) und lassen Sie sich von Ihrem Lieferanten fristgerechte Lieferung zusagen. Geben Sie dem Kunden keinen Grund zum Zahlungsaufschub wegen Mängelrügen. Beseitigen Sie tatsächliche Mängel vorrangig.

Ihre Notizen:

Letzte Mittel:
- Verkauf Ihres Unternehmens
- Veräußern von Teilen des Betriebes
- Aufnehmen neuer Gesellschafter
- Einbringen in andere Unternehmen
- Kooperation mit Konkurrenten

Eine Kooperation mit Dritten sollte nicht erst als Mittel angesehen werden, um den eigenen Betrieb zu sichern oder ein Unternehmen aus einer bestandsgefährdenden Lage zu manövrieren. Kooperationen sind für Existenzgründer sehr interessant und in vielfältiger Weise möglich, z. B. mit Vereinen, Verbänden, Gewerkschaften, Stiftungen, Herstellern, Zulieferern oder Dienstleistern und steigern in der Regel die eigene und gemeinsame Wettbewerbsfähigkeit. Es sollte bereits im Planungs- und Aufbaustadium eines Unternehmens untersucht werden, ob Möglichkeiten zu Kooperationen bestehen und Kooperationsverträge abgeschlossen werden können. Strategische Allianzen, Franchising, Beteiligungen und Lizenzen sind besondere Formen der Kooperation.

Bessere Auslastung in der Fertigung, preisgünstiger Einkauf von Rohstoffen oder Risikostreuung bei der Finanzierung sind nur einige Vorteile, die mit einer Kooperation verbunden sind.

7.8 Richtlinien zur Verbesserung der Mahnung säumiger Zahler

Wie man die Zahlung einer gestellten Rechnung durch den Schulder erreichen und trotzdem mit dem Schuldner weiterarbeiten kann und wie man ein funktionsfähiges Mahnwesen nutzt, soll die folgende Richtliniensammlung zeigen:

- Die Liquidität des eigenen Unternehmens hängt vorrangig von einem wirkungsvollen Mahnwesen ab. Pünktliches Mahnen erzieht unpünktliche Zahler und verhindert, daß eintreibbare Forderungen verlorengehen können.
- Mahnen ist weder peinlich noch eine Schande. Wer aber einen rechtzeitigen, fairen Ausgleich für seine Arbeit haben will, muß

die Rechnung unmittelbar nach der Auftragserfüllung absenden.

- Bei sofortigem Rechnungsversand ist das Wissen um die erbrachte Leistung noch frisch und die zurückgestellte Summe noch nicht anderweitig vergeben. Alle Fristen laufen ab dem Tag der Rechnungsstellung.

- Sowohl für Teil- als auch für Gesamtrechnungen wird nach dem Ablauf des Zahlungstermins gemahnt. Juristisch ist der Schuldner nach der ersten Mahnung in Verzug und schuldet zusätzlich den Verzugszins.

- Mahnungen müssen den Forderungsbetrag, das Rechnungsdatum und die Fälligkeit, sowie die Aufforderung zur befristeten oder unbefristeten Zahlung erhalten. Einen besonderen Formzwang haben Mahnungen über die Erfüllung dieser Bedingungen hinaus nicht.

- Beim Mahnen muß gründlich zwischen den notorischen Nichtzahlern und denen unterschieden werden, die einmal eine Zahlung versäumten. Bei dem letztgenannten Personenkreis ist die Mahnung eine psychologisch sehr heikle Angelegenheit.

- Mit der Mahnung müssen juristisch eindeutige Beweise für gerichtliche Auseinandersetzungen geschaffen werden.

- In der ersten Phase wird 10 Tage nach dem Verfall des Zahlungstermins ein vorgedruckter Rechnungsauszug verschickt. Weitere 10 Tage später versendet man, wenn die Rechnung noch nicht bezahlt wurde, denselben Rechnungsauszug noch einmal, allerdings mit der handschriftlich eingetragenen Bitte um Ausgleich.

- In der dritten Phase, wieder 10 Tage nach dem Versand der 2. Mahnung, führt man in einem verbindlich formulierten Schreiben die bisherigen Schritte auf und appelliert an den guten Willen. Auch kann eine weitere Zahlungsfrist oder eine befristete Zahlungserleichterung angeboten werden.

- Der Schuldner muß sich zu dieser 3. Mahnung äußern und damit ein Schuldanerkenntnis abgeben. Für die später vielleicht nötigen gerichtlichen Schritte ist dies wertvoll. Das Angebot, über eine Teilzahlung zu sprechen, verfolgt denselben Zweck.

- Als vierte Mahnung wird ein eingeschriebener Brief oder ein Einschreibebrief mit Rückschein verwendet. In ihm wird nochmals an den guten Willen appelliert. Auf die Konsequenzen bei unterlassener Nutzung der letzten, kurzen Frist ist unmißverständlich hinzuweisen.

- Über Telefongespräche oder Besuche anstelle einer schriftlichen Mahnung ist unbedingt ein Gesprächsprotokoll anzufertigen. Das fünfte und letzte Schreiben informiert, daß die Angelegenheit einem Anwalt oder einer Eintreibungsgesellschaft übergeben wurde. Darüber hinaus wird kein Kontakt mehr aufgenommen.

- Die Verlagerung von Forderungen auf andere Personen beziehungsweise Gesellschaften ist von größter Bedeutung. Diese können und werden schärfere Maßnahmen gegen den Schuldner einleiten. Der Schuldner hat keine Möglichkeiten mehr, Widerstände gegen den Gläubiger aufzubauen. Dieser ist nicht mehr angreifbar. Es bleibt nur noch der Weg, zu zahlen, freiwillig oder zwangsweise.

Mahnen muß sein. Wer nicht Geld verlieren will, hat rechtzeitig Maßnahmen zu ergreifen.

Ihre Notizen:

7.9 Ist Buchführung das Wichtigste?

Sie sollten sich von Anfang an daran gewöhnen: Die Buchführung muß das A und O für die Organisation Ihres Betriebes sein. Denn ohne zu wissen, was Sie einnehmen und ausgeben, haben Sie keinerlei Kontrolle über Ihre Finanzen und damit über Ihre Firma.

Es empfiehlt sich aber auch aus einem anderen Grund, über Einnahmen und Ausgaben die Übersicht zu behalten: Sie müssen dem Finanzamt nämlich irgendwann „Beweise" dafür vorlegen, wieviel Sie in jedem Jahr umgesetzt und verdient haben. Und dies müssen Sie anhand von „nachvollziehbaren Unterlagen" tun. Das heißt:

- Sie müssen auf jeden Fall Privates und Geschäftliches trennen.
- Halten Sie immer fest, was Sie wann wofür ausgeben.
- Sie müssen außerdem genau festhalten, was Sie einnehmen.
- Sie sollten jederzeit schnell und genau sagen können, wie es auf Ihren Konten aussieht.

Wichtig:
Sie führen die Bücher für sich und nicht für das Finanzamt!

Für Existenzgründer ist damit die ordnungsgemäße Buchführung gleichermaßen eine Entscheidungsgrundlage für geschäftliche Aktivitäten und Beweis- und Argumentationsmittel gegenüber dem Finanzamt. Darüber hinaus dient sie der Rechenschaftslegung gegenüber den Gesellschaftern.

- **Entscheidungsgrundlage**
  - Finanzierung und Kapitalbeschaffung
  - Plan-Ist-Vergleich
  - Ermittlung von Kosten und Preisen
  - Rentabilitätsanalyse
  - Vermögenslage
  - Bilanzanalyse
  - Verlustanalyse
  - Kennziffern
- **Beweis- und Argumentationsmittel**
  - Unternehmensgründung
  - Kauf eines Betriebes
  - Konkurs und Vergleich
  - Bankverhandlungen o.ä.
  - Besteuerungsgrundlage
  - Rechtsstreitigkeiten

Die Buchführungspflicht (BF)

Ihre Buchführungs- und Aufzeichnungspflichten ergeben sich nach dem **Handelsrecht** und nach dem **Steuerrecht** – Stichtag für Sie ist übrigens immer die Eröffnung Ihres Geschäftes. Nicht jeder Existenzgründer unterliegt direkt einer Buchführungspflicht. Buchführungspflichtig sind alle Vollkaufleute, des weiteren gewerbliche Unternehmer und Land- und Forstwirte, die nach den Feststellungen der Finanzbehörde bestimmte Umsatz-, Vermögens oder Gewinngrenzen überschreiten. Alle übrigen Selbständigen sind aufzeichnungspflichtig. Sie haben in der Regel ihre Betriebseinnahmen und Betriebsausgaben aufzuzeichnen.

Grundsätzlich buchführungspflichtig sind demnach die AG, die GmbH, in der Regel die OHG und die KG sowie der Vollkaufmann. Als Minder- oder Nichtkaufmann – z. B. als Freiberufler – unterliegen Sie nach handelsrechtlichen Vorschriften nicht der Buchführungspflicht. Zu beachten ist, daß der Buchführungspflicht nach den Grundsätzen ordnungsgemäßer Buchführung nachzukommen ist.

Nach steuerrechtlichen Vorschriften haben Sie zudem Bücher zu führen, wenn eine der folgenden Voraussetzungen überschritten ist:

* Sie haben **Umsätze** von mehr als 500 000 DM im Kalenderjahr.
* Sie machen **Gewinne** von mehr als 48 000 DM im Wirtschafts- und Kalenderjahr.
* Sie haben ein **Betriebsvermögen** von mehr als 125 000 DM (seit 31. 12. 1996 nicht mehr relevant).
* Die **Wirtschaftswerte** selbstbewirtschafteter land- und forstwirtschaftlicher Flächen übersteigen 40 000 DM.

Die kaufmännische Buchführungspflicht entsteht somit entweder bereits sofort mit der Handelsregistereintragung oder durch die spätere Aufforderung durch das Finanzamt aufgrund der Überschreitung einer der obigen Grenzen.

Wichtig: Gewerbetreibende, die als Minderkaufleute nicht im Handelsregister eingetragen sind oder Freiberufler unterliegen nicht der strengen kaufmännischen Buchführung, sondern haben nur eine Einnahme-Überschuß-Rechnung ohne Bilanz (Betriebsvermögensvergleich) zu erstellen.

Buchführungssysteme

- **Einfache Buchführung.** Hier werden die Geschäftsvorfälle nur einmal verbucht. Die jeweiligen Finanzbewegungen erfassen Sie als **Einnahmen** und **Ausgaben**. Die Differenz ergibt Ihren **Überschuß** oder **Verlust**. Diese Berechnung wird als **Einnahmen-Überschuß-Rechnung** bezeichnet.

Einfache Buchführung ist als Steuerungsinstrument Ihre Betriebes nur bedingt geeignet, da zum Beispiel alle Kreditgeschäfte unberücksichtigt bleiben, also nie die volle Übersicht über die Betriebsleistung vorliegt. Sie dürfen sie wählen, wenn Sie Kleingewerbetreibender, Freiberufler, Handwerker oder Land- bzw. Forstwirt sind, also kein Kaufmann.

- **Doppelte Buchführung.** Alle Buchungen sind zweimal vorzunehmen – daher der Name. Ihre Bestände werden in ihrer Veränderung dargestellt, Ihre Leistungen und Aufwände für einen bestimmten Zeitraum erfaßt.

Schalten Sie vor der Wahl des Buchführungssystems Ihren Steuerberater ein. Lassen Sie sich eine Kostenübersicht seiner unterschiedlichen Leistungen machen. Bedenken Sie, daß die Buchführung an sich für die betriebliche Leistung nebensächlich ist, hauptsächlich ist aber unbestritten der Nutzen, den Sie aus schnellvorliegenden Ergebnissen ziehen können. (vgl. *Bach/Kilian*, Sicher in die Selbständigkeit von A–Z).

Generell muß die Buchführung vollständig, richtig, zeitgerecht und geordnet sein und einem außenstehenden Dritten innerhalb angemessener Zeit einen Überblick verschaffen.

Grundsätze ordnungsgemäßer Buchführung (GoB)

- vollständige, richtige, zeitgerechte, chronologische und geordnete Buchungen und sonstige Aufzeichnungen
- lesbare Ausführungen mit eindeutigen Abkürzungen
- keine Buchung ohne Beleg
- numerieren der Belege
- geordnete Ablage von Belegen und Datenträgern
- vollständiger Ausdruck der Datenträger muß jederzeit möglich sein

- tägliche Kassenführung
- keine Veränderung von Aufzeichnungen oder Einträgen

Vier Regeln für den Umgang mit Belegen

1. Keine Buchung ohne Beleg – Belegprinzip.
2. Urkundsprinzip – Belege dürfen nicht verfälscht werden.
3. Einheitliche Belegwahl – schaffen Sie Regelformulare!
4. Ablageprinzip – richten Sie eine feste Ordnung ein und keine „Kartonablage"!

Darüber hinaus gilt, daß auf dem Beleg anzugeben ist, wo er verbucht wurde; buchen Sie nicht selbst, betrifft das den Steuerberater. Da die Grundsätze ordnungsgemäßer Buchführung zu beachten sind, ist es ratsam sich frühzeitig das hierzu notwendige Wissen anzueignen oder – was vielfach einfach effizienter ist – sich einen geeigneten Steuerberater zu suchen. Eine Finanzbuchführung durch den Existenzgründer erfordert entsprechende Fachkenntnis. Das beliebte Abwälzen dieses Problems auf den Lebenspartner dient oftmals nicht dem Zweck. Um die Einrichtung einer ordnungsgemäßen Buchführung zu gewährleisten, sollte eine Abstimmung mit einem Steuerberater erfolgen. Dieser sollte neben der Finanzbuchführung auch gleich die Lohnbuchführung im Unternehmen einführen, da jeder Arbeitgeber verpflichtet ist, Lohnkonten und weitere Aufzeichnungen zu führen, die belegen, daß er die steuerlichen und sozialversicherungsrechtlichen Verpflichtungen erfüllt hat. Diese Aufzeichnungen werden sowohl von der Finanzbehörde als auch von seiten der Sozialversicherung überprüft. Auch hier gilt, daß durch die ständigen rechtlichen Änderungen und das aufwendige Meldewesen (z. B. An- und Abmeldungen von Arbeitnehmern) im Personalbereich sich die eigenständige Lohnabrechnung und Lohnbuchführung nur für größere Unternehmen lohnt. Sie sollte zweckmäßigerweise an einen Steuerberater übergeben werden.

Aufzeichnungspflicht

Sind Sie nicht zur ordnungsgemäßen Buchführung verpflichtet, haben Sie trotzdem Aufzeichnungen über Einnahmen und Ausgaben anzufertigen – die **Einnahme-Überschuß-Rechnung**. Zur Darstellung der Vermögenslage sind Sie nicht verpflichtet.

Was für Sie in jedem Fall zutrifft, sind die steuerlichen Vorschriften zur **Aufzeichnung Ihrer Warenbewegung**, also des Warenein- und Warenausgangs. Führen Sie deshalb ein **Wareneingangs- und ein Warenausgangsbuch**. Zur Führung eines Wareneingangsbuches ist jeder Gewerbebetrieb verpflichtet. In das Wareneingangsbuch werden alle eingekauften Halb- und Fertigwaren, aber auch Roh- und Hilfsstoffe laufend eingetragen. Ein Warenausgangsbuch braucht nur geführt zu werden, wenn Sie Waren an andere gewerbliche Unternehmer liefern, z. B. als Großhändler. Halten Sie darüber hinaus Kasseneinnahmen und Kassenausgaben täglich fest – am besten durch ein **Kassenbuch**. Es ist die Grundlage jeder Buchführung. Alle baren Geschäftsvorfälle (Einnahmen und Ausgaben), die mit dem Betrieb zusammenhängen, müssen täglich und vollständig eingegeben werden. Der Barbestand, der sich aus dem Kassenbuch errechnet, muß mit dem tatsächlichen Bestand an Bargeld übereinstimmen.

Aufbewahrungspflicht

10 Jahre
- Bücher und Aufzeichnungen
- Inventare, Jahresabschlüsse und Lageberichte
- Eröffnungsbilanz
- Arbeitsanweisungen und Organisationsunterlagen

6 Jahre
- Empfangene Handels- und Geschäftsbriefe
- Wiedergaben der abgesandten Handels- und Geschäftsbriefe
- Buchungsbelege
- Sonstige für die Besteuerung bedeutsame Unterlagen

Zur Erfüllung der steuerlichen Pflichten sind bereits vor Eröffnung des Unternehmens geeignete organisatorische Maßnahmen zu treffen.

Belegorganisation

Es beginnt schon bei den Rechnungen, die Sie schreiben, denn auch das sind Belege. Zum vorgeschriebenen Inhalt zählen:
- die Anschrift des Empfängers,
- Ihre Anschrift als Lieferant oder Dienstleister,

- die genaue Bezeichnung der Leistung oder gelieferten Ware,
- der Rechnungsbetrag samt den auf das Entgelt entfallenden Steuerbetrag und
- das Datum.

Ihre Notizen:

7.10 Kosten- und Leistungsrechnung

Zum Überprüfen der Wirtschaftlichkeit Ihres Unternehmens ist es wichtig, daß man sich mit der Kostenrechnung vertraut macht.

Kosten sind die in Geld bewertete Inanspruchnahme von Produktionsmitteln, zum Beispiel Material, Maschinen, Arbeitsleistung, die für die Herstellung eines Produkts oder zum Erbringen einer Dienstleistung benötigt werden.

Kostenentwicklung

Die Kostenentwicklung können Sie kontrollieren, wenn Sie die tatsächlich entstandenen Kosten mit Ihren vorkalkulierten Plankosten vergleichen.

Die Kosten erfassen Sie am besten in einem Betriebsabrechnungsbogen (BAB)

Die mit Hilfe des Betriebsabrechnungsbogens ermittelten Kosten sind die Grundlage der Preiskalkulation.

Unternehmenserfolg und Kostenrechnung

Exkurs: „Die Begriffe Leistungen, Güter, Aufwand, Ertrag,

- Die Aufgabe eines Unternehmens innerhalb der Wirtschaft besteht darin, **Leistungen** zu erbringen.
- Beim Leistungsprozeß (Produktion) werden **Güter** eingesetzt und verbraucht. Dabei entstehen neue Güter (Endprodukte = Leistungen).
- Den Wert der verzehrten (eingesetzten) Güter in einem Zeitraum (Monat, Quartal, Jahr) nennt man **Aufwand**.
- Den Wert der erstellten (ausgebrachten) Güter in einem Zeitraum nennt man **Ertrag**.
- **Ertrag – Aufwand = Erfolg**
- Ist der Ertrag (Wertzuwachs) größer als der Aufwand (Wertverlust), so ergibt sich ein **Gewinn**.
- Ist der Aufwand größer als der Ertrag, so ergibt sich ein **Verlust**.
- Deshalb nennt man die Erfolgsrechnung **Gewinn- und Verlustrechnung**.
- Sie ist zeitraumbezogen.

Grundsätze der Kostenrechnung – Teil 1

Die Kostenrechnung liefert Informationen zur **Produkt-** und **Prozeßbeurteilung**.

Produktbeurteilung:

- Reicht der am Markt erzielbare Preis aus, um die Kosten zu decken?
- Welcher Preis muß in ein Angebot gesetzt werden, damit er die Kosten deckt und ein Ergebnis bringt?
- Mit welchem Wert sind Erzeugnisse zu bewerten, die im Lager und in der Werkstatt liegen?

Prozeßbeurteilung:

Der Leistungsprozeß muß ständig daraufhin beobachtet werden, ob Maßnahmen erforderlich werden, die die Kostensituation verbessern.

- Soll statt eines Einfachwerkzeuges (z. B. Stanzwerkzeug) ein Mehrfachwerkzeug eingesetzt werden?

- Sollen bestimmte Teile selbst hergestellt oder von Fremdfirmen bezogen werden?
- Soll ein anderes Fertigungsverfahren gewählt werden (Nieten statt Schweißen)?
- Soll ein Brennofen von Öl auf Erdgas umgestellt werden?

Grundsätze der Kostenrechnung – Teil 2

1. Die Kostenrechnung ist zweckgerichtet.
- Bei der Ermittlung und Zurechnung der Kosten muß man sich stets bewußt sein, daß es darauf ankommt, eine dem jeweiligen Zweck entsprechende Lösung anzustreben.
- Wie fein man z. B. die Kosten untergliedert, wie genau man Kosten einer Kostenstelle zurechnet und welches Kalkulationsverfahren angewandt wird, hängt davon ab, wofür man die Zahlen verwenden will.

2. Wie bei allem Handeln in einem Unternehmen muß auch bei der Kostenrechnung stets die Wirtschaftlichkeit beachtet werden.
- Das Streben nach Genauigkeit stößt da an Grenzen, wo der Aufwand (gemessen an der gewonnenen Erkenntnis) zu groß wird.

3. Kosten sollen verursachungsgerecht erfaßt und zugerechnet werden.

4. Die Werte der Kostenrechnung sollen vergleichbar sein.
- Z. B. über Jahre im Unternehmen oder mit Mitbewerbern.

5. Die Kostenrechnung muß Zahlen liefern, die aktuell sind, d. h. für den Zeitpunkt gelten, in dem sie verwendet werden.

Ihre Notizen:

**Formblatt zur Zusammenstellung der Normalkosten/
-Normalleistung**

Normalkostenübersicht	
1. Materialkosten	
1.1. F-Mat.-Verbrauch	DM
1.2 Hilfsstoffe	DM
1.3 Betriebsstoffe	DM
2. Personalkosten	
2.1 Fertigungslöhne (F-Lohn)	DM
2.2 Zeitlöhne	DM
2.3 Gehälter	DM
Personalnebenkosten	
2.4 Soziale Abgaben	DM
2.5 Sonstiger gesetzlicher Aufwand	DM
2.6 Freiwilliger sozialer Aufwand	DM
Sonstige Nebenkosten	
2.7 Urlaubslöhne	DM
2.8 Feiertagslohn	DM
3. Instandhaltungskosten	
3.1 Instandhaltung von Gebäuden	DM
3.2 Instandhaltung von Maschinen	DM
4. Energiekosten	
4.1 Stromverbrauch Maschinen	DM
4.2 Stromverbrauch	DM
4.3 Brennstoffverbrauch	DM
5. Kalkulatorische Kosten	
5.1 Kalk. Abschreibungen	DM
5.2 Kalk. Zinsen	DM
5.3 Kalk. Wagnisse	DM

6. **Sonstige Kosten**	
6.1 Reisekosten	DM
6.2 Verschiedene Bürokosten	DM
6.3 Telefongebühren	DM
Summe Kosten	DM

Ihre Notizen:

7.11 Wie stärke ich die Eigenkapitalbasis?

- Ausschöpfung noch vorhandener Leistungsreserven und Rationalisierungsmöglichkeiten.
- Stärkeres Kostenbewußtsein sowie laufende Kostenkontrolle.
- Intensivere Zielgruppenansprache mit attraktiven Waren- und Dienstleistungsgruppen.
- Ausbau der Abteilungen oder Leistungsbereiche, mit denen bisher besonders gute Deckungsbeiträge erwirtschaftet wurden.
- Aufgabe unrentabler Leistungsbereiche, soweit darunter nicht die Attraktivität des gesamten Angebotes leidet.
- Bessere Auslastung der Personal- und Raumkapazität, z. B. durch Verbesserung der Personalorganisation und der Mitarbeiterqualifikation, Entlastung qualifizierter Fachkräfte von

unnötigen Hilfs- oder Nebenarbeiten, größere Übersichtlichkeit in der Warendarbietung, mehr Information für den Kunden usw.

- Abbau des Warenlagers zur Verringerung der Kapitalbindung, wenn dadurch die Vollständigkeit des Angebotes nicht berührt wird, mit dem Ziel einer Erhöhung des Lagerumschlags.
- Umschuldung zur Ablösung kurzfristiger durch langfristige Kredite, falls der Betrieb die notwendigen Sicherheiten dafür bieten kann.
- Genaue Planung ggf. Limitierung der Privatentnahmen in enger Anlehnung an die Umsatz- und Ertragsentwicklung, weil dadurch in besonderem Maße die Selbstfinanzierungsquote beeinflußt wird.
- Verkauf nicht mehr benötigter Vermögenswerte.
- Bei notwendigen Neu- oder Ersatzinvestitionen Leasing statt Kauf.
- Aufnahme eines Gesellschafters oder Teilhabers, der haftendes Kapital einbringt.

7.12 Gründe für einen Umsatzrückgang

- Marketing (falsche oder schlechte Werbung, Unklarheiten bei der Zielgruppendefinition, falsche Preispolitik)
- Marktveränderungen und Konkurrenz
- Preissituation
- Qualität des Produkts, der Ware, der Leistung
- Schlechte Information und Schulung der Mitarbeiter
- Neue und unqualifizierte Mitarbeiter
- Logistikschwächen
- Rückstände in der Fertigung
  Schon vor einem Umsatzrückgang müssen Sie Ihre Konkurrenz beobachten. Schätzen Sie die Marktanteile der Mitbewerber anhand von Mitarbeiterzahl und Verkaufsfläche. Nutzen Sie auch Betriebsvergleiche, Auskünfte der Innung, das Handelsregister, Kollegengespräche, Passanten- und Kundenbefragungen sowie Testkäufe.

Seien Sie besser als Ihre Konkurrenten.

7.13 Existenzbedrohende Mängel

Die nachfolgend in der Sekundärliteratur (vgl. *H.-J. Wilcke, Krisenmanagement*) diskutierten existenzbedrohenden Mängel zeigen Ihnen – sie wurden auf die wesentlichen Unternehmensbereiche fokussiert – worauf Sie im Rahmen Ihrer Selbständigkeit stets achten müssen. Vom Unternehmer wird hierbei ein bereichsübergreifendes Denken und Handeln erwartet.

I. Bereich: Allgemeine Unternehmensführung

- Häufiger Wechsel in der Unternehmenspolitik
- Vernachlässigung der Unternehmenssicherheit und der Kontinuität der Unternehmensführung
- Falsche Einschätzung der Stärken und Schwächen des eigenen Unternehmens im Verhältnis zu den Mitbewerbern
- Ungenügende oder mangelnde Organisation, die Reibungsverluste, Doppelarbeit und Fehlleistungen verursachen
- Keine Anpassung der Organisation an die Unternehmensentwicklung
- Überlastung des Unternehmers, weil die Bereitschaft zur Delegation von Verantwortung fehlt oder planlos gearbeitet wird
- Falscher Führungsstil, der die Leistungsbereitschaft und Kreativität der Mitarbeiter hemmt
- Unklares und ungerechtes Entlohnungssystem
- Mangelhafte interne und externe Information, so daß z. B. auf marktbedingte Veränderungen nicht rechtzeitig reagiert werden kann oder die gegenwärtige Situation des Unternehmens falsch eingeschätzt wird
- Ungenügende Unternehmensaus- und -weiterbildung
- Veraltete Arbeitsmethoden, falsche Arbeitstechnik
- Fehlende oder mangelhafte Planung
- Fehlende oder unklare Bestimmung der kurz- und langfristigen Unternehmensziele
- Keine Erwirtschaftung einer Substanzerhaltungsrate zum Ausgleich inflationsbedingt höherer Wiederbeschaffungskosten
- Ungenügende Absicherung drohender Risiken durch Versicherungsverträge

- Keine laufende Überwachung der Betriebsleistung
- Unentdeckte Verlustquellen wegen fehlender oder vernachlässigter Kontrolle
- Mangelnde Bereitschaft zur Kooperation
- Fehlende Sicherungen zur Ausschaltung vorsätzlicher Verluste durch Mitarbeiter (z. B. Diebstahl, Betrug, Unterschlagung)

Abhilfemaßnahmen

- Regelmäßige Inanspruchnahme von Betriebsberatungen
- Exaktes Krisenmanagement statt Improvisation
- Chefentlastung von allen Arbeiten, die auch von qualifizierten Mitarbeitern erledigt werden können, damit Zeit für die eigentlichen dispositiven Arbeiten der Unternehmensführung gewonnen wird
- Sinnvolle Zeitplanung und Organisation der eigenen Arbeit
- Nutzung neuzeitlicher Arbeits- und Kreativtechniken
- Sorgfältige Planung für das gesamte Unternehmen und die einzelnen Teilbereiche
- Laufende Kontrolle der Planerfüllung
- Erarbeitung einer langfristigen Zielkonzeption für die angestrebte Unternehmensentwicklung
- Lückenlose Betriebskontrolle
- Aufbau eines exakten Informationssystems (z. B. Beschaffung aktueller außerbetrieblicher Daten, Analyse der betriebseigenen Zahlen durch die EDV)
- Bestimmung der notwendigen Substanzerhaltungsrate
- Planmäßige Weiterbildung von Unternehmer und Mitarbeitern
- Bindung qualifizierter Mitarbeiter
- Rechtzeitige Übergabe des Unternehmens an die Nachfolger
- Anschluß an einen Einkaufsverband
- Teilnahme am Betriebsvergleich
- Verbesserung der betrieblichen Gehaltsstruktur, leistungsabhängige Entlohnung
- Umfassende Absicherung drohender finanzieller Risiken (z. B. durch Versicherungsverträge)

II. Bereich Betriebsstruktur

- Unzweckmäßige Rechtsform mit der Folge erschwerter Kapital-
  beschaffung, zu großer Haftung oder steuerlicher Nachteile
- Falsche Standortwahl bei Firmengründung
- Standortverschlechterung
- Unterdurchschnittliches Wachstum
- Keine marktfähige Betriebsgröße
- Unzweckmäßige Geschäftsräume
- Unvertretbar hohe Raumkosten
- Ungenügende Kapazitätsauslastung
- Veraltete Geschäftsausstattung
- Mangelhafte Kooperationsbereitschaft (z. B. mit anderen orts-
  ansässigen Unternehmen, städtischer Verwaltung)
- Ungünstige Personalstruktur
- Kaufkraftverlagerung

Abhilfemaßnahmen

- Änderung der Rechtsform
- Standortanalyse
- Imageanalyse
- Konkurrenzbeobachtung
- Anschluß an eine Werbegemeinschaft
- Wachstumsplanung
- Standortverlagerung
- Kooperation, Ausgliederung bestimmter Betriebsfunktionen
- Verbesserung der Kapazitätsausnutzung durch bauliche, ab-
  satzpolitische und personalpolitische Maßnahmen
- Kapazitätsabbau
- Langfristige Personalplanung
- Änderung des Mietvertrages (z. B. Umsatzmiete statt Festmiete)

III. Bereich: Einkauf

- Planloser Einkauf
- Ungünstige Einkaufskonditionen
- Kein Vergleich der Einkaufskonditionen
- Zu viele ungünstige Kleinbestellungen

- Zu hohe Lagerbestände infolge fehlender Lagerplanung und -kontrolle
- Unnötige Preisabschriften
- Ungenügende Einkaufsinformationen

Abhilfemaßnahmen

- Konsequente Einkaufsplanung und -kontrolle
- Regelmäßige Kontrolle des Lagerumschlages
- Führung einer Lagerkartei bzw. regelmäßige Lagerdurchsicht mit Altwarenkontrolle
- Regelmäßiger Vergleich der Einkaufskonditionen
- Konzentration auf wenige leistungsfähige Lieferanten
- Führung einer exakten und aktuellen Lieferantenkartei
- Pflege bewährter Geschäftsbeziehungen zu leistungsfähigen Lieferanten
- Einkaufskooperation
- Gezielte Informationsbeschaffung auf Messen, Ausstellungen, Musterrungen

IV. Bereich: Verkauf

- Keine kaufanregende Geschäftsatmosphäre
- Unübersichtlicher Verkaufsraum
- Altmodische Einrichtung
- Unzweckmäßige Farbgebung und ungenügende Beleuchtung
- Schlechte Warendarbietung
- Zu viele Ladendiebstähle
- Unqualifizierte oder desinteressierte Verkaufsmitarbeiter
- Fehlende Kassieranweisung (begünstigt Kassenfehler oder Veruntreuung von Geld)
- Unkontrollierte Auswahlsendungen
- Mangelhafte oder unvollständige Kundendienstleistungen
- Sortimentslücken
- Fehlende Zielgruppenorientierung im Angebot
- Falsche oder ungenügende Werbung
- Ungünstige Ladenöffnungszeit
- Unattraktive Schaufenstergestaltung
- Fehlende oder lückenhafte Kundendatei

- Ungünstige Preisoptik
- Standortprobleme
- Schwellenangst der Kunden
- Unkenntnis über Sortiments- und Preispolitik der Mitbewerber

Abhilfemaßnahmen

- Gezielte Kundenbindung (z. B. durch Erfüllung von Sonderwünschen, kulante Erledigung berechtigter Reklamationen)
- Sorgfältige (statistische) Umsatzerfassung
- Modernisierung des Verkaufsraumes durch einen qualifizierten Ladenbauarchitekten
- Übersichtliche Warendarbietung
- Regelmäßiges Durchführen von Testkäufen (damit optische und Bedienungsmängel erkannt werden)
- Durchführen von Diebstahltests, um die Aufmerksamkeit der Mitarbeiter zu überprüfen und erhöht diebstahlgefährdete Zonen oder Abteilungen zu erkennen
- Fälschungssicherere Preisauszeichnung
- Leistungsgerechte Entlohnung der Mitarbeiter, eventuell Erfolgsbeteiligung
- Durchführung einer Image-Analyse zur Ermittlung von Kundenwünschen, Zielgruppenbildung und erfolgversprechenden Werbeaussagen
- Exakte Werbeplanung und Werbeerfolgskontrolle
- Durchführen von Standortanalysen/Standortbeobachtungen
- Ausnutzung vorhandener Kalkulationsreserven
- Sorgfältige Konkurrenzbeobachtung

V. Bereich: Personalwesen

- Ungenügende Qualifikation
- Über- oder Unterforderung der Mitarbeiter
- Fehlende Leistungsanreize
- Unvertretbar hohe Personalkosten im Verhältnis zur Leistung
- Mangelhafte Personalführung
- Ungenügende Mitarbeitermotivation
- Fehlender oder zu geringer Leistungsspielraum
- Fehlende Stellenbeschreibung

- Ungünstige Mitarbeiterstruktur
- Fehlende Leistungskontrolle
- Erledigen von Hilfsarbeiten durch teure Fachkräfte
- Mangelnde Sorgfalt bei der Personaleinstellung
- Nicht-Erkennen vorsätzlich von Mitarbeitern herbeigeführter Verluste
- Schlechtes Betriebsklima
- Fehlende oder ungenaue Personalplanung
- Zuviel Leerlauf bzw. ungenügende Auslastung der Mitarbeiter
- Doppelarbeit durch Kompetenzüberschreitung

Abhilfemaßnahmen

- Kritische Überprüfung der Personalpolitik
- Langfristige Mitarbeiterbindung (z. B. durch gutes Betriebsklima, Schaffung selbständiger Leistungs- und Verantwortungsbereiche, Gewährung von Treueprämien für langjährige Mitarbeiter)
- Einführung eines sorgfältig konzipierten Prämienlohnsystems
- Ausgleich von Lohnungerechtigkeiten
- Langfristige Personalplanung
- Förderung des betrieblichen Vorschlagswesens
- Gezielte Weiterbildung nach Sachschwerpunkten, Verkäuferschulung
- Karriereplanung
- Laufende Überwachung der Personalleistung
- Rationeller Einsatz von Fach- und Hilfskräften

VI. Bereich: Betriebliche Leistungskontrolle/Verwaltung

- Bekanntwerden von Verschlechterungen des Betriebsergebnisses nicht aus kurzfristigen Erfolgsrechnungen im Laufe des Geschäftsjahres, sondern erst aus der jährlichen Abschlußrechnung, so daß nicht mehr korrigierend eingegriffen werden kann
- Fehlende Kontrollen zur laufenden Überwachung der gesamten wirtschaftlichen Entwicklung und der Betriebsleistung (z. B. durch Leistungskennzahlen)
- Mangels geeigneter Maßstäbe keine Beurteilung der wirtschaftlichen Gesamtentwicklung des Unternehmens

- Keine Analyse der möglichen Verlustquellen
- Organisation der Buchhaltung mangelhaft, so daß Auskünfte über Forderungen, Verbindlichkeiten und andere Daten zur Beurteilung der wirtschaftlichen Situation des Unternehmens nicht kurzfristig verfügbar sind
- Unordnung und fehlende Kontrolle in der Buchhaltung, so daß Verluste durch Betrug, Unterschlagung und Belegfälschung verdeckt werden können
- Unqualifizierte oder nicht genügend leistungswillige Mitarbeiter

Abhilfemaßnahmen

- Erstellen kurzfristiger Erfolgsrechnungen
- Laufende Kontrolle der Umsatz-, Kosten-, Ertrags und Lagerentwicklung durch entsprechende Statistiken
- Überwachung der Betriebsleistung durch Leistungskennzahlen und betriebswirtschaftliche Analysen
- Ausgliederung des Rechnungswesens an ein leistungsfähiges Serviceunternehmen, wenn die erforderlichen Bücher nicht selbst geführt oder ernsthaft kontrolliert werden können
- Verbesserung der Buchhaltungsorganisation
- Lückenlose Kontrolle des Arbeitsablaufes in der Buchhaltung
- Verwendung eines aktuellen Kontenplans
- Verwendung von arbeitserleichternden Formularen und sonstigen Organisationsmitteln im Rechnungswesen
- Diebstahlsichere Aufbewahrung von unbenutzten Kassen-, Bank- und Postscheckformularen
- Funktionstrennung bei Positionen, die sich gegenseitig kontrollieren können (z. B. Buchhalter und Kassierer, sog. Vier-Augen-Prinzip)
- Einführung einer innerbetrieblichen Revision
- Gezielte Leistungsförderung (z. B. durch interne und externe Schulung, Delegation von Verantwortung)

VII. Bereich: Finanzierung

- Zu geringes Eigenkapital
- Zu große Risikobereitschaft bei der Kapitalbeschaffung

- Keine krisenfeste Finanzierung
- Inanspruchnahme von Lieferantenkrediten und dafür Verzicht auf Skontierung
- Ungenügende Sicherheiten, die den Kreditspielraum einengen
- Falsche Kreditlaufzeiten (z. B. wenn Anlagevermögen mit kurzfristigen Krediten finanziert wird)
- Hohe Finanzierungskosten
- Unvertretbar hohe Entnahmen
- Keine Finanzplanung

Abhilfemaßnahmen

- Investitions- und Finanzplanung
- Ausgewogene Kreditpolitik
- Planmäßiger Eigenkapitalanbau
- Übereinstimmung von Kreditlaufzeiten und Kapitalbindungsfrist
- Bezahlung von Rechnungen unter Abzug von Skonto (gegebenenfalls finanziert durch Kontokorrentkredit)
- Umschuldung zur Verbesserung der Finanzierungskosten
- Informationsbereitschaft zur Verbesserung der Beziehungen zur Bank
- Rechtzeitige Anpassung des Kontokorrentkredits an veränderte Umsatzgrößen
- Sorgfältige und regelmäßige Kontrolle der Finanzierungskosten
- Beachtung der Effektivzinsen

VIII. Bereich: Liquidität

- Keine Liquiditätskontrolle
- Zu großzügige Gewährung von Kundenkrediten
- Vernachlässigung des Mahnwesens
- Verspäteter Rechnungsausgang
- Unvertretbar hohe Entnahmen
- Keine Liquiditätsplanung
- Zu niedriger Lagerumschlag

Abhilfemaßnahmen

- Sofortiger Rechnungsausgang nach Lieferung von Waren oder Beendigung einer Arbeit
- Entnahmeplanung
- Tätigen von Entnahmen nur in solchem Umfang, daß der Eigenkapitalaufbau nicht eingeschränkt wird und Reserven für substanzerhaltende Maßnahmen und notwendige Investitionen erhalten bleiben
- Laufende Überwachung der Kundenkredit- und Geldeingangsdauer
- Einschränkung der Kundenkreditgewährung (z. B. Gewährung nur nach sorgfältiger Prüfung der Kreditwürdigkeit und bei angemessener Anzahlung)
- Ausnutzung aller Skontierungsmöglichkeiten, selbst wenn dafür ein Kontokorrentkredit aufgenommen werden muß
- Rechtzeitige Berücksichtigung des Umstandes, daß Kunden in Krisenzeiten erfahrungsgemäß längere Zahlungsziele in Anspruch nehmen
- Trennung von nicht benötigten Vermögensteilen zur Verbesserung der Liquidität
- Ausgabenbegrenzung und strenge Kostenkontrolle
- Planvolle Reduzierung des Lagerbestandes mit dem Ziel einer Erhöhung des Lagerumschlages (sofern dadurch keine Sortimentslücken entstehen)

7.14 Wie erkenne ich den insolvenzgefährdeten Geschäftspartner?

Typische Verhaltensweisen:

- Bestellmengenänderungen, insb. dann, wenn Aufträge in kleine oder Teilmengen zerlegt werden bzw. kontinuierlich erteilte Aufträge ausbleiben und durch sporadische ersetzt werden
- unberechtigte Reklamationen oder taktische Mängelrügen in Verbindung mit einer negativen Änderung des Zahlungsverhaltens
- Verzicht auf Skonti und deshalb Inanspruchnahme von Lieferantenkrediten

- Überschreitung des eingeräumten Kreditspielraums oder des vereinbarten Zahlungsziels
- nicht vereinbarte Abschlagszahlungen unter Angabe fadenscheiniger Gründe
- vermehrte oder auch häufig unbegründete Reklamationen, um die Zahlung hinauszuschieben
- fragwürdige Begründung für die verzögerte Zahlung (z. B. Krankheit des Buchhalters, organisatorische Änderungen in der Buchhaltung, Umstellung auf EDV)
- Einführung einer gemischten Zahlungsart (z. B. Kombination von Überweisung und Scheck)
- Rückgang im Geschäftsumfang des Geschäftspartners (z. B. Betriebsschließungen)
- Überraschender Wechsel in der Geschäftsleitung
- Suche nach neuen Teilhabern
- Schließung von einzelnen Betriebsbereichen oder Filialen

> Ihre Notizen:
>
>
>
>
>
>
>
>
>
>

7.15 Kostenbeeinflussung – Der sicherste Gewinnbringer

Wirksame Kostenbeeinflussung umfaßt drei verschiedene Maßnahmen:

1. Kostenkontrolle und -analyse zur Aufdeckung vermeidbarer Kosten
2. Sorgfältige Kostenplanung, um künftig unnötige oder überhöhte Kosten gar nicht erst entstehen zu lassen
3. Direkte Kostensenkung mit drei Zielrichtungen

- Kosten sparen durch Ausgabeverzicht
- Kostenrationalisierung (z. B. durch rationellere Gestaltung des Arbeitsablaufes oder Einsatz leistungsfähiger Maschinen)
- Leistungssteigerung bei gleichbleibendem Kosteneinsatz (z. B. durch Weiterbildung oder intensivere Mitarbeitermotivation)

Bei aller Notwendigkeit der Kostenbeeinflussung darf jedoch nicht vergessen werden, daß die Betriebskosten zur Umsatzerzielung notwendig sind.

Ein Beispiel: 12 Grundsätze zur Senkung der Transportkosten

1. Der geradeste Weg durch die Fertigung ist der beste.
2. Die schwersten Teile und die größten Massen sind ohne Umwege durch den Betrieb zu führen.
3. Transportwege und Transportzeiten müssen festgestellt und analysiert werden.
4. Bearbeitung und Transport sind so weit wie möglich und wirtschaftlich miteinander zu verbinden.
5. Die Arbeitsplatzgestaltung muß auf eine Transportreduzierung ausgerichtet sein.
6. Durch Transporthilfen ist sicherzustellen, daß Beschädigungen des Transportgutes ausbleiben.
7. Rücktransporte und Standzeiten beladener Transportmittel im Betrieb sind zu verhindern.
8. Materialflußplanungen müssen klar Schwachstellen aufzeigen, die durch mechanische Hilfen und organisatorische Maßnahmen behoben werden.
9. Gute Organisation des Einkaufs und eine verläßliche Eingangskontrolle verhindern Transportkosten!
10. Bei Maschinen ohne Verkettung wenn möglich statt mit einzelnen Teilen mit Ladeeinheiten arbeiten!
11. Sind ausreichend mechanische Transporthilfen vorhanden?
12. Außentransporte besser organisieren und planen bedeutet, Fahrzeug- und Mannschaftskosten, Auslösungen und Spesen sparen!

Checkliste zur Kostenkontrolle

Werden die gesamten Betriebskosten exakt erfaßt?	
Erfolgt eine sinnvolle Kostentrennung nach Kostenarten?	
Wird regelmäßig monatlich eine sorgfältige Kontrolle der Kostenentwicklung durchgeführt?	
Werden Abweichungen von der Kostenplanung oder sprunghafte Kostensteigerungen sorgfältig analysiert?	
Werden auch die „Sonstigen Kosten", die gewöhn- lich nur in einer Summe ausgewiesen sind, kontrolliert und ggf. analysiert?	
Werden alle Kostenarten nach der absoluten Höhe und in Prozent vom Umsatz genau geplant?	
Werden die Kosten mit dem Vorjahr und im Verhältnis zu gleichstrukturierten Unternehmen verglichen?	
Werden die Kostenkontrollbögen über einen längeren Zeitraum aufgehoben, damit die Kostenentwicklung überwacht werden kann?	
Werden die Mitarbeiter immer wieder zum Kostensparen angehalten? • im Rahmen von Mitarbeiterbesprechungen • durch schriftliche Mitteilungen (z. B. als Beilage zur Gehaltsabrechnung) • durch konkrete Anweisungen von Geschäfts- leitung und Vorgesetzten • im Rahmen eines betrieblichen Vorschlagswesens Wird die Einhaltung der Kostensparmaßnahmen kontrolliert?	
Wurde der Erfolg früherer Kostensparmaßnahmen überprüft?	
Sind Kostensparmaßnahmen bei unbefriedigenden Ergebnissen korrigiert oder ergänzt worden?	
Gibt es für die Mitarbeiter besondere Anreize zum Kostensparen (z. B. in Form von Prämien)?	
Wird der Betrieb immer wieder nach Kostenspar- möglichkeiten durchforstet?	
Werden alle Kostensparmöglichkeiten konsequent genutzt?	

Können Kosten teilweise wegrationalisiert werden, sofern alle Möglichkeiten zum Kostensparen ausgeschöpft sind?	
Wurde durch eine eingehende Unternehmensanalyse versucht, Leerkosten aufzuspüren und sie durch bessere Kapazitätsnutzung zu beseitigen?	

Ihre Notizen:

Kostenanalyse

Im Rahmen der Kostenanalyse werden die Bestandteile der einzelnen Kostenartensummen genauer betrachtet. Dazu kann es sogar notwendig sein,

- einzelne Rechnungen zu prüfen,
- evtl. eine personenbezogene oder nach Abteilungen getrennte Auswertung vorzunehmen (z. B. bei Telefonkosten),
- die Kosten ins Verhältnis zum oder zu besonderen Außeneinflüssen zu setzen (z. B. Kosten für die Beschaffung eines Auftrages im Verhältnis zur Auftragssumme und zum Ertrag),
- die Mitarbeiter nach den Ursachen zu befragen.

Danach können Sie dann leichter entscheiden,

- ob die Kosten gerechtfertigt sind (z. B. bei entsprechendem Umsatz),
- ob sie akzeptiert werden müssen (z. B. bei Steuer- oder Tariferhöhung),
- wo eine Senkung bzw. ein Ausgleich gesucht werden muß, weil die Kostensteigerung z. B. durch Nachlässigkeit oder Fehlverhalten versucht wurde.

Unabhängig von Beobachtungen und Analysen der innerbetrieblichen Kostenentwicklung sollten Sie auch laufend die allgemeine Entwicklung bestimmter Kostenarten im Auge behalten. Dies gilt beispielsweise für die Entwicklung der Mieten.

Ihre Notizen:

Vergeuden Sie Ihre Zeit nicht unnötig!

Erkundigen Sie sich z. B. nach den ruhigen Zeiten vor dem Besuch beim Geschäftspartner. Ein Anruf kostet eine Minute und erspart womöglich stundenlange Wartezeiten. Und vergewissern Sie sich über die beste Fahrroute, bevor Sie ins Auto steigen.

**Typische Killersprüche, mit denen Kosteneinsparungsmaß-
nahmen abgeblockt werden sollen:**

- „Die monentanen Betriebsergebnisse lassen Veränderungen
  unnötig und riskant erscheinen!"
- „Die Situation ist im Moment so gut, daß man Reserven später,
  für schlechtere Zeiten lassen sollte!"
- „Um diese Veränderung durchzuführen, muß zuerst ein Konzept für zukünftige Entwicklungen erarbeitet werden!"
- „Es hat das letztemal auch nicht geklappt, obwohl man sich so
  viel Mühe gab!"
- „Bei der derzeitigen Auftragssituation ist es sinnlos, Verbesserungen einführen zu wollen!"
- „In diesem Sauladen, wo man keine Vorstellung hat, was man
  will, hat es doch keinen Sinn, etwas zu unternehmen!"
- „Wir haben hier viele Jahre Erfahrung und haben es immer so
  gemacht, warum auf einmal anders?
- „Diese Entscheidung müssen wir verschieben, um weitere Fachleute zu hören!"
- „Können Sie feste Erfolgsgarantien geben, damit wir absolut
  sicher sind, daß alles klappt?"
- „Es ist einfach nicht nötig, hier etwas zu tun, solange es noch
  einigermaßen läuft!"

Ihre Notizen:

  Belohnen Sie Empfehlungen. Bieten Sie z. B. einen Prozentsatz des Auftragsvolumens als Provision an. Versorgen Sie Ihre
„Helfer" mit Ihren Geschäftskarten, Prospekten und anderen
Unterlagen. Geben Sie eine Provision, sobald ein Auftrag zustande kommt. Das spornt zu neuen Taten an.

A – Z – Liste verschiedener Kosten

Die nachfolgende A – Z-Liste verschiedener Kosten geht auf ein Buch von *F. Käppeler* mit dem Titel „Leitfaden für Existenzgründer" zurück. Picken Sie sich aus der Liste einmal Ihre Hauptkostenverursacher heraus.

- **Ablageplan**: Eine Ablage ist schlecht organisiert, wenn nur derjenige, der abgelegt hat, einen Vorgang wiederfindet.
- **Auslandsüberweisungen**: Nutzen Sie bei Zahlungen ins Ausland die Deutsche Bundespost. Sie hat wesentlich niedrigere Gebühren als ihre Konkurrenz, die Kreditinstitute.
- **Bankenauswahl**: Als Unternehmer sollten Sie mindestens zwei Bankverbindungen haben. Sie lernen daraus, können Vergleiche ziehen und notfalls auch das eine Institut gegen das andere ausspielen.
- **Bauspardarlehen**: Nutzen Sie für betriebliche Baumaßnahmen die zinsgünstigen Kredite der Bausparkassen. Die gewerbliche Verwendung ist erlaubt beim Bau eines gemischt genutzten Gebäudes.
- **Beleuchtung**: Die konventionelle Glühbirne mit ihrem Wirkungsgrad von fünf Prozent sollte endlich „out" sein.
- **Büroeinrichtung**: Reinigungsfreundliche Fußböden helfen, beim Saubermachen Kosten zu sparen.
- **Elektronischer Zahlungsverkehr**: Billiger wird Ihre Kontoführung, wenn Ihr Buchungsmaterial automatisch verarbeitet werden kann.
- **Formulare**: Die richtige Organisation mit einem zweckentsprechenden Formularwesen hilft Personal und Bürokosten sparen.
- **Gruppentarif**: Für Gruppen ab drei Personen offerieren fast alle Unfallversicherer günstige Gruppenversicherungen. 1000 DM Versicherungssumme sind dort – unabhängig von der Tätigkeit – schon für 60 Pfennig Jahresbeitrag zu haben.
- **Heizung**: Eine Optimierung von Heizungssparmaßnahmen kann die Hälfte der Heizkosten einsparen.
- **Hotel**: 50 % Rabatt räumen oft Hotels ein, wenn Sie zu fortgeschrittener Stunde an der Rezeption ein Zimmer buchen.
- **Inkassobüros**: Kaum ein Handwerkskunde zahlt innerhalb der

vereinbarten Frist. Wer säumige Zahler auf Trab bringen möchte, muß sich überlegen, was für seine Firma am günstigsten ist: die eigene Mahnabteilung oder professionelle Geldeintreiber. Sie kosten zwar ihren Preis, arbeiten aber oft erfolgreicher als es über den umständlichen Amtsweg möglich ist.

- **Insassenunfallversicherung**: Wenn Sie eine allgemeine Unfallversicherung in ausreichender Höhe besitzen, brauchen Sie keine zusätzliche Insassenversicherung. Kündigen Sie diese Police. Ausnahme: Insassenversicherung für Betriebsfahrzeuge zum Schutz der Fahrer bei selbstverschuldeten Unfällen.

- **Krankentagegeld**: Privat versicherte Unternehmer brauchen für den Verdienstausfall bei Krankheit eine Krankentagegeldversicherung.

- **Kreditplanung**: Berechnen Sie selbst Ihren Kreditbedarf und lassen Sie ihn beim Bankgespräch nicht drücken. Ihr Berater macht das vielleicht, um zu einem früheren Zeitpunkt Überziehungsprovisionen kassieren zu können.

- **Kreditprovision**: Wenn Sie keinen Nettozins vereinbart haben, sollten Sie darauf achten, daß die Kreditprovision nur von dem in Anspruch genommenen Kredit und nicht vom eingeräumten Betrag berechnet wird.

- **Lager**: Lagerhaltung ist teuer. Machen Sie deshalb eine Limitplanung für alle Waren, die Sie einkaufen.

- **Liquiditätsengpaß**: Höhere Umsätze bereiten oft Liquiditätsprobleme. In diesem Fall sollten Sie Ihre Finanzen grundlegend durchdenken. Tauschen Sie kurzfristige gegen langfristige Kredite aus. Das verschafft Ihnen Luft auf dem Kontokorrentkonto und senkt Ihre Zinskosten.

- **Marktübersicht**: Sie können manchen Messebesuch sparen, indem Sie sich die Kataloge schicken lassen.

- **Messen**: Viele in- und ausländische Messen werden vom Bund und den Ländern indirekt und direkt gefördert.

- **Porto**: Mindestens vier Milliarden DM geben Postkunden nach Schätzung des Verbandes der Postbenutzer unnötig aus. Machen Sie deshalb einmal Postinventur.

- **Privathaftpflicht**: Haftpflichtversicherungen sind für Betriebe und Privatleben unverzichtbar. Sie brauchen Sie allerdings nicht doppelt abzuschließen. Fordern Sie von Ihrem Versiche-

rer, daß er den Privathaftpflichtschutz in Ihre Betriebshaft-
pflichtversicherung aufnimmt.

- **Schadensfreiheitsrabatt**: Häufig zahlen Firmenchefs für Ihren
  Fuhrpark zuviel Versicherungsprämie. Nicht selten hat ein von
  der Grundprämie her günstiges Fahrzeug einen hohen Rabatt,
  während das PS-stärkste einen Malus hat.

- **Scheckformulare**: Viele Banken drucken gratis oder gegen geringe Kostenbeteiligung auf Scheck- und Überweisungsformula-
  ren Ihren Absender auf. Das erspart Ihnen beim Ausfüllen Zeit.

- **Skonto**: Kredite vom Lieferanten sind wesentlich teurer als von
  der Bank. Nutzen Sie deshalb Skontoabzüge aus.

- **Stromvertrag**: Sparen Sie Energiekosten durch geschickte Vertragsgestaltung mit Ihrem Stromlieferanten. Prüfen Sie, ob Sie
  von Ihrem Energie-Versorgungsunternehmen die Einstufung als
  Sonderabnehmer verlangen können.

- **Telefax**: Telefax ist oft billiger als ein Brief.

- **Telefon**: Bauen Sie zur Kontrolle einen Einheitenzähler ein.

- **Versicherungen**: Sichern Sie sich frühzeitig die Hilfe eines versierten Versicherungsmaklers.

- **Zeitplanung**: Zeit ist Geld. Wer besser damit umgehen kann, hat
  auch mehr davon. Unternehmer, die keine Zeit haben, sollten
  eine der vielen Zeitmanagement-Methoden ins Auge fassen.
  Denn gute Zeitplanung macht selbstsicher (schlechte ruiniert
  die Gesundheit) und ist damit der Garant für mehr Erfolg im Be
  trieb.

Ihre Notizen:

8. Das Gesicht einer erfolgreichen Organisation

Organisation verlangt nicht nur Wissen und Fleiß,
sondern auch Übung und Erfahrung.

8.1 Organisation ist alles

Büroorganisation

Organisation „passiert" in der Regel im Büro. Die einzelnen Funktionen eines Betriebes wie Beschaffung, Lager, Produktion und Vertrieb müssen aufeinander abgestimmt sein und laufend koordiniert werden. Diese Aufgabe übernimmt die Organisation.

Gerade die Gründungsphase ist meist durch Risiken, finanzielle Anspannung und einen Hang zur Improvisation geprägt. Die Organisation bleibt hinter den Erfordernissen zurück. Das hat unerfreuliche Folgen, denn besonders in der Anlaufphase ist Ordnung nicht nur das halbe Leben, sondern kann das Überleben bedeuten.

Ihre Notizen:

Quillt Ihre Brieftasche über?

Nehmen Sie sich drei Minuten Zeit zum Aufräumen. Sichten Sie die Notizzettel, Visitenkarten, abgelaufenen Scheck- und Kreditkarten und sonstigen Papiere, die Sie nicht ständig benötigen.

Machen Sie es sich zur Gewohnheit, turnusmäßig Ballast abzuwerfen.

Entwickeln Sie Routine, organisieren Sie sich.

Auftragsabwicklung und -bearbeitung

Beginnen wir bei der Auftragsabwicklung und -bearbeitung. Vermeiden Sie von vornherein einen Auftragsdruck, dem Ihr Unternehmen nicht gewachsen ist. Sagen Sie „NEIN" zu neuen Aufträgen, wenn deren ordnungsgemäße und fristgerechte Abwicklung nicht 100 %ig sichergestellt werden kann. Durch ein „NEIN" verlieren Sie vielleicht einen Kunden, durch eine unsachgemäße Auftragsabwicklung können Sie eine ganze Kundenschar verprellen. Sie verlieren Zeit, Geld und Anschlußaufträge. Zu einer umfassenden Auftragsabwicklung gehören:

- Erfassung des Angebotes an den Kunden mit entsprechender Vorkalkulation
- Erfassung des Kundenauftrages
- Terminplanung der Durchführung
- Materialbeschaffung
- Arbeitsvorbereitung
- Erfassung des Materialaufwandes
- Erfassung der Produktionsstunden
- Erstellung einer Zwischenkalkulation
- Lieferung
- Erstellung der Kundenrechnung
- Erstellung der Nachkalkulation
- Überwachung des Zahlungseinganges

Ihre Notizen:

Erkennen Sie, daß etwas zweimal so lang dauern und dreimal so viel kosten kann. Zeit und Geld sind wertvolle Güter. Vielfach hängt der Gewinn vom Termin ab.

Sie sollten eine Aufgabe ad acta legen, wenn
- Sie sie ständig von einem Tag auf den nächsten verschieben,
- Sie immer neue Ausreden erfinden, um sie nicht angehen zu müssen,
- stets andere Aufgaben wichtiger sind,
- Sie finden, die Sache habe sich im Grunde erledigt, Sie sich aber aus Pflichtgefühl nicht davon trennen wollen.

Anregungen für Ihren persönlichen Arbeitsstil

- Unterscheiden Sie das Wichtigste vom Dringendsten. Lassen Sie sich vom Dringenden nicht tyrannisieren.
- Wichtige Dinge sind selten eilig, eilige Dinge sind selten wichtig.
- Nehmen Sie einen Vorgang nur einmal in die Hand und legen Sie ihn erst dann wieder weg, wenn Sie irgendeine Aktivität eingeleitet haben.
- Bearbeiten Sie nur einen Vorgang. Schließen Sie eine Arbeit ab, bevor Sie eine neue beginnen.
- Planen Sie am Abend für den nächsten Tag.
- Legen Sie eindeutige Prioritäten der Aufgaben fest.
- Erledigen Sie Routinetätigkeiten, wenn Ihre Leistungskurve den Tiefpunkt erreicht hat.
- Machen Sie Unerledigtes sichtbar.
- Planen Sie zu Beginn, welche Aufgaben Sie delegieren und welche Arbeiten Sie selbst durchführen.
- Legen Sie Endtermine für alle Tätigkeiten fest. Dadurch zwingen Sie sich zur Selbstdisziplin und vermeiden Unentschlossenheit, Verzögerung und Aufschub.
- Halten Sie sich störungsfreie Zeitabschnitte zur Bearbeitung von größeren und schwierigen Aufgaben frei.
- Erledigen Sie nicht nur Aufgaben, sondern erzielen Sie Ergebnisse.

Geben Sie Ihren Mitarbeitern die Chance, eigene Entscheidungen zu treffen und Verantwortung zu übernehmen.

Checkliste zur Überprüfung der Arbeitsgestaltung in Kleinbetrieben

1. Ist der Arbeitsplatz sicher, bietet er dem Arbeitenden Erleichterungen. Wird mit geringem Kostenaufwand ein optimaler Effekt erreicht?
2. Sind Arbeitsgeräte und Ablauf so gut, daß Ausschuß vermieden wird und ein schneller Durchlauf der Arbeitsgegenstände ge sichert ist?
3. Sind die Wege einerseits nicht zu lang, ist zum anderen genügend Raum vorhanden, damit man sich bei der Arbeit nicht gegenseitig stört?
4. Bereitet man die Arbeit ausreichend vor, so daß Werkstoffe und Werkzeuge, Hilfsmittel und Beschläge bei Beginn der Arbeit vollständig vorhanden sind?
5. Hat man die Arbeitsfolgen aufgeschrieben und überprüft, ob die Anordnung der Maschinen und Geräte den kürzestmöglichen Weg sichert?
6. Wurden die Arbeitsfolgen so gewählt, daß zwangsweise Wartezeiten mit anderen Arbeiten gut und störungsfrei überbrückt werden können?
7. Wurden Treppen und Steigungen vermieden, die viel Kraft und Zeit erfordern und immer die Gefahr der Beschädigung von Teilen beinhalten?
8. Wurde die Lagerung der Teile so gewählt, daß diese die Arbeit nicht stören, nicht weit transportiert werden müssen und daß Beschädigungen ausbleiben?
9. Sind die klimatischen Bedingungen so beschaffen, daß ein Maximum an Leistung möglich wird und man nicht ermüdet?
10. Unterscheidet man Gesamtlösungen, die die Rahmenbedingungen wie Raumklima und Transporte ändern und Einzellösungen an den Geräten?
11. Löst man jeweils eine Aufgabe ganz und gründlich und verzettelt man sich nicht in einer Weise, bei der überall nur ein Teilerfolg erreicht wird?
12. Überträgt man Beispielhaftes von Kollegen, möglichst mit Verbesserungen, sehr bald auf die eigene Fertigung, bevor es vergessen wird?

13. Überprüft man, ob die aus wirtschaftlicher Sicht besten Materialqualitäten eingesetzt werden und geringer Abfall und Zeitbedarf entsteht?
14. Sind bei einer Überprüfung alle Abläufe in Bestform, herrscht Ordnung und Zielstrebigkeit im globalen Sinne?
15. Sind die Überlegungen dergestalt, daß sowohl rechnerische Sicherheit, geringe Belastung, Wirtschaftlichkeit und rechtliche Richtigkeit gegeben sind?
16. Können die Verbesserungen nur in Teilfolgen oder in einem Zug eingeführt werden, erstellt man Hilfen selbst oder bezieht man sie?
17. Kann man Rat von Kollegen, Freunden und erfahrenen Fachleuten problemlos erlangen und deren Erfahrungen nutzen?
18. Bestehen Chancen, gleichgelagerte Unternehmen zu sehen und die dort gefundenen Möglichkeiten diskutieren?

8.2 Regeln eines erfolgreichen Unternehmers

- Es erfolgt immer eine optimale technische und optische Angebotspräsentation.
- Es erfolgt eine persönliche Beratung durch den Unternehmer.
- Nach jeder Auftragserteilung wird ein „Dankeschön"-Schreiben verschickt.
- Es werden nur persönliche Geschenke an Kunden vergeben.
- Es finden regelmäßige Mitarbeitergespräche statt.
- Ein bestimmter Qualitätsstandard wird nicht unterschritten.
- Es finden keine Preisverhandlungen unter bestimmten Grenzen statt.
- Die Mitarbeiter werden fortgebildet.
- Eine optimale Sauberkeit auf Baustellen, in der Firma und den Fahrzeugen wird gewährleistet.

Ihre Notizen:

Perfektion ist Illusion. Tun Sie die richtigen Dinge, anstatt alle Dinge richtig tun zu wollen. Perfektionisten sind meist nicht so effizient, wie sie scheinen. Prüfen Sie Prioritäten.

Erkundigen Sie sich nach jedem Auftrag, ob der Kunde noch Wünsche hat und informieren Sie ihn regelmäßig über Neuheiten und Sonderangebote.

8.3 Checkliste zur erfolgreichen Unternehmensführung

Tips zur Rationalisierung der Arbeit

- Trennen Sie sich von allen Routinearbeiten, die auch von geeigneten Mitarbeitern erledigt werden können.
- Schalten Sie Störungen durch die Mitarbeiter aus, indem Sie klare und eindeutige Aufträge erteilen und Rückdelegation übertragener Verantwortung abwehren.
- Ruhe und uneingeschränkte Leistungsfähigkeit sind die notwendigen Voraussetzungen für kreatives Arbeiten.
- Analysieren Sie die Störursachen.
- Veranlassen Sie die Mitarbeiter zur Einrichtung einer Ideenkartei.
- Machen Sie verstärkt von der Möglichkeit der Teamarbeit Gebrauch.
- Machen Sie verstärkt von den Möglichkeiten der Funktionsausgliederung (z. B. im Rechnungswesen, Werbung) Gebrauch und nutzen Sie das Wissen von Spezialisten (z. B. Unternehmensberater, Steuerberater).
- Berücksichtigen Sie bei der Festlegung störarmer Zeiten, aber auch im Tagesplan, Ihren persönlichen Leistungsrhythmus. Beobachten Sie gezielt, zu welchen Tageszeiten Sie besonders leistungsfähig sind und wann Sie zu ermüden beginnen.

- Planen Sie gezielt Pausen ein, um den Leistungsabfall aufzuhalten, und halten Sie diese Pausen konsequent ein.
- Ein hauptamtlicher Stellvertreter, der nicht nur dann entscheidend tätig wird, wenn Sie abwesend sind, sollte Ihnen ständig zur Seite stehen und verantwortungsbewußt und zuverlässig bestimmte Aufgaben übernehmen.
- Ein gut funktionierendes Sekretariat mit einer qualifizierten Sekretärin kann erheblich zur Chef-Entlastung beitragen.
- Sammeln Sie gleichartige Arbeiten in Vorbereitungsmappen und erledigen Sie sie als Serie hintereinander.
- Bestimmen Sie für jede besonders wichtige Schwerpunktaufgabe, wieviel Zeit Sie für die Erledigung investieren wollen und halten Sie diese Zeit auch ein.
- Lassen Sie sich nicht durch eine neue Aufgabe, Idee, Störung oder ähnliches zur Unterbrechung einer Arbeit verleiten.
- Ergänzen Sie Ihren Tagesplan durch einen 1- oder 2-Wochen-Plan.
- Stellen Sie Ihre langfristigen zeitlichen Dispositionen auch optisch dar.
- Vermeiden Sie bei aller Planungsnotwendigkeit übertriebenen sachlichen und organisatorischen Aufwand.
- Unorganisierte Arbeitsplatzgestaltung verursacht viel Leerlauf.
- Verwenden Sie zeitsparende und arbeitserleichternde technische und organisatorische Hilfsmittel.
- Stellen Sie auf Ihren Schreibtisch eine für Besucher sichtbare Uhr. Beobachtungen ergaben, daß Besuchszeiten dadurch um 10–15 % verkürzt werden, wenn man die Zeit verfolgen kann.
- Ungünstige Arbeitsbedingungen beschleunigen die Ermüdung. Sorgen Sie für ständige Luftzirkulation im Arbeitsraum.
- Ganztägige Beanspruchung ermüdet die Augen bei mangelhafter Beleuchtung besonders stark. Achten Sie daher auf gleichmäßig helles und warmes Licht am Arbeitsplatz und in der Umgebung.
- Verkrampfte Haltung durch ergonomisch ungeeignete Büromöbel führt zu vorzeitiger Ermüdung.
- Erhebliche Arbeitserleichterungen und Zeiteinsparung erreicht man durch die Erledigung bestimmter Arbeiten mit Hilfe von Checklisten.

- Schränken Sie Ihre Korrespondenz ein. Diktieren Sie nur, wenn tatsächlich komplizierte Vorgänge zu erledigen sind oder wenn eine schriftliche Unterlage erforderlich ist.
- Verzichten Sie künftig auf besondere Anschreiben, wenn Sie Kataloge, Prospekte, Muster oder ähnliches verschicken. Legen Sie eine Visitenkarte mit einem persönlichen Gruß bei.
- Lassen Sie die eingehende Post von einem zuverlässigen Mitarbeiter oder der Sekretärin vorsortieren. Eindeutig bestimmte Vorgänge gehen direkt an den Sachbearbeiter.
- Nutzen Sie verstärkt das Telefon als Rationalisierungsmittel. Telefonieren Sie serienweise.
- Viel Zeit wird durch nutzlose Gespräche und Konferenzen vertan.
- Wenn Sie Ihre Mitarbeiter informieren wollen, ist dazu meist keine Besprechung erforderlich. Rundschreiben, Aktenvermerke, Anschläge am Schwarzen Brett oder ähnliche Kommunikationsmittel genügen.
- Schalten Sie Ihre Mitarbeiter durch Ausnutzung von sogenannten Kreativtechniken verstärkt in die Ideenfindung ein.
- Ausreichende, umfassende und rechtzeitige Information trägt erheblich zur Arbeitserleichterung und zur Verminderung des Arbeitsaufwandes bei.
- Selektion von Informationen erleichtert eine Informationsanalyse.
- Sorgen Sie dafür, daß wichtige Fachzeitschriften und andere Informationsquellen regelmäßig und systematisch ausgewertet und wichtige Informationen gezielt einzelnen Mitarbeitern zugeleitet bzw. zur ständigen Verwendung geordnet aufbewahrt werden.
- Alle Bemühungen um Chefentlastung und rationelle Arbeitstechnik bleiben zwangsläufig Stückwerk, wenn Sie die dadurch gewonnene Freizeit nicht nutzen, um sich für den Geschäftsalltag durch sinnvolle Freizeitgestaltung und regelmäßigen Urlaub fit zu halten.
- Cheftätigkeit ist überwiegend Schreibtischtätigkeit. Halten Sie den Kreislauf auch während des Arbeitstages in Schwung. Benutzen Sie die Treppe statt des Aufzugs, legen Sie den Weg ins Geschäft ganz oder teilweise zu Fuß zurück und machen

Sie zwischendurch einige Entspannungs- und Lockerungs-
übungen.

- Benutzen Sie den Urlaub nicht dazu, nur neue Pläne zu entwerfen. Sie werden sonst nie entspannt und mit neuer Energie
und frischen Gedanken ins Geschäft zurückkehren. Mehrere
kürzere Urlaubszeiten von etwa 2 Wochen sind günstiger als ein
langer Jahresurlaub.

Trennen Sie Beruf und Privatleben.

Richten Sie Ihr Büro da ein, wo Sie sich am wohlsten fühlen.

Ihre Notizen:

8.4 Personal

Drum prüfe, wer sich ewig bindet!

Personalplanung

Eine sorgfältig durchgeführte Personalbedarfsplanung und Personalplanung ist im Rahmen einer Unternehmensgründung von
besonderer Bedeutung. Personalentscheidungen sind mit besonderer Vorsicht zu treffen, da die Einstellung von Personal insbesondere für einen Existenzgründer mit einem hohen Kostenfaktor
verbunden ist, der bei Fehlentscheidungen nicht immer sofort korrigierbar ist. Gerade in der Aufbauphase eines Unternehmens werden an Mitarbeiter besondere Anforderungen gestellt. Geeignete
Mitarbeiter aus bestehenden und damit sicheren Arbeitsverhältnissen zu finden, fällt einem Existenzgründer i. d. R. schwer. Ge-

lingt es nicht, den Pioniergeist des gewollten Mitarbeiters zu wecken, werden leider allzuoft Zugeständnisse beim Gehalt in einer für den Existenzgründer unverträglichen Höhe gemacht. Verzichten Sie auf Mitarbeiter mit zu hohen Forderungen. Bezahlen Sie nicht für den Arbeitsplatzwechsel. Vielfach bietet sich für Existenzgründer die Suche beim Arbeitsamt an. Berücksichtigen Sie bei der Einstellung von qualifizierten (!) Arbeitslosen die Förderungsmöglichkeiten des Landes und des Bundes, die sich z. B. aus dem Beschäftigungsförderungsgesetz (BeschFG) und dem Arbeitsförderungsgesetz ergeben.

Vor der Einstellung von Mitarbeitern sollte gründlich überlegt werden,

- welche Aufgaben/Tätigkeiten für das Unternehmen existentiell sind,
- welche dieser Aufgaben vom Unternehmer selbst wahrgenommen werden können oder wahrgenommen werden müssen,
- wie viele Mitarbeiter erforderlich sind,
- ob Vollzeit- oder Teilzeitbeschäftigung notwendig ist,
- welche Qualifikation für die Erfüllung der künftigen betrieblichen Anforderungen erforderlich ist,
- welche körperlichen und geistigen Anforderungen vorausgesetzt werden,
- ob es qualitativ und finanziell günstiger ist, bestimmte Leistungen von außen „einzukaufen" und
- ob die finanziellen Gesamtbelastungen tragbar sind.

Des weiteren sollten Sie sich frühzeitig überlegen, wie Sie die Mitarbeiter entsprechend ihrem Eignungsprofil am geeignetsten im Unternehmen einsetzen. Denken Sie dabei auch an die weitere Qualifizierung Ihrer Mitarbeiter.

Eine alte Regel lautet: Stellen Sie keine Freunde als Mitarbeiter ein. Wenn Sie einen Freund, eine Freundin einstellen, fragen Sie sich folgendes:

- Will ich diese Nähe wirklich acht Stunden täglich?
- Paßt er/sie in mein Unternehmen/zu meinem Image?
- Ist er/sie ein echter Gewinn für das Unternehmen?
- Angenommen, die Sache funktioniert nicht – kann ich ihn oder sie problemlos entlassen?
- Können wir unsere private Beziehung im Beruf außen vor lassen?

Qualifikationsprofil

Formulieren Sie zuerst ein detailliertes Anforderungsprofil, bevor Sie eine Stellenanzeige aufgeben: Was muß der oder die Neue können; mit wem (Kollegen, Vorgesetzten, Untergebenen, Kunden, Lieferanten) muß er auskommen? Danach können Sie die Stellenausschreibung formulieren – aber bitte zielgruppengerecht.

Erstellen Sie zur richtigen Auswahl Ihrer Belegschaft ein sogenanntes Qualifikationsprofil. Es sollte zumindest Fragen nach folgenden Punkten enthalten:

- Fachliche Qualifikation und Zuverlässigkeit,
- kollegiales Verhalten verbunden mit dem Geschick im Umgang mit Arbeitskollegen,
- Ehrlichkeit
- Kreativität sowie
- Mitverantwortung und Weiterbildungsbereitschaft.

Beispiel eines Eignungsprofils/Anforderungsprofils

geschickt	☐	☐	☐	☐	☐	ungeschickt
zuverlässig	☐	☐	☐	☐	☐	unzuverlässig
genau	☐	☐	☐	☐	☐	ungenau
sachlich	☐	☐	☐	☐	☐	unsachlich
motiviert	☐	☐	☐	☐	☐	unmotiviert
gewandt	☐	☐	☐	☐	☐	steif
ausgeglichen	☐	☐	☐	☐	☐	unausgeglichen
kollegial	☐	☐	☐	☐	☐	unkollegial
sicher	☐	☐	☐	☐	☐	unsicher
schnell	☐	☐	☐	☐	☐	langsam
urteilsstark	☐	☐	☐	☐	☐	urteilsschwach
frei	☐	☐	☐	☐	☐	gehemmt
stetig	☐	☐	☐	☐	☐	unstetig
kritisch	☐	☐	☐	☐	☐	unkritisch
gebildet	☐	☐	☐	☐	☐	ungebildet
wendig	☐	☐	☐	☐	☐	starr
formell	☐	☐	☐	☐	☐	informell
initiativ	☐	☐	☐	☐	☐	zögernd
aktiv	☐	☐	☐	☐	☐	inaktiv

Bewerbungsgespräch

Auf die Beantwortung nachfolgender Fragen sollten Sie nicht verzichten:

- Wann können Sie die Stelle frühestens antreten?
- Weshalb planen Sie einen Stellenwechsel?
- Wieso bewerben Sie sich gerade auf diese Stelle?
- Wie war Ihr bisheriges Arbeitsfeld?
- Haben Sie ein besonderes Berufsziel vor Augen?
- Bestehen bei Ihnen Vorlieben für bestimmte Tätigkeitsbereiche?
- Sind Sie bereit, an Weiter- und Fortbildungsmaßnahmen teilzunehmen?
- Haben Sie – auch berufsbezogene – Hobbys?
- Welche konkreten Lohn- bzw. Gehaltswünsche haben Sie?

Fragen im Bewerbungsgespräch: „erlaubt" und „verboten"

1. Gesundheit

Erlaubt sind Fragen nach

- ansteckenden oder chronischen Krankheiten,
- Krankheiten, bevorstehenden Kuren oder Operationen, die den zugesagten Arbeitsbeginn gefährden,
- Alkoholismus, Drogensucht

Verboten sind Fragen nach

- dem allgemeinen Gesundheitszustand. (Auf die Frage „Wie geht es Ihnen?" darf der Kandidat wahrheitswidrig „Danke, gut!" antworten),
- früheren Krankheiten, die zu längeren Fehlzeiten führten.

2. Kündigungsschutz

Erlaubt sind Fragen nach

- Schwerbehinderung und deren Prozentsatz. Fragen Sie: „Besitzen Sie einen Schwerbehindertenausweis oder haben Sie ihn beantragt?" (Denn wer den Ausweis beantragt, aber noch nicht bekommen hat, darf die Frage nach seiner Schwerbehinderung verneinen),

• bevorstehendem Wehr- und Zivildienst.

Verboten sind Fragen nach
• Schwangerschaft (Ausnahme: es geht um Tätigkeiten, für die Schwangere nicht eingesetzt werden dürfen, wie Heben von Lasten und Nachtarbeit).

3. Persönliches

Erlaubt sind Fragen nach
• Familienstand

Verboten sind Fragen nach
• Vermögensverhältnissen, Schulden (Ausnahmen gelten bei einer Vertrauensstellung)
• Lohnabtretungen, Lohnpfändungen
• Vorstrafen (Ausnahme: Sie besetzen einen sensiblen Arbeitsplatz. Untreue eines Kassierers, Führerscheinentzug bei einem Kraftfahrer usw. sind von Bedeutung für Ihre Entscheidung).

4. Berufliches

Erlaubt sind Fragen nach
• allen bisherigen Anstellungen und Arbeitslosigkeiten
• dem Grund des aktuellen Stellenwechsels
• bestehendem Wettbewerbsverbot.

Verboten sind Fragen nach
• Gründen für frühere Stellenwechsel
• früherem Verdienst (Ausnahme: Sie sagen dem Bewerber, daß sich sein Entgelt nach dem bisherigen Verdienst richten soll),
• Religions-, Partei- oder Gewerkschaftszugehörigkeit.

Was muß geregelt werden?

Gleichgültig, wen oder wieviel Beschäftigte Sie einstellen, lassen Sie sich immer diese Unterlagen vorlegen:
• Lohnsteuerkarte
• Versicherungsnachweisheft/Sozialversicherungsausweis
• Nachweis über Krankenversicherung
• Urlaubsbescheinigung des letzten Arbeitgebers

- polizeiliches Führungszeugnis
- Arbeitszeugnisse der letzten Arbeitgeber
- Arbeitserlaubnis (wenn Ihr neuer Mitarbeiter nicht aus einem Land der Europäischen Union kommt)
Lassen Sie sich nicht zu überhöhter Bezahlung verleiten. Orientieren Sie sich an der marktüblichen Entlohnung. Zahlen Sie für Leistung, nicht für die Bereitschaft zu wechseln.

Wenn Sie darauf nicht vorbereitet sind, sollten Sie vor der Einstellung von Beschäftigten zuerst sich selbst auf Ihre neue Aufgabe „Menschenführung" vorbereiten.

Ihre Notizen:

Ihre Pflichten als Arbeitgeber

Anmeldung

- Anmeldung Ihrer Mitarbeiter bei der Krankenkasse zur Renten-Kranken- und Arbeitslosenversicherung
- Meldung bei der Berufsgenossenschaft (die berufliche Unfallversicherung)

Beiträge

Sie müssen regelmäßig Beiträge bezahlen.
- Die Hälfte der Sozialversicherungsbeiträge für Ihre Mitarbeiter behalten Sie vom Lohn ein, die andere Hälfte legen Sie als Arbeitgeber dazu.
- Die Prämie an die Berufsgenossenschaft bezahlt der Arbeitgeber ganz.

- Die Lohnsteuer Ihrer Beschäftigten behalten Sie vom Lohn oder Gehalt ein und leiten Sie an das Finanzamt weiter.
- Sie sind auch verantwortlich für die richtige Berechnung dieser Beträge. Wenn etwas nicht stimmt, werden Sie zuerst zur Kasse gebeten!

Urlaub

- Der gesetzlich vorgeschriebene Mindesturlaub beträgt 24 Tage pro Jahr für Jugendliche bis 18 Jahren; 25–30 Tage je Alter.
- Tarifverträge sehen meist längere Urlaubsfristen vor. Erkundigen Sie sich bei Ihrer zuständigen Kammer, ob es einen für Ihre Branche allgemeinverbindlichen Tarifvertrag gibt.

Kündigung

- Erkundigen Sie sich nach den geltenden Kündigungsfristen für Arbeiter und Angestellte.
- Bei längerer Beschäftigungsdauer erhöht sich die Kündigungsfrist (auf drei bzw. sechs Monate zum Ende eines Kalendermonats bei 8- bzw. 15-jähriger Betriebszugehörigkeit).
- Vereinbaren Sie im Arbeitsvertrag, daß die Kündigungsfristen für beide Seiten gelten.
- Die Kündigungsfrist gilt auch während der Probezeit, sie können das Arbeitsverhältnis jedoch ohne Angabe von Gründen lösen.
- Für Wehrpflichtige, Schwerbehinderte und werdende Mütter besteht ein besonderer Kündigungsschutz. (Vgl. Starthilfe – der erfolgreiche Weg in die Selbstständigkeit.)

Woher das Personal?

Beginnen Sie Ihre Suche in der Familie, bei Ihrem Lebenspartner. Fragen Sie im Bekannten- oder Kollegenkreis, suchen Sie dann weiter über Zeitungsanzeigen oder über das Arbeitsamt.

Aushilfen und Teilzeitkräfte sind – vor allem in der Startphase – beliebte Mitarbeiter. Denn der Arbeitgeber kann sie flexibel einsetzen und spart im Vergleich zu regulären Vollzeitkräften auch noch in erheblichem Umfang Lohnnebenkosten.

Im Arbeitsvertrag sollten geregelt werden:
- der Beginn des Arbeitsverhältnisses
- Arbeitsstunden pro Tag, pro Woche
- Beginn und Ende der Arbeitszeit
- Aufgabengebiet des Arbeitnehmers
- Häufigkeit und Dauer der Pausen
- Höhe des Lohns bzw. Gehalts
- Zusätzliche Sozialleistungen, Zahlungen wie Urlaubs- oder Weihnachtsgeld
- Anzahl der Urlaubstage
- Kündigungsvorschriften
- Dauer der Probezeit
- Konsequenzen bei Vertragsbruch

Personalkosten

Der Arbeitgeber muß neben den Gehältern und Löhnen die sogenannten Personalnebenkosten tragen. Diese Nebenkosten beziehen sich z. B. auf den Sozialversicherungsanteil des Arbeitgebers (Kranken-, Pflege-, Renten- und Arbeitslosenversicherung), Beiträge zur Berufsgenossenschaft und zur Unfallversicherung, Ausfallzeiten sowie bezahlte Feiertage, die Entlohnung im Krankheitsfall über bis zu 6 Wochen und je nach Branche sonstige Kosten wie z. B. Zahlungen in Umlagekassen.

Beispiel einer Brutto-/Netto-Abrechnung von 2500,– DM brutto Lohn/Gehalt bei 12,5 % Krankenversicherungsbeitrag, Lohnsteuerklasse I

Ihre Notizen:

Bruttolohn/Gehalt:	2500,00 DM	
Gesamtbrutto		2500,00 DM

Bruttoabzüge	
• Lohnsteuer	308,66 DM
• Kirchensteuer	27,77 DM
• Solidaritätszuschlag	23,14 DM
• Krankenversicherung	156,25 DM
• Rentenversicherung	232,50 DM
• Arbeitslosenversicherung	81,25 DM
• Pflegeversicherung	12,50 DM
Nettolohn:	1657,93 DM

Nettoabzüge	
• Geldwerter Vorteil	0,00 DM
• Pfändbarer Betrag	0,00 DM
• sonstiger Nettoabzug	0,00 DM
• Vermögensw. Leistung	0,00 DM

Nettobezüge	
• AG-Zuschuß KV/PV	0,00 DM
• sonstiger Nettobezug	0,00 DM
Auszahlungsbetrag:	1657,93 DM

Arbeitgeber-Gesamtbelastung		
Gesamtbrutto		2500,00 DM
AG-Zuschuß KV/PV		0,00 DM
AG-Anteil SV		
• Krankenverischerung	156,25 DM	
• Rentenversicherung	232,50 DM	
• Arbeitslosenversicherung	81,25 DM	
• Pflegeversicherung	12,50 DM	
	482,50 DM	482,50 DM
Arbeitgebergesamtbelastung		2982,50 DM

Vor dem Hintergrund solcher Detailplanung gilt es für den Existenzgründer, einen übersichtlichen Personalkostenplan zu erstellen.

	1. Monat	2. Monat	2. Monat
Gehälter (incl. Geschäftsführer- gehalt)			
Löhne			
Arbeitgeberanteil der Kranken- und Pflegever- sicherung			
Arbeitgeberanteil zur Rentenversicherung			
Arbeitgeberanteil zur Arbeitslosenversicherung			
Berufsgenossenschaft/ Unfallvers.			
Sonstige Kosten			

Unterlagen und Meldungen bei Einstellung eines Mitarbeiters

Der Arbeitnehmer hat bei Aufnahme der Arbeit dem Arbeitgeber folgende Unterlagen vorzulegen (vgl. *H. Dittrich*, Wege und
Tips zur Existenzgründung):
• die Lohnsteuerkarte,
• das Versicherungsnachweisheft der BfA beziehungsweise der
  LVA,
• die Bescheinigung der Mitgliedschaft in einer Krankenkasse,
• die Kontonummer für Lohn- und Gehaltszahlungen,
• die Kontonummer für vermögenswirksame Leistungen,
• eventuell das Zeugnis des bisherigen Arbeitgebers.

Der neue Mitarbeiter/die neue Mitarbeiterin ist rechtzeitig der
Berufsgenossenschaft zu melden. Bis zum 10. des Folgemonats
sind Lohn- und Kirchensteuer an das Finanzamt abzuführen. An
die Krankenkasse hat man Sozialversicherungsbeiträge pünktlich
zu zahlen, an das zuständige Kreditinstitut oder die Versicherung
die Leistungen nach dem Vermögensbildungs-Gesetz. Eventuell
kommen Arbeitskammerbeiträge hinzu. Den letzten Stand zeigt
der Berater der Kammer auf.

Eines steht sicher fest: Mit der Einstellung des ersten Mitarbeiters/der ersten Mitarbeiterin ist die Zeit der mehr oder weniger planungslosen Arbeit zu Ende. Es muß vorgedacht und vorgelebt werden. **Mitarbeiter zu beschäftigen bedeutet, sie zu führen!**

Gesetzliche Regelungen bei steigender Mitarbeiterzahl

Wenn in Ihrem Betrieb die Zahl der Mitarbeiter wächst, kommen auf Sie als Unternehmer einige gesetzliche Regelungen zu. Informieren Sie sich rechtzeitig über diese neuen Verpflichtungen. Hier nur einige Stichworte und Beispiele:

- **ab 5 Beschäftigten:** Es *kann* ein Betriebsrat gewählt werden. Die Kosten trägt der Arbeitgeber.
- **ab 10 Beschäftigten:** Der Kündigungsschutz wird wirksam.
- **ab 16 Beschäftigten:** Mindestens ein Schwerbehinderter muß beschäftigt werden. Sonst ist eine Ausgleichsabgabe zu bezahlen.
- **ab 20 Beschäftigten:** Lohnfortzahlung bei Krankheit trägt der Betrieb alleine.
- **ab 21 Beschäftigten:** Strenge Vorschriften bei Entlassung von mehr als 5 Mitarbeitern (Massenentlassung). Ein eventuell gewählter Betriebsrat umfaßt jetzt drei Mitglieder, die ein Recht auf Anhörung bei Einstellung, Versetzung sowie Kündigungen haben.

Ihre Notizen:

Checkliste zum Personalwesen

- Benötige ich zum Zeitpunkt der Unternehmensgründung Mitarbeiter? Wie sehen die Qualifikationsanforderungen an die zukünftigen Mitarbeiter aus?
- Habe ich über den Inhalt der Arbeitsverträge feste Vorstellungen?
- Welche Bestimmungen gibt der Tarifvertrag für meine Branche vor?
- Sind mir die wesentlichen gesetzlichen Bestimmungen des Arbeitsrechts bekannt?
- Entspricht die vorgesehene Betriebsstätte den Erfordernissen der Arbeitsstättenverordnung? Sie bestimmt z. B. die Raumgröße, Beleuchtung, Gestaltung der Sanitär- und Pausenräume sowie die Einrichtung und Unterhaltung der Arbeitsstätten.
- Steht ausreichend qualifiziertes Personal zur Verfügung? Kann mit Aushilfen bzw. ungelerntem Personal gearbeitet werden?
- Sollen und können Ausbildungsplätze angeboten werden?

8.5 Personalführung

> *Jeder macht, was er will;*
> *keiner macht, was er soll,*
> *aber alle machen mit.*

Merkmale von Führungsentscheidungen

- **Führungsentscheidungen** sind für den Bestand des Unternehmens von grundlegender Bedeutung.
- **Führungsentscheidungen** betreffen das ganze Unternehmen und sind daher im Gegensatz zu „Ressortentscheidungen" (Entscheidungen, die einzelne Abteilungen oder Unternehmensbereiche betreffen) **„Ganzheitsentscheidungen".** Führungsentscheidungen können daher nur aus der Kenntnis aller Zusammenhänge heraus getroffen werden.
- **Führungsentscheidungen** sind grundsätzlich **nicht** an untere Instanzen **delegierbar**.

Katalog der Führungsentscheidungen

- Vorgabe der anzustrebenden Unternehmensziele.
- Festlegung der Unternehmenspolitik auf weite Sicht.
- Koordination der großen betrieblichen Teilbereiche.
- Bestimmung der Grundlagen und Grundzüge der Personalpolitik.
- Geschäftliche Maßnahmen von außergewöhnlicher Bedeutsamkeit.
- Die Bestimmung der Grundlagen für wirksamen Umweltschutz.

Führungsmodelle

- Management by Objectives (MbO) – Führung durch Vereinbarung von Zielen
- Management by Exception (MbE) – Führung durch Entscheidung in Ausnahmesituationen
- Management by Delegation (MbD) – Führung durch Entscheidungszuständigkeit
- Management by Systems (MbS) – Führung systemorientierter Art
- Management by Motivation (MbM) – Führung durch Bedürfnisbefriedigung

Mitarbeiter = Delegation von Aufgaben

Delegation bedeutet, Aufgaben, aber im gleichen Zuge auch Kompetenz und Handlungsverantwortung, an Mitarbeiter zu übertragen.

Voraussetzungen im Unternehmen für erfolgreiche Delegation

- Bereitschaft, delegieren zu wollen
- Fähigkeit, richtig delegieren zu können
- Auswahl geeigneter Mitarbeiter, an die delegiert werden kann
- Abgrenzung und Überwachung delegierter Aufgaben
- Festlegung der Kompetenzen und Verantwortungsbereiche der Mitarbeiter
- Vollständige und rechtzeitige Information an die Mitarbeiter
- Koordination der delegierten Aufgaben

- Abwehr von Rück- und Weiterdelegation
- Durchführung von Ablauf- und Erfolgskontrollen

Voraussetzung beim Arbeitnehmer für erfolgreiche Delegation

- Selbständiges und eigenverantwortliches Handeln im Rahmen des Delegationsbereiches
- Eintreten für falsche Arbeitsausführungen und Fehlentscheidungen
- Vollständige und rechtzeitige Information an den Vorgesetzten
- Vorlage außergewöhnlicher Fälle beim Vorgesetzten
- Koordination der Tätigkeiten mit Kollegen
- Weiterbildungsbereitschaft, um die delegierten Aufgaben erfüllen zu können

Regeln für eine erfolgreiche Delegation

- Delegieren Sie so früh wie möglich.
- Entscheiden Sie bereits nach Aufstellung Ihres Arbeitsplanes, was Sie delegieren wollen bzw. müssen.
- Delegieren Sie entsprechend den Fähigkeiten und Kapazitäten Ihrer Mitarbeiter.
- Delegieren Sie auch im Hinblick auf die Motivation und Förderung Ihrer Mitarbeiter.
- Delegieren Sie möglichst vollständige Arbeiten oder Aufgaben und nicht isolierte Teilaufgaben.
- Legen Sie dar, ob es sich um eine fallweise oder dauerhafte Delegation handelt.
- Delegieren Sie gleichartige Aufgaben möglichst dauerhaft an bestimmte Mitarbeiter.
- Vergewissern Sie sich, ob der betreffende Mitarbeiter auch die Arbeitsaufgabe übernehmen kann und will.
- Vermeiden Sie, dieselbe Aufgabe oder Tätigkeit an zwei Mitarbeiter unabhängig voneinander zu übertragen.
- Übertragen Sie dem Mitarbeiter zusammen mit der Aufgabe auch die zu Ihrer Ausführung notwendigen Befugnisse und Kompetenzen.
- Gestehen Sie dem Mitarbeiter in gewissem Rahmen Fehler bei seiner Arbeit zu.

- Geben Sie dem Mitarbeiter eine möglichst präzise und vollständige Instruktion und Information über seine Aufgaben.
- Stellen Sie fest, ob der Delegationsauftrag genau verstanden wurde.
- Erklären Sie den Sinn und Zweck der Aufgabe (Motivation und Zielsetzung)
- Bei umfangreichen oder wichtigen Aufgaben erteilen Sie den Delegationsauftrag ggf. schriftlich.

Vorteile der Delegation

- Arbeits- und Zeitentlastung für den Unternehmer.
- Selbständiges Arbeiten und Handeln der Mitarbeiter auch bei Anwesenheit des Chefs.
- Förderung und Entwicklung von Fähigkeiten, Selbständigkeit und Kompetenz bei Mitarbeitern.
- Delegation wirkt oft positiv auf Leistungsmotivation und Arbeitszufriedenheit bei den Mitarbeitern.

Fehler in der Mitarbeiterführung, die man nie begehen sollte!

Man darf nie
- eine negative Stimmung aufkommen lassen, die die Freude an der Arbeit gefährdet;
- Ärgernisse und Spannungen zeigen, für die die Mitarbeiter nichts können,
- jemandem, der in guter Laune fleißig arbeitet, diese Laune verderben,
- auf humorvolle Bemerkungen sauer und gereizt reagieren und antworten,
- kneifen, wenn die Mitarbeiter mit persönlichen Problemen kommen,
- jemanden in einer bedrückenden Situation die Aufmunterung verweigern,
- entgegengebrachtes Vertrauen enttäuschen,
- Ärger an den Mitarbeitern auslassen, um sich selbst eine Entlastung zu verschaffen,
- den ruhigen, sachlichen Ton verlieren, auch wenn man noch so kocht,

- Schlamperei und Unpünktlichkeit tolerieren, weil das bequemer als die Abhilfe ist,
- Rauchen in Räumen, in denen für die Mitarbeiter ein strenges Verbot besteht,
- von Mitarbeitern Verhaltensweisen verlangen, die man selber nicht erbringen will,
- etwas nicht halten, was man versprochen hat oder die Gegenleistung hinausziehen,
- eine Belohnung durch unberechtigte Kritik hinauszögern.

Man könnte die Liste sicherlich noch erweitern. Wie oft verstoßen wir aber bereits gegen diese Grundsätze? Abhilfe schafft hier nur eine kritische Haltung gegen sich selbst und der Wille, ständig weiter zu lernen, besser zu führen.

8.6 Kompetenzen erfolgreicher Manager

A. Intellektuelle Kompetenzen
- Logisches Denken
- Theoriebildung (Begriffsbildung, Mustererkennung)
- Diagnostische Anwendung von Theorien

B. Unternehmerische Kompetenzen
- Effizienzorientierung
- Initiative

C. Sozio-emotionale Kompetenzen
- Selbstkontrolle
- Spontanität
- Objektivität der Wahrnehmung
- Richtige Selbsteinschätzung
- Standfestigkeit und Anpassungsfähigkeit

D. Interpersonale Kompetenzen
- Selbstvertrauen
- Entwicklung anderer
- Einfluß (Machtmotivation)
- Einsatz von Macht
- Einsatz mündlicher Kommunikation

- Positive Orientierung
- Steuerung von Gruppenprozessen

Führungsqualitäten wie

Offenheit, Zugänglichkeit, Vermittlung von Vertrauen, Verantwortlichkeit, Ermutigung, Initiative, Fehlertoleranz, Risikoakzeptanz, persönliche Autorität, Vorbildfunktion, Sach-/Fachkompetenz, Methodenkompetenz, Sozialkompetenz **ermöglichen** Leistung, Kreativität und Initiative.

Ihre Notizen:

8.7 Motivation

Wenn du ein Schiff bauen willst,
so trommle nicht Männer zusammen,
um Holz zu beschaffen,
Werkzeuge vorzubereiten,
Aufgaben zu vergeben
und Arbeit einzuteilen,
sondern lehre sie die Sehnsucht
nach dem weiten, endlosen Meer.

Antoine de Saint-Exupéry

Motivation, aber wie?

- Vermeiden Sie einen autoritären Führungsstil.
- Geben Sie alle Verantwortung, die den Mitarbeiter in seinem Arbeitsfeld betrifft, an ihn weiter.

- Delegieren Sie Verantwortung soweit wie möglich.
- Seien Sie für fachliche und auch private Probleme Ihrer Mitarbeiter ansprechbereit und offen.
- Sorgen Sie für eine optimale Arbeitsvorbereitung und Einweisung in die Aufgabengebiete des jeweiligen Mitarbeiters.
- Motivieren Sie zur Teamarbeit.

Selbstbewußter und respektabler Führungsstil, der die Mitarbeiter in kollegialer Wiese in die Entscheidungsprozesse des Unternehmens einbezieht, sind die Grundlage einer erfolgreichen Unternehmensführung.

Unzufriedenheit, schlechtes Betriebsklima und mangelhafte Mitarbeiterführung verursachen mehr Fehlzeiten und damit Krankheitskosten.

Wie Sie die Leistungsbereitschaft verstärken

- Setzen Sie Ihren Mitarbeitern konkrete Leistungsziele, die auch die Mitarbeiterinteressen einschließen. Ein Ziel zu haben, macht ehrgeizig.
- Strahlen Sie unternehmerischen Optimismus aus. Das regt auch die Leistungsbereitschaft der Mitarbeiter an. Im übertragenen Sinne könnte man sagen: „Wenn Sie selbst nicht brennen, können Sie auch Ihre Mitarbeiter nicht anzünden."
- Geben Sie klar definierte Leistungskonzepte vor, damit die Mitarbeiter z. B. erkennen, welche Kundenzielgruppe das Unternehmen anspricht, welche Ergebnisse erzielt werden sollten und mit welchen Mitteln das Ziel erreicht werden kann.
- Zeigen Sie den Mitarbeitern, daß ihre Arbeit sinnvoll und wertvoll ist. Wenn die dem Kunden entgegengebrachte Beratung, Aufmerksamkeit, Hilfe, Problemlösung anerkannt wird, werden auch die Kunden zum Motivationsfaktor. Erfahrungsgemäß regen Erfolge und Anerkennung dazu an, sich auch künftig um gute Leistungen zu bemühen.
- Seien Sie Vorbild für Ihre Mitarbeiter. Die von den Mitarbeitern erwarteten oder geforderten Verhaltensweisen werden leichter erreicht, wenn man sie ihnen vorlebt. Dies erfordert mitunter, sich selbst bestimmten Zwängen zu unterwerfen. Mit anderen

Worten: Nur, was Sie selbst zu tun bereit sind, können Sie auch von Ihren Mitarbeitern verlangen.

- Beteiligen Sie qualifizierte Mitarbeiter an unternehmerischen Entscheidungen. Dies verbessert nicht nur die Akzeptanz, sondern erzielt einen Motivationseffekt.
- Loben Sie Ihre Mitarbeiter. Wenn lediglich Fehler kritisiert und gute Leistungen als selbstverständlich angesehen werden, beeinträchtigt dies die Leistungsbereitschaft. Dagegen kann ein ehrliches Lob für einen betrieblichen Erfolg neue Leistungsenergien freisetzen und die Identifikation mit den Unternehmenszielen verbessern.
- Kontrollieren Sie die Leistung. Wenn die Mitarbeiter erkennen, daß der Zweck der Kontrolle die Früherkennung von Fehlern ist, bevor tatsächliche Verluste eintreten bzw. Kontrollergebnisse ihnen bestätigen, daß sie einwandfrei gearbeitet haben, ist auch die Kontrolle ein Führungsinstrument.

Betriebsklima als besonderer Leistungsfaktor

- Werden von mir gute Leistungen auch anerkannt und gelobt, oder werden lediglich schlechte Mitarbeiter getadelt?
- Bin ich bei Kritikgesprächen beherrscht, sachlich und höflich, so daß der Mitarbeiter seinen Fehler einsieht und der gute Wille zur Besserung aktiviert wird?
- Führe ich Kritikgespräche nur unter vier Augen und erst nach gründlicher Prüfung des Sachverhaltes, und lasse ich dabei auch den Mitarbeiter zu Wort kommen?
- Sind die in meinem Unternehmen beschäftigten Personen nur „Arbeitskräfte" oder tatsächlich „Mit"-arbeiter, zu denen ein partnerschaftliches Verhältnis besteht?
- Habe ich ausreichend Zeit und Verständnis für die betrieblichen und auch privaten Probleme meiner Mitarbeiter?
- Bin ich tolerant genug, eigene Fehler einzugestehen, akzeptiere ich Kritik meiner Mitarbeiter, oder habe ich als Chef immer recht und betrachte Vorschläge, Anregungen oder Kritik als Anmaßung und Einmischung in meine unternehmerischen Entscheidungen?
- Habe ich mich genügend mit den menschlichen Schwächen

vertraut gemacht, um meine Mitarbeiter richtig zu beurteilen?

- Berücksichtige ich, daß die meisten Menschen schnell unzufrieden sind, zu Vorurteilen neigen und ein mehr oder weniger stark ausgeprägtes Geltungsbedürfnis haben, andererseits gewöhnlich aber auch sachliche Argumente und positive Kritik akzeptieren?
- Werden von mir auch kritische und gespannte Situationen emotionslos, mit Humor und Überlegenheit gemeistert?
- Komme ich dem Informationsbedürfnis meiner Mitarbeiter ausreichend entgegen, weil Mitwissen die Voraussetzung zum Mitdenken ist?
- Erledige ich in meinem Unternehmen alles selbst, oder tragen auch dafür qualifizierte Mitarbeiter im Rahmen eines klaren Organisationsplanes, eindeutiger Kompetenzabgrenzung und einer Stellenbeschreibung einen Teil Verantwortung?

Was ist motivierend?

Nach einer Untersuchung des amerikanischen Psychologen *F. Herzberg* haben sich u. a. folgende Faktoren als motivierend herausgestellt:

- **Anerkennung** (Lob und Kritik; Gefühl des Vertrauens für den Mitarbeiter),
- **Beziehungen** zu den **Vorgesetzten** (Partnerschaftsgefühl; Beteiligung an Unternehmensentscheidungen),
- **Beziehungen** unter **Kollegen** (Zugehörigkeitsgefühl; Gesprächsförderung unter Kollegen),
- **Status** (Ansehen durch das Setzen von Werten und Normen, die für die Gruppenmitglieder verbindlich sind),
- **Entwicklungsaussichten** (Beförderung; Entfaltung der Persönlichkeit; Ideen- und Initiativenentfaltung),
- **Unternehmenspolitik** (Vermittlung und Erläuterung der Unternehmenspolitik sowie der Lage des Unternehmens im wirtschaftlichen Bereich),
- **Arbeitsbedingungen** und **Arbeitsgestaltung** (Mitentscheidung bei der Einführung und Ausgestaltung der Arbeitsbedingungen),
- **Entscheidungsfreiheit** (Beteiligung der Mitarbeiter an der Ent-

scheidungsfindung; Entscheidungsfreiheit für einen abgegrenzten Bereich),

- **Bezahlung** (gerechte Entlohnung und leistungsgerechte Bezahlung),
- **Selbstbestätigung** (Erforschung der Erwartungen der Mitarbeiter und deren Förderung),
- **Sicherheit** (wirtschaftliche Sicherheit; Geborgenheitsgefühl; Transparenz von Entscheidungen; Kommunikation zwischen Vorgesetzten und Mitarbeitern),
- **Aufgabe** (anforderungsgerechte Aufgaben unter Beachtung des Wissens und Könnens der Mitarbeiter),
- **Verantwortung** (Delegation von Verantwortung und Entscheidungsbefugnissen),

Verschleudern Sie Ihr Wissen nicht!

Welche Maßnahmen verbessern die Arbeitsleistung?

- **Körperliche Entlastung** erhöht die Ausdauer. Im Sitzen statt im Stehen wird die Hand ruhiger, die Konzentration besser. Vorgänge lassen sich besser beobachten. Die Gesamtleistung steigt.
- **Maßgerechte Arbeitsplätze**, richtige Sitzhöhen und Griffweiten, optimale Licht- und Wärmeverhältnisse, ein behagliches Raumklima reduzieren Arbeitsfehler und Unfälle.
- **Arbeitsschutzmaßnahmen** wie gute Lichtverhältnisse, vor allem die Lärmbekämpfung, verhindern Störungen und Hörschäden, Erschöpfung und Nervosität, die Ausfälle verursachen.
- **Interessante Arbeit** ist eine Frage der Motivierung, verführt zur Neugier, regt an, erweckt Aufmerksamkeit, verstärkt die Arbeitsfreude, die Erfolgserwartung und den Willen.
- **Aufwertung der Tätigkeit** durch Zuspruch hebt die Geltung, verbessert den Stellenwert, läßt Mühen und Unannehmlichkeiten leichter ertragen und bringt ein Erfolgserlebnis.
- **Teamfähigkeit** hilft, den Spezialisten und Einzelkönner in die Gemeinschaft einzuordnen, bringt bei Wahrung der Selbständigkeit gute Partnerschaft und gegenseitige Hilfe.
- **Geschicklichkeit** im Umgang mit Maschinen, Werkzeugen, Vorgesetzten, Mitarbeitern und Kunden kann man lernen und

üben, was nicht nur Mehrleistung, sondern mehr persönlichen Erfolg bringt.

- **Übung** systematisch gestaltet, führt vom schweren Anfang zur mühelosen Könnerschaft, bei der jeder Handgriff sitzt, Feinheiten gestaltet werden, die Reaktionen der Mitmenschen durchschaut.
- **Sachlichkeit** ist das Fundament der Planung, des überlegten Vorausdenkens, der schöpferischen Tätigkeit, eines Entwurfs, der Kundenbeeinflussung wie der Betriebsführung.
- **Anweisungen** müssen im „richtigen Ton" erfolgen, klar sein, begründet, nicht wie ein Kommando gebracht. Höflichkeit ist nicht ausgeschlossen – Verantwortung wird übertragen.
- **Verantwortungsgefühl** hilft Schäden verhüten, Qualität verbessern, Reklamationen vermeiden. Es muß das Hauptziel jeder Maßnahme zur Schulung der Mitarbeiter sein.
- **Vorausdenken** verhindert Doppelarbeit und Leerlauf, vermeidet Pannen und Verluste. Mit vorausschauender Planung werden viele Kosten eingespart und unnötige Mühen verhindert.
- **Zweckmäßige Arbeitskleidung** beengt nicht und schaltet Gefährdungen aus. Kopf- und Fußschutz gehören hierzu, die auch leichte Verletzungen nicht aufkommen lassen.
- **Schutzbrillen** erleichtern gefahrloses Beobachten und vermeiden Augenverletzungen. Auch Arbeitshandschuhe bringen mehr Leistung, weil man fester zufaßt.
- **Kleinwerkzeuge** und Handmaschinen beschleunigen Arbeitsgänge und reduzieren die Mühe, verbessern die Arbeitsqualität, so daß sie sich schnell amortisieren.
- **Vorschubgeräte** bestimmen das Arbeitstempo und führen zu gleichmäßigeren Eigenschaften. Weil Routinearbeit abgenommen wird, nimmt die Ermüdung ab, die Beobachtung zu.
- **Transporthilfen** können den zweiten Mann ausschalten, ohne mehr Mühe zu haben, sind unfallverhütend, kräftesparend und schützen das Werkstück vor Beschädigungen.
- **Vorrichtungen** aller Art helfen, genauer zu arbeiten, sicherer, schneller und gleichmäßiger, dabei zeit- und werkstoffsparend. Die Leistung wird bedeutend erhöht.

Das Fazit? Rationalisierung darf nicht nur in der Investition in Geräte gesehen werden, sondern ist eine Frage der Änderung von

Ansichten, von Auffassungen, von Verhaltensweisen sowie des Umfeldes. Zur Charakteristik des Könners in Führungsfragen gehört, daß er die meisten Aspekte berücksichtigt.

Zur Kleidung: Ziehen Sie sich jeden Tag so an, daß sie jederzeit einen Termin außer Haus wahrnehmen könnten. Das gibt Sicherheit! **Selbstvertrauen ist die stärkste Form der Energie!**

Verbesserungsvorschlagswesen zur Mitarbeitermotivation

> *Der erfolgreiche Unternehmer beschäftigt sich*
> *mit den Wünschen seiner Kunden,*
> *der erfolglose mit seinen eigenen.*

Sicherung und Stärkung der internationalen Wettbewerbsfähigkeit erfordern das aktive Mitdenken aller Mitarbeiter.

Das im Hause bestehende Vorschlagswesen hat auch bisher schon hierzu beigetragen.

In letzter Zeit sind in einigen Bereichen besondere Schritte unternommen worden, um die Beteiligung der Mitarbeiter am Verbesserungsvorschlagswesen zu steigern.

Dabei kam zum Ausdruck, daß **Erfolge im Verbesserungsvorschlagswesen** auch als **Erfolge der Führungskräfte** gesehen werden müssen.

Entscheidend für die Motivation der Mitarbeiter, initiativ und aktiv am Betriebsgeschehen und an der Gestaltung der Arbeitsumwelt mitzuwirken, **ist das Verhalten der Führungskräfte, insbesondere der unmittelbaren Vorgesetzten**. Ihre Überzeugung und ihr Einsatz beeinflussen wesentlich, ob und in welchem Umfang die Mitarbeiter Vorschläge einreichen. Zur **Führungsaufgabe**, das Wissen und die Fähigkeiten der Mitarbeiter zu aktivieren, gehört es auch, immer wieder zu Verbesserungsvorschlägen anzuregen.

Die Regelungen für das Verbesserungsvorschlagswesen, die insbesondere eine gerechte und angemessene Bewertung der Vorschläge sicherstellen und damit auch der materiellen Anerkennung dienen, sollten so unbürokratisch wie möglich gehandhabt werden. **Sinnvolle Zielvorgaben** und **Erfolgskontrollen** können zur Unterstützung beitragen.

Bisher hatte das Verbesserungsvorschlagswesen einen deutlichen Schwerpunkt in den Werken und Betrieben. Der **Wandel** in

der Struktur unserer Leistungen und damit der Wertschöpfungs-
kette macht es erforderlich, dem Verbesserungsvorschlagswesen
auch in den **Ingenieurbereichen** und **in allen anderen Arbeitsbe-
reichen** besondere Aufmerksamkeit zu widmen.

Arbeitsfreude und Leistungsbereitschaft

Arbeitsfreude und Leistungsbereitschaft werden erfahrungs-
gemäß am stärksten durch folgende Mängel beeinträchtigt:
- Schlechtes Betriebsklima
- Falscher Führungsstil
- Nicht konkret abgegrenzte Aufgabenbereiche
- Unzufriedenheit durch falsche Gehaltsstruktur
- Über- oder Unterforderung am Arbeitsplatz
- Fehlende Anerkennung guter Leistungen

Verhalten, das den Chef zum Erfolgsverhinderer Nr. 1 macht

- Hektik – man lächelt über ihn
- Kein Konzept und mangelhafte Organisation – eine Gesprächs-
grundlage ist erst gar nicht gegeben
- Zeitweilige schroffe Art und Launen – die Unberechenbarkeit
untergräbt jede Motivation
- Ungerechtigkeit – hat der Chef erst dieses Image, ist es selten
korrigierbar

Der Chef ist ein Mitarbeiter wie jeder andere auch.

Oder: Chef = Master of Desaster.

Wie zerstöre ich die Motivation meines Mitarbeiters?

Killerphrasen sind:
- Ihre Vorstellungen sind von gestern!
- Sie haben davon keine Ahnung, dafür gibt es außerdem Spezia-
listen!
- Unsere Kunden sind zu konservativ für diese Art des Marke-
tings!
- Dafür haben wir kein Geld!
- Sie sollen nicht denken sondern arbeiten – und wenn Sie den-
ken, dann nicht in der Arbeitszeit, denn die ist uns kostbar!

- Das ist doch Schwachsinn!
- Das ist doch Utopie!
- Immer so ein neues Zeug!
- Das schadet höchstens unserem Image!
- Das klappt sowieso nicht!
- Sie haben auch schon bessere Ideen gehabt!
- Solche Ideen schlagen Sie sich lieber aus dem Kopf!
- Das haben wir schon immer so gemacht!
- Das haben wir noch nie anders gemacht!
- Das ist schon immer so gewesen!

Die innere Kündigung

Unzureichende Mitarbeitermotivation kann auch zur „inneren Kündigung" führen. Das wirkt sich fatal für den Unternehmer aus.

Was passiert, wenn Ihr Mitarbeiter innerlich kündigt?
- Die Arbeitsleistung läßt nach und wird schlechter
- Fehlende Bereitschaft, Überstunden zu leisten
- Mitarbeiter spricht negativ über den Unternehmer im Familien- und Bekanntenkreis
- Hoher Krankenstand (zunehmend auch psychische Erkrankungen)
- Reklamationen und Nachbesserungen nehmen zu
- Mangelnde Hilfsbereitschaft gegenüber Kollegen
- Ein aggressiver und gereizter Umgangston herrscht vor
- Desinteresse gegenüber Kundenwünschen
- Mißtrauen gegenüber Vorgesetzten
- Mitarbeiter kauft nicht im eigenen Unternehmen

Wie führt man ein Kritikgespräch?

Das Hauptmittel zur Vermeidung von Kündigung oder innerer Kündigung ist das persönliche Gespräch zwischen dem Chef und dem Mitarbeiter. Durch sorgfältige Beobachtung des Verhaltens seiner Mitarbeiter ist es möglich, Anzeichen für eine Unzufriedenheit zu erkennen. Dann ist sofort ein Kritikgespräch zu führen.
- Niemals vor Dritten
- Vorbereitet in das Gespräch gehen

- Einen günstigen Zeitpunkt auswählen (die Kollegen sollen möglichst nichts merken, evtl. einen Samstag gegen Lohnausgleich anbieten)
- Stimmung sollte ungezwungen und freundlich sein
- Kritikpunkte sind sachlich und ohne nicht belegbare Vermutungen darzulegen.
- Folgen für den Betroffenen und Arbeitgeber sind aufzuzeigen
- Gesprächspartner ist freundlich zur Stellungnahme aufzufordern
- Mitarbeiter muß **motiviert** werden, das Problem aus eigener Sicht als Fehlverhalten zu betrachten
- Ursachen für Probleme sind gemeinsam mit dem Mitarbeiter zu beseitigen
- Positiven Ausklang schaffen

Motivationsgespräche

Mitarbeitergespräche sind als Einzel- und Gruppenunterredungen **regel**mäßig zu führen, um eine hinreichende Mitarbeitermotivation zu erreichen.

Was ist bei Motivations- oder Fördergesprächen zu beachten?
- Art der Ansprache (das „Du", vor allem das einseitige Duzen sollte vermieden werden)
- Informationen geben, die vom Mitarbeiter als wichtig angesehen werden, aber vom Unternehmensinhaber normalerweise nicht offengelegt werden (schafft enormes Vertrauen sowie ein „Wir-Gefühl")
- Zur Selbstbeurteilung auffordern und Hilfestellung leisten
- Ziele **gemeinsam** erarbeiten
- Mögliche Schwierigkeiten mit „Problemkunden" und Aufträgen frühzeitig ansprechen (den Mitarbeiter nicht ins „offene Messer laufen lassen")
- Mitarbeitern den Verkauf zusätzlicher Leistungen schmackhaft machen
- Bei Zielfindung und Kontrolle Vertrauensvorschuß gewähren
- Art der Kontrolle und Beobachtung **gemeinsam** festlegen

Ihre Notizen:

Motivationsanreize

Wie kann ohne Geldeinsatz motiviert werden?

- Freundliche, offene und sachbezogene Kommunikation mit den Mitarbeitern
- Lob und Anerkennung für gute Arbeitsleistung ausdrücken
- Mitbestimmungsmöglichkeiten bieten (die Grenzen sind mit den Mitarbeitern abzustimmen)
- Titel und Positionen ausdenken und vergeben (das praktizierte schon Napoleon erfolgreich)
- Älteren guten Mitarbeitern eine gleitende Pensionierung ermöglichen
- Flexible Arbeitszeiten anbieten
- Den Mitarbeitern das Gefühl geben, daß der Chef, sein Unternehmen, das Betriebsgebäude usw. über ein ausgezeichnetes Image verfügen (hebt auch sehr das eigene Wertgefühl der Mitarbeiter)
- Öffentliche Vorstellung der Mitarbeiter in Prospekten, Werbebriefen und Annoncen – auch mit Bild – forcieren
- Einem neuen Mitarbeiter einen erfahrenen Kollegen als „Paten" zur Seite stellen
- Werbegeschenke auch an Mitarbeiter
- Berufskleidung und Betriebskrawatte oder Visitenkarten finanzieren und den Mitarbeitern überlassen (Kombination: Personalmotivation und Marketing)

Geldwerte Anreize

- Fahrzeug- und Werkzeugüberlassung; in gewissen Rahmen auch an die Bekannten des Mitarbeiters (hebt das Selbstwertgefühl)
- Geschäftsfahrzeuge zur ständigen privaten Nutzung
- Betriebswohnung zu günstigen Konditionen (öffentliche Förderung möglich)
- Gemeinsam mit ebenfalls selbständigen Kollegen einen Betriebskindergarten ins Leben rufen und finanzieren (Kooperation im Handwerk)
- Zinsgünstige oder zinslose Darlehen vom Unternehmen
- Betriebliche Altersversorgung (statt einer Gehaltserhöhung wird eine regelmäßige Vorsorgezahlung angeboten)
- Freizeitangebote, zum Beispiel im sportlichen Bereich, organisieren und finanzieren, z. B. Freikarten für ein Bundesligaspiel
- Teilnahme an Weiterbildungsmaßnahmen vermitteln und ganz oder teilweise finanzieren, wie z. B. die Meisterschule oder Führerschein Kl. 2 (für den Fall der Trennung, kann der Arbeitgeber vom Mitarbeiter eine Rückzahlungsklausel unterzeichnen lassen)
- Karrieremöglichkeiten aufzeigen und unterstützen
- Betriebliche Einkaufsrabatte an Mitarbeiter weitergeben
- Geschenke zu besonderen Anlässen auch an die Familienmitglieder der Mitarbeiter (Geburtstag, Kommunion oder Konfirmation der Kinder)
- Fahrtkostenzuschuß gewähren

Ihre Notizen:

Geldliche Anreize

- **Leistungszulage**
  Auf den Grundlohn kann eine Leistungszulage gewährt werden. Sie ist dann ein Teil des vertraglich vereinbarten Arbeitsentgelts (beispielsweise für schmutzige Arbeiten oder überdurchschnittliche Leistungen)
- **Akkordlohnsystem**
  Akkordlöhne können gezahlt werden, wenn bei weniger qualifizierten Arbeiten größere Leistungen erreicht werden sollen.
- **Stückakkord**
  Der Lohn richtet sich nach der Zahl der, in einer vorher festgelegten Zeit hergestellten Stücke
- **Zeitakkord**
  Maßstab für die Entlohnung ist hier eine festgesetzte Zeiteiheit, in welcher die Arbeit durchgeführt wird
- **Prämienlohnsysteme**
  Um bei der Arbeitsleistung ein spezielles Ziel zu erreichen, kann eine entsprechende Prämie festgesetzt werden (Beispiel: Qualitätsprämie)
- **Kombination: Prämie und Akkord**
  Über eine Akkordlohnart hinaus kann z. B. für eine ebenfalls festgelegte unterschrittene Ausschußquote eine Qualitätsprämie geleistet werden
- **Beteiligungssysteme**
  Möglich sind Umsatz-, Gewinn- und Kapitalbeteiligungssysteme. Im letzteren Fall erfolgt eine direkte Teilhaberschaft am Unternehmen.
  Lassen Sie sich nie mit einer späteren Aufnahme als Teilhaber locken. Eine gewisse Beobachtungszeit ist legitim, aber dann müssen Vereinbarungen festgehalten werden. Sonst besteht die Gefahr, daß mit der Hinhaltetaktik „Teilhaberschaft" nur Ihre Arbeitskraft und Ihr Engagement ausgebeutet werden sollen.

Zehn Regeln positiven Managements

Denken Sie positiv! Nur so sind Sie fähig, große Leistungen zu erbringen und gesetzte Ziele nicht aus den Augen zu verlieren.

Seien Sie Vorbild! Leben Sie Ihren Mitarbeitern vor, was Sie von ihnen verlangen. Sie sind dadurch glaubwürdig und können die Mitarbeiter für Ihre Ideen gewinnen.

Sehen Sie die guten Seiten im Menschen! Als positiver Manager entdecken Sie auch bei einem durchschnittlichen Mitarbeiter gute Fähigkeiten und fördern sie.

Wachstum braucht Krisen. Probleme gehören zum täglichen Leben und in jedem Problem steckt eine Chance. Erkennen Sie sie!

Dauerhaft gute Leistungen basieren auf ausgeprägtem Selbstbewußtsein. Loben Sie Ihre Mitarbeiter und zollen Sie Ihnen Respekt. Kritisieren Sie nur das Verhalten, nie aber die Person.

Beachten Sie Mitarbeiter und Konkurrenten als Mitspieler! Sie können nicht verlieren, wenn Sie nicht alleiniger Sieger sein wollen.

Zeigen Sie Gefühl! Sie motivieren Mitarbeiter dadurch, dies auch zu tun und denken Sie daran, daß Gefühle die stärksten Antriebskräfte der Menschen sind.

Vermitteln Sie sinnvolle Visionen! Formulieren Sie Ziele nicht nüchtern in Form von Umsatz- oder Gewinnzahlen, stellen Sie die Ziele in den großen Rahmen und vermitteln Sie dies Ihren Mitarbeitern.

Der Weg ist das Ziel! Tun Sie alles, was Sie tun, mit höchstem Einsatz und nicht nur mit Blick auf Karriere, Einkommen und Status.

Erfolg ohne Fouls! Mit anderen erreichen Sie mehr als gegen Sie.

Die 12 Regeln der erfolgreichen Kommunikation

Kein Man – Es – Wir. Sprechen Sie Ihre Mitarbeiter direkt und mit Namen an.

Kein Müßte – Sollte – Könnte. Geben Sie Anweisungen nicht in der Möglichkeitsform.

Kein Vielleicht – Eventuell – Eigentlich. Geben Sie klare Anweisungen, denn Ihre Anweisungen müssen konkrete Wirkungen erzielen

Jeder Mensch hat – von seinem Standpunkt aus – recht. Streiten

Sie nicht. Klären und verstehen Sie die Standpunkte des anderen. Seien Sie kompromißbereit.

Absolute Loyalität erkennen lassen. Sie müssen hinter Ihren Aussagen und Handlungen stehen.

Konkrete Fragen stellen. Auf ungenaue Fragen erhalten Sie ungenaue Antworten.

Nie mehrere Fragen auf einmal stellen. Mehrere Fragen auf einmal verwirren und kosten Zeit.

Keine Fragen mit warum – weshalb – beginnen. Fördern Sie keine Rechtfertigungen, Sie erzeugen damit Schuldgefühle. Machen Sie statt dessen Aussagen.

Keine Fragen selbst beantworten. Sie erfahren sonst nie den Standpunkt des anderen.
„Ja, aber ...“-Antworten vermeiden

Aktiv zuhören. Hören Sie zu, denken Sie nach, antworten Sie.

Termine konkret vereinbaren. Bilden Sie Prioritäten, Sie vermeiden dadurch Mißverständnisse.

Seien Sie Menschenfreund!

8.8 Zehn goldene Regeln zur Blockierung der Kreativität von Mitarbeitern

- Betrachte jede neue, von unten kommende Idee mit Mißtrauen – weil sie neu ist und weil sie von unten kommt.
- Bestehe darauf, daß Personen, die Ihre Zustimmung benötigen, auch die Zustimmung mehrerer anderer höherer Ebenen einholen müssen
- Fordere Abteilungen/Individuen auf, ihre Vorschläge gegenseitig zu kritisieren. Sie müssen dann nur die Überlebenden belohnen.
- Drücken Sie Kritik ungehemmt aus und unterdrücken Sie Lob.
- Behandeln Sie die Aufdeckung von Problemen als Fehlleistung, damit keiner auf die Idee kommt, Sie wissen zu lassen, wenn etwas nicht klappt.

- Kontrollieren Sie alles sorgfältig. Sorgen Sie dafür, daß alles, was gezählt werden kann, oft gezählt und genau kontrolliert wird.
- Fällen Sie Entscheidungen zur Reorganisation heimlich und überfallen Sie die Mitarbeiter damit unerwartet.
- Stellen Sie sicher, daß Informationsnachfragen stets gut begründet werden und achten Sie darauf, daß Informationen nicht umsonst zur Verfügung gestellt werden.
- Übertragen Sie im Rahmen der Delegation auf Nachgeordnete vor allem die Verantwortung, Einsparprogramme und andere bedrohliche Entscheidungen umzusetzen. Und veranlassen Sie, es schnell zu tun.
- Und v. a.: **Vergessen Sie niemals, daß Sie als Angehöriger der höheren Ebene schon alles Wichtige über das Geschäft wissen!**

8.9 Zeitplanung

Verwenden Sie nicht zuviel Zeit für geringe Profite.

Zeiteinsparungen werden erreicht durch Planung der täglichen Arbeitszeit und der mittel- und langfristigen Aktivitäten. Erfahrungswerte: Wer seinen Arbeitstag 10 Minuten vorbereitet, kann zwei Stunden täglich einsparen und wird die wesentlichen Dinge treffsicher und in besserer Qualität erledigen.

Regeln der Zeitplanung

- Sie sollten nur ca. 60 % der Arbeitszeit fest verplanen; der Rest sollte für unvorhersehbare und spontane Arbeiten als Reserve vorgehalten werden.
- Zeitplanungen sollten stets schriftlich fixiert werden (Zeitplanbuch), um nichts Wichtiges zu vergessen und den Überblick zu behalten. Ein Nebeneffekt dürfte sein, daß motivierter, zielgerichteter und ergebnisorientierter gearbeitet wird.
- Listen Sie alle für die betreffende Planungsperiode anstehenden Tätigkeiten auf.
- Legen Sie Resultate, Ziele fest, nicht nur reine Tätigkeiten.
- Arbeiten Sie regelmäßig und systematisch an Ihren Zeitplänen.
- Führen Sie eine angefangene Arbeit konsequent zu Ende.
- Passen Sie Ihre Zeitpläne an, falls sich die Rahmenbedingungen

geändert haben. „**Nicht Pläne sind einzuhalten, sondern Ergebnisse zu erzielen**".

- Setzen Sie sich selbst Zeitvorgaben und Endtermine.
- Setzen Sie Prioritäten.
- Planen Sie von Anfang an, welche Aufgaben Sie selbst ausführen und welche delegiert werden können.
- Planen Sie störungsfreie Zeitblöcke für größere Aufgaben und Arbeiten ein, die hohe Konzentration erfordern.
- Sorgen Sie bei Ihrer Aufgabenplanung für Abwechslung.
- Beachten Sie bei der Planung Ihre eigene Leistungskurve im Tagesablauf (bei vielen ein Leistungshoch gegen 10.30 Uhr)
- Versuchen Sie bei der Planung, in Alternativen zu denken (Erreichen des Ergebnisses mit dem geringsten Aufwand).

Ihre Notizen:

Prioritätensetzung

Freuen Sie sich über das, was Sie erledigt haben.

Zeitplanung beginnt mit Prioritätensetzung. Planen ist der erste Schritt, um das Wichtigste und Notwendigste in der richtigen Form und der richtigen Qualität zur richtigen Zeit zu tun.
Wie setze ich Prioritäten?
- Analysieren Sie die mit ihren beruflichen und privaten Zielen verbundenen Aufgaben und Anforderungen.

Ordnen und gliedern Sie Ihre Aufgaben folgendermaßen:

- Prioritätensetzung bei den Aufgaben, die sofort erledigt werden können
- Auflistung aller einmaligen Aufgaben, für die bereits eine feste Terminvereinbarung vorliegt
- Auflistung aller periodisch wiederkehrenden Aufgaben
- Aussonderung aller Arbeiten, die nicht vorrangig sind und erst in Angriff genommen werden, wenn vordringliche Arbeiten erledigt sind
- Zusammenfassung gleichartiger und zusammengehöriger Arbeiten
- Auflistung der Tätigkeiten, die delegiert werden können

Untersuchungen haben ergeben:

- 15 % aller Unternehmeraufgaben sind sehr wichtig **(A-Aufgaben)**
- 20 % aller Unternehmeraufgaben sind wichtig **(B-Aufgaben)**
- 65 % aller Unternehmeraufgaben sind weniger wichtig **(C-Aufgaben)**

A-Aufgaben sind äußerst wichtige Aufgaben und können nicht delegiert werden. **B-Aufgaben** sind wichtige Aufgaben und können auch fallweise delegiert werden. **C-Aufgaben** sind Aufgaben mit dem geringsten Wert für die Erfüllung einer Funktion, haben jedoch den größten Anteil an der Menge der Arbeit.

Kontrolle der Zeitplanung

Planungskontrolle ist Standortbestimmung. Jede Planung ist nur so gut wie die Kontrolle ihrer Einhaltung. Erst nach durchgeführten Kontrollen können Steuerungs- und Korrekturmaßnahmen eingeleitet werden.

- Kontrollieren Sie Ihre Zeitpläne
- Kontrollieren Sie nicht die Aufgabenerledigung, sondern die Arbeitsergebnisse.
- Erfassen Sie Anzahl und Häufigkeit der Störungsfaktoren.
- Ergründen Sie, warum Arbeit liegen bleibt.
- Halten Sie zur Planungskontrolle eine kurze Tagesrückschau und bewerten Sie den Tag als Ganzes.
- Nicht Arbeit an sich belastet, sondern die unerledigte Arbeit.
- Nicht Arbeit befriedigt, sondern der Grad der Zielerreichung.

- Kontrollieren Sie, welche Arbeiten im Tagesablauf mit Ihrem individuellen Leistungsrythmus in Einklang stehen.
- Ziehen Sie aus der Kontrolle Schlußfolgerungen für zukünftige Planungen und Wege zur Ergebniserzielung.
  Geben Sie immer mehr als man erwartet hat.

Umsetzung der eigenen Aktivitäten in die Praxis

- Fangen Sie mit einem Problem an, das für Sie wirklich dringend und wichtig ist.
- Beginnen Sie jede neue Aktivität so intensiv wie möglich
- Nehmen Sie sich nicht zu viel auf einmal vor, leiten Sie nur realisierbare Schritte ein.
- Gliedern Sie Ihre Aktivitäten in überschaubare Einzelschritte.
- Setzen Sie für Ihre Aktivitäten realistische Termine ein.
- Versuchen Sie nicht gleich, allzu perfekt zu werden.
- Beginnen Sie nicht mit Maßnahmen, die Ihnen zwar objektiv sehr einleuchtend erscheinen, die aber gefühlsmäßig für Sie Widerstand erzeugen.
- Entscheiden Sie für sich selbst, ob Sie Ihnen Wandel ankündigen oder andere Personen mit einbeziehen wollen, um so die Erfolgswahrscheinlichkeit zu erhöhen.
- Beginnen Sie nicht zu spät mit der Kontrolle und Überprüfung der laufenden Maßnahmen, um so noch rechtzeitig Änderungen einleiten zu können.
- Es kommt am Ende nicht darauf an, was Sie angefangen haben, sondern darauf, was Sie erfolgreich durchgeführt haben.
- Heute beginnt der Rest Ihres Lebens. Was spricht dagegen, noch heute mit der ersten Maßnahme zu beginnen?
  Bauen Sie regelmäßig Ihre Fähigkeiten aus.
  Entwickeln Sie Zusatzangebote bzw. -produkte. Weiten Sie hiermit Ihr Geschäft aus.

8.10 Die 100 Gesetze erfolgreicher Unternehmensführung

1. Die Praxis des Managements erfordert theoretisches Wissen.
2. Die dynamische Unternehmung entdeckt laufend neue Perspektiven.

3. Unternehmensführung beginnt mit der Festlegung der Unternehmensziele.
4. Planen ist eine Entscheidung heute, damit morgen etwas geschieht.
5. Jede Planung verlangt Alternativplanungen.
6. Manager setzen realistische Ziele für und mit ihren Mitarbeitern.
7. Wachstum ist nicht immer lebensnotwendig.
8. Ohne neue Ideen und Innovationen gibt es kein Überleben.
9. Ein guter Manager setzt nicht alles auf eine Karte.
10. Unternehmensführung beinhaltet ein Element der Ungewißheit.
11. Der höchstmögliche Gewinn ist nicht immer das erste unternehmerische Ziel.
12. Symptome und Ursachen sind sauber zu trennen.
13. Für das Bild in der Öffentlichkeit zählt allein, was die Unternehmung tut; nicht was sie sagt, das sie tut.
14. Überleben ist alles.
15. Die Effizienz der Führung steht in direktem Zusammenhang mit der Führungsspanne. Die Führungsspanne macht eine Aussage darüber, wie viele Mitarbeiter einer Führungskraft direkt unterstehen.
16. Die Führungsspanne muß so groß wie möglich sein.
17. Die Führung bestimmt die Führungsspanne.
18. Delegieren ist das Kernstück des Managers.
19. Delegieren erhöht die Leistungsfähigkeit des Managements.
20. Delegiert werden Anweisungsbefugnis, Zuständigkeiten und Entscheidungsbefugnis.
21. Verantwortung kann man nicht delegieren.
22. Gutes Management ist nicht kompliziert.
23. Bürokratie ist die Bremse des Fortschritts.
24. Keine Konferitis. Konferenzen sind Zeitfresser.
25. Ausschüsse und Komitees treffen selten richtige Entscheidungen.
26. Gruppenentscheidung heißt Entscheidungsfindung auf numerischer Basis.
27. Der situative Führungsstil berücksichtigt nicht nur Situationen, sondern auch Personen.

28. Die Mitarbeiter werden auf organisatorische Veränderungen sorgfältig vorbereitet.
29. Jede formelle Organisation enthält informelle Organisationen.
30. Mitarbeiter auf Zeit bieten viele Vorteile.
31. Unerwünschte Mitarbeiter gefährden das Überleben des Unternehmens.
32. „Das wurde immer so gemacht", ist für keinen Chef akzeptabel.
33. Die Stellenbeschreibung ist tot.
34. Die Mitarbeiter erhalten ihre Vergütung für ihre Leistung, nicht für ihre Stellung.
35. Gehälter sind nicht vertraulich.
36. Anweisungsbefugnis beinhaltet nicht automatisch Autorität.
37. Führen kann man lernen.
38. Management ist ein Beruf.
39. Manager sind nicht immer Führer.
40. Ein zielstrebiger Manager hat den unbeugsamen Willen zum Führen.
41. Ein Manager benötigt kein Charisma.
42. Manager verfügen über Entschiedenheit.
43. Autoritär Führen und Delegieren ist kein Widerspruch.
44. Erfahrene Manager haben ihren eigenen Führungsstil.
45. „Kommt Zeit, kommt Rat" ist synonym mit Entscheidungsfeigheit.
46. Hervorragende Manager haben hervorragende Mitarbeiter.
47. Manager verlieren niemals die Unternehmensziele aus den Augen.
48. Manager konzentrieren sich auf das Wichtigste.
49. Erfolg ist Einstellung.
50. Ein guter Chef ist unnachgiebig in Fragen der Disziplin.
51. Manager und Mitarbeiter wachsen mit ihren Aufgaben und Anforderungen.
52. Der Manager kontrolliert ehrgeizige Mitarbeiter.
53. Konfliktfrei führen – ein Mythos.
54. Funktionale Anweisungsbefugnis ist konfliktträchtig.
55. Eine Position der Stärke ist mehrfach abgesichert.
56. Der umsichtige Chef ist kompromißbereit.

57. Der selbstbewußte Manager zögert nicht, sich selbst zu korrigieren.
58. Der Chef verliert niemals die Contenance.
59. Der Chef fürchtet sich nicht, unbeliebt zu sein.
60. Manager führen auch unpopuläre Entscheidungen durch.
61. Der Vorgesetzte hat Privilegien.
62. Das moderne Management braucht weder Ideologien noch Mythen.
63. Es gibt keinen Ersatz für Erfolg.
64. Motivation ist Manipulation und Manipulation ist Motivation.
65. Mitarbeiter werden von mehr als einem Motivationsfaktor bewegt.
66. Die Stimulierung der Eigeninitiative der Mitarbeiter ist ein hervorragender Motivationsfaktor.
67. Befriedigte Bedürfnisse motivieren nicht mehr.
68. Positive Verstärker sind ein wichtiger Motivationsfaktor.
69. Positive und negative Motivationsfaktoren ergänzen sich.
70. Strafe wird ein falsches Verhalten selten ändern.
71. Manager sind sparsam mit Lob.
72. Geld ist nicht die wichtigste Motivation für Manager.
73. Rein pekuniäre Belohnung sollte sparsam gehandhabt werden.
74. Eine außergewöhnliche Leistung ist unverzüglich zu belohnen.
75. Loyalität zum Vorgesetzten und zum Unternehmen sind unverzichtbar.
76. Selbstverwirklichung ist das Gegenteil von Disziplinlosigkeit und Asozialität.
77. Ergebnisorientiertes Management braucht Leistungsdruck.
78. Selbstverwirklichung ist echte Motivation.
79. Spitzenleistung ist Gemeinschaftsleistung von Manager und Mitarbeiter.
80. Rücksichtslosigkeit gehört zum Arsenal des Managers.
81. Fluktuation muß nicht negativ sein.
82. Die Treue zum Unternehmen ist rückläufig.
83. Betriebsklima hat mit Freude zu tun.
84. Der gute Manager ist auch ein guter Kommunikator.

85. Wenige betriebliche Prozesse sind störanfälliger als die Kommunikation, ganz besonders die mündliche.
86. Gute Berichte sind kurz.
87. Moderner Führungsstil schafft offene Kommunikationswege.
88. Effizientes Kommunizieren ist einfach, klar und unmißverständlich.
89. Informelle Kommunikationskanäle werden von dem Manager nicht vernachlässigt.
90. Der Manager berücksichtigt sorgfältig die Auswirkung jeder Kommunikation.
91. Wer fragt, der führt.
92. Ein guter Vorgesetzter ist ein guter Zuhörer.
93. Wenn verbale und nonverbale Botschaften sich widersprechen, dann ist die nonverbale die richtige und ehrliche.
94. Keine Kommunikation ohne vorherige Planung. Keine Kommunikation ohne nachfolgende Handlung.
95. Konfliktmanagement beginnt mit der Ursachenforschung.
96. Der Manager sucht eine Konfliktlösung.
97. Echte Konfliktbewältigung kennt weder Sieger noch Besiegte.
98. Der Umgang mit der Wahrheit ist eine Frage der Auslegung.
99. Killerphrasen töten Wichtigtuerei und Übertreibungen.
100. Klare Antworten verlangen klare Fragen.

9. Professionalität durch ...

9.1 Was bedeutet „Unternehmenskultur"?
Was ist ein Leitbild?

Die Unternehmenskultur eines Betriebes äußert sich in einer Vielzahl von Erscheinungen, wie z. B. (vgl. *A. Sagurna* – Tips zur Unternehmensführung im Handwerk)

- in bestehenden Normen und Handlungen,
- in der Organisation,
- im äußeren Erscheinungsbild,
- in der Kommunikation mit dem Markt,
- im Führungsverhalten,
- im Betriebsklima,
- im Umgang mit Kunden, Lieferanten und Mitbewerbern.

Die Unternehmenskultur stellt die tatsächlich gelebte Unternehmensphilosophie dar, während das Unternehmensleitbild von der „zukünftigen Vision" des Unternehmens geprägt ist. Das Unternehmensleitbild beschreibt somit in Worten (Leitsätzen) den vom Unternehmer oder den Gesellschaftern gewünschten und damit auch visionär geprägten (zukünftigen) Soll-Zustand des Gesamtbetriebes im Markt.

Die Kultur eines Unternehmens umfaßt das gesamte Meinungs-, Norm- und Wertgefüge und prägt das Verhalten aller Menschen, die in einem Unternehmen tätig sind und mit ihm zu tun haben. Sie kommt in der Art und Weise zum Ausdruck, wie Sie Ihre Aufgaben erledigen, welche grundsätzliche Einstellung Sie zur Arbeit und zum Leben verkörpern und auch dadurch, wie Sie mit Mitarbeitern, Kunden und Lieferanten umgehen. Sie Setzen die Maßstäbe für Ihre Unternehmensphilosophie.

Wichtig: Die Unternehmenskultur wird Ihre Strategie beeinflussen und sich durch Ihr ganzes Unternehmen ziehen. Formulieren Sie Leitsätze!

Aus der Vision des Unternehmens bzw. der Gesellschafter müssen, um diese in der richtigen Art und Weise umsetzen zu können,

lesbare und für alle Beteiligten verständliche Leit- und Grundsätze formuliert werden, welche sowohl für die Umwelt als auch
für die Mitarbeiter greifbar sind und vermitteln, was das Unternehmen in der Zukunft darstellen soll.

Sie sollten sich grundsätzlich einen Tag Zeit nehmen, um über
die Begriffe Unternehmenskultur, Unternehmensphilosophie und
Unternehmensleitbild nachzudenken und ein für alle Beteiligten
greifbares Leitbild formulieren. Nehmen Sie sich Zeit und Ruhe.
Philosophieren Sie ruhig.

Das Leitbild

Bei einem Unternehmensleitbild sollte es sich aber weder um relativ vage formulierte Vorstellungen, noch um reine „Wunschli-
sten" handeln. Um Grundsätze zu formulieren, müssen einige
Spielregeln beachtet werden:
1. Das Leitbild ist nur so gut, wie es von dem Unternehmen, den
   Führungskräften und Mitarbeitern umgesetzt und vorgelebt
   wird.
2. Das Leitbild sollte kurz und prägnant sein. Es sollte nicht zu
   detailliert ausformuliert sein, da es sonst mit jeder Veränderung
   neu gestaltet werden müßte. Jedoch sollte das Leitbild eine
   Langzeitwirkung besitzen.
3. Das Leitbild sollte im ganzen Unternehmen bekannt sein.
4. Das Leitbild soll helfen, umfassender zu denken.

Warum ist ein Leitbild wichtig für ein Unternehmen?

Wesentlich für die Entwicklung eines Unternehmensleitbildes
ist, die Mitarbeiter zum langfristigem Denken und Handeln anzuregen. Sie sollen sich verstärkt Gedanken über die derzeitige Position ihres Unternehmens machen und den zukünftigen Sollzu-
stand kennen. Die Erarbeitung eines Leitbildes ermöglicht dem
Handwerksunternehmer, mittel- und langfristige Ziele und
Grundsätze schriftlich zu fixieren.
• **Planung:** Aufgrund der Auseinandersetzung mit dem Leitbild
  erfolgt Planung mittel- und langfristig. Gleichzeitig erfolgt die
  Planung nicht nur aus Vergangenheitsdaten, sondern es fließen
  auch Zukunftsvorstellungen mit in die Planung ein.

- **Orientierung:** Ein Leitbild enthält Aussagen, die bei konkreten Entscheidungen und für das Lösen von Problemen angewendet werden können. Es gibt Anregungen zur Entwicklung von Strategien und Aktionsplänen.
- **Motivation:** Das Leitbild erläutert den Mitarbeitern, welchen Sinn und welche Bedeutung Ihre Arbeit hat. Es fördert die Identifikation der Mitarbeiter mit dem Unternehmen.
- **Selbstmanagement:** Das Leitbild enthält die Spielregeln für das Führen von Unternehmen.

Wie wird ein Leitbild entwickelt?

Die Vorgehensweise zur Entwicklung eines Leitbildes läßt sich in drei Punkten fassen:
- Analyse und Diagnose,
- Konzeption sowie
- Realisierung

1. Analyse und Diagnose

Der erste Schritt umfaßt die Analyse und Diagnose der bestehenden Situation. Hier müssen neben der Ermittlung der derzeitigen Ist-Situation wie z. B. Analyse des Marktes, der Umwelt, der Finanzen, des Personals, des Produkt- und Dienstleistungsangebotes, insbesondere folgende Fragen beantwortet werden:

1. Was ist Sinn und Zweck unseres Unternehmens?
2. Wie soll bei uns gearbeitet und entschieden werden?
3. Wo liegen unsere Stärken/Schwächen?
4. Wie differenzieren wir uns von unserem Wettbewerber?
5. Welche Grundauffassungen, Werte und Normen vertreten wir?
6. Welche konkreten Ziele verfolgen wir?
7. Wie ist das Verhältnis untereinander, zu unseren Mitarbeitern, zum Chef?
8. Was tun wir konkret, um diese Beziehungen zu fördern?
9. Welches Image haben wir im Markt?
10. Wo sind unsere derzeitigen/zukünftigen Zielgruppen?

Nehmen Sie sich für die Analyse und Diagnose genügend Zeit!

Als wir das Ziel aus den Augen verloren hatten, verdoppelten wir unsere Anstrengungen.

2. Konzeption

Der zweite Schritt ist jetzt folglich das Beschäftigen mit den Fragen eines für die Zukunft gültigen Leitbildes:

- Was wollen wir?
- Wohin wollen wir?
- Welche zukünftigen Ziele verfolgen wir?
- Was müssen wir dafür tun?

3. Realisierung

Um ein Leitbild zu konkretisieren, bedarf es nun der Formulierung von Leitsätzen in Schriftform. Anhaltspunkte für gelebte Leitbilder mögen die folgenden Beispiele liefern. Sich bei der Formulierung des eigenen Leitbildes hieran anzulehnen, ist aus der Sicht eines Existenzgründers sicherlich legitim.

Formulieren Sie als Einstieg zunächst einen Satz, der Ihre Vision ausdrückt. Z. B. in der Art:

„Wir sind ein Unternehmen, das ..."

„Mein Unternehmen ist.., bürgt für.., steht dafür ein, daß.."

Was werden Kunden und Mitarbeiter wohl über Sie und Ihr Unternehmen denken, wenn Sie Ihre Vision formulieren und Ihre Ziele in ein Leitbild gießen? Sie sollten neben der Beschreibung Ihrer Geschäftsidee auch darüber nachdenken, Ihre Leitsätze (und Ihre Vision) in Ihren Geschäftsplan aufzunehmen.

Zur Ideenfindung sollten Sie sich nunmehr Zeit nehmen, die nachfolgenden Leitbilder in Ruhe zu studieren.

Wichtig: Überprüfen Sie die Einhaltung Ihrer Leitsätze zur Unternehmenskultur von Zeit zu Zeit.

Beispiele für gelebte Leitbilder:

Unternehmensleitsätze nach Innen

1. An Menschen glauben, den Einzelnen respektieren!
2. Sich gegenseitig helfen, gut mit der Zeit umgehen!
3. Ein leistungsfreundliches Klima schaffen, hohe Qualität im Dienst am Kunden bieten!

4. Offene Kommunikationswege haben!
5. Das Recht auf Fehler zugestehen, aber immer das Beste geben!
6. An Selbstachtung wachsen, Solidarität in der Firma fördern!
7. Arbeitsplatzsicherheit bieten!
8. Aus- und Weiterbildung unterstützen!
9. Unternehmensrisiken eingrenzen!
10. Auf der Grundlage von Zielen führen!

Leitsätze eines Handwerksunternehmens

1. Arbeitsgrundlage
Ausgangspunkt unserer Arbeit ist das Verstehen des Kunden mit seinen persönlichen Vorstellungen und Wünschen.
Wir wollen Wege suchen und finden, die allen fachlichen Grundsätzen entsprechen. Das Ziel ist eine auf den Kunden zugeschnittene Lösung.

2. Produkt
Wir stellen an unsere Arbeit (Produkte) einen sehr hohen Qualitätsanspruch in Material, Form und Verarbeitung.

3. Langfristigkeit/Umwelt
Unsere Lösungen und Produkte sind langfristig konzipiert. Hierdurch tritt auch die Bedeutung umweltfreundlicher Produkte immer stärker in den Vordergrund.

4. Preis
Der Preis unserer Arbeit muß der Leistung entsprechen. Die solide finanzielle Basis des Betriebes muß hiermit gesichert werden.

5. Mitarbeiter
Unsere Mitarbeiter sind wichtige Stützen des Betriebes. Ihre Motivation und Freude bei der Arbeit sind entscheidend für die handwerkliche Verwirklichung aller Ideen.

6. Ergebnis
Persönliches Engagement im Umgang mit unseren Kunden und Produkten soll eine fruchtbare Zusammenarbeit zum Ergebnis haben.

Die zehn Gebote der *Steinbeis*-Stiftung

- Erstens muß jeder bedarfsorientiert sein, der bei der Steinbeis-Stiftung aktiv mitwirken will. Das ist das erste Gebot. Nicht was ein Gelehrter alles weiß und kann steht im Vordergrund, sondern was die Unternehmen brauchen.
- Zweitens müssen die Ressourcen flexibel anpaßbar sein, d. h. es gibt keinen festen Stellenplan. STZ's kommen und gehen, ganz so wie es der Markt eben wünscht.
- Deshalb müssen drittens ständige Kontrollen von technischem Erfolg und Wirtschaftlichkeit gewährleistet sein.
- Dennoch hat die Administration, so das vierte Steinbeis-Gebot, nur dienende Funktion. Der Problemlöser hat bei Steinbeis immer Vorrang.
- In Anlehnung an einen wohlbekannten Satz kann man das fünfte Steinbeis-Gebot wie folgt zusammenfassen: „Kleine Zentrale mit großer Wirkung". Die Projektkompetenz bleibt immer vor Ort.
- Das sechste Gebot zielt auf die Transferfähigkeit der Transfer-Idee.
- Und das siebte Gebot fordert „Ganzheitlichkeit der Problemlösung", und zwar unter Einbeziehung technischer, betriebswirtschaftlicher, organisatorischer, finanzieller und ökologischer Gesichtspunkte.
- Achtens sieht die Steinbeis-Stiftung einen beständigen, erfolgversprechenden Technologietransfer nur dann gewährleistet, wenn er „grenzenlos" funktioniert, d. h. den internationalen Markt anvisiert und konsequent einbezieht.
- Neuntens, ein optimaler Technologietransfer funktioniert nur nach den Regeln der Wirtschaft.
- Zehntens, die dezentrale Organisation wird durch ein flächendeckendes Transfernetz gewährleistet.

Grundsätze einer deutschen Firma

- Der Humangrundsatz. Nur wer den Menschen achtet, ist wirklich erfolgreich.
- Der Strategiegrundsatz. Nur durch realistische Planung kann optimales erreicht werden.

- Unternehmensphilosophischer Grundsatz. Nur wer Reserven hat, kann Durststrecken überwinden!
- Gemeinschafts-Grundsatz. Nur wer Verantwortung kennt, kann Verantwortung übernehmen
- Der Marketinggrundsatz. Nur wer Ziele hat, kann Ziele erreichen.
- Der Führungsgrundsatz. Nur wer Potentiale nutzt, erreicht optimale Ergebnisse.
- Der Orientierungsgrundsatz. Nur wer Maßstäbe hat, kann Erfolg messen!
- Der Verfahrensgrundsatz. Nur gemeinsam kann man Berge versetzen!
- Der Kommunikationsgrundsatz. Nur wer die Aufgabe kennt, kann sie erfüllen.
- Der Innovationsgrundsatz. Nur wer heute an morgen denkt, wird übermorgen noch existieren!
- Der Ratiogrundsatz. Nur wer seine Grenzen kennt, kann Grenzen sprengen!
- Der volkswirtschaftliche Grundsatz. Nur wer das Ganze sieht, ist dem Einzelnen dienlich.

Die Zehn Mövenpick-Grundsätze

1. In unserer Forderung nach maximaler Qualität bei den Waren, die wir einkaufen und verkaufen, machen wir keine Kompromisse.
2. Unser breites und sorgfältig ausgewähltes Angebot vermittelt einen Ausdruck der Lebensfreude.
3. Unser Standard in Bezug auf Sauberkeit und Reinlichkeit ist extrem hoch.
4. Die Atmosphäre in unseren Restaurants ist freundlich und entspannend.
5. Alles, was wir in unserer Organisation verbessern können, muß unseren Kunden in der Form dienen, daß sie einen Gegenwert für ihr Geld erhalten.
6. Wir wollen auf alles stolz sein, was wir unseren Kunden anbieten.
7. Wir wollen unser Unternehmen so führen, daß wir als fair gelten und daß man uns weiterempfiehlt.

8. Wir wollen unsere Kunden aufmerksam und zuvorkommend
   bedienen.
9. Wir verlangen von unseren Angestellten, daß sie zueinander
   liebenswürdig und freundlich sind und zu jeder Zeit ein hohes
   Maß an Kameradschaft demonstrieren.
10. Alles, was wir unternehmen, muß den Stempel unserer Orga-
    nisation tragen: jung, frisch, gut und freundlich.

Ihre Notizen:

Qualität ist meßbar und lohnt sich.
Qualität führt überall zum Erfolg.
Qualität ist lernbar.

Unternehmensgrundsätze der *IBM*

1. Achtung vor dem einzelnen
2. Dienst am Kunden
3. Spitzenleistung – unser Leitmotiv
4. Effektive Führung
5. Verpflichtung gegenüber Aktionären
6. Faires Verhalten gegenüber Lieferanten
7. Verantwortung gegenüber der Gesellschaft

Die *Eller*-Mitarbeiterphilospohie

• Wir bauen auf die fachliche Kompetenz unserer Mitarbeiter. Daher nutzen und unterstützen wir jede Art der beruflichen Fort-
  bildung und Information.
• Nur gut informierte Mitarbeiter engagieren sich für die Interessen des Unternehmens, weil sie die Unternehmensziele kennen

und sich damit auch selbst Ziele für das persönliche, berufliche Weiterkommen setzen können.

- Regelmäßige Termin- und Auftragsbesprechungen der Führungskräfte und in den einzelnen Arbeitsgruppen verbessern die Zusammenarbeit und das Verständnis gerade bei kurzfristigen Dispositionen.
- Die Mitarbeiter sollen in einem transparent geführten Unternehmen arbeiten, daher werden die Meinungen, Daten und Trends in der Zeitschrift „Eller-Info's" bekannt gegeben.
- Jeder *Eller*-Mitarbeiter ist an seinem Arbeitsplatz ein Spezialist. Das erfordert Leistungsbewußtsein, Verantwortungsgefühl, Zuverlässigkeit, Kommunikationsbereitschaft, aber auch die Hilfsbereitschaft seiner Arbeitskollegen.
- Neben der intensiven „Zusammenarbeit" fördern und pflegen wir bei *Eller* aber auch das gesellige Beisammensein, das zu Harmonie untereinander und zur Zufriedenheit jedes einzelnen Mitarbeiters beitragen soll.
- Das Vertrauen unserer Kunden kann nicht größer sein, als das Vertrauen der Geschäftsführung in jeden einzelnen Mitarbeiter.

„WIR HABEN VERSTANDEN" – Adam Opel AG

Wir verpflichten uns zu folgenden Umweltleitlinien:

1. Umweltschutz
Umweltschutz ist ein wesentlicher Teil unserer Unternehmenspolitik.

2. Produkt
Wir verpflichten uns, über den gesamten Lebenszyklus unserer Produkte die natürlichen Ressourcen schonend einzusetzen und Materialien wiederzuverwerten. Wir entwickeln und fertigen Produkte, deren Auswirkungen auf die Umwelt möglichst gering sind. Wir informieren unsere Kunden über den verantwortungsbewußten Umgang mit unseren Produkten.

3. Fertigung
Durch die Auswahl umweltverträglicher Fertigungsverfahren und Materialien wollen wir zur Reduzierung von Umweltbelastungen wie Energieverbrauch, Emissionen, Abwasser und Abfallaufkommen beitragen.

4. Kontinuierliche Verbesserung
Wir setzen Technologien ein, die dem technischen Fortschritt entsprechen. Durch einen Prozeß der kontinuierlichen Verbesserung in allen Unternehmensbereichen werden wir die Umweltverträglichkeit unserer Produkte, Dienstleistungen und unserer Produktion ständig erhöhen. An diesem Prozeß beteiligen wir auch unsere Partner in den Opel-Händlerorganisationen und in der Zuliefererindustrie. Die Einhaltung der gesetzlichen Auflagen ist für uns selbstverständlich.

5. Kompetenz
Umweltschutz ist eine Führungsaufgabe. Wir unterstützen die Kreativität unserer Mitarbeiter, indem wir sie informieren, schulen und motivieren, damit sie im Sinne dieser Umweltleitlinien kompetent und verantwortungsvoll handeln.

6. Dokumentation
Das Erreichen unserer Umweltziele werden wir im Rahmen des Umweltmanagementsystems regelmäßig überprüfen und die Fortschritte dokumentieren.

7. Öffentlichkeit
Wir tragen dazu bei, das Umweltbewußtsein der Gesellschaft weiter zu fördern, und suchen in allen Fragen des Umweltschutzes den sachlichen und offenen Dialog mit der Öffentlichkeit. Hierzu informieren wir Kunden, Lieferanten und Medien und arbeiten mit Behörden, Verbänden und anderen Institutionen im Umweltschutz zusammen.

9.2 Das Zielsystem der Unternehmung

Aufbau einer Zielkonzeption
1. Persönliche Ziele
2. Wachstumsziele
3. Angebotspolitische Ziele
4. Beschaffungspolitische Ziele
5. Werbepolitische Ziele
6. Organisatorische Ziele
7. Personalpolitische Ziele
8. Gewinnpolitische Ziele

9. Investitionspolitische Ziele
10. Finanzpolitische Ziele

„Du kannst alles erreichen was Du willst, wenn Du Deine Kräfte auf eine klares Ziel bündelst."

Ziele können

- **kompatibel** sein, das bedeutet, daß mehrere Ziele gleichzeitig angestrebt werden können,
- **komplementär** sein, das bedeutet, daß die Verfolgung eines Ziels automatisch die Erreichung eines anderen Zieles einschließt,
- **indifferent** sein, das bedeutet, daß die Verfolgung eines Zieles keinen Einfluß auf die Erreichung eines anderen Zieles hat. Dies kommt in der Praxis kaum vor, weil die Ziele i. d. R. interdependent sind. Ziel-Interdependenz bedeutet, daß jedes Ziel mehr oder weniger Auswirkungen auf eines oder mehrere andere Ziele hat,
- **konkurrent** sein, das bedeutet, daß ein Ziel nur zu Lasten eines anderen Zieles erreicht werden kann, ohne jedoch das oder die anderen Ziele auszuschließen (Beispiel: Rentabilität und Liquidität)

Dem Unternehmen bleibt bei der Verfolgung mehrerer Ziele also nichts anderes übrig, als die Ziele zu gewichten. Ein Primärziel hat dann Vorrang. Bei den Sekundärzielen werden Mindestgrößen vorgegeben.

9.3 Tips zur Risikobegrenzung

- Bauen Sie Ihren Zeitvorsprung aus, den Sie bezüglich Reputation, Image und Kundenvertrauen haben, indem Sie Ihre Anstrengungen beim Kundenservice verdoppeln!
- Messen Sie die Zufriedenheit Ihrer Kunden durch eine Befragung!
- Beseitigen Sie Schwachstellen und bieten Sie die kostenlose Nach- oder Ausbesserung von Fehlern an!
- Verstärken Sie Ihre Qualitätskontrollen!
- Betreuen Sie den Kunden auch nach dem Verkauf durch regelmäßige Produkt- oder Leistungsinformationen („after sales service")!

- Schwören Sie Ihre Belegschaft auf das Motto ein: Der Kunde ist König!
- Bringen Sie bei Ihrer Verkaufsmannschaft nicht nur das Fachwissen permanent auf den neuesten Stand, sondern auch die Kenntnisse über den psychologisch richtigen Umgang mit besonders kritischen Kunden!
- Beobachten Sie permanent das Marktverhalten der wichtigsten Konkurrenten, auch durch Geschäftsrundgänge, um den Erfolg Ihrer Marketingstrategie mit durchdachten und zielgerichteten Gegenmaßnahmen zu gewährleisten!

Ihre Notizen:

Kennen Sie die wichtigsten Konkurrenten am Markt, in der Umgebung?

Kennen Sie genau die Preise und Qualitäten der Konkurrenten?

Sind Ihre Stärken auch für Ihre Kunden leicht erkennbar?

Sind Sie auf Reaktionen der Konkurrenz (Preis-, Werbekrieg) vorbereitet?

9.4 Imageanalyse

Wichtig ist nicht nur das Urteil der Kunden über Ihr Unternehmen. Sie sollten auch wissen, welchen Ruf das Unternehmen bei Nichtkunden hat. Die dazu notwendigen Informationen können im Rahmen einer Imageanalyse gewonnen werden.

Zu einer Imageanalyse gehört die Auswertung einer ganzen Reihe verschiedener Daten und Beurteilungskriterien, z. B.

- Bekanntheitsgrad des Unternehmens vor Ort

- Verhalten der Verbraucher im Angebotsbereich des Unternehmens (weshalb geht der Kunde zu A und nicht zu B?)
- Einkaufsverhalten der Kunden bezüglich der Bevorzugung bestimmter Artikel (wird z. B. im Fachgeschäft oder beim Discounter gekauft?)
- Einkaufszufriedenheit
- Einkaufsfreundlichkeit
- Gründe für den Nichtkauf im untersuchten Unternehmen (z. B. schlechtes Preisimage, unfreundliche Bedienung, Sortimentslücken)
- Wünsche und Erwartungen des Kunden
- Aufmerksamkeitswirkung der Werbung und Bekanntheitsgrad der Werbemedien des Unternehmens
- Einzugsbereich des Unternehmens
- Struktur von Kunden und Nichtkunden als Voraussetzung für die richtige Zielgruppenbestimmung

Aus den Ergebnissen der Imageanalyse können dann die notwendigen Maßnahmen zur Rückgewinnung der verlorenen Kunden und zur Ansprache neuer Kunden bestimmt werden, beispielsweise durch

- Direktwerbung mit persönlichen Briefen
- Imagewerbung
- Neugestaltung des Betriebes
- Mitarbeiterschulung und Leistungsmotivation
- Änderung der Angebots- und Preispolitik

9.5 Wie Sie neue Kunden gewinnen

- Sorgfältige Betriebsanalyse zur Aufdeckung von Schwachstellen
- Überprüfung der Kunden- und Preispolitik
- Ausbau der Kundendienstleistungen
- Sorgfältige Beobachtung der Konkurrenten
- Zielgruppengerechtere Werbung
- Veranstaltung eines Preisausschreibens zur Gewinnung neuer Kundenadressen
- Austausch der Adressen mit Kollegenfirmen

- Auswertung von Branchenverzeichnissen, Telefon- und Adreß-
  büchern
- Auswertung von Mitgliederverzeichnissen
- Schriftliche oder telefonische Befragung nach den Gründen für
  das Wegbleiben
- Angebot der Ratenzahlung
- Diskussion mit den Mitbewerbern „Was haben wir falsch ge-
  macht?"
- Benchmarking
- Mitarbeitermotivation zum intensiveren Bemühen um den Kun-
  den
- Einladung der Kunden zur Betriebsbesichtigung an einem „Tag
  der offenen Tür"
- Hausbesuch beim Kunden
- ...

Ihre Notizen:

Messen Sie sich an Ihren Mitbewerbern und machen Sie deren
Schwächen zu Ihren Stärken. Stellen Sie Ihre Stärken heraus;
unterlassen Sie aber vergleichende Werbung, denn die ist verboten.

9.6 Überprüfen Sie Ihre Kundenorientierung

Wissen Sie, wie zufrieden Ihre Kunden sind?	
Wissen Sie, warum Kunden zufrieden oder unzufrieden sind?	
Haben Sie untersucht, warum manche Kunden abwandern?	
Können Sie aus Erfahrung sagen, wie sich einige Kundentypen bei Beschwerden verhalten?	
Ist Ihnen klar, was es bedeutet, wenn unzufriedene Kunden über Sie reden?	
Haben Ihre Mitarbeiter Vorgaben zum Umgang mit Beschwerden? Lassen Sie die Reklamationen erfassen und auswerten?	
Nutzen Sie die Erkenntnisse aus den Reklamationen, um den Service zu verbessern?	
Schulen Sie die Mitarbeiter regelmäßig in Kundenorientierung und Service?	
Gehört die Kundenorientierung zu Ihren Unternehmenszielen, die Sie auch wirklich vorleben?	

9.7 Konkurrenzbeobachtung

Nicht nur vor der Gründung sondern auch noch „zwischendurch" gilt es, sich einen Überblick über die Aktivitäten Ihrer Wettbewerber zu verschaffen. Grundsätzlich sollten Sie sich bei Ihren stärksten Wettbewerbern über folgende Punkte informiert zeigen:
- Sortimentspolitik
- Servicepolitik
- Preispolitik
- Angebot der Konkurrenten
- Angebotsform (Selbstbedienung, Vorauswahl, qualifizierte Bedienung, Versand)
- Art der Kundenbehandlung
- Schaufenstergestaltung/Dekoration

- Beurteilung der Geschäftsatmosphäre
- Werbemedien und Häufigkeit der Werbung
- angesprochene Zielgruppen
- Akzeptanz von Kreditkarten
- geschätzter Marktanteil
- geschätzte Leistungszahlen (z. B. über die Betriebsgröße oder die Zahl der Mitarbeiter)
- absehbare besondere Aktivitäten (z. B. Jubiläumsverkauf, Umbau, Sonderverkauf, Besitzerwechsel, Filialeröffnung, usw.)

9.8 Gründen Sie einen Firmenbeirat zur Existenzsicherung

Zu den wichtigsten **Aufgaben eines Firmenbeirates** gehören z. B.
- Beratung der Unternehmers und Überwachung seiner Geschäftsführung
- Planung der langfristigen Unternehmensziele
- Beratung über Expansions-, Finanz-, Personal- und sonstige Pläne
- Zustimmung zu wichtigen Maßnahmen und Entscheidungen der Geschäftspolitik, insbesondere Investitionen, Änderungen der Betriebsstruktur, der Gesellschaftsform oder des Geschäftszwecks usw.
- Vorbereitung bzw. Durchführung wichtiger Verhandlungen, z. B. über Kooperationen, Kauf oder Verkauf von Betriebsteilen oder Filialen, Kapitalbeschaffung usw.
- Beratung bei der Einstellung von Führungskräften.

Diese Funktionen kann der Beirat aber nur dann erfüllen, wenn er über die notwendigen Kompetenzen verfügt und ihm uneingeschränkter Einblick in die betrieblichen Zusammenhänge gewährt wird.
Ihr erster Beirat ist Ihre Familie.

9.9 Kundenkreditkarten zur Existenzsicherung?

- Kreditkartenkauf schafft eine enge Beziehung zwischen dem Kunden und Ihrer Firma.
- Kreditnehmer tendieren eher dazu, im selben Geschäft einzu-

kaufen als Barzahler, welche sich sehr rasch durch Sonderangebote abwerben lassen.

- Kreditkäufer sind eher von der Qualität und dem Service einer Firma überzeugt als Barzahler.
- Die Einräumung einer Kreditlinie wird als Zeichen engen Vertrauens angesehen.
- Der Umsatz kann über den Kreditverkauf leichter erweitert werden als bei Barzahlern.
- Wer Kreditkunden hat, kann anhand der Lieferliste schnell eine Kundenkartei aufstellen, erhält Informationen über die Zahlungsmoral und kann längerfristig auf einen festen Stamm zurückgreifen, der immer wieder einkauft.
- Kredit selbst regt die Investitionsbereitschaft bei den Kunden und bei der Firma an.
- Kreditlinien im europäischen Vergleich liegen in Deutschland bei ca. 30 Tagen, in Frankreich und England bei 50, in Spanien 90 und in Italien bei 180 Tagen. Bei einer monatlichen Abrechnung werden ca. 15 Tage zinsloser Kredit gewährt.
- Ihr Image wächst bei den Kunden.
- Das Kundenimage wächst, weil der Kunde stolz darauf ist, bei einer renommierten Firma Kredit zu haben.

Als Unternehmer werden Sie schnell mit einer besonderen Tugend der deutschen Wirtschaft Bekanntschaft schließen: Die Zahlungsmoral in geschäftlichen Dingen ist leider eher als schlecht zu bezeichnen.

Ihre Notizen:

10. Absatz, Beschaffung, Lager und Produktion

Ein Unternehmen kann nicht für sich allein existieren, sondern ist über die Beschaffungs- und Absatzmärkte mit anderen Wirtschaftseinheiten und über den gesetzlichen Zwang zur Steuerzahlung mit dem Staat verbunden. Die durch diese Beziehungen ausgelösten Güter- und Finanzbewegungen sollen nachfolgend gedanklich durchdrungen werden.

Nach *G. Wöhe*, Einführung in die Allgemeine Betriebswirtschaftslehre, können diese Güter und Finanzbewegungen wie folgt anschaulich beschrieben werden:

Der Betrieb beschafft sich zunächst Geldmittel in Form von Eigen- und Fremdkapital. Er verwendet diese finanziellen Mittel zum Einkauf von Betriebsmitteln und Werkstoffen auf den Beschaffungsmärkten bzw. zur Entlohnung von am Arbeitsmarkt gewonnenen Arbeitskräften. Die so geschaffenen Bestände an Elementarfaktoren (Arbeit, Betriebsmittel, Werkstoffe) werden zum dispositiven Faktor (**Betriebsführung**) zur Erstellung von Betriebsleistungen eingesetzt (**Produktion**), und diese werden – ggf. nach einer gewissen Zeit der Lagerung – schließlich am Absatzmarkt an Weiterverwender (Betriebe) oder Letztverbraucher (Haushalte) verkauft (**Absatz**). Die Verkaufserlöse fließen in den Finanzbereich des Betriebes zurück. Ein Teil ist in Form von Steuern, Gebühren und Beiträgen an den Staat abzuführen, ein weiterer Teil fließt dem Eigenkapital als Gewinn (Entnahme) bzw. dem Fremdkapital als Zins und Rückzahlung zu. Der verbleibende Teil wird zur Ersatzbeschaffung der verbrauchten, im Falle guter Ertragslage außerdem zur Erweiterung der Bestände an Produktionsfaktoren verwendet. Der Kreislauf beginnt dann von vorn. Sämtliche Güter- und Finanzbewegungen werden vom betrieblichen Rechnungswesen aufgezeichnet und überwacht.

Unter Berücksichtigung der dargestellten Güter- und Finanzbewegungen des Unternehmens wird deutlich, daß ein Unternehmen langfristig nur Bestand haben kann, wenn eine Abstimmung zwischen den notwendigen Güter- und Finanzbewegungen durch eine entsprechende Planung erfolgt.

Im Rahmen der Gründungsplanungsrechnung müssen Sie als Existenzgründer eine Absatzplanung erstellen, sich der Produktions- und Beschaffungsplanung widmen, einen Personal(bedarfs)plan erarbeiten und diese mit den Investitions- und Finanzplanung in Einklang bringen.

Obwohl die einzelnen Planungsbereiche oft in gewissem Ausmaß organisatorisch eigenständig sind, hängen doch alle Bereiche in vielfältiger Weise miteinander zusammen. So müssen beispielsweise bei Entscheidungen im Beschaffungs- und Lagerbereich Produktionskapazitäten und Absatzmöglichkeiten ebenso berücksichtigt werden wie die Verfügbarkeit finanzieller Mittel. Bei der Produktionsplanung sind die verfügbaren Vorräte an Einsatzfaktoren und die Personalkapazitäten ebenso mit in die Rechnung einzubeziehen wie etwa die gegebenen Absatzmöglichkeiten. Bei der Investitionsplanung muß berücksichtigt werden, welche Absatzmöglichkeiten eine bestimmte Investition eröffnet und welche Finanzierungsalternativen bestehen.

Im Rahmen der Unternehmensgründung müssen die Startvoraussetzungen für das Unternehmen geschaffen werden. Der Absatz von Produkten kann nur erfolgen, wenn diese auch zur Verfügung stehen. Diese Produkte müssen entweder bezogen oder erstellt werden. Zur Erstellung der Produkte bedarf es unterschiedlicher Ressourcen wie z. B. Material, Personal und Maschinen. Daher müssen in den unterschiedlichen Bereichen Vorleistungen bezogen werden (Beschaffungsmarkt). Der sich aus den unterschiedlichen Bereichen ergebende Kapitalbedarf muß schließlich finanziert werden (Geld- und Kapitalmarkt).

Im Rahmen dieses Leitfadens werden einige Planungsbereiche nur kurz angesprochen. Ein Schwerpunkt wurde bereits im Bereich der Investitions- und Finanzplanung gelegt. Da bestimmte Planungsbereiche sehr stark vom Gegenstand und der Organisation des Unternehmens des Gründers abhängig sind, andere Planungsbereiche, wie z. B. die Produktionsplanung, für manche Unternehmensgründungen gar nicht in Betracht kommen, werden diese Punkte nur kurz behandelt. Dies berücksichtigt, daß der erforderliche Planungsaufwand von Existenzgründung zu Existenzgründung sehr unterschiedlich ist. Gegebenenfalls müssen Sie sich weiterer Literatur bedienen und die für Sie relevanten Aspekte dort vertiefen.

10.1 Wissenswertes zum Absatz(markt)

Absatzplanung

Orientierungspunkt für das eigene Angebot sind in erster Linie die Nachfragebedürfnisse und in zweiter Linie die Angebote der Konkurrenz. Der Überprüfung der Absatzmöglichkeiten kommt somit im Rahmen einer Unternehmensneugründung eine besondere Bedeutung zu, ein Aspekt, der bereits zu Beginn des Buches mehrfach herausgestellt wurde. *H. Dittrich* betont, daß eine Marktlücke allein nicht genügt, um eine Unternehmensgründung zu planen. Die große Unbekannte bleibt bei jeder Existenzgründung die Menge, die verkauft werden kann. Hinzu kommt die Frage, wie sich die Nachfrage auf das Kalenderjahr verteilt. Um Planungen zu fundieren, gilt es somit – wie mehrfach betont – sich an den Nachfragerbedürfnissen zu orientieren und hieran das mögliche Absatzpotential zu beziffern.

Die Absatz- und Umsatzplanung basiert auf Informationen, die zuvor bei der Marktanalyse gesammelt wurden. Bedenken Sie immer, daß es sich bei den ermittelten Werten um Prognosen handelt, d. h. der Absatz- und Umsatzplan immer unsicher ist. Der Absatz- und Umsatzplan ist daher stets anhand der tatsächlichen Absatzmengen bzw. Umsätze zu überprüfen und zu aktualisieren.

Die Absatzplanung umfaßt darüber hinaus die Festlegung der aus der Unternehmensstrategie abgeleiteten Marketingziele und der zu wählenden Mittel und Wege, um diese Ziele zu erreichen. Ergänzend bleibt zu sagen, daß Grundlage der Marketingplanung in aller Regel der Absatzplan ist. Stimmen Sie nunmehr Marketing- und Absatzplan aufeinander ab.

10.2 Beschaffung

Als Beschaffung sind alle Tätigkeiten eines Betriebes zu verstehen, die der Bereitstellung jener Mittel dienen, die der Betrieb zur Erfüllung seiner gestellten Ziele benötigt. In der Wirtschaft ist der einzelne Betrieb mit den anderen Wirtschaftseinheiten über Märkte verbunden. Auf dem Beschaffungsmarkt tritt er als Nachfrager von Produktionsfaktoren und von finanziellen Mitteln auf und auf dem Absatzmarkt als Anbieter von Produkten und Dienstleistungen.

Beschaffungsplanung

Der Beschaffungsplan soll sicherstellen, daß die für die einzelnen Betriebsprozesse notwendigen Güter- und Leistungsmengen in der benötigten Qualität und Quantität zeitgerecht zur Verfügung stehen.

Als grundlegende Voraussetzung für die Ermittlung des Beschaffungsplanes ist eine Analyse des zu erwartenden Bedarfes an Betriebsmitteln und Werkstoffen, die für die Leistungserstellung auf Grund der Fertigungspläne (oder des zu erwartenden Absatzes) benötigt werden, anzusehen. Wie Sie wissen, fließt die Beschaffungsplanung direkt in Ihren Finanzplan ein, da die zur Produktion benötigten Betriebsmittel vorfinanziert werden müssen. Ihr Ziel muß es im Rahmen der Beschaffungsplanung sein, aus Ihrer persönlichen finanziellen Sicht die optimale Bestellmenge zu ermitteln.

Festlegung der Bestell- und Liefermengen

Bestellen Sie am Anfang Ihrer Existenzgründung nicht mehr als nötig. Sie wissen ja, alles muß vorfinanziert werden. Ihre Aufgabe ist es, insbesondere im Verkauf auszuloten, was wirklich gebraucht wird und was dem Kunden überflüssig erscheint. Denken Sie aber auch daran, daß der Kunde, je nach Zielgruppe, die Auswahl sucht und stöbern möchte. Bieten Sie ihm somit eine möglichst breite Produktpalette. Sie können gegebenenfalls Waren in Kommission nehmen und im Namen Dritter veräußern. Dies füllt gleichermaßen Ihren Laden und senkt Ihre Liquiditätsanspannung.

Für hohe Bestellmengen spricht:

- Das Preisrisiko wird bei steigenden Preisen gemindert.
- Mindermengenzuschläge werden vermieden.

- Es werden u. U. Mengenrabatte gewährt.
- Bei steigenden Preisen erzielt man zusätzlichen Gewinn.

Gegen hohe Bestellmengen spricht:

- Man ist bei Produktionsumstellungen oder Modewechsel weniger flexibel.
- Man ist für längere Zeit an die gleiche Qualität gebunden, auch wenn man eine andere als besser erkannte.
- Bei sinkenden Preisen erleidet man Verlust.

Die Lieferung in größeren Mengen hat besonders folgende Vorteile:

- Die Verpackungskosten sind relativ gering.
- Es können beim Abladen und Einstapeln Kosten gespart werden.
- Der Transport ist wegen günstiger Transportmittelauslastung relativ billig.

Andererseits entstehen im Zusammenhang mit größeren Lieferungen

- höhere Kapitalbindungen,
- höhere Lagerverwaltungskosten und
- höhere Lagerrisiken.

Es gilt, die Vor- und Nachteile sorgfältig gegeneinander abzuwägen und den goldenen Mittelweg herauszufinden.

Einflußfaktoren für die Beschaffung sind

- die Verhältnisse auf dem Beschaffungsmarkt (Mengen und Preise, Liefer- und Zahlungsbedingungen etc.)
- die Verhältnisse im Nachrichten- und Güterverkehr (Transportart, Transportkosten, sonst. Bezugsspesen) und
- das geplante Produktionsprogramm in seiner quantitativen, qualitativen und zeitlichen Struktur (auf Grund von Fertigungsplänen, Stücklisten, Bedarfsmeldungen des Lagers, u.s.w.).

Wenn Sie einen Beschaffungsplan erstellen, achten Sie darauf, daß der Lagerbestand nicht zu groß geplant wird, da ein größerer Lagerbestand mit einer höheren Kapitalbindung und einem größeren Lagerplatz einhergeht. Dadurch entstehen vermeidbare Kosten. Des weiteren können die Materialien Qualitätsverluste und Preisminderungen erleiden. Andererseits kann bei größeren Bestellmengen mit einem damit zeitweise verbundenen größeren Lagerbestand ein günstigerer Einkaufspreis und durch die Verminderung der Beschaffungsvorgänge eine Verringerung der Beschaffungskosten erzielt werden. Die Planung des Lagerbestandes für Waren, die selbst produziert wurden, ist des weiteren von der Produktionsplanung abhängig. Einerseits können nicht alle Waren, die produziert werden können, immer auch sofort abgesetzt werden, andererseits werden zu bestimmten Zeiten mehr Waren abgesetzt als zur gleichen Zeit produziert werden können. Eine Anpassung an die jeweiligen Absatzmöglichkeiten kann durch Anpassung der Produktion/oder Anpassung des Lagerbestandes erfolgen.

Beschaffungspolitik – Make-or-buy-Entscheidung

Der Existenzgründer hat sich auch mit dem Aspekt von Eigenfertigung oder Fremdbezug („Make or buy") auseinanderzusetzen. Im Rahmen dieser Entscheidung fällt der Lieferantenanalyse eine hohe Entscheidungsrelevanz zu.

Eigenfertigung ist u. a. dann zu bevorzugen, wenn

- fertigungstechnische Zwänge zur Selbsterstellung bestehen,
- Selbstherstellung kostengünstiger ist,
- dadurch eine spürbar höhere Qualität erreicht wird,
- damit geringere Modellbereitstellungsrisiken gegeben sind,
- spezielles Know-how erforderlich ist,
- vorhandene Kapazitäten besser ausgelastet werden,
- absatzwirtschaftliche Vorteile erzielt werden,
- zeitliche Flexibilität erreicht wird

Fremdbezug ist u. a. dann zu bevorzugen, wenn

- bestehende gewerbliche Schutzrechte dazu zwingen,
- dadurch Kostenvorteile entstehen (Outsourcing, geringere Fertigungstiefe),

- das Know-how von Zulieferern zu eigenem Nutzen materialisiert werden soll,
- dadurch absatzwirtschaftliche Vorteile entstehen,
- dies zu geringeren finanzwirtschaftlichen Belastungen führt.

Im Rahmen der „Make-or-buy"-Entscheidung kommt der Suche, Auswahl und Beurteilung eines potentiellen Lieferanten eine hohe Bedeutung zu. Unternehmer sollten stets bestrebt sein, Lieferanten zu finden, die einen guten Lieferservice bieten. Lieferservice beinhaltet dabei die Komponenten Lieferzeit, Lieferzuverlässigkeit, Lieferungsbereitschaft und Lieferflexibilität. Die Suche nach Lieferanten, die diese Eigenschaften besitzen, soll die nachfolgende Tabelle unterstützen.

Informieren Sie sich darüber, ob es für Ihr Vorhaben Fachmessen gibt!
Falls ja, erfragen Sie Termine und Messeorte!
Bestellen Sie rechtzeitig den Messekatalog bei der Messegesellschaft!
Erkundigen Sie sich, unter welchen Bedingungen Sie Messezutritt erlangen können!
Nutzen Sie eventuell vorhandene Vorkenntnisse zur Erlangung von Lieferantenadressen!
Informieren Sie sich über vorhandene Lieferantenverzeichnisse! Nehmen Sie schriftlichen oder telefonischen Kontakt zu Ihnen bereits bekannten Vertretern auf!
Knüpfen Sie Verbindungen zu Branchenkollegen und nutzen Sie deren Lieferantenkenntnisse (Wählen Sie dafür aber Kollegen außerhalb Ihres Einzuggebietes)!
Sichten Sie auch die Branchenverzeichnisse der Fernsprechbücher bei der Suche nach Lieferanten und Großhändlern!
Informieren Sie sich darüber, ob es für Ihre Sparte Einkaufsverbände gibt und nehmen Sie eventuell Kontakt auf!

Tabelle 14: Die Suche nach Lieferanten

10.3 Interessantes zum Thema „Produktion"

Als „Produktion" wird im allgemeinen jener Bereich im Rahmen des prozessualen Betriebsgeschehens angesehen, der unmittelbar auf die Hervorbringung der Betriebsleistung ausgerichtet ist.

Produktionsarten:

- die Gewinnung von Rohstoffen (Urproduktion)
- die Herstellung von Erzeugnissen (Fabrikaten) in Fertigungsbetrieben
- die Bearbeitung von Rohstoffen und Erzeugnissen in Bearbeitungsbetrieben (Veredlungsbetrieben)
- die Erbringung von Dienstleistungen durch Dienstleistungsbetriebe

Produktionsfaktoren

Die Volkswirtschaftslehre unterscheidet die Produktionsfaktoren **Arbeit, Boden und Kapital.**

Diesen Faktoren werden heute in der Literatur die „3-M-Faktoren" gegenübergestellt: **Menschen, Materialien und Maschinen**

Ihre Notizen:

Das Wesen eines Unternehmens sind Menschen, nicht Maschinen.

Gestaltung des Produktionsprozesses

Die Bestimmung des Produktionsprogrammes ist von der Zielsetzung des Unternehmens abhängig. Ist diese Zielsetzung im Lichte des erwerbswirtschaftlichen Prinzips zu sehen, so richtet sich die Zusammensetzung des Produktionsprogramms
- nach der Art der zu erstellenden Leistung,
- nach der Häufigkeit der Wiederholung einzelner Fertigungsvorgänge (Breite des Fertigungsprogrammes) und
- nach den Kriterien für einen optimalen Produktionsumfang.

Diese Überlegungen werden beeinflußt
- von der betriebstechnischen Ausstattung,
- von der betrieblichen Kapazität,
- von den Absatzmöglichkeiten,
- von den Finanzierungsmöglichkeiten und
- (gemeinsam zusammenfassend) von den Kostenverhältnissen.

Soweit dies möglich ist, wird eine Übereinstimmung zwischen den im Produktionsbereich erstellten Leistungen (**Betriebsleistung**) und den hiervon am Markt abgesetzten Leistungen (**Marktleistung**) angestrebt.

Produktionsplanung

Im Rahmen der Produktions- und Prozeßplanung geht es im wesentlichen darum, den unter Kostengesichtspunkten optimalen Produktionsprozeß in Abstimmung mit dem Bedarf an Produkten zu finden. In Abhängigkeit von der Produktions- und Prozeßplanung ergibt sich ein Bedarf an Produktionsmitteln. Die Auswahl der Produktionsmittel darf dabei nicht allein unter kurzfristigen Kostengesichtspunkten erfolgen, sondern sollte auch an andere Produktionsprozesse oder Produktionszeiten angepaßt werden. Ein Ziel ist hierbei auch der Ausgleich saisonaler Schwankungen. In der Programmplanung ist Vorsorge dafür zu treffen, wie saisonalen Schwankungen einerseits auf der **Absatzseite** und andererseits auf der **Beschaffungsseite** begegnet werden kann.

Als Alternativen kommen in Frage:
- Die Produktionsmengen werden variabel im Einklang mit den erwarteten unterschiedlich hohen Absatzzahlen geplant. Da-

durch kann der Lagerbestand gering gehalten werden, vorhandene Kapazitäten bleiben jedoch zum Teil ungenutzt. Der Kostenersparnis bei der Lagerhaltung sind die erhöhten Kosten auf Grund niedriger Beschäftigungsgrade gegenüberzustellen.

- Die Produktionsmengen werden konstant geplant, der Mengenausgleich erfolgt über eine zum Teil intensive Lagerhaltung. Die obigen Kostenüberlegungen gelten analog.
- Das Unternehmen versucht, saisonale Spitzen durch die Vergabe von Lohnarbeiten an Fremdbetriebe abzubauen. Umgekehrt wird versucht, in Zeiten geringerer Auslastung Fremdaufträge zu übernehmen.
- Das Unternehmen versucht, komplementäre Produkte in das Fertigungsprogramm aufzunehmen, deren Saisonzyklen gegenüber den ursprünglichen Produkten phasenverschoben sind und auf diese Weise zu einem gleichmäßigen Absatz und zu gleichmäßiger Produktion beitragen.

Rationalisierung des Produktionsprozesses

Als Verfahren zur Rationalisierung von Produktionsprozesse gelten
- die technische Rationalisierung,
- die organisatorische Rationalisierung und
- die soziale Rationalisierung.

Während die **technische Rationalisierung** die Verwendung zweckmäßigerer Maschinen und Anlagen sowie besserer Herstellungsverfahren anstrebt, soll durch die **organisatorische Rationalisierung** über Normung, Typisierung und Spezialisierung das Kostenniveau des Betriebes gesenkt werden. Die **soziale Rationalisierung** hat zum Ziel, die Arbeiter zu schulen und dadurch für einen bestimmten Arbeitsplatz geeignet zu machen, das Betriebsklima zu verbessern und durch Eignungsprüfungen die richtige Arbeiterauswahl zu treffen.

Produktionsplanung und -steuerung (PPS)

Bei der Produktionsplanung und der Produktionssteuerung (PPS) stehen vier Aufgabenbereiche im Vordergrund:

- Planung der Produktionsprogrammes: Bereitstellung der Materialien nach Art, Qualität, Menge, Termin und Kosten zur Durchführung der Produktion (mengenmäßige Planung).

- Terminplanung: Vorbereitung, Planung und Koordination des zeitlichen Ablaufs der Aufträge in der Produktion (Zuordnung von Aufträgen zur Kalenderzeit und zu den betrieblichen Kapazitätseinheiten).

- Steuerung der Produktionsdurchführung: Durchsetzung, Kontrolle und kurzfristige Anpassung des Produktionsplanes (Realisierungsaufgaben).

- Datenverwaltung: Sammlung, Speicherung und Aktualisierung von Daten (Betriebsdatenerfassung) zur Wahrnehmung der Planungs-, Realisierungs- und Kontrollaktivitäten in den vorhin genannten Aufgabenbereichen.

PPS-Systeme lassen die Nutzung bedeutender Rationalisierungspotentiale zu, insbesondere innerhalb eines CIM-Umfeldes. In der Praxis wird durch die computerunterstützte Fertigung eine Senkung der Gesamtkosten um bis zu 30 Prozent ermöglicht.

10.4 Lager(politik)

Die Kosten der Lagerhaltung entstehen durch die Beanspruchung von Lagerraum, die mit der Lagerhaltung verbundenen Tätigkeiten und durch das in den Produktionsfaktoren gebundene Kapital.

Bei der Suche nach der optimalen Beschaffungsmenge müssen die Auswirkungen verschiedener Beschaffungsmengen auf die Höhe der entstehenden Kosten untersucht werden. Hinsichtlich der Abhängigkeit von der Beschaffungsmenge können generell zwei relevante Kostenkategorien unterschieden werden, nämlich

- diejenigen Kosten, die mit zunehmender Beschaffungsmenge stückbezogen geringer werden (Beschaffungskosten), und
- die Kosten, die mit zunehmender Beschaffungsmenge steigen (Lagerhaltungskosten).

Wie es einerseits Aufgabe der Lagerpolitik ist, für die Erfüllung der Kundenwünsche zu sorgen oder die Kontinuität der Produktion zu sichern, so gerät sie andererseits mit den ebenso berechtigten Forderungen nach Minimierung des Kapitaleinsatzes und der Kosten in Kollision.

Es muß ein Kompromiß hinsichtlich der optimalen Lagermenge zwischen beiden Zielsetzungen unter Beachtung des Wirtschaftlichkeitsprinzips angestrebt werden.

Eine hundertprozentige Lieferbereitschaft wird es jedoch nie geben, denn mathematisch läßt sich nachweisen, daß eine Lieferbereitschaft von 100 Prozent nur dann möglich ist, wenn man ein unendlich großes Kapital zur Deckung der Lagerhaltungskosten zur Verfügung stellt. (Lager)Politik ist nun einmal die Kunst des Möglichen.

Die zwar immer wieder geforderten aber nicht alle miteinander zu vereinbaren Ziele einer vorbildlichen Lagerpolitik lauten:

• möglichst hohe Lieferbereitschaft bzw. -fähigkeit,
• möglichst kurze Lieferfrist bzw. Lieferzeit bei hoher Lieferzuverlässigkeit,
• möglichst niedrige Kapitalbindung,
• möglichst niedrige Beschaffungskosten,
• Bereitstellung der richtigen Liefermenge und der richtigen Warenart und
• Bereitstellung im richtigen Lieferzustand, am richtigen Lieferort zur richtigen Lieferzeit.

Das „Für und Wider" von Lagerbeständen wird in der Literatur wie folgt diskutiert:

Ihre Aufgabe ist es, persönliche Prioritäten hinsichtlich der von Ihnen angestrebten Lagerpolitk zu setzen, da Sie sich nur für die Optimierung einzelner der in der obigen Liste aufgeführten oft miteinander kollidierenden Ziele entscheiden können.

Für Lagerbestände sprechen folgende Gründe:

• Mengenrabatte bei Lieferanten
• Transportkonditionen verbessern
• Ausgl. zw. Angebot u. Nachfrage
• Just-in-Time zu realisieren
• Spekulation (Anstieg d. Preise)
• Sicherungsfunktion
• Lieferfähigkeit wahren

- Schlupfressourcen-Bildung
- Flexibilitätsfunktion
- Lieferzeitverkürzungsfunktion
- Aussortierungsfunktion
- Veredelungsfunktion
- Akquisitionsfunktion

Gegen Lagerbestände sprechen folgende Gründe:

- Kapitalbindung
- Liquiditätsverluste
- Stabilitätsverluste der Eigenkapitalquote
- Rentabilitätsverluste
- Lagerhaltungskosten steigen
- Bildung v. überhöhten Sicherheitsreserven
- Überschreitung von Lagerhöchstbeständen
- Wachstumshemmnisse

Ihre Notizen:

11. Übergreifende Themen – Recht, Unternehmensformen und Versicherungen

Warum erst jetzt, eine Frage, mit der mich viele Existenzgründer konfrontierten. Meine Antwort: Bis hierher konnten Sie alles selbst entscheiden. Spätestens jetzt sollten Sie sich jedoch beraten lassen (vgl. hierzu auch die Ausführungen im nächsten Abschnitt). Rechtsanwälte, Steuer- und Unternehmensberater (Gründungsberater) stehen Ihnen bei den nachfolgend diskutierten Punkten gerne zur Seite. Als Existenzgründer legen Sie sich z.B. mit der Entscheidung über die Rechtsform des Unternehmens langfristig fest. Dies will wohlüberlegt sein. Es sollten gesellschaftliche, betriebswirtschaftliche und steuerliche Aspekte genauestens analysiert und gemäß ihrer Bedeutung für Ihr Vorhaben abgewogen werden. Es ist nicht die primäre Aufgabe eines Existenzgründers, sich diesen o.g. Aspekten zu widmen. Widmen Sie sich den Kunden und nicht den Kommentaren zum Steuerrecht. Greifen Sie hierfür auf einen kompetenten Steuerberater zurück. Gleiches gilt für das Themengebiet „Recht". Auch hier sollten Sie gegebenenfalls auf einen Rechtsanwalt zugehen.

Vor dem Hintergrund dieser Aussagen beschränken wir uns hier auf eine komprimierte Darstellung der Themen „Recht und Steuern" (vgl. *Dresdner Bank*, Unternehmer werden), „Unternehmensformen" und „Versicherungen" (vgl. *U. Kirst*, Selbständig mit Erfolg). Gehen Sie nach dem Lesen des Abschnittes auf die jeweiligen Experten zu und fragen Sie diese um Rat!

11.1 Für Unternehmer bedeutsame Rechtsgrundlagen

Wirtschaftsrecht:
1. Bürgerliches Recht
2. Handelsrecht
3. Gesellschaftsrecht
4. Schutzrecht
5. Arbeitsrecht

6. Sozialrecht
7. Verfahrensrecht
8. Steuerrecht

1. Bürgerliches Recht

Das Bürgerliche Recht ist im Bürgerlichen Gesetzbuch (BGB) festgelegt. Es regelt die Rechtsverhältnisse natürlicher Personen. Natürliche Personen sind Menschen, juristische Personen sind Gesellschaften, die über eine eigene Rechtsfähigkeit verfügen, beispielsweise die GmbH oder die AG.

Das BGB besteht aus

- einem Allgemeinen Teil,
- dem Schuldrecht, in dem beispielsweise Verträge behandelt werden,
- dem Sachenrecht, in dem beispielsweise Besitz und Eigentum geregelt sind,
- dem Familienrecht und
- dem Erbrecht.

Was regelt das BGB?

z. B.:

Kaufvertrag	§§ 433–458
Dienstvertrag	§§ 611–650
Schenkungsvertrag	§§ 516–534
Mietvertrag	§§ 535–580
Pachtvertrag	§§ 581–597
Leihvertrag	§§ 598–606
Darlehensvertrag	§§ 607–610

2. Handelsrecht

Das BGB gilt für die Rechtsgeschäfte aller Personen. Es ist damit für Nichtkaufleute **und** Kaufleute bedeutsam. Das Handelsrecht regelt ausschließlich die **Rechtsverhältnisse von Kaufleuten**.

Kaufmann ist, wer ein Handelsgewerbe betreibt (§ 1 HGB). Ein Gewerbe ist eine erlaubte, planmäßige und dauerhafte Tätigkeit zum Zwecke der Gewinnerzielung.

Firma/Handelsregister

Für die Gründung eines Unternehmens sind die Firma und das Handelsregister bedeutsam:

- Die Firma eines Kaufmanns ist der Name, unter dem er im Handel seine Geschäfte betreibt und die Unterschrift abgibt (§ 17 HGB). Der Kaufmann tritt im Handelsverkehr mit seiner Firma auf. Er kann unter seiner Firma klagen und verklagt werden. Außerdem erwirbt er Forderungen und geht Verbindlichkeiten unter seiner Firma ein.

- Das Handelsregister ist ein öffentliches Register, das von den Amtsgerichten geführt wird (§ 8 HGB). Sie nehmen die Eintragung für alle Kaufleute vor, die in dem jeweiligen Gerichtsbezirk ihren Sitz haben.

Das Amtsgericht hat die Eintragungen in das Handelsregister durch den Bundesanzeiger und durch mindestens ein anderes Blatt bekanntzumachen (§ 10 HGB).

3. Gesellschaftsrecht

Jede durch Vertrag begründete Personenvereinigung zur Verfolgung eines gemeinsamen Zwecks ist eine Gesellschaft. Der Vielgestaltigkeit der Bedürfnisse entsprechend werden Gesellschaften mit unterschiedlicher Zielsetzung gegründet. Bei einem Wirtschaftsunternehmen ist der Zweck regelmäßig auf den Betrieb eines Gewerbebetriebes gerichtet.

Vorschriften über die Gesellschaften finden sich im BGB, HGB, GmbHG und AktG.

4. Schutzrecht

Gewerblicher Rechtsschutz

Diejenigen Erzeugnisse und Verfahren, die im Unternehmen selbst entstanden sind, können über den gewerblichen Rechtsschutz gesichert werden.

- **Patente** werden für Erfindungen erteilt und können über Lizenzen an Dritte weitergegeben werden.

- **Gebrauchsmuster** (z. B. für eine neue Vorrichtung, Gestaltung, Anordnung)

- **Geschmacksmuster**
- **Warenzeichen**

Wettbewerbsgesetz

Das **Gesetz gegen den unlauteren Wettbewerb** (UWG) schützt die unternehmerische Leistung des Kaufmanns im Wettbewerb gegenüber mißbräuchlichen Wettbewerbshandlungen.

Laut § 1 UWG verstößt derjenige gegen den Wettbewerb, der im geschäftlichen Verkehr Handlungen vornimmt, die gegen die guten Sitten verstoßen. Das Unternehmen kann deshalb auf Unterlassung und Schadensersatz verklagt werden.

Betreibt das Unternehmen seine Kundenwerbung beispielsweise

- durch Straßenwerbung,
- durch Zusendung unbestellter Ware,
- durch unaufgeforderte Telefon-, Telex- oder Telefax-Werbung (Ausnahme: Brief- oder Wurfsendungen, die als Werbung kenntlich gemacht worden sind) oder
- oder durch die Ausnutzung der Gefühle, das Vertrauen oder die Unerfahrenheit der Kunden bei vergleichender Werbung,
  so greift hier der § 1 UWG.

Der § 3 UWG behandelt irreführende Angaben und lautet wie folgt: „Wer im geschäftlichen Verkehr zur Zwecken des Wettbewerbs über geschäftliche Verhältnisse, insbesondere über die Beschaffenheit, den Ursprung, die Herstellungsart oder die Preisbemessung einzelner Waren oder gewerblicher Leistungen oder des gesamten Angebots, über Preislisten, über die Art des Bezugs oder die Bezugsquelle von Waren, über den Besitz von Auszeichnungen, über den Anlaß oder den Zweck des Verkaufs oder über die Menge der Vorräte irreführende Angaben macht, kann auf Unterlassung der Angaben in Anspruch genommen werden."

Beispiele für die Anwendungsmöglichkeiten des § 3 UWG sind die Selbstanpreisung und die Lockvogelwerbung.

Grundsätzlich sind Sonderveranstaltungen laut Gesetz im Einzelhandel verboten. Das Unternehmen hat aber die Möglichkeit des Saisonschlußverkaufs und des Jubiläumsverkaufs, da diese Veranstaltungen laut § 7 (3) UWG erlaubt sind.

Neben den Ausnahmen des § 7 UWG kann das Unternehmen auch Räumungsverkäufe (§ 8 UWG) durchführen

1. infolge eines Schadens, der durch Feuer, Wasser, Sturm oder ein vom Veranstalter nicht zu vertretendes vergleichbares Ereignis verursacht wurde oder
2. vor der Realisierung eines nach baurechtlichen Vorschriften anzeige- und genehmigungspflichtigen Bauvorhabens.

Das **Gesetz gegen Wettbewerbsbeschränkungen** (GWB) spricht ein grundsätzliches Kartellverbot aus.

Datenschutz

Hier greift das **Bundesdatenschutzgesetz** (BDSG), welches die Verarbeitung personenbezogener Daten regelt.

Umweltschutz

Dem Umweltschutz gilt eine Vielzahl von Gesetzen, z.B.:
- Abfallbeseitigungsgesetz, Abwasserabgabengesetz, Altölgesetz, Atomgesetz, Bundesimmisionsgesetz, Bundesnaturschutzgesetz, Bundeswaldgesetz, Gesetz über die Vermeidung und Entsorgung von Abfällen, Gesetz zur Bekämpfung der Umweltkriminalität, etc.

5. Arbeitsrecht

Infolge der unterschiedlichen Interessen der Arbeitgeber, der Arbeitnehmer und der Allgemeinheit haben sich vielfältige **Rechtsquellen** herausgebildet. Zu nennen sind:
- Grundgesetz,
- Berufsbildungsgesetz (BBiG),
- Kündigungsschutzgesetz (KSchG),
- Bundesurlaubsgesetz (BUrlG),
- Handelsgesetzbuch (HGB),
- Lohnfortzahlungsgesetz (LohnFG),
- Arbeitszeitordnung (AZO),
- Arbeitnehmerüberlassungsgesetz (AÜG),
- Mutterschutzgesetz (MuSchG),
- Jugendarbeitsschutzgesetz (JArbSchG),
- Heimarbeitsgesetz (HAG),
- Schwerbehindertengesetz (SchwbG),

- Arbeitssicherheitsgesetz (ASiG),
- Arbeitsplatzschutzgesetz (ArbPlSchG).

Kündigungsschutzgesetz

- Das Gesetz dient dem Schutz vor sozial ungerechtfertigten Kündigungen. Sozial ungerechtfertigt ist eine Kündigung, wenn sie nicht in der Person oder im Verhalten des Arbeitnehmers begründet ist oder sich nicht durch dringende betriebliche Erfordernisse begründen läßt.
- Im Bürgerlichen Gesetzbuch (BGB) sind die gesetzlichen Kündigungsfristen eines Arbeits- oder Dienstverhältnisses festgelegt.

Berufsbildungsgesetz

- In dieser Vorschrift sind die gesetzlichen Anforderungen an die Berufsausbildung, berufliche Anpassungsfortbildung, berufliche Weiterbildung oder Umschulung geregelt.
- Es wurden auf der Basis des Berufsbildungsgesetzes zur Regelung einer ordnungsgemäßen Ausbildung für die jeweiligen Berufe Berufsbilder erarbeitet, die Bestandteil eines jeden Ausbildungsvertrages sind.

Jugendarbeitsschutzgesetz

- Die Beschäftigung von Kindern unter 14 Jahren oder von Jugendlichen, die zum Besuch einer Schule im Vollunterricht verpflichtet sind, ist verboten.
- Jugendliche, die älter als 14 Jahre sind, aber das 18. Lebensjahr noch nicht vollendet haben, dürfen täglich nicht länger als acht Stunden und wöchentlich nicht mehr als 40 Stunden beschäftigt sein.
- Akkord- und Fließbandarbeiten dürfen Jugendliche nicht leisten.
- Es bestehen besondere Ruhe- und Freizeitregelungen.
- Ein Jugendlicher darf nur beschäftigt werden, wenn er innerhalb der letzten zwölf Monate vor Aufnahme der Beschäftigung ärztlich untersucht wurde und eine Bescheinigung des Arztes vorliegt, daß gegen die beabsichtigte Tätigkeit keine ärztlichen Bedenken bestehen.

Schwerbehindertengesetz

- Schwerbehinderte sind in ihrer Erwerbsfähigkeit um mindestens 50 % gemindert. Nach Anerkennung durch die Hauptfürsorgestelle können auch um mindestens 30 % Erwerbsgeminderte unter die besonderen Vorschriften dieses Gesetzes fallen.

- Private Arbeitgeber mit mindestens 16 Arbeitsplätzen haben einen bestimmten Prozentsatz mit Schwerbehinderten zu besetzen; den Prozentsatz erfahren Sie beim Arbeitsamt.
- Arbeitgeber, die zur Beschäftigung von Schwerbehinderten verpflichtet sind, haben dies dem Arbeitsamt und der Hauptfürsorgestelle anzuzeigen (Anzeigepflicht).
- Die Kündigungsfrist für Schwerbehinderte beträgt mindestens vier Wochen. Jede Kündigung bedarf der vorherigen Zustimmung der Hauptfürsorgestelle.
- Schwerbehinderte haben gesetzlichen Anspruch auf zusätzlichen (bezahlten) Urlaub von wenigstens fünf Arbeitstagen im Kalenderjahr.
- Schwerbehinderte können Sie auch in Heimarbeit nach dem Heimarbeitsgesetz beschäftigen.

Heimarbeitsgesetz

- Beschäftigen Sie Heimarbeiter, sind sie in besonderen Listen auszuweisen und dem Arbeitsamt einzureichen.
- Weiterhin sind Nachweise zu führen, die beim Heimarbeiter verbleiben. In diese Nachweise sind die jeweiligen Termine der Ausgabe und Abnahme von Arbeit, deren Art und Umfang und die hierfür gezahlten Entgelte einzutragen.

Lohnfortzahlungsgesetz

- Arbeitnehmer, die infolge Krankheit arbeitsunfähig werden, haben Anspruch auf Lohn- oder Gehaltsfortzahlung für die Dauer von sechs Wochen. Höhe der Lohn- oder Gehaltsfortzahlung richtet sich nach der Entlohnung bei regelmäßiger Arbeitszeit. Bei Akkordentlohnung ist der erzielbare Durchschnittsverdienst zugrunde zu legen.

Mutterschutzgesetz

- Es gelten Einschränkungen bei bestimmten Tätigkeiten.
- Werdende Mütter dürfen nicht beschäftigt werden, wenn ein ärztliches Attest besagt, daß eine Weiterbeschäftigung Schaden für das Leben und die Gesundheit der Mutter hervorruft.
- Während der Schwangerschaft und vier Monate nach der Entbindung darf der Arbeitgeber grundsätzlich keine Kündigung aussprechen.

Gesetz über die Gewährung von Erziehungsgeld und Erziehungsurlaub

- Nach der Geburt eines Kindes kann ein Elternteil sein Beschäftigungsverhältnis bis zur Vollendung des 3. Lebensjahres eines Kindes, das nach dem 31. Dezember 1991 geboren ist, ruhen lassen, wenn der mit dem Erziehungsberechtigten in einem Hausstand lebende Ehegatte erwerbstätig oder arbeitslos ist. Der Erziehungsurlaub ist vier Wochen vor Beginn beim Arbeitgeber geltend zu machen.
- Für den Arbeitnehmer besteht während des Erziehungsurlaubs eine Arbeitsplatzgarantie, das heißt, der Arbeitgeber darf ihm nicht ohne Zustimmung des Arbeitsamtes kündigen.

6. Sozialrecht

Das Sozialstaatsprinzip des Grundgesetzes (GG) ist die Grundlage des sozialen Auftrags unseres Staates. Zum Sozialrecht gehören die Sozialversicherung, die Sozialversorgung bzw. die Sozialhilfe oder Sozialfürsorge. Im Zuge der Entwicklung der Sozialaufgaben des Staates sind zahlreiche Einzelgesetze entstanden. Durch eine Reform wurden sie zu einem Sozialgesetzbuch zusammengefaßt.

Zu unterscheiden sind:

- Das **Sozialgesetzbuch**, das zur Zeit folgende Teile enthält:
  - Allgemeiner Teil des Sozialgesetzbuches (SGB I)
  - Vorschriften für die Sozialversicherung (SGB IV)
  - Gesetzliche Krankenversicherung (SGB V)
  - Verwaltungsverfahren (SGB X)
  Es gelten darüber hinaus:
  - Bundesausbildungsförderungsgesetz (BAFöG)
  - Arbeitsförderungsgesetz (AFG)
  - Schwerbehindertengesetz (SchwbG)
  - Reichsversicherungsordnung (RVO)
  - Angestelltenversicherungsgesetz (AVG)
  - Bundeskindergeldgesetz (BKGG)
  - Bundessozialhilfegesetz (BSHG)
- Die **Sozialversicherung** ist eine gesetzliche Zwangsversicherung, mit der eine Mindestversicherung garantiert wird. Sie kann

durch eine freiwillige Zusatzversorgung ergänzt werden kann, beispielsweise private Sozialversicherungen. Die Leistungen aus der Sozialversicherung dienen in erster Linie der **sozialen Sicherung des Arbeitnehmers** beim Ausfall der Arbeitsvergütung infolge von Krankheit, Arbeitsunfall, Alter und Arbeitslosigkeit. Dementsprechend ist die gesetzliche Sozialversicherung untergliedert werden in

- Krankenversicherung
- Unfallversicherung
- Rentenversicherung
- Arbeitslosenversicherung

7. Verfahrensrecht

Im Bereich des Arbeits- und Sozialrechts entstehen unterschiedliche Ansprüche, für die der Rechtsweg vor den Arbeits-, Sozial-, Verwaltungs- und Zivilgerichten gegeben ist. Das zuständige Gericht wird durch den Streitgegenstand bestimmt.

Bei arbeitsrechtlichen Streitigkeiten ist der Rechtsweg zu den Arbeitsgerichten gegeben. Arbeitsgerichte gibt es in drei Instanzen:

- Arbeitsgericht als erste Instanz
- Landesarbeitsgericht als Berufungsinstanz
- Bundesarbeitsgericht als Revisionsinstanz (in Kassel)

Im Falle solzialrechtlicher Streitigkeiten ist der Rechtsweg zu den Solzialgerichten gegeben. Sozialgerichte gibt es in drei Instanzen:

- Sozialgericht als erste Instanz
- Landessozialgericht als Berufungsinstanz
- Bundessozialgericht als Revisionsinstanz (in Kassel)

8. Steuerrecht

Steuern werden als Geldleistungen definiert, die nicht eine Gegenleistung für eine besondere Leistung darstellen und von einem öffentlich-rechtlichen Gemeinwesen zur Erzielung von Einnahmen auferlegt werden.

Rechtliche Grundlagen sind:

- Das **Grundgesetz** (Art. 105 bis 115 GG) regelt u. a. die Gesetzgebungskompetenz, Steuerverteilung, Steuerverwaltung und die Angaben zum Haushalt.

- Die **Abgabenordnung** (AO) regelt die Rechte und Pflichten der Steuerzahler, allgemeine Verfahrensvorschriften, die Durchführung der Besteuerung und das Erhebungsverfahren.
- Das **Bewertungsgesetz** enthält Vorschriften zur Einheitsbewertung und die **Einzelsteuergesetze** haben jeweils die Regelungen bestimmter Steuerarten zum Gegenstand.

11.2 Gesetz über Preisnachlässe (Rabattgesetz)

Der Gesetzgeber kennt in der Bundesrepublik nur drei Arten von Preisnachlässen. Hierzu zählen:

1. Barzahlungsnachlässe

Im Sprachgebrauch bezeichnet man diesen Preisnachlaß auch als Skonto. Er wird für die sofortige Zahlung nach Erhalt der Ware oder Dienstleistung gewährt. Eine sofortige Zahlung liegt vor, wenn der Rechnungsbetrag durch Barzahlung, Scheck oder Überweisung in einer bestimmten kurzen Frist beglichen wird. Der Skonto-Betrag darf 3 % des Rechnungsbetrages nicht überschreiten.

2. Mengenpreis

Mengennachlässe auch als Mengenrabatte bezeichnet, werden den Kunden gewährt, die eine Mindestgröße an Waren vom Unternehmen abnehmen.

3. Sondernachlässe

Als Sonderrabatte können Treuerabatte, Wiederverkäuferrabatte und Personenrabatte genannt werden. Diese Preisnachlässe beziehen sich immer auf bestimmte Personenkreise. Die Höhe des max. Nachlasses wird im Gesetz nicht erläutert.

11.3 Ladenschlußgesetz

Verkaufsstellen im Sinne dieses Gesetzes werden zur Einhaltung von Ladenschlußzeiten angehalten. Verkauft werden darf allgemein an Werktagen von 7.00 Uhr bis 20.00 Uhr und an Samstagen von 7–16 Uhr. Ausnahmen gibt es für Apotheken (Notdienste), Zeitschriftenkioske, Warenautomaten, Tankstellen oder auf Bahnhöfen und Flughäfen. Weitere Ausnahmen können für Märkte, Messen oder örtliche Stadtfeste gelten.

11.4 Allgemeine Geschäftsbedingungen (AGB)

Allgemeine Geschäftsbedingungen sind vorformulierte Vertragsklauseln, die für alle Kaufverträge gelten. Ihre Rechtsgrundlage beruht auf dem Gesetz zur Regelung der Allgemeinen Geschäftsbedingungen (AGBG). Zur Aufstellung der AGB sollten Mu-sterverträge verwendet werden und diese entsprechend den individuellen Ansprüchen in Zusammenarbeit mit einem Juristen oder mit einem Mitarbeiter des zuständigen Verbandes oder der Kammer erstellt werden.

11.5 Verträge

Verträge kommen durch übereinstimmende Willenserklärungen von zwei oder mehreren Personen zustande.

Im folgenden werden einige Arten von Verträgen, die im BGB geregelt sind, aufgezeigt:

1. Kaufvertrag (§§ 433 ff. BGB)

Bei einem Kaufvertrag wird der Verkäufer verpflichtet, dem Käufer die Sache zu übereignen und ihm das Eigentum an der Sache zu verschaffen. Im Gegenzug ist der Käufer verpflichtet, dem Verkäufer den vereinbarten Kaufpreis zu zahlen und den gekauften Gegenstand abzunehmen.

2. Dienstleistungsvertrag (§§ 611–630 BGB)

Ein Dienstleistungsvertrag liegt vor, wenn sich eine Person (Dienstleister) verpflichtet, bestimmte Dienstleistungen zu erbringen. Der andere Teil (Dienstleistungsnehmer) verpflichtet sich zur Zahlung der erbrachten Leistung. Es kommt hierbei aber nicht auf einen bestimmten Erfolg an. Beispiel: „Dienstverträge mit Rechtsanwälten, Steuerberatern, etc.".

3. Werkvertrag (§§ 631–650 BGB)

Bei einem Werkvertrag wird der Unternehmer zur Herstellung des versprochenen Werkes, der Besteller zur Entrichtung des vereinbarten Vergütung verpflichtet. Zu beachten ist, daß der Besteller das benötigte Material zur Verfügung stellt. Der Unternehmer schuldet den Erfolg. Beispiel: „Anfertigung eines Stuhles, zu dem der Besteller das entsprechende Holz liefert."

4. Werklieferungsvertrag (§ 651 BGB)

Der Unternehmer verpflichtet sich, das Werk aus einem von ihm zu beschaffenden Stoff herzustellen. Des weiteren muß er dem Besteller das Werk übergeben und ihm das Eigentum an diesem Gegenstand verschaffen. Der Besteller ist zur Zahlung verpflichtet. Der Unternehmer schuldet den Erfolg.

5. Mietvertrag (§ 535–580 BGB)

Hierbei handelt es sich um einen Vertrag, im dem der Vermieter dem Mieter für einen bestimmten Zeitraum eine bewegliche oder unbewegliche Sache zum Gebrauch überläßt. Der Mieter verpflichtet sich, dem Vermieter einen zuvor bestimmten Miet zins zu zahlen.

6. Pachtvertrag (§§ 581–584b BGB)

Bei der Pacht überläßt der Verpächter dem Pächter den Gebrauch des verpachteten Gegenstandes und den Genuß der Früchte. Im Gegenzug verpflichtet sich der Pächter, dem Verpächter den vereinbarten Pachtzins zu zahlen.

11.6 Ein Wort zum Umweltschutz

Informieren Sie sich, welche Umweltbereiche von Ihrem Betrieb berührt werden (können). Grundlage für viele betriebliche Regelungen sind das Bundesimmissionsschutzgesetz (**BImSchG**), das Abfallgesetz (**AbfG**) und darüber hinaus die Gefahrstoffverordnung (**GefStoffVO**).

Danach sind **Imissionen** die auf Menschen, Pflanzen, Tiere, Boden, Luft und Wasser **einwirkenden Belastungen** wie z. B. Schall, Erschütterung, Licht, Wärme, Rauch, Dämpfe u.ä. und **Emissionen** die von der Anlage **ausgehenden Belastungen** wie Schall, Erschütterungen, Licht, Wärme, Rauch, Dämpfe u.ä.

Einen Schwerpunkt des betrieblichen Umweltschutzes bildet die **Abfallbeseitigung**. Für die ordnungsgemäße Verwertung oder Entsorgung sind Sie als Betriebsinhaber persönlich verantwortlich und haftbar. Sie müssen sich davon überzeugen, daß

- der anfallende Abfall nicht verwertbar ist,
- der Beförderer über eine Einsammlungs- und Beförderungsgenehmigung verfügt,
- ein Nachweis über die Zulässigkeit der vorgesehenen Entsorgung vorliegt.

Ein zu spätes Reagieren auf gesetzliche Vorschriften kann fatale Folgen haben. Neben der Umweltbelastung ist es auch betriebswirtschaftlich nicht mehr zu verantworten, den Aspekt des Umweltschutzes auszuklammern. Denn spätestens unter massivem Öffentlichkeitsdruck müssen Umweltsünder für Ihre Schandtaten büßen. Suchen Sie nach Möglichkeiten, Umweltschutz und Kosteneinsparungen, z. B. über die Möglichkeit der Energieeinsparung (Wärmedämmung, Solartechnik, Windeneegie, Optimierung der Fahrzeugnutzung,..) oder des Abfallrecyclings, in Einklang zu bringen. Umweltschutz kann sich somit auch für Unternehmer in barer Münze lohnen. Unterstützung findet er z. B. durch das ERP-Umweltprogramm, das KfW-Umweltprogramm, das Umweltprogramm der Deutschen Ausgleichsbank, die Umweltschutzberatung oder die Energiesparberatung.

Der Verweis auf aktiven Umweltschutz – sofern er auch so betrieben und verstanden wird (!) – ist heute darüber hinaus ein interessantes Marketinginstrument. Der Hinweis auf umweltfreundliche Produkte und Produktionsverfahren wird immer mehr zum mitentscheidenden Wettbewerbsvorteil bei Verbauchern. Umweltschutz verbessert das Unternehmens-Image. Findet sich der Umweltschutzgedanke in Ihren Leitsätzen?

Notizen:

Abfallvermeidung schont nicht nur die Umwelt, sondern auch Ihren Geldbeutel.

Es gilt: Vermeiden statt recyceln!

11.7 Rechtsformen der Unternehmung

Jeder Existenzgründer legt sich mit der Wahl der Rechtsform des Unternehmens langfristig fest. Allein aus diesem Grunde muß diese Entscheidung wohlüberlegt unter Berücksichtigung von gesellschaftlichen, betriebswirtschaftlichen und steuerlichen Aspekten erfolgen. Einen Überblick und Klarheit über die verschiedenen Rechtsformen soll deren eingehende Diskussion nunmehr bringen. Einen interessanten Einstieg in die Diskussion liefern uns zwei Unternehmer, die sich auf der Inselgruppe Kaos niedergelassen haben.

Allgemein gilt: Die optimale Rechtsform für ein Unternehmen gibt es nicht. Jede Form hat Vor- und Nachteile. Was für Sie bei einer Rechtsform wichtig ist, mag für Dritte unwichtig sein (z. B. das geschäftliche Ansehen einer Rechtsform).

Unternehmensformen: Oder: „Die Qual der Wahl"

Die unabhängig gewordene Inselgruppe Kaos hat sämtliche Wirtschafts- und Handels-Gesetze aus der Kolonialzeit außer Kraft gesetzt, um die unternehmerische Freiheit nicht länger zu beschränken und die Investitionsneigung zu verstärken. Von dieser Aufhebung jeder gesetzlichen Reglementierung des Wirtschaftsverkehrs erfahren die Wurstfabrikanten Schlamp und Schluri und verlegen den Sitz ihres Unternehmens sofort nach Kaos. Gesellschaftsvertrag, Rechtsform, alle diese lästigen Vorschriften lassen sie im alten Europa zurück.

Nach einigen Monaten will Teilhaber Schlamp den Betrieb verkaufen, weil er das Klima auf Kaos nicht verträgt. Schluri aber ist umfangreiche Verpflichtungen eingegangen, er will in großem Umfang Kaos-Würstchen produzieren. Lieferanten fordern vorzeitig ihr Geld, das Bankhaus Wucherpfennig kündigt plötzlich einen Kredit. Schließlich erfahren Schlamp und Schluri, daß ihr bisher so zuverlässiger Geschäftsführer Schlaumeier sich auf den Namen des Unternehmens eine Feudalvilla mit Swimmingpool hat bauen lassen. Es gelingt ihnen mit Mühe, in einem zufällig am Strand liegenden Boot zu entkommen. Erschöpft aber glücklich landen sie wieder in Europa und verdingen sich als Wurstköche im Angestelltenverhältnis bei ihrem früheren Konkurrenten, der Knack & Knicker OHG.

Das Beispiel bedarf wohl keiner Erläuterung. Es belegt, daß im wirtschaftlichen Verkehr zwischen Menschen eine Reihe von vereinbarten Regeln notwendig ist, die den reibungslosen Ablauf gewährleisten, Rechte und Pflichten der Beteiligten regeln.

Gesellschaftsformen im Überblick

Klassifiziert man Gesellschaftsformen, so wird in der Literatur zumindest zwischen Personen- (GbR, OHG, KG, Partnerschaftsgesellschaft) und Kapitalgesellschaften (GmbH, AG) unterschieden. Als Mischform aus beiden gilt die GmbH & Co.KG.

Bei den Personengesellschaften handelt es sich um Unternehmen, in denen sich natürliche Personen zur Erreichung eines gemeinsamen Zwecks zusammengeschlossen haben.

Bei Kapitalgesellschaften handelt es sich dagegen um Unternehmensformen, die eine eigene Rechtspersönlichkeit haben und daher zur Unterscheidung auch als juristische Person bezeichnet werden. Im Gegensatz zur Personengesellschaft steht die Kapitalbeteiligung im Vordergrund, wobei die Geschäftsführung sowohl von Gesellschafterseite oder aber auch von Nicht-Gesellschaftern übernommen werden kann.

Wesentliche Unterschiede zwischen Personen- und Kapitalgesellschaften sind:

Merkmale	Personengesellschaft (z. B. OHG, KG)
Rechtspersön-lichkeit	keine juristische Person
Gesellschafts-vermögen	Gesamth andvermögen der Gesellschafter
Geschäfts-führungs-befugnis und Vertretungs-vollmacht	in der Regel durch die Gesellschafter
Haftungskapital	Gesamtschuldnerisch das Gesellschafts- und Privatvermögen der Gesellschafter
Bestehen der Unternehmung	grundsätzlich vom Gesellschafterbestand abhängig
Besteuerung von Gewinnen	keine Körperschaftssteuer

Merkmale	Kapital gesellschaft (z. B. GmbH, AG)
Rechtspersön-lichkeit	juristische Person
Gesellschafts-vermögen	eigenes Vermögen der juristischen Person
Geschäftsfüh-rungsbefugnis und Vertretungs-vollmacht	durch besondere Leitungsorgane (Vorstand)
Haftungskapital	lediglich das Gesellschaftsvermögen

Bestehen der Unternehmung	grundsätzlich nicht vom Gesellschafter-bestand abhängig
Besteuerung von Gewinnen	körperschaftssteuerpflichtig, z. B. GmbH

Folgende Punkte müssen Sie bei der Wahl der Rechtsform berücksichtigen:

- Handwerksrechtliche Voraussetzungen
- Haftung/Risikoverteilung
- Geschäftsführung/Leitungsbefugnis
- Gewinn-/Verlustverteilung
- Eigen-/Fremdfinanzierung, Möglichkeit der Kapitalaufnahme über Bankkredite
- Überschaubarkeit und Handhabung
- Kosten der Rechtsform (z.B Gründungs-, Rechnungslegungs-, Kapitalerhöhungs- und Prüfungskosten)
- Nachfolgeregelung
- Steuerliche Gesichtspunkte

Als Start für einen Existenzgründer scheint das Einzelunternehmen am günstigsten zu sein. Der Übergang in eine andere Rechtsform kann später noch über eine Rechtsformänderung erfolgen. Beim Einzelunternehmen haftet der Kaufmann mit seinem gesamten Vermögen (auch dem privaten) für seine unternehmerische Tätigkeit und die Verpflichtungen, die daraus resultieren. Er betreibt das Unternehmen allein, hat also keinen Mitgesellschafter. Diese Form der unbeschränkten Haftung ist jedoch nicht immer ratsam bzw. erwünscht. Dem Aspekt der Haftungsbeschränkung muß somit noch ein breiterer Raum zugestanden werden, wobei die Haftungsbeschränkung nur ein Aspekt unter vielen bei der Wahl der geeigneten Rechtsform ist. Wesentliche Kriterien sind:

1. Zahl der Existenzgründer
Gründen Sie gemeinsam mit Partnern oder allein?

2. Unternehmenszweck
Erreichen Sie gerade mit dieser Form Ihr Unternehmensziel?

3. Gründungskapital
Erfüllen Sie die Mindestanforderungen an die Kapitalausstattung, beispielsweise zur Gründung einer GmbH?

4. Rechtsformaufwand

Wieviel kosten Gründung und Unterhalt gerade dieser Rechtsform? Ist sie dem Geschäftsgegenstand angemessen? Sind besondere Formalitäten zu beachten?

5. Unternehmerinitiative

Bei welcher Form entscheiden Sie am freiesten? Wie sind die Geschäfts- und Vertretungsbefugnisse geregelt? Dürfen Sie einen Fremdgeschäftsführer einsetzen?

6. Risiko

Wer haftet, wenn das Unternehmen scheitert? Haben die Gläubiger Zugriff auf Ihr gesamtes Vermögen?

7. Steuerbelastung

Bei welcher Form fallen die wenigsten Steuern an?

8. Firma

Haben Sie vor, unter Ihrem Namen aufzutreten oder eine „Sachfirma" zu führen?

9. Prüfungs- und Publizitätspflicht

Besteht die Pflicht, Abschlüsse des Unternehmens durch Fachleute prüfen und veröffentlichen zu lassen?

10. Unternehmensnachfolge

Was geschieht, wenn der Unternehmer stirbt? Darf es fortgeführt werden?

Neben dem Wunsch nach einer Haftungsbeschränkung durch geschickte Wahl der Gesellschaftsform sind vielfach die Anzahl der Gründer und deren Rollenverteilung innerhalb des neu zu gründenden Unternehmens entscheidende Determinanten, um die „richtige" Gesellschaftsform zu finden.

Braucht man einen Teilhaber?

Die Vor- und Nachteile des Einzelunternehmens im Vergleich zur Mehrpersonengründung können wie folgt zusammengefaßt werden:

Vorteile der Einzelunternehmung	Nachteile der Einzelunternehmung
volle Selbständigkeit des nehmers	volle Verantwortung des Unternehmers
einheitliche Geschäftsführung	unbeschränkte Haftung mit Betriebs- und Privatvermögen
billige und schlagkräftige Verwaltung	Bindung an die Grenzen einer Person hinsichtlich des physischen Leistungsvermögens
ungeteilter Gewinn	kurze Lebensdauer
geringe Entnahmen zwecks Selbstfinanzierung	
einfache Gründung und geringer Kapitalbedarf	
niedrige Gründungskosten	

Tabelle 15: Vor- und Nachteile des Einzelunternehmers

Vorteile von Gesellschaften	Nachteile von Gesellschaften
Teilung der Verantwortung	Einschränkung der Selbständigkeit
Teilung des Risikos	Gefahr von Streitigkeiten
Erhöhung der Arbeitskraft	Teilung des Gewinns

Tabelle 16: Vor- und Nachteile von Gesellschaften

Einzelunternehmen

Ein Einzelunternehmen betreibt derjenige, der allein als natürliche Person ein Unternehmen führt und auch mit seinem privaten Vermögen in der Haftung steht. Eine 1-Mann-GmbH oder eine 1-Frau-AG sind keine Einzelunternehmen. Diese Gesellschaftsformen werden, da sie Kapitalgesellschaften sind und eine eigene Rechtspersönlichkeit darstellen, als juristische Personen bezeichnet. Vom Einzelunternehmer wird in der Gesellschaft ein hohes Maß an Eigenverantwortung erwartet. Für ihn gelten grundsätzlich die Vorschriften des bürgerlichen Gesetzbuches (BGB). Betreibt ein Vollkaufmann das Unternehmen, dann gelten zusätzlich die Bestimmungen des Handelsgesetzbuches (HGB). Einzelunternehmer fangen in der Regel ganz klein an. Sie sind nicht von vornherein Vollkaufleute. Erst mit der Zeit wachsen Sie zum Vollkaufmann heran. Die Unterscheidung richtet sich nach Umsatz, Gewerbeertrag, Betriebsvermögen und Mitarbeiterzahl. Erst als Vollkaufmann müssen Sie sich dann ins Handelsregister eintragen lassen.

- **Gesellschaftsform**
  Einzelunternehmen
- **Eigenkapitalgeber/Mindestsumme/-zahl**
  einer/keine Mindestsumme/1
- **Beschlußorgan**
  entfällt
- **Leitung (Geschäftsführung und Vertretung)**
  Inhaber
- **Kontrolle/Überwachendes Organ**
  entfällt
- **Arbeitnehmermitbestimmung**
  keine
- **Informationen der Öffentlichkeit (Publikationspflicht)**
  keine
- **Gewinnverteilung**
  Inhaber allein
- **mögliche Kapitalverluste/Haftung**
  Geschäfts und Privatvermögen
- **Firma (Name des Unternehmens)**
  Vor- und Zuname des Inhabers

Der Inhaber führt das Unternehmen selbständig und erhält/trägt damit den Gewinn/Verlust alleine. Dabei haftet der Inhaber mit dem Betriebsvermögen und seinem Privatvermögen. Diese Gesellschaftsform findet sich recht häufig bei Klein- und Mittelbetrieben wegen ihrer einfachen Gründungsmodalitäten. Beginnt der Unternehmer mit seiner Geschäftstätigkeit, so ist dies zugleich die Gründung des Unternehmens. Lediglich bei der Namensgebung gilt es zu beachten, daß der Unternehmer, sofern er ein Minderkaufmann ist, sein Unternehmen nur unter seinem Familiennamen und mindestens einem ausgeschriebenen Vornamen führen darf. Als Vollkaufmann hat er die Möglichkeit daneben ei-

nen Namenszusatz zu führen, wobei der Zusatz kein Gesell-
schaftsverhältnis (z.B: Josef Müller & Partner, da der Zusatz „&
Partner" der Partnerschaftsgesellschaft vorbehalten ist) andeuten
darf. Wird das Unternehmen von keinem Kaufmann geführt, so ist
es unter dem Familiennamen des Inhabers zu führen. Ein Bran-
chenzusatz, der sich auf die ausgeübte Tätigkeit bezieht ist zulässig.

In der Regel erfolgt beim Einzelunternehmen die Gewinner-
mittlung durch eine Einnahme-Überschuß-Rechnung. Erst ab
48 000 DM steuerlichem Gewinn muß zwingend bilanziert werden. Beliebt ist diese Gesellschaftsform darüber hinaus, weil die
Gründung ohne Mindestkapital erforderlich ist. Niemand schreibt
Ihnen vor, wieviel Startkapital Sie mitbringen müssen. Das Einzelunternehmen wird deshalb auch spöttisch als „die GmbH des
kleinen Mannes" bezeichnet, da viele Einzelunternehmer sogar
gänzlich ohne Startkapital beginnen, was diese Form hier aber als
eine durchaus interessante Alternative für Existenzgründer nicht
abwerten soll.

Die Gesellschaft bürgerlichen Rechts (GbR)

Hierbei handelt es sich um den Zusammenschluß von natürlichen Personen, die gemeinsam Geschäfte betreiben wollen. Jede
Geschäftspartnerschaft (Kleingewerbetreibende, Praxisgemein-
schaften freier Berufe, Arbeitsgemeinschaften) kann die Form einer GbR annehmen. Es gibt kaum Unterschiede zum Einzelunternehmen, denn auch für die GbR gilt:
- keine Eintragungspflicht ins Handelsregister,
- keine Haftungsbeschränkung der teilnehmenden Partner (volle
  Privathaftung)
- keine Formalitäten bei der Gründung (nur Gewerbeanmeldung)
- kein vorgeschriebenes Mindestkapital,
und wie beim Teilhaber des Einzelunternehmens können alle
vertraglichen Vereinbarungen frei zwischen den Partnern getroffen werden. Besondere Formalitäten sind nicht erforderlich, sogar
eine mündliche Vereinbarung reicht, auch wenn die Schriftform
immer empfehlenswert ist.

- **Gesellschaftsform**
  Gesellschaft bürgerlichen Rechts (GbR)
- **Eigenkapitalgeber/Mindestsumme/-zahl**
  einer/keine Mindestsumme/2
- **Beschlußorgan**
  entfällt
- **Leitung (Geschäftsführung und Vertretung)**
  Inhaber
- **Kontrolle/Überwachendes Organ**
  entfällt
- **Arbeitnehmermitbestimmung**
  keine
- **Informationen der Öffentlichkeit (Publikationspflicht)**
  keine
- **Gewinnverteilung**
  Zwischen den Gesellschaftern vertraglich zu vereinbaren
- **mögliche Kapitalverluste/Haftung**
  Geschäfts und Privatvermögen
- **Firma (Name des Unternehmens)**

Vor- und Zuname eines Gesellschafters sowie den Zusatz GbR

Die GbR, die auch als BGB-Gesellschaft bezeichnet wird, besteht aus mindestens zwei Personen, die zur Erzielung eines gemeinsamen Zweckes zusammenarbeiten (Rechtsgrundlage: §§ 705–740 BGB).

Ein Mindestkapital bei der Gründung einer GbR sowie Mindesteinlagen der Gesellschafter sind nicht vorgeschrieben. Die Gesellschafter haften auch hier mit dem Betriebs- und Privatvermögen. Für die Kompetenzen der Gesellschafter bietet die GbR einen breiten Spielraum.

Vorteile der Gesellschaft bürgerlichen Rechts:

- Aufteilung der Verantwortung und des Risikos auf die einzelnen Gesellschafter
- vielfach eine bessere Kapitalausstattung
- oft eine höhere Kreditwürdigkeit
- zusätzliches Wissen, Teilung der Arbeitskraft
- freie Möglichkeiten zur Vertragsgestaltung

Nachteile der Gesellschaft bürgerlichen Rechts:

- mögliche Unstimmigkeiten bei der Entscheidungsfindung
- eingeschränkter Handlungsspielraum
- uneingeschränkte Haftung der Gesellschafter

Notizen:

Partnerschaftsgesellschaft („und Partner"/„Partnerschaft")

Erst seit Juli 1995 gibt es durch das neue „Gesetz zur Schaffung von Partnerschafts-Gesellschaften" nur für Freiberufler die Möglichkeiten, Gesellschaften ähnlich der GbR zu gründen, dabei aber eine Haftungsbegrenzung vorzunehmen.

Geschieht das nicht, haften die Partner mit dem vollen Privatvermögen – oder es kann (durch vorformulierte Geschäftsbedingungen) die Haftung auf denjenigen begrenzt werden, der innerhalb der Partnerschaft die fehlerhafte Leistung erbracht hat.

Nach außen kann die Partnerschaft unter eigenem Namen (als juristische Person) Rechte erwerben und Verbindlichkeiten eingehen, jeder Partner kann die Partnerschaft nach außen vertreten (Ausnahmen müssen eingetragen sein). Grundsätzlich basiert die Rechtsgrundlage der Partnerschaftsgesellschaft auf dem PartGG sowie auf Teilen des HGB und dem BGB.

Für die Gründung einer Partnerschaftsgesellschaft muß zwingend ein Gesellschaftervertrag vorliegen. Nach Gründung ist das Unternehmen in das Partnerschaftsregister beim zuständigen Arbeitsamt einzutragen. Wesentliche Modalitäten bzw. Rechtsgrundlagen ähneln bzw. gleichen denen der OHG. Z. B. entsprechen die Haftungsmodalitäten einander. Die Beschränkung ist bei jeder Auftragsannahme möglich oder kann mittels vorformulierter Vertragsbedingungen auf denjenigen, der die berufliche Leistung erbringt, verantwortlich leitet oder überwacht, zentriert werden. Berufsgruppen, denen die Rechtsform der GmbH verwehrt oder zu aufwendig ist, werden durch diese Rechtsform begünstigt.

- **Gesellschaftsform**
  Partnerschaftsgesellschaft („und Partner"/„Partnerschaft")
- **Eigenkapitalgeber/Mindestsumme/-zahl**
  einer/keine Mindestsumme/2
- **Beschlußorgan**
  Entfällt („Versammlung der Partner")
- **Leitung (Geschäftsführung und Vertretung)**
  durch die Partner
- **Kontrolle/Überwachendes Organ**
  durch die Partner
- **Arbeitnehmermitbestimmung**
  keine
- **Informationen der Öffentlichkeit (Publikationspflicht)**
  Publizitätsvorschriften
- **Gewinnverteilung**
  Nach gleichen Teilen oder laut Vertrag
- **mögliche Kapitalverluste/Haftung**
  Haftungsbeschränkung ist möglich
- **Firma (Name des Unternehmens)**
  Name mindestens eines Gesellschafters mit Zusatz „und Partner" oder „Partnerschaft" sowie die Berufsbezeichnung der vertretenden freien Berufe

In der Firma der Partnerschaft muß mindestens ein Nachname eines Partners genannt werden, es muß der Begriff „und Partner" oder „Partnerschaft" verwendet werden und es müssen die in der Partnerschaft vertretenen Berufe genannt werden – irreführende Zusätze sind verboten.

Erlaubt sind solche Partnerschaften auch zwischen Freiberuflern aus völlig unterschiedlichen Bereichen: Ein Lotse und eine Hebamme können zum Beispiel die „Partnerschaft Seelotsen-Hebammendienst für Hochsee-Entbindungen, Frieda Kurz und Hans Klein" als Firma eintragen lassen.

Die Gesellschaft muß in das Partnerschaftsregister beim Amtsgericht eingetragen werden.

Vorteile der Partnerschaftsgesellschaft:

- Es existiert eine interessante Gründungsmöglichkeit für freie Berufe
- Haftungsbeschränkungen für die Gesellschafter sind möglich, auch im Einzelfall
- Die Haftung kann auf das Vermögen der Gesellschaft beschränkt werden.

Nachteile der Partnerschaftsgesellschaft:

- Recht hoher Gründungsaufwand
- Beachtung von spezifischen Buchführungs-, Bilanzierungs- und Publizitätsvorschriften.

Notizen:

OHG (Offene Handelsgesellschaft)

Die Zusammenarbeit der Gesellschafter einer OHG beruht auf großem Vertrauen wegen der Vollhaftung aller Gesellschafter. Sie besitzen jeweils die Geschäftsführungsbefugnis für alle gewöhnlichen Geschäfte (geregelt im Gesellschaftervertrag). Für außergewöhnliche Geschäfte ist der Beschluß aller Gesellschafter erforderlich. Dies gilt auch für die Bestellung von Prokuristen und Handlungsbevollmächtigten.

Allgemein ist die OHG als eine Sonderform der GbR zu bezeichnen, die nur für Unternehmen gilt, die ein Handelsgewerbe unter dem Dach einer gemeinschaftlichen Firma ausüben und deren Haftung gegenüber den Gesellschaftsgläubigern unbeschränkt ist. Als Rechtsgrundlage sind für diese Form einer Personengesellschaft das BGB und die Paragraphen 105–169 HGB zu nennen.

- **Gesellschaftsform**
  OHG, Personengesellschaft
- **Eigenkapitalgeber/Mindestsumme/-zahl**
  alle Gesellschafter/keine Mindestsumme/2
- **Beschlußorgan**
  kein bes. Organ
- **Leitung (Geschäftsführung und Vertretung)**
  Gesellschafter, Innenverhältnis beschränkbar
- **Kontrolle/Überwachendes Organ**
  nicht geschäftsführende Gesellschafter: Recht auf Einsichtnahme in Bücher
- **Arbeitnehmermitbestimmung**
  keine
- **Informationen der Öffentlichkeit (Publikationspflicht)**
  Handelsregister (auch hier gelten die Bestimmungen des Publizitätsgesetzes von 1969: jedoch keine Pflicht zur Veröffentlichung eines Geschäftsberichts
- **Gewinnverteilung**
  4 % nach Kapitaleinlage, Rest nach Zahl der OHG-Gesellschafter
- **mögliche Kapitalverluste/Haftung**
  wie Einzelunternehmen, Haftung: unbeschränkt, unmittelbar, gesamtschuldnerisch
- **Firma (Name des Unternehmens)**
  Personenname mit Zusatz & Co oder OHG
  Die Wirksamkeit der OHG tritt gegenüber Außenstehenden mit dem Eintrag ins Handelsregister in Kraft, wobei die Anmeldung für das Handelsregister der notariellen Form bedarf.
  Bei der Firmierung einer OHG sind folgende Mindestanforderungen zu berücksichtigen:
  - Es muß mindestens ein Familienname eines Gesellschafters genannt werden; der Vorname des Gesellschafters ist bei der Wahl des Firmennamens nicht zwingend zu nennen.
  - Aus dem Firmennamen muß erkenntlich sein, daß mehrere Personen an dieser Gesellschaft beteiligt sind. Es besteht die Mög-

lichkeit, alle Gesellschafter aufzuführen oder einen Zusatz wie „OHG" oder „& Co." anzugeben.

Bei der Gründung des Unternehmens ist kein Mindestkapital von den Gesellschaftern aufzubringen. Darüber hinaus gilt, sofern keine vertraglichen Regelungen getroffen wurden, daß die einzelnen Gesellschafter zur Vertretung der Gesellschaft ermächtigt sind, d. h. sie besitzen eine Einzelgeschäftsführungs- sowie Vertretungsbefugnis.

Aus Sicht der Haftung der Gesellschaft wird im Haftungsfall zuerst auf deren Betriebsvermögen zurückgegriffen. Reicht dieses zur Deckung der Haftungssumme nicht aus, müssen die Gesellschafter mit ihrem Privatvermögen haften.

Vorteile der Offenen Handelsgesellschaft:
- Teilung der Verantwortung und Risiken für die Gesellschafter
- bessere Kapitalausstattung
- höhere Kreditwürdigkeit
- die recht offenen Möglichkeiten bei der Vertragsausgestaltung

Nachteile der Offenen Handelsgesellschaft:
- unbeschränkte, unmittelbare und gesamtschuldnerische Haftung
- hohes Vertrauen zwischen den Gesellschaftern ist unabdingbar
- notwendige Abstimmung von Entscheidungen

KG (Kommanditgesellschaft)

Die KG ist bei Neugründungen mittelständischer Betriebe deshalb besonders beliebt, weil sie Gesellschafter zuläßt, die nicht nur von der Geschäftsführung ausgeschlossen sind, sondern auch von der vollen Haftung. Das ist gegenüber der OHG von besonderem Vorteil, denn derjenige, der nicht vollverantwortlich mitarbeitet, will auch nicht sein gesamtes Vermögen riskieren. Beliebt ist die Gesellschaft bei der Gründung von Familienunternehmen. Im Kreise der mittelständischen Wirtschaft kommt es ja besonders häufig vor, daß Ehepartner oder Verwandte des eigentlichen Gründers eigenes Vermögen in das Unternehmen einbringen wollen. Die höhere Kreditfähigkeit wird nicht durch Darlehen bewirkt sondern durch Eigenkapital. Der Haftung sollten jedoch Grenzen gesetzt werden.

- **Gesellschaftsform**
  KG, Personengesellschaft
- **Eigenkapitalgeber/Mindestsumme/-zahl**
  alle Gesellschafter/keine Mindestsumme/2
- **Beschlußorgan**
  wie OHG
- **Leitung (Geschäftsführung und Vertretung)**
  alle Komplementäre (Vollhafter)
- **Kontrolle/Überwachendes Organ**
  Teilhafter (Kommanditist) hat Informationsrechte
- **Arbeitnehmermitbestimmung**
  keine
- **Informationen der Öffentlichkeit (Publikationspflicht)**
  Handelsregister (auch hier gelten die Bestimmungen des Publizitätsgesetzes von 1969: jedoch keine Pflicht zur Veröffentlichung eines Geschäftsberichts)
- **Gewinnverteilung**
  Laut Vertrag oder 4 % der Kapitaleinlage, Rest im angemessenen Verhältnis
- **mögliche Kapitalverluste/Haftung**
  Komplementär: wie oHG, Kommanditist kann Einlage verlieren
- **Firma (Name des Unternehmens)**
  Name des Komplementärs mit Zusatz KG
  Um eine KG gründen zu können, muß ein Handelsgewerbe vorliegen. Als Rechtsform ist die KG eine Spezialform der OHG. Für sie gelten neben den Vorschriften der OHG die §§ 161–177 HGB. Der augenfälligste Unterschied zwischen den beiden Gesellschaftsformen besteht in der Haftung der Gesellschafter. Die Gesellschafter der KG haben die Option, zwischen einem Vollhafter (Komplementär) und einem Teilhafter (Kommanditist) zu wählen. Voraussetzung für die Gründung einer KG ist somit, daß mindestens ein Komplementär und ein Kommanditist am Unternehmen beteiligt sind. Vereinfachend für die Gründung einer KG gilt, daß der Gesellschaftervertrag unter Beachtung üblicher Aspekte recht formlos zu erstellen ist. Dies schließt den Eintrag ins Handelsregister und die Anmeldung in notarieller Form jedoch nicht aus. Bei der Anmeldung muß der Name des Kommanditisten und die Höhe seiner Einlage angegeben werden. Sowohl der Komple-

mentär, darauf wird hier explizit hingewiesen, als auch der Kommanditist müssen bei der Gründung des Unternehmens keine Mindesteinlage aufbringen.

Die Geschäftsführung und Vertretung der KG steht grundsätzlich nur dem Komplementär zu. Nur in Ausnahmefällen, die hier nicht diskutiert werden, können einem Kommanditisten entsprechende Befugnisse zufallen. Bei außergewöhnlichen Geschäften, deren Abgrenzung ist im Einzelfall über den Gesellschaftervertrag zu formulieren, müssen alle Gesellschafter, auch die Kommanditisten, diesem Geschäft zustimmen.

Grundsätzlich entsprechen die Haftungsbedingungen des Komplementärs den Bedingungen des Gesellschafters einer OHG.

Die Vor- und Nachteile einer KG entsprechen denen der OHG mit der Ergänzung, daß die Kommanditisten in ihrer Haftung beschränkt sind (Vorteil) und dem dazu gegenüberstehenden Aspekt (Nachteil), daß der Komplementär unbeschränkt, unmittelbar und gesamtschuldnerisch haftet.

GmbH (Gesellschaft mit beschränkter Haftung)

Die Gründung einer GmbH als Kapitalgesellschaft ist relativ einfach, kostengünstig und deshalb auch sehr beliebt. Der wesentliche Vorteil dieser Rechtsform liegt darin, daß die Haftung der Gesellschafter auf eine Stammeinlage zu beschränken ist.

Die Kreditbasis einer GmbH ist dadurch bedingt jedoch oft eingeschränkt. Kreditinstitute verlangen deshalb von GmbH-Gesellschaftern vor einer Kreditvergabe meistens Bürgschaften.

Grundsätzlich basiert die GmbH auf den Vorschriften des GmbHG. Sie ist geeignet für jede unternehmerische Tätigkeit, gleichwohl ob es sich hierbei um einen Handelsbetrieb oder ein Handwerksunternehmen handelt.

Bei der Firmierung besteht die Möglichkeit, einen Personen- oder Sachnamen mit dem Zusatz GmbH zu führen.

- **Gesellschaftsform**
  GmbH, Kapitalgesellschaft
- **Eigenkapitalgeber/Mindestsumme/-zahl**
  Gesellschafter/Stammkapital mindestens 50000 DM, Stammeinlage mindestens 500 DM/1

- **Beschlußorgan**
  Gesellschafterversammlung
- **Leitung (Geschäftsführung und Vertretung)**
  bestellte Geschäftsführer (oft selbst Gesellschafter)
- **Kontrolle/Überwachendes Organ**
  evtl. Aufsichtsrat, muß ab bestimmten Arbeitnehmerzahl gebildet werden
- **Arbeitnehmermitbestimmung**
  wenn Aufsichtsrat wegen Anzahl gebildet werden muß
- **Informationen der Öffentlichkeit (Publikationspflicht)**
  Handelsregister, Jahresabschluß wenn 2 Kriterien erfüllt: 125 Mio. Bilanz, 250 Mio. Umsatz oder über 5000 Arbeitnehmer
- **Gewinnverteilung**
  nach der Höhe der Kapitalanteile
- **mögliche Kapitalverluste/Haftung**
  Gesellschafter: Kapitaleinlage verlieren, Gesellschaft: haftet mit Vermögen
- **Firma (Name des Unternehmens)**
  Personen- oder Sachfirma mit Zusatz GmbH
  Bei dieser Art des Gesellschaft ist ein Mindestkapital von 50 000 DM erforderlich. Ebenso ist ein Handelsregistereintrag zwingend vom Gesetzgeber gefordert. Nach dem Handelsregistereintrag haftet die Gesellschaft nur mit dem Gesellschaftsvermögen. Es ist zu beachten, daß bei der Geschäftsaufnahme vor Eintragung in das Handelsregister die Gesellschafter persönlich und gesamtschuldnerisch in der Haftung stehen.

Ein-Mann-GmbH

Wenn ein Einzelunternehmer seinen Betrieb durch eine notariell beurkundete Erklärung in eine GmbH umwandelt, nennt man diese im umgänglichen Sprachgebrauch „Ein-Mann-GmbH". In dieser sogenannten Ein-Mann-GmbH sind die Vorteile eines Einzelunternehmers mit denen der GmbH vereint: Der Unternehmer ist Chef im eigenen Haus, wobei er als Angestellter der GmbH die Geschäfte führt, aber nur in Höhe des Gesellschaftervermögens (mindestens 50 000 DM) und nicht mit seinem Privatkapital haftet.

Vorteile der GmbH:
* Haftung beschränkt sich auf das Vermögen der Gesellschaft
* Möglichkeit des Fortbestandes der Gesellschaft nach Ausscheiden eines Gesellschafters

Nachteile der GmbH
* geringe Kreditwürdigkeit
* nachteilige Behandlung bei der Gewerbesteuer
* keine Möglichkeiten von Privatentnahmen durch den/die Gesellschafter
* Bechtung von bestimmten Buchführungs-, Bilanzierung- und Publizitätsvorschriften

GmbH & Co. KG

Die GmbH & Co. KG ist eine Kommanditgesellschaft, bei der eine Gesellschaft mit beschränkter Haftung (GmbH) als Vollhafter und somit Komplementär fungiert. Statt einer natürlichen Person ist somit eine GmbH persönlich haftende Gesellschafterin (Komplementärin) der KG, wobei die Gesellschafter der GmbH meistens gleichzeitig die Kommanditisten der KG sind.
* **Gesellschaftsform**
  jur.: Personengesellschaft ökon.: Kapitalgesellschaft
* **Eigenkapitalgeber/Mindestsumme/-zahl**
  KG- + GmbH-Gesellschafter, für GmbH gilt GmbH-Vorschrift (50 000 DM)/1
* **Beschlußorgan**
  z. T. Gesellschafterversammlung
* **Leitung (Geschäftsführung und Vertretung)**
  Komplementär (i. d. R. GmbH-Geschäftsführer)
* **Kontrolle/Überwachendes Organ**
  wie KG
* **Arbeitnehmermitbestimmung**
  keine, Ausnahmefall: § 4 MitbestG
* **Informationen der Öffentlichkeit (Publikationspflicht)**
  Handelsregister Zusatz: GmbH wie GmbH, KG wie KG
* **Gewinnverteilung**
  wie KG, i. d. R. aber unter besonderer Berücksichtigung steuerlicher Gesichtspunkte

- **mögliche Kapitalverluste/Haftung**
  wie KG, aber GmbH = Vollhafter, d. h. Haftung auf Einlagen beschränkt
- **Firma (Name des Unternehmens)**
  wie KG mit Zusatz GmbH & Co

AG (Aktiengesellschaft)

Eine weitere Form der Kapitalgesellschaft ist die AG, die von mindestens 5 Gesellschaftern gegründet wird. Firmiert wird unter dem Namen einer Sach- oder Personenfirma mit dem Zusatz AG. Die rechtlichen Vorschriften beschreibt das Aktiengesetz (AktG).

- **Gesellschaftsform**
  AG, Kapitalgesellschaft
- **Eigenkapitalgeber/Mindestsumme/-zahl**
  Aktionäre, Grundkapital mindestens 100 000 DM/Aktie mind.
  50 DM/5
- **Beschlußorgan**
  Hauptversammlung
- **Leitung (Geschäftsführung und Vertretung)**
  Vorstand (vom Aufsichtsrat gewählt)
- **Kontrolle/Überwachendes Organ**
  Aufsichtsrat
- **Arbeitnehmermitbestimmung**
  Aufsichtsratsbeteiligung: Unterschiede nach anzuwendendem Gesetz
- **Informationen der Öffentlichkeit (Publikationspflicht)**
  Handelsregister, Jahresabschluß
- **Gewinnverteilung**
  Verteilung eines Teils des Jahresüberschusses an die Aktionäre
- **mögliche Kapitalverluste/Haftung**
  Aktionäre können Aktienkapital verlieren, AG haftet mit Gesellschaftsvermögen
- **Firma (Name des Unternehmens)**
  Sach- oder übernommener Personenname mit Zusatz „AG"
  Diese Gesellschaftsform ist besonders geeignet für Groß- und Wachstumsunternehmen. Durch die „kleine AG" (eine neue Gesellschaftsform) findet diese Rechtsform zunehmend auch bei

kleineren Betriebsgründungen oder -übernahmen ihre Anwendung. Erst seit 1994 besteht über die Rechtsform der kleinen AG die Möglichkeit der Gründung einer Ein-Mann AG.

Der größte Vorteil einer AG liegt in ihrem Zugang zum Kapitalmarkt und der Möglichkeit, Arbeitnehmer am Produktivvermögen durch Ausgabe von Belegschaftsaktien zu beteiligen. Hierbei gilt, daß die AG wie die GmbH stets eine Gesellschaft mit einer eigenen Rechtspersönlichkeit ist. Ihr Grundkapital beträgt im Gegensatz zur GmbH nicht 50 000 DM sondern mindestens 100 000 DM. Auf das Betriebsvermögen beschränkt ist die Haftung des Unternehmens.

Vorteile der Aktiengesellschaft

- gute Möglichkeiten der Kapitalbeschaffung
- Aktionäre haben die Möglichkeit, ihre Aktien zu verkaufen, ohne daß das Grundkapital der Gesellschaft hiervon berührt wird

Nachteile der Aktiengesellschaft

- hoher Gründungsaufwand sowie hohe laufende Kosten
- Publizitätspflicht
- möglicher Verlust der Entscheidungsbefugnis
- Beachtung von stringenten Buchführungs- und Bilanzierungsvorschriften

KGaA (Kommanditgesellschaft auf Aktien)

Die Kommanditgesellschaft auf Aktien ist eine Gesellschaftsform, die aus heutiger Sicht die geringste Verbreitung unter allen Gesellschaftsformen fand. Sie ist für einen Existenzgründer nur beschränkt geeignet. Ihre Merkmale können wie folgt zusammengefaßt werden:

- **Gesellschaftsform**
  KgaA, Kapitalgesellschaft
- **Eigenkapitalgeber/Mindestsumme/-zahl**
  wie AG
- **Beschlußorgan**
  Hauptversammlung (für Aktionäre)
- **Leitung (Geschäftsführung und Vertretung)**
  Komplementär (unabsetzbar)

- **Kontrolle/Überwachendes Organ**
  Aufsichtsrat (weniger Rechte als AR der AG)
- **Arbeitnehmermitbestimmung**
  Aufsichtsrat wie AG
- **Informationen der Öffentlichkeit (Publikationspflicht)**
  Handelsregister, wie AG
- **Gewinnverteilung**
  nach Kapitalanteilen
- **mögliche Kapitalverluste/Haftung**
  Komplementär wie KG, Aktionäre wie AG, KG haftet mit Gesellschaftsvermögen und Privatvermögen des Komplementärs
- **Firma (Name des Unternehmens)**
  Sachname mit Zusatz KG a. A.

eG (eingetragene Genossenschaft)

Auch diese Gesellschaftsform hat für Existenzgründer keine bzw. nur eine geringe Bedeutung. Der Zusammenschluß von Unternehmen z. B. aus der Landwirtschaft zu Genossenschaften bleibt dagegen ein interessanter Betrachtungsgegenstand. Deshalb soll sie der Vollständigkeit halber auch vorgestellt werden:

- **Gesellschaftsform**
  eG, Genossenschaft
- **Eigenkapitalgeber/Mindestsumme/-zahl**
  alle Genossen/keine Mindestsumme/7
- **Beschlußorgan**
  Generalversammlung (Vertreterversammlung bei mehr als 3000 Genossen)
- **Leitung (Geschäftsführung und Vertretung)**
  Vorstand (unbefristet)
- **Kontrolle/Überwachendes Organ**
  Aufsichtsrat
- **Arbeitnehmermitbestimmung**
  AR-Beteiligung nach: BetrVerfG: mehr als 500 Arbeitnehmer, nach: MitbestG mehr als 2000 Arbeitnehmer
- **Informationen der Öffentlichkeit (Publikationspflicht)**
  Genossenschaftsregister, keine Veröffentlichungspflicht nach Publizitätsgesetz

- **Gewinnverteilung**
  wenn Gewinn, dann Verteilung nach der Höhe der Geschäftsanteile
- **mögliche Kapitalverluste/Haftung**
  Verlust des Geschäftsguthaben
- **Firma (Name des Unternehmens)**
  Sachname mit Zusatz eG

Tips zur Wahl der Rechtsform

Bevor Sie sich nun persönlich für eine Rechtsform entscheiden, sollten Sie das Gespräch mit einem Berater suchen. Er wird Ihnen vor dem Hintergrund der nachfolgenden Liste helfen, Ihren Entschluß zu bestätigen oder ihn gegebenenfalls auch begründet zu revidieren. Planen Sie Ihre Rechtsform und die damit verbundenen vertraglichen Dinge gründlich. Ohne Beratung durch einen fachkundigen Rechtsanwalt ist die Wahl einer Rechtsform eine Lotteriespiel. Nichts ist schwieriger, als eine einmal aus dem Bauch heraus getroffene Entscheidung an die notwendigen Erfordernisse anzupassen. Beachten Sie bei der Wahl Ihrer Rechtsform folgende Punkte:

- Stellen Sie nicht allein steuerliche Überlegungen in der Vordergrund.
- Besprechen Sie die Auswirkungen mit Ihrer Familie.
- Planen Sie auch als junger Unternehmer die Nachfolge bei Tod.
- Vermeiden Sie komplizierte Gebilde, deren rechtliche, steuerliche und sozialversicherungsrechtliche Folgen vielleicht nicht überschaut werden können.
- Die einfachste Rechtsform ist das Einzelunternehmen.
- Wenn Sie sich mit Partnern selbständig machen wollen, prüfen Sie vorab, ob eine gleichwertige Partnerschaft gewährleistet ist.
- Fragen Sie sich kritisch, ob Sie nur deshalb einen Partner suchen, weil Ihnen die berufliche Zukunft zu ungewiß ist.
- Schließen Sie immer einen schriftlichen Gesellschaftervertrag ab.
- Stellen Sie sich auch das Ausscheiden eines Gesellschafters vor und suchen Sie geeignete vertragliche Regelungen, die den Fortbestand des Unternehmens sichern.

- Legen Sie fest, was im Fall der Berufs- und Erwerbsunfähigkeit eines Gesellschafters geschieht.
- Prüfen Sie jährlich, ob die Regelungen des Gesellschaftervertrages noch zeitgemäß und die Interessen der Gesellschaft noch ausreichend berücksichtigt sind.
- Oberstes betriebswirtschaftliches Ziel ist die Erzielung von zufriedenstellenden Gewinnen. Persönliche Freundschaften zu Mitgesellschaftern können bei der Verfolgung dieses Ziels hinderlich sein.
- Stellen Sie sicher, daß für alle Mitgesellschafter ein ausreichender Krankenversicherungsschutz besteht
- Sichern Sie durch eherechtliche Regelungen weitgehend Ihr Privatvermögen.

Für einen Existenzgründer ist das Einzelunternehmen anfangs empfehlenswert, für zwei oder mehrere Gesellschafter die Gesellschaft bürgerlichen Rechts. Bei einer konstant guten Entwicklung der Erträge und erworbener unternehmerischer Erfahrung kann das Unternehmen nach einigen Jahren dann z. B. in eine GmbH umgewandelt werden.

Bei der Wahl der Rechtsform sollten Sie folgende Fragen beantworten:

- Können Sie viel Eigenkapital aufbringen?
- Ist Ihr Vorhaben risikoreich? Kann man es verantworten, mit dem gesamten Vermögen zu haften oder hebt die Beschränkung auf eine Teilhaftung sonstige Nachteile auf?
- Ist die Leitungsfrage gesichert? Wollen Sie Ihr Unternehmen selbst leiten? Wollen Sie die alleinige Entscheidungsbefugnis?
- Läßt sich mit der gewählten Unternehmensform die Mindestfinanzierung erreichen oder sind hier Kompromisse zu schließen?
- In welcher Form ist eine Beteiligung an Gewinnen und Verlusten gegeben und inwieweit ist diese begrenzt?
- Ist eine Gestaltung der Rechtsform möglich, so daß Klarheit herrscht und Streitigkeiten in Zukunft vermieden werden?
- Müssen störende Rechtsbestimmungen wie zum Beispiel die Veröffentlichungspflicht in Kauf genommen werden oder wie ist diese zu umgehen?
- Ist die Rechtsform der Betriebsgröße angepaßt?

- Wollen Sie möglichst wenig Formalitäten bei der Gründung erfüllen?

Suchen Sie eine Rechtsform, die Ihren Anforderungen soweit wie möglich entspricht. Ist die Wahl über die Rechtsform getroffen, ist zu prüfen, ob Sie als Kaufmann im Sinne des HGB gelten. Dies ist wichtig, da Sie die entsprechenden Vorschriften als Kaufmann beachten müssen (vgl. Existenzgründungsleitfaden, Hrsg. Gesellschaft für Wirtschaftsförderung im Kreis Höxter mbH und ZEUS KG, 1997).

Ob eine Kaufmannseigenschaft vorliegt, läßt sich wie folgt prüfen:

	Nein	Ja	Ja, dann
Handelt es sich bei Ihrem Unternehmen um eine Kapitalgesellschaft?			Formkaufmann
Erfüllt der Betrieb die Merkmale eines Gewerbes?			Kaufmann
Betreiben Sie ein Unternehmen nach § 1 HGB?			Mußkaufmann
Handelt es sich um einen handwerklichen oder sonstigen gewerblichen Betrieb, der • nicht schon unter § 1 HGB fällt, • eine kaufmännische Einrichtung erfordert, • in Handelsregister eingetragen ist?			Sollkaufmann
Handelt es sich um einen land- oder forstwirtschaftlichen Betrieb oder um einen land- oder forstwirtschaftlichen Nebenbetrieb, der eine kaufmännische Einrichtung erfordert oder ins Handelsregister eingetragen ist.			Kannkaufmann

Sind alle Fragen mit „Nein" beantwortet, sind Sie kein Kaufmann im Sinne des HGB und unterliegen somit nicht den handelsrechtlichen Vorschriften.

Notizen:

11.8 Steuern

Als Gründer bleibt es nicht aus, daß Sie sich auch mit dem komplizierten Thema Steuern zu beschäftigen haben. Kenntnisse darüber ersparen nicht den Steuerberater, erhellen jedoch den Dschungel Ihrer Verpflichtungen als Unternehmer. Als Unternehmer müssen Sie Steuererklärungen abgeben, Steuervorauszahlungen leisten und Steuerbescheide begleichen. Mit einem Grundwissen im Steuerrecht sind Sie viel besser in der Lage, gemeinsam mit Ihrem Steuerberater Wege zu finden, die Ihnen Geld sparen.

Nach der geltenden Definition sind Steuern
- einmalige oder laufende Geldleistungen,
- die keine Gegenleistung für besondere Leistungen des Staates darstellen,
- allen auferlegt werden und auf die
- ein bestimmter, gesetzlich geregelter Tatbestand zutrifft.

Steuerberatung und Steuerplanung sind schwierig, da das Entstehen der Steuergesetze von dem abhängt, dem das Steueraufkommen zufließt, also dem Staat. Sein Geldbedarf ist flexibel, wobei der Gesetzgeber beim „Kreieren" neuer Steuern äußerst phantasievoll ist. Darüber hinaus trifft die finanzgerichtliche Rechtsprechung zum Teil innerhalb weniger Monate auch noch gegensätzliche Entscheidungen.

Besonders wichtig: In der Anfangszeit Ihres Betriebes werden Sie wenig oder gar keine Steuern bezahlen müssen (ausgenommen – wenn Sie Angestellte haben – die Lohnsteuer für Ihre Mitarbeiter). Doch Sie sollten auf jeden Fall schon Beträge zurücklegen und zwar in der Höhe, in der Sie vermutlich steuerlich eingeschätzt werden. Wenn Sie unvorbereitet sind und Ihre Geschäfte gut laufen, kommt das Finanzamt nach ein paar Jahren mit drastischen Steuerforderungen auf Sie zu. Bilden Sie hierfür frühzeitig Rücklagen. Richten Sie sich auf Forderungen des Finanzamtes ein. Legen Sie Ihre Steuer-Anteile auf die hohe Kante!

Steuern im Unternehmen – Die einzelnen Steuerarten

Aus Ihrer Buchführung und Ergebnisrechnung ergibt sich Ihr Gewinn für die Berechnung der **gewinnabhängigen Steuern:**
• Einkommensteuer
• Körperschaftsteuer
• Gewerbeertragsteuer
Anhand Ihrer Vermögensaufstellung (Inventar) ermittelt das Finanzamt die betrieblichen Einheitswerte für die Berechnung der **vermögensabhängigen Steuern:**
• Grundsteuer
Sie sehen: Es gibt viele Steuern und Bestimmungen. Sie sollten sich daher schon in der Anfangsphase Ihrer Existenzgründung einen versierten Steuerberater suchen, der Ihnen bei allen Finanz- und Steuerangelegenheiten zur Seite steht. Selbst wenn das unter Umständen etwas mehr Honorar kostet – auf lange Sicht sparen Sie sicher Geld.

Einkommensteuer

Als Inhaber eines gewerblichen Unternehmens oder als Gesellschafter einer Personengesellschaft sind Sie mit Ihren Einkünften (Gewinnen), die Sie aus dem gewerblichen Unternehmen, Ihrer selbständigen Tätigkeit oder aus anderen Einkunftsarten beziehen, einkommensteuerpflichtig. Ihr zu versteuerndes Einkommen ergibt sich aus der Summe dieser Einkünfte, die um pauschale oder tatsächlich entstandene (und somit nachzuweisende) Sonderausgaben sowie um individuelle oder pauschale Freibeträge gekürzt werden.

Sie bezahlen als Selbständiger derzeit maximal 47 % Einkommensteuer.

Von Ihren Einkünften können Sie Ausgaben absetzen um die Steuerschuld zu verringern. Dazu gehören folgende Ihrer eigenen Zukunftsvorsorge dienenden Versicherungsbeträge:

- Krankenversicherung
- Unfallversicherung
- Haftpflichtversicherung
- private Risikolebensversicherung
- Rentenversicherung ohne Kapitalwahlrecht
- Rentenversicherung mit Kapitalwahlrecht
- Kapitallebensversicherung mit mindestens zwölf Jahren Versicherungsdauer.

Abziehbare Sonderausgaben:

- gezahlte Kirchensteuer,
- Steuerberatungskosten,
- Verluste aus anderen Kalenderjahren,
- Spenden,
- Mitgliedsbeiträge.

Im laufe eines Jahres sind vierteljährliche Vorauszahlungen auf die zu erwartende Steuerschuld fällig.

Einkommensteuer – Berechnungsbeispiel

Die Einkommensteuer ist eine Personen- und Jahressteuer. Sie wird auf sieben Einkunftsarten erhoben.

	(1) Einkünfte aus Land- und Forstwirtschaft	
+	(2) Einkünfte aus Gewerbebetrieb	
+	(3) Einkünfte aus selbständiger Arbeit	
+	(4) Einkünfte aus nichtselbständiger Arbeit	
+	(5) Einkünfte aus Kapitalvermögen	
+	(6) Einkünfte aus Vermietung und Verpachtung	
+	(7) Sonstige Einkünfte im Sinne des § 22 EStG	
=	**Summe der Einkünfte**	

− Sonderausgaben beschränkt abzugsfähig	
- Vorsorgeaufwendungen	
- Unterhaltsleistungen an den geschiedenen Ehegatten	
- Kosten der Ausbildung	
unbeschränkt abzugsfähig	
- Renten und dauernde Lasten	
- Kirchensteuer	
- Steuerberatungskosten	
− Spenden	
− Außergewöhnliche Belastungen	
− Verlustabzug	
− Steuerbegünstigung der zu eigenen Wohn- zwecken genutzten Wohnung im eigenen Haus	
= **Einkommen**	
− Kinderfreibetrag	
− Haushaltsfreibetrag	
− Altersfreibetrag	
= **zu versteuerndes Einkommen**	
· tariflicher Steuersatz (zwischen 19 % und 53 %)	
= **Einkommensteuer**	
− bereits abgeführte Lohnsteuer	
− bereits abgeführte Kapitalertragssteuer	
− bereits abgeführte Einkommensteuer vorauszahlungen	
= **Einkommensteuernachzahlung oder -erstattung**	

Die Vorauszahlungstermine der Einkommensteuer (und der Körperschaftsteuer) sind einheitlich geregelt. § 37 Abs. 1 EStG bestimmt vierteljährliche Fälligkeitstermine zum 10.03., 10.06., 10.09. und 10.12.

Vorauszahlungen auf die Einkommen- bzw. Körperschaftsteuer werden nur festgesetzt, wenn sie mindestens DM 400,– im Kalenderjahre und DM 100,– für einen Vorauszahlungszeitpunkt betragen. Für die regelmäßig zusammen mit der Einkommensteuer erhobene Kirchensteuer gelten dieselben Vorauszahlungstermine.

Die Einkommensteuererklärung müssen Sie – nach Abschluß Ihres Geschäftsjahres – bis zum 31. Mai des Folgejahres beim Finanzamt einreichen. Danach werden Sie veranlagt, d. h. das Finanzamt setzt fest, welche vierteljährlichen Vorauszahlungen auf die Einkommensteuer Sie künftig zu entrichten haben. Hier haben Sie ebenfalls Fristen zu beachten: Der Fehlbetrag – etwa weil Ihre bisherigen Vorauszahlungen zu niedrig waren – muß innerhalb von vier Wochen nachgezahlt werden. Allein deshalb empfiehlt es sich, auch schon im ersten Geschäftsjahr immer wieder Geld in Höhe der zu erwartenden Steueranteile beiseite zu legen. Haben Sie dagegen zuviel vorausbezahlt, so wird dies erstattet oder aber mit anderen Steuerschulden verrechnet.

Verlustrücktrags- und Verlustvortragsrechnung

Wichtig: Verluste („negative Einkünfte") sind mit anderen erzielten Einkünften zu verrechnen. Außerdem ist sowohl ein Verlustrücktrag als auch ein Verlustvortrag möglich.

Beispiel: Verrechnen von Verlusten

1990 zu versteuerndes Einkommen als Arbeitnehmer	70 000 DM
1991 zu versteuerndes Einkommen als Arbeitnehmer	75 000 DM
1992 Verlust aus selbständiger Tätigkeit	240 000 DM
1993 Gewinn aus selbständiger Tätigkeit	100 000 DM

Steuerliche Verlustrücktragsrechnung

```
    70 000  (1990)
+   75 000  (1991)
─────────────────
=  145 000
-  240 000  (1992)
─────────────────
-   95 000
(Verlustvortrag)
```

Steuerliche Verlustvortragsrechnung

```
-   95 000  (1992)
+ 100 000  (1993)
─────────────────
+    5000  (1993)
```

Lediglich 5000 DM hoch ist das tatsächlich zu versteuernde
Einkommen

- Ein Verlust kann mit Gewinnen der letzten beiden Jahre ver-
  rechnet werden.
- Ein Verlustrücktrag ist bis zu einer Gesamtsumme von 10 Mio.
  DM möglich.

Abschließend bleibt zur Einkommensteuer festzuhalten, daß
diese Steuer nur bei natürlichen Personen (d. h. alle lebendigen
Personen) erhoben sind. Die Einkünfte einer Personengesellschaft werden dabei einheitlich ermittelt und den Gesellschaftern
anteilig zugerechnet. Bei diesen kommt es im Rahmen der Einkommensteuer mit deren persönlichem Steuersatz zur Versteue-
rung.

Körperschaftsteuer

Die Körperschaftsteuer ist die Einkommensteuer der Körper-
schaften. Hierzu zählen Vereine, die Aktiengesellschaften und die
Gesellschaften mit beschränkter Haftung. Für die Kapitalgesellschaften und da insbesondere für GmbH und AG gilt als Rechtsgrundlage das KStG.

Führen Sie Ihr Unternehmen als Kapitalgesellschaft (z. B. als
GmbH), ist es als juristische Person mit seinem Gewinn eigenständig körperschaftsteuerpflichtig.

- Einbehaltene Gewinne („Gewinnrücklagen"), die der Selbstfi-
  nanzierung der Gesellschaft dienen, unterliegen derzeit einer
  45prozentigen Körperschaftsteuer.
- Die an die Anteilseigner der Gesellschaft zur Ausschüttung vorgesehenen Gewinne („Bruttodividende") sind mit einem Steuersatz von 30 % belastet und zusätzlich einer Kapitalertragsteuer von 25 % unterworfen. Die Steuern führt die Gesellschaft
  direkt an das Finanzamt ab.
- Die Bruttodividende unterliegt in vollem Umfang der persönlichen Einkommensteuerpflicht der Gesellschafter. Die bereits
  abgeführte Körperschaftsteuer und die Kapitalertragsteuer wird
  dabei, wie eine Vorauszahlung, auf die individuelle Einkom-
  mensteuerschuld angerechnet, um eine steuerliche Doppelbela-
  stung der Bruttodividende zu vermeiden.

Es bleibt somit festzuhalten, daß die Körperschaft, sofern sie Gewinne erzielt, zwei Möglichkeiten besitzt. Entweder kann sie die Gewinne an die Gesellschafter ausschütten oder sie im Unternehmen zurücklegen (Gewinn-Thesaurierung). Wird der Gewinn ausgeschüttet, so unterliegt er einem KSt-Satz von 30 %. Handelt es sich um thesaurierte Gewinne (nicht ausgeschüttete Gewinne), so wird ein KSt-Satz von 45 % angewendet.

Beispiel
- Ausschüttungsfähiger Gewinn: 10000 DM
- Persönlicher Einkommensteuersatz des Gesellschafters: 35 %

Bei der Gesellschaft:

Ausschüttungsfähiger Gew.	10000 DM
– Körperschaftsteuer 30 %	3000 DM
= Dividende	7000 DM
– Kapitalertragsteuer 25 %	1750 DM
= Gewinnausschüttung	5250 DM

Beim Gesellschafter:

Gewinnausschüttung	5250 DM
+ Körperschaftsteuer	3000 DM
+ Kapitalertragsteuer	1750 DM
= zu versteuerndes EK	10000 DM

Daraus errechnet sich folgende Steuerbelastung:

Körperschaftsteuer	3000 DM
+ Kapitalertragsteuer	1750 DM
– Einkommensteuer	3500 DM
(hier 35 % v. 10000)	
= Steuererstattung	1250 DM
+ Gewinnausschüttung	5250 DM
= Nettogew. nach Steuern	6500 DM

Die Gewinnausschüttung führt zu einer Steuerbelastung, die von den Einkommensverhältnissen des jeweiligen Gesellschafters abhängig ist. Liegt der Steuersatz unter 50 %, so ist es auch dann sinnvoll den Gewinn auszuschütten, wenn er eigentlich für Investitionen benötigt wird. Den ausgeschütteten Gewinn kann der Gesellschafter dann der GmbH wieder (als Darlehen) zur Verfügung stellen („Schütt-aus-hol-zurück-Verfahren")

Gewerbeertragsteuer

Der Gewerbeertragsteuer unterliegen ausschließlich Gewerbebetriebe. Für die Besteuerung ist der Gewerbeertrag die maßgebende Größe. Unternehmen, die Kapitalvermögen verwalten, Grundstücke, Gebäude und andere Wirtschaftsgüter vermieten oder verpachten, sind in aller Regel keine Gewerbebetriebe, sondern vermögensverwaltende Gesellschaften, die als solche nicht der Gewerbesteuer unterliegen.

Die Gewerbesteuer errechnet sich aus der Summe des Steuermeßbetrages auf Basis des Gewerbeertrags multipliziert mit dem Hebesatz der Gemeinde. Für den Existenzgründer ist dabei relevant, daß die Hebesätze der Gemeinden unterschiedlich sind und i. d. R. zwischen 250 und 500 % liegen.

Beispiel: Gewerbeertragsteuer

Gewinn aus Gewerbebetrieb

+ Hinzurechnungen (z. B. Entgelte für langfristiges Fremdkap.)

./. Kürzungen (1,2 % des Einheitswertes aller Grundstücke)

= Gewerbeertrag

./. Freibetrag: 48 000 DM (gilt für Einzelunternehmen und Personengesellschaften)

· Steuermeßzahl (grundsätzlich: 1–5 %, je 24 000 DM über Freibetrag)

= Steuermeßbetrag für Gewerbeertragssteuer

Beispiel: Gewerbeertragsteuer

Berechnung des Steuermeßbetrages nach dem Gewerbeertrag:

Der Inhaber einer Einzelfirma hat 60 000 DM Gewinn in einem Wirtschaftsjahr erzielt. Ein betrieblicher Kredit in Höhe von 120 000 DM muß mit 10 % verzinst werden. Der Einheitswert des Betriebsgrundstücks beträgt 150 000 DM.

Steuerlicher Gewinn	60 000 DM
+ Dauerschuldzinsen	6 000 DM
(50 % Anteil von 12 000 DM)	
./. 1,2 % vom Einheitswert	1 800 DM
./. Freibetrag	48 000 DM
= Steuerbasis	16 200 DM

Steuermeßbetrag nach dem Gewerbeertrag:
162 DM (1 % von 16 200 DM)

Für die ersten 24 000 DM, die den Freibetrag übersteigen, gilt eine Steuermeßzahl von 1 %. In Stufen von jeweils 24 000 DM erhöht sich die Steuermeßzahl um je 1 %, bis bei einem Gewerbeertrag von 144 000 DM und mehr 5 % erreicht werden.

Für Interessierte sei außerdem noch erwähnt, daß bei der endgültigen Berechnung der Gewerbesteuerschuld dieser Steuerbetrag als abzugsfähige Betriebsausgabe behandelt wird und den ursprünglich ermittelten Gewinn somit mindert und damit ihre eigene Bemessungsgrundlage ermäßigt.

Bei den Personengesellschaften ist im übrigen zu beachten, daß der personenbezogene Freibetrag in Höhe von 48 000 DM bei der Berechnung des Steuermeßbetrages nach dem Gewerbeertrag unabhängig von der Anzahl der Gesellschafter nur einmal gewährt wird. Bei den Kapitalgesellschaften (hier insbesondere bei den GmbH's) unterliegt der gesamte Gewerbeertrag ohne Berücksichtigung eines persönlichen Freibetrages des Steuerberechnung, wobei grundsätzlich ein Steuermeßbetrag von 5 % gilt.

Gewerbeertragsteuervorauszahlungen sind zum 15.02., 15.05., 15.08. und 15.11. eines Jahres zu entrichten. Sie betragen ein Viertel der Steuer, die sich bei der letzten Veranlagung ergeben hat und müssen mindestens 5 DM betragen.

Bis zum 1. 1. 1998 mußte noch unter der Überschrift Gewerbesteuer zwischen der Gewerbeertrag- und der Gewerbekapitalsteuer differenziert werden. Letztere fiel am genannten Datum weg. Sie galt in der Unternehmerschaft als substanzvernichtende Steuer.

Grundsteuer

Die Grundsteuer erhebt die Gemeinde, in deren Gebiet sich der Grundbesitz befindet.

Der Wert des Grundstücks bemißt sich nach dem für das Grundvermögen ermittelten Einheitswert und wird vom Finanzamt festgelegt. Anhand des Einheitswertes ergibt sich ein Steuermeßbetrag (i. d. R. 3,5 Promille des Einheitswertes), der von der jeweiligen Gemeinde mit dem Hebesatz für Grundvermögen multipliziert wird.

Im Rahmen der Überlegungen zur Gründung eines Unternehmens kann die Grundsteuer i. d. R. vernachlässigt werden, da die wenigsten Existenzgründer den Freibetrag von 120 000 DM (Einheitswert) überschreiten.

Umsatzsteuer

Der Umsatzsteuer unterliegen grundsätzlich alle Umsätze, die ein Unternehmen tätigt. Hierzu zählen Umsätze aus Dienstleistungen, Reparaturarbeiten, Lieferungen, die Einfuhr von Gegenständen sowie der Eigenverbrauch.

- Die Umsatzsteuer ist eine „Verbrauchsteuer", die im Preis der umgesetzten Güter und Leistungen enthalten ist. Bei Rechnungen bis einschließlich 200 DM genügt die Angabe des enthaltenen Steuersatzes, bei Rechnungen über 200 DM ist die enthaltene Umsatzsteuer als Betrag auszuweisen. Der Steuersatz beträgt 15 % (16 % ab 1. April 1998).
- Einige Leistungen sind steuerfrei oder unterliegen einem geringeren Umsatzsteuersatz, z. B. Lebensmittel, Bücher (7 %).
- Die Umsatzsteuerschuld gegenüber dem Finanzamt ermitteln Sie in der Weise, daß Sie die in Ihren Rechnungen enthaltene Umsatzsteuer (Mehrwertsteuer) um die in den Lieferantenrechnungen gesondert ausgewiesenen Umsatzsteuerbeträge (Vorsteuer) kürzen. Der Besteuerung unterliegt also nur der in Ihrem Unternehmen geschaffene „Mehrwert".

Beispiel: Sie beziehen Ware für 100 DM und verkaufen diese für 200 DM. Umsatzsteuer: 16 %.

A. **Rechnung des Lieferanten:**

Warenwert	100 DM
Umsatzsteuer (Vorsteuer)	16 DM
Rechnungsbetrag	116 DM

B. **Sie stellen in Rechnung:**

Warenwert	200 DM
Umsatzsteuer (Mehrwertsteuer)	32 DM
Rechnungsbetrag	232 DM

C. **Daraus errechnet sich folgende Steuerschuld:**

Mehrwertsteuer	32 DM
Vorsteuer	16 DM
An das Finanzamt abzuführende Umsatzsteuer	**16 DM**

Die Umsatzsteuer ist zum 10. des Folgemonats zu zahlen. Sie ist vierteljährlich zu entrichten, wenn die Steuerschuld im Vorjahr weniger als 12000 DM betragen hat. Bei einer Verspätung der Zahlung bis zu fünf Tagen, also bis zum 15. des Folgemonats, verlangt das Finanzamt keine Säumniszuschläge (sog. Schonfrist). Die Schonfrist greift jedoch nicht bei Scheckzahlungen. Ist die Vorsteuer höher als die Mehrwertsteuer, die Sie Ihren Kunden berechnet haben, entsteht ein Steuerüberhang zu Ihren Gunsten. Dieser Überhang wird für den nächsten Monat vom Finanzamt gutgeschrieben oder auf Antrag erstattet.

Kleine Unternehmer mit Jahresumsätzen von nicht mehr als 32500 DM sind von der Umsatzsteuer befreit (Kleinunternehmerregelung). Sie können Ihren Kunden keine Mehrwertsteuer in Rechnung stellen, aber selbst auch keine Vorsteuern aus bezahlten Rechnungen zurückerstattet bekommen bzw. keine Verrechnung mit der Umsatzsteuer vornehmen.

Die Umsatzsteuer ist eine tückische Sache – weil Sie vorübergehend Geld in der Kasse haben, was Sie nur als durchlaufenden Posten für das Finanzamt einbehalten und sofort weiterzugeben haben. Tückisch wären deshalb zu hohe Eigenentnahmen aus der Kasse – es könnte sein, daß Sie sich dabei das Geld ins Portemonnaie stecken, das dem Finanzamt gehört. Und wenn Das nicht bedacht wird, können durch nicht berücksichtigte Umsatzsteuerzahlungen ganz schnell Geldprobleme auftauchen. Denn das Finanzamt ist unerbittlich und vergißt garantiert nicht, sich sein Geld bei Ihnen zu holen.

Steuervorteile heute – erhöhte Steuerlast morgen

Wer sich selbständig macht, will verständlicherweise – besonders in der schwierigen Anfangsphase – möglichst wenig Steuern zahlen. Gerade Anfänger wollen abschreiben, was abzuschreiben ist. Das kann aber mittelfristig unvorteilhaft sein, wenn sich der Steuersatz durch spätere Gewinne erhöht und dann keine Abschreibungsmasse mehr vorhanden ist. Die anfänglich eingesparten Steuerbeträge müssen dann manchmal in doppelter Höhe nachgezahlt werden. Das sollte man vermeiden.

Ihre Beziehung zum Finanzamt

Mit der Anmeldung Ihre Betriebes erhält das Finanzamt automatisch eine Information über den neugegründeten Betrieb. Es teilt Ihnen eine Steuernummer mit, die Sie nun bei all Ihren Steuererklärungen und Steuerzahlungen, Nachfragen und Anmeldungen angeben. Das Finanzamt schickt Ihnen Formulare für Ihre Umsatzsteuervoranmeldungen zu.

Wenn Sie mit einem Steuerberater zusammenarbeiten, dann geben Sie immer Ihre gesamte Korrespondenz mit dem Finanzamt, alle Anfragen und Bescheide an ihn weiter. Sie können auch von vornherein festlegen, daß Ihr Steuerberater Ihr Zustellungsbevollmächtigter sein soll, dann bekommt er automatisch Ihre Finanzamtspost und kann sie rechtzeitig in Ihrem Auftrag bearbeiten.

Sind Sie wirklich einmal säumig, so hat das Finanzamt verschiedene Möglichkeiten, auf von Ihnen verpaßte Termine zu reagieren. Wenn Sie auf eine Mahnung nicht reagieren, können Säumniszuschläge festgelegt werden, die unter Umständen recht schmerzlich sind.

Um die Steuerehrlichkeit der Steuerpflichtigen zu überprüfen, hat das Finanzamt u. a. das Instrument der „Kontrollmitteilungen" geschaffen. Die Kontrollmitteilung wandert in Ihre beim Finanzamt geführte Akte und wird bei Gelegenheit – zum Beispiel im Zuge einer Betriebsprüfung – einer Überprüfung unterzogen.

Eine Kontrollmitteilung kann zum Beispiel vom Finanzamt erstellt werden, wenn es bei der Überprüfung eines Ihrer Lieferanten oder eines Ihrer Kunden eine Unklarheit gibt, oder wenn einfach festgestellt werden soll, ob die bei diesen gefundenen Beträge auch in Ihren Unterlagen auftauchen.

Bei einem begründeten Verdacht der Steuerhinterziehung kann die Steuerfahndung eingeschaltet werden, die weitreichende Befugnisse hat. Lassen Sie sich nicht zu dubiosen Geschäften überreden, für die kein Beleg erstellt werden soll. Vermeintlich gute Verdienstchancen können sich leicht als Bumerang erweisen.

Oft hat das Finanzamt seinen prüfenden Blick auch schon auf die schwarzen Schafe gerichtet.

Steuerbelastung 1997

Zu versteuerndes Einkommen

Einkommen	Grundtabelle	Splittingtabelle
6 047	0	0
7 019	0	0
8 045	0	0
9 017	0	0
10 043	0	0
15 011	691	0
20 033	2 039	0
25 001	3 418	82
30 023	4 857	1 382
35 045	6 340	2 734
40 013	7 857	4 078
45 035	9 520	5 446
50 003	11 040	6 836
55 025	12 708	8 280
60 047	14 423	9 714
65 015	16 187	11 172
70 037	18 047	12 686
75 005	19 963	14 188
80 027	21 976	15 714
85 049	24 065	17 298
90 017	26 207	18 868
95 039	28 449	20 462
100 007	30 742	22 080
105 083	33 162	23 754
110 051	35 607	25 416
115 019	38 127	27 100
120 041	40 750	28 846
125 009	43 383	30 592
130 031	46 045	32 374

(ohne Gewähr)

Notizen:

Wichtig

In der Regel zahlt ein junges Unternehmen in der Anfangsphase keine oder nur wenig Steuern, weil das Finanzamt die hohen finanziellen Belastungen in dieser Zeit anrechnet. Wenn aber Ihre Geschäfte dann gut laufen, kann es Ihnen passieren, daß das Finanzamt – im dritten oder vierten Jahr etwa – die Steuerforderungen drastisch erhöht. Und wenn dann zur gleichen Zeit z. B. noch Nachzahlungen anstehen, geraten Sie schnell in finanzielle Schwierigkeiten.

Wichtig: Alle Kosten, die vor der Betriebsgründung entstehen und mit der Betriebsgründung in Zusammenhang stehen, können Sie später nach Gründung Ihres Betriebes als Betriebsausgaben verbuchen (Belege unbedingt aufbewahren).

Wichtig: Die Bücher, Inventare, Eröffnungsbilanz, Jahresabschlüsse, steuerlich vorgeschriebene sonstige Aufzeichnungen und zugehörige Unterlagen müssen 10 Jahre lang, sonstige Unterlagen (empfangene und Kopien abgesandter Geschäftsbriefe, Buchungsbelege und ähnliches) müssen 6 Jahre lang aufbewahrt werden.

Steuerliche Möglichkeiten in der Startphase

Schon mit Gründung eines Unternehmens, genauer: wenn Sie sich erstmalig mit der Gründung eines Unternehmens auseinandersetzen sollten, Sie sich dem Kapitel „Steuern" widmen. Beachten Sie hierbei vor allem folgende Punkte:

1. Die Frage der Steuerzahlung sollte zwar für unternehmerische Entscheidungen nicht ausschlaggebend sein, man muß sie aber trotzdem ausreichend berücksichtigen.
2. Legal eingesparte Steuer ist zusätzlicher Gewinn. Es wird von der Wahl des branchenkundigen Steuerberaters abhängen, ob alle Möglichkeiten ausgeschöpft werden.
3. Zwar sind die Rentabilitätsziele kurz- und mittelfristig wesentlicher als die Steuerminderungen, doch sollte man die Zukunftsgewinne nivellieren, um die Vorauszahlungen zu mindern und der Progression zu entgehen.
4. In der Regel kann man dem Finanzamt klarmachen, daß Anfangsverluste unvermeidlich sind und dadurch Vorauszahlungen entfallen. Allerdings sind dann Reserven zu bilden, mit denen eventuelle Nachzahlungen abgedeckt werden können.
5. Man sollte versuchen, so weit wie möglich Vorbereitungskosten nachzuweisen und glaubhaft zu machen, die vor dem Gründungszeitpunkt anfielen. Sie werden im Errichtungszeitraum geltend gemacht.
6. Verluste der ersten Jahre können nach den Steuergesetzen zurückgetragen werden. Es ist also u. U. möglich, Einkommensteuer, die man noch als Arbeitnehmer zahlte, zurückzuerhalten.
7. Umsatzsteuern, als Mehrwertsteuerbeträge beziehungsweise Vorsteuern, sind gesondert auszuwerfen, wenn der Rechnungsbetrag über 200,– DM liegt. Unterhalb dieses Betrages reicht der Hinweis auf die enthaltene Mehrwertsteuer.
8. Wenn die selbst gezahlte Mehrwertsteuer aus Anschaffungen und Materialkäufen höher ist als die selbst verrechnete, und die Differenz zwischen hoher Vorsteuer und niedriger Mehrwertsteuer höher als 1000,– DM ist, wird der Differenzbetrag an das Unternehmen zurückgezahlt.
9. Mehrwertsteuervorauszahlungen sind bis zu einer Steuerschuld des Vorjahres von DM 2400,– am Ende des Quartals zu leisten, was gegenüber der monatlichen Abrechnung Zeit und Zinsen spart. Die Sonderregelungen für Kleinunternehmer sind zu beachten.

11.9 Versicherungen = Risikovorsorge

Als Existenzgründer müssen Sie in allen Bereichen viel Mut beweisen. Das unternehmerische Risiko können Sie nicht absichern, im Gegensatz zu einer möglichen Bedrohung Ihres Vermögens, Einkommens und Ihrer Gesundheit.

Sind Sie sich im klaren darüber, daß Sie mit einer Existenzgründung Ihr bisheriges soziales Sicherungsnetz als Arbeitnehmer verlassen?

Hier kommt eine wichtige unternehmerische Aufgabe auf Sie zu. Sie müssen persönliche und betriebliche Risiken analysieren, Versicherungen auswählen und eigenverantwortlich vorsorgen.

An zu versichernde Risiken kommen in Frage:

- Schäden, die Dritten, mit denen der Betrieb nicht in Rechtsbeziehung steht, durch die gewerbliche Tätigkeit erwachsen,
- Schäden von Beschäftigten des Betriebes durch Betriebsunfälle,
- Schäden am Sachvermögen des Betriebes

Wichtig für Nachfolger: Kündigen Sie zu teure Versicherungen umgehend!

Zur Warnung vorweg soll bevor die Thematik „Versicherungen" vertieft wird das Grundschema eines Vertreterbesuchs von *H. Emge* vorgestellt werden:

1. Kontakt herstellen und der Tätigkeit des „Opfers" Bewunderung zollen; versuchen, zum Platznehmen aufgefordert zu werden (auf Höflichkeit spekulieren), bei zwei „Opfern" sich so setzen, daß diese möglichst keinen direkten Augenkontakt haben. Feststellen, wer das Sagen hat.
2. „Versicherungslücke" feststellen.
3. Besoffen quatschen. Denn: das Opfer soll sich, je länger das Gespräch dauert, desto stärker persönlich verpflichtet fühlen, entweder Gegenargumente zu bringen oder zu unterschreiben. In der Regel funktioniert das auch.
4. Unterschreiben lassen. Oder: wenn Skepsis aufkommt (laut Versicherungsausbilder meist durch hinzukommende Ehefrau!), möglichst keine schriftliche Information zurücklassen, einen eleganten Abgang machen und so verbindlich wie möglich den nächsten Kontakt androhen.

5. Allein oder verstärkt zum zweiten Auftritt, vielleicht eine persönliche Anmerkung auf das letzte Gespräch als Einstieg („Wie geht es dem Hund").
6. Wiederum besoffen quatschen und Zweifel ausräumen.
7. Unterschreiben lassen und Visitenkarte als persönliches Geschenk überreichen. (Immer für Sie da, nicht die Zentrale – rufen Sie mich privat an.)

Diese Darstellung sollte Sie für das anstehende Gespräch mit Ihrer Versicherung ausreichend sensibilisiert haben. Konzentrieren Sie sich auf das Wesentliche. Sprechen Sie nicht mit dem Feierabendtäter, dem nebenberuflichen Versicherungsvertreter, der ein paar Mark verdienen will. Sprechen Sie direkt mit einer Agentur (Bezirksvertretung). Man wird auch dort für Sie Zeit haben.

Absicherung nicht kalkulierbarer Risiken

Bei der Versicherung von Risiken müssen Sie in der Regel „wählerisch" vorgehen. Nicht jedes Risiko können Sie über eine Versicherung ausschließen. Fragen Sie sich bei jeder Gefahrenart, wie hoch das Risiko im schlimmsten Fall ist, ob Sie es nicht auch selbst tragen können oder es zwingend versichern müssen. Oft lassen sich auch die weniger gravierenden Risiko-Bereiche zu günstigen Prämien in bestehende Verträge aufnehmen. Fragen Sie hierzu auf jeden Fall einen kompetenten Versicherungsberater, am besten einen Berater, der nicht für eine einzelne Versicherung tätig ist sondern für Sie vergleichend die Konditionen verschiedenster Versicherungen gegenüberstellt und aus diesen die beste Variante sucht. Beachten Sie, daß in manchen Branchen Versicherungspflichten bestehen.

Die Notwendigkeit der betrieblichen und persönlichen Versicherungen eines Unternehmens wird durch fünf Aspekte bestimmt:
- Substanzerhaltung durch Absicherung der Sachwerte des Unternehmens,
- Sicherung von Gewinn und fortlaufenden Geschäftskosten im Falle der Betriebsunterbrechung,
- Sicherung des Unternehmens gegen Haftpflichtansprüche dritter,
- Sicherung der Forderungen des Unternehmens (Kundenkredite),

- Sicherung der Liquidität und des Weiterbestandes des Unternehmens im Falle von Krankheit, Tod, Erbauseinandersetzungen u. a.

Wie Sie nicht kalkulierbare Risiken absichern

Zur Existenzsicherung gehört auch ein ausreichender Versicherungsschutz, damit verhindert wird, daß Teile der Unternehmenssubstanz oder im Extremfall sogar das gesamte Unternehmensvermögen zum Ausgleich der finanziellen Folgen von Personen-, Sach- oder Vermögensschäden herangezogen werden müssen.

Ob Ihr Versicherungsschutz vollständig ist, erkennen Sie am sichersten, wenn Sie alle Versicherungsverträge des Unternehmens mindestens einmal pro Jahr daraufhin überprüfen, ob der Versicherungsschutz für die einzelnen Risiken mit den jeweiligen Bedürfnissen des Unternehmens übereinstimmt.

- Ist der Versicherungsschutz umfassend?
- Gab es im letzten Jahr Risikoänderungen (z. B. durch Anschaffungen, Umbauten, Sortimentserweiterung, neue Mitarbeiter), die in den Versicherungsschutz einbezogen werden müssen?
- Stimmen die Versicherungssummen und Versicherungswerte genau überein?
- Wurden bei den versicherten Sachen für den Fall einer evtl. Ersatzbeschaffung von Anlagegütern Preiserhöhungen in der Versicherungssumme entsprechend berücksichtigt?
- Bestehen Doppelversicherungen, für die unnötig Prämie gezahlt wird (z. B. wenn Sie für Geschäftsreisen eine Auslandskrankenversicherung abgeschlossen haben und später eine Kreditkarte beantragen, die eine Auslandskrankenversicherung einschließt)?
- Wird ein Vertrag nicht mehr benötigt oder beinhaltet ein Vertrag nicht mehr benötigte Leistungen?
- Genügt für große Warenlager nicht auch eine Bruchteil-Versicherung?
- Kann eine Vereinbarung mit einem höheren Selbstbehalt pro Schaden vereinbart werden?
- Können Versicherungsprämien jährlich statt viertel- oder halbjährlich gezahlt werden? Kann der Zuschlag für unterjährige

Zahlung (zwischen 3 und 7 %) gespart werden (jedoch muß der
mögliche Zinsverlust beachtet werden)?

Typische Versicherungen

Sie müssen Ihr Risiko begrenzen, sich nur gegen Gefahren versichern.

1. Krankenversicherung

Die meisten Existenzgründer waren im allgemeinen aufgrund
ihrer bisherigen nichtselbständigen Tätigkeit gesetzlich kranken-
versichert. Für Selbständige gibt es keine obligatorischen Absi-
cherungen. Junge Unternehmer glauben oft, zwecks Beitragsein-
sparung darauf verzichten zu können. Selbst der heute völlig gesunde Gründer kann aber morgen für lange Zeit schwer krank
werden. Das finanzielle Risiko ist dabei um so größer, je mehr der
Betrieb auf der persönlichen Arbeitskraft des Inhabers ruht. Wenn
der Existenzgründer vor seiner Selbständigkeit Mitglied einer gesetzlichen Krankenkasse war, kann er freiwilliges Mitglied seiner
Krankenkasse bleiben oder sich privat versichern.

Selbständige können somit im allgemeinen zwischen gesetzlicher und privater Krankenversicherung wählen. Während sich die
Beiträge der gesetzlichen Krankenkassen und Ersatzkassen pro-
zentual am Einkommen bemessen, richten sich die Prämien privater Krankenversicherungen nach dem Eintrittsalter des Versicherungsnehmers und dem individuellen Umfang des vereinbarten Versicherungsschutzes. Soweit der Existenzgründer seine
Mitgliedschaft in einer gesetzlichen Krankenkasse oder Ersatz-
kasse beibehalten möchte, muß er dies innerhalb von drei Monaten seiner Krankenkasse mitteilen. Sie können sich dann bei der
gesetzlichen Krankenkasse auch als freiwilliges Mitglied weiter-
versichern. Im Rahmen der Familienversicherung sind mitversi-
chert:

- der Ehepartner sowie Kinder bis zur Vollendung des 18. Lebensjahres
- nicht erwerbstätige Kinder bis zur Vollendung des 23. Lebensjahres sowie Kinder, die sich in der Schul- oder Berufsausbildung befinden oder die ein freiwilliges soziales Jahr ableisten,

bis zum vollendeten 25. Lebensjahr. Diese Altersgrenzen verlängern sich um die Zeit des Grundwehr- oder Zivildienstes.

Die Leistungen der gesetzlichen Krankenkasse sind vorgegeben, so daß zusätzlich gewünschte Leistungen über eine private Krankenkasse vertraglich abzusichern sind.

Alleinstehende versichern sich in der Privaten Versicherung grundsätzlich billiger als in einer gesetztlichen Kasse.

Im Rahmen des Abschlusses eines Krankenversicherung sollte man auch über den Abschluß einer Krankentagegeldversicherung nachdenken. Wie Sie wissen, bekommen Sie als freiwilliges Mitglied einer gesetzlichen Krankenkasse bei einer längeren Krankheit meist ein Krankentagegeld. Einige Ortskrankenkasse bieten kein Krankentagegeld an, andere z. B. 130 Mark ab dem 15. Tag der Arbeitsunfähigkeit. Erkundigen Sie sich über die Modalitäten Ihrer Versicherung. Wer sich privat versichert, sollte über eine Zusatzpolice nachdenken. 100 Mark Tagegeld kostet einen 30jährigen ab dem 22. Tag nur 44 DM monatlich. Zu berücksichtigen ist hierbei, daß die private Krankentagegeldversicherung jedoch das durchschnittliche Nettomonatseinkommen des Selbständigen nicht überschreiten darf. Dies würde als unberechtigte Bereicherung angesehen werden. Ausgeglichen wird über das Krankenhaustagegeld somit nur der maximale Verdienstausfall, der über einen längeren Krankenhausaufenthalt entstehen könnte.

Hinweis: Kündigen Sie niemals eine Krankenversicherung, ohne daß Sie die schriftliche Versicherungszusage einer neuen Krankenversicherung haben.

2. Risikolebensversicherung

Zur Absicherung der Familie des Existenzgründers oder auch von beanspruchten Krediten kann der Existenzgründer auf eine Risikolebensversicherung zugreifen. Sie zahlt im Todesfall die Versicherungssumme an die Hinterbliebenen oder den Kreditgeber. Die Absicherung dieser beiden Positionen über garantierte 100 000 DM kostet einen 30jährigen Versicherungsnehmer, der einen Zehnjahresvertrag abschließt, je nach Versicherung zwischen 350 und 500 DM. Alternativ oder ergänzend sollte sich der Existenzgründer auch über den Nutzen einer Privaten Kapitallebensversicherung informieren.

3. Gesetzliche Unfallversicherung

Die gesetzliche Unfallversicherung wird über die Berufsgenossenschaften abgeschlossen. Selbständige können sich dort innerhalb festgelegter Einkommensgrenzen freiwillig versichern. Beachten Sie beim Abschluß einer Unfallversicherung, daß diese nur für die Folgen von Arbeitsunfällen zahlt.

4. Berufsunfähigkeitsversicherung

Die gesetzliche Rentenversicherung und die Absicherung bei der Berufsgenossenschaft sollten Sie durch eine Berufsunfähigkeitsversicherung ergänzen. Mit dieser Versicherung sichern Sie das Risiko Ihrer Berufsunfähigkeit ab, d. h. den Fall, daß durch eine Krankheit bedingt Ihre Arbeitsfähigkeit abnimmt oder gar ganz schwindet. Über einen Staffeltarif erhalten Sie z. B. bereits bei 25-prozentiger Invalidität eine kleine Rente, die mit dem Invaliditätsgrad steigt. Faustregel: Die zusätzliche Rente sollte mindestens ein Drittel Ihres Arbeitseinkommens decken.

5. Rentenversicherung

Gründer sind im allgemeinen aufgrund ihrer bisherigen Tätigkeit rentenversichert. Kommen sie aus dem Kreise der Angestellten, so waren sie – je nach Höhe des Arbeitsverdienstes – bei der BfA pflichtversichert. Kommen sie aus dem Kreise der Arbeiter, so waren sie in der Arbeiterrentenversicherung (ARV) bei einer Landesversicherungsanstalt (LVA) pflichtversichert.

Sowohl bisher in der BfA wie in der LVA versicherte Personen werden, wenn sie sich selbständig manchen, auf Antrag in ihrer bisherigen Versicherung weiterversichert. Dabei können sie – unabhängig von der Höhe ihres künftigen Einkommens – entscheiden, ob sie

- Pflichtbeiträge oder
- freiwillige Beiträge

leisten wollen.

Die Pflichtbeiträge berechnen sich, wie beim Arbeiter oder Angestellten, nach dem versicherungspflichtigen Einkommen unter Beachtung der jährlich neu festzusetzenden Jahresverdiensthöchstgrenze. Freiwillige Beiträge werden zwischen der Versicherungsgesellschaft und dem Gründer frei vereinbart.

Entscheidet sich der Gründer für Pflichtbeiträge, so muß er folgendes beachten:

- Er muß sich innerhalb von zwei Jahren nach Aufnahme der selbständigen Tätigkeit zur Versicherung anmelden, oder
- sich bis zum Ablauf von zwei Jahren nach dem Ende der Versicherungspflicht und der letzten Beitragsleistung zur Weiterversicherung anmelden.

Wird die Zwei-Jahres-Frist versäumt, so können nur noch freiwillige Beiträge vereinbart werden, denn die Anmeldefrist für Pflichtbeiträge ist eine Ausschlußfrist.

6. Feuer-Industrie-Versicherung

Der Versicherungsschutz erstreckt sich im Rahmen der Allgemeinen-Feuerschutzversicherungs-Bedingungen (AFB) auf Schäden infolge

- Brand, Blitzschlag, Explosion
- Anprall oder Absturz eines bemannten Flugkörpers, seiner Teile oder seiner Ladung
- Löschen, Niederreißen oder Ausräumen bei einem dieser Ereignisse

Die Versicherungssumme muß dem Wert der versicherten Sachen am Schadentag (Versicherungswert) entsprechen.

7. Feuer-Betriebsunterbrechungs-Versicherung

Voraussetzungen wie oben.

Der Unterbrechungsschaden umfaßt den entgangenen Betriebsgewinn und den versicherten Teil der fortlaufenden Kosten, die infolge der Betriebsunterbrechung innerhalb der vertraglich vereinbarten Haftungszeit nicht erwirtschaftet werden konnten.

Die Entschädigung für entgangenen Betriebsgewinn sowie für Löhne und Gehälter erfolgt bis zu zwölf Monaten.

Sie ersetzen Schäden, die durch Brand, Blitzschlag oder Explosion passieren.

8. Produkthaftpflichtversicherung

Versicherungsschutz für Produkthaftpflichtschäden ist im Rahmen einer Betriebshaftpflicht-Versicherung enthalten, allerdings nur, wenn ein mangelhaftes Produkt des Versicherungsnehmers Personen oder Sachschäden verursacht. Für eine Vielzahl von Betrieben ist dieser Versicherungsschutz nicht ausreichend, weil gesetzliche Schadensersatzansprüche an den Unternehmer gestellt werden können, wenn

- dem gelieferten Produkt die zugesicherten Eigenschaften fehlen,
- das Produkt mangelhaft oder falsch geliefert wurde und dadurch unnütze Aufwendungen für die Weiterver- oder Weiterbearbeitung entstanden sind,
- das Produkt mangelhaft war und durch die Vermischung mit anderen Erzeugnissen neue fehlerhafte Sachen hergestellt wurden,
- eine Fehllieferung oder mangelhafte Lieferung dazu führt, daß der Besteller zusätzliche Kosten für den Aus- und Einbau dieser Teile (z. B. Maschinen) aufwenden muß oder
- durch eine fehlerhaft hergestellte, montierte oder gewartete Maschine Sachen mangelhaft hergestellt, be- oder verarbeitet werden.

Sie bietet Schutz bei Schäden, die durch menschliches oder maschinelles Versagen bei der Herstellung oder Lieferung von Erzeugnissen entstanden sind. Sie ist seit dem 1. Januar 1990 besonders wichtig, weil seit diesem Termin das neue Produkthaftungsgesetz grundsätzlich den Hersteller im Schadensfall haftpflichtig macht.

9. Leitungswasserversicherung

Versichert sind Schäden, die durch Leitungswasser entstehen. Als Leitungswasser im Sinne der „Allgemeinen Bedingungen für die Versicherung gegen Leitungswasserschäden" (AWB) gilt Wasser, das aus den fest verlegten Zu- und Ableitungsrohren, den sonstigen mit dem Rohrsystem fest verbundenen Einrichtungen der Wasserversorgung oder aus den Anlagen der Warmwasser- oder Dampfheizung bestimmungswidrig austritt.

Die Versicherung schließt noch ein:

A: Innerhalb des Gebäudes:

- Schäden durch Rohrbruch oder Frost an den Zu- und Ableitungsrohren der Wasserversorgung und den Rohren der Warmwasser- oder Dampfheizungsanlage;
- Schäden durch Frost an Badeeinrichtungen, Waschbecken, Spülklosetts, Wasserhähnen, Geruchsverschlüssen, Wassermessern, Heizkörpern, Heizkesseln, Boilern, Herdschlangen, gleichartigen Anlagen der Warmwasser- oder der Dampfheizung und Sprinkler- oder Berieselungsanlagen.

B: Außerhalb des Gebäudes:

- Schäden durch Rohrbruch oder Frost an den Zuleitungsrohren der Wasserversorgung und an den Rohren der Warmwasser- oder Dampfheizung, soweit diese Rohre der Versorgung der versicherten Gebäude dienen und sich auf dem Versicherungsgrundstück befinden.

10. Sturmversicherung

Versichert sind Schäden, die durch Sturm entstehen. Nach den „Allgemeinen Bedingungen für die Versicherung gegen Sturmschäden" (AStB) wird eine Entschädigung für versicherte Sachen geleistet, wenn die Zerstörung oder Beschädigung

- auf der unmittelbaren Einwirkung des Sturms beruht oder
- dadurch hervorgerufen wird, daß der Sturm Gebäudeteile oder andere Gegenstände auf die versicherten Sachen oder Gebäude, in denen sich diese Sachen befinden, wirft oder
- die Folge eines Sturmschadens an versicherten Sachen oder an Gebäuden, in denen sich versicherte Sachen befinden, ist.

Als Sturm gilt eine wetterbedingte Luftbewegung von mindestens Windstärke 8 (62–74 km/h).

11. Einbruchdiebstahlversicherung

Der Versicherungsschutz erstreckt sich auf Schäden durch Einbruchdiebstahl und Raub.

Einbruchdiebstahl liegt vor,

- wenn ein Dieb in ein Gebäude oder den Raum eines Gebäudes einbricht, einsteigt oder mittels falscher Schlüssel oder anderer nicht zum ordnungsgemäßen Öffnen bestimmter Werkzeuge eindringt,

- wenn er in einem Gebäude oder dem Raum eines Gebäudes Türen oder Behältnisse erbricht oder zum Öffnen von Türen oder Behältnissen falsche Schlüssel oder andere zum ordnungsgemäßen Öffnen nicht bestimmte Werkzeuge verwendet,
- wenn er den Diebstahl zur Nachtzeit in einem Gebäude oder dem Raum eines Gebäudes begeht, in das er sich in diebischer Absicht eingeschlichen oder worin er sich in dieser Absicht verborgen hatte,
- wenn er den Diebstahl unter Anwendung der richtigen Schlüssel ausführt, sofern er diese durch Diebstahl im Sinne der oben genannten Bestimmungen durch Beraubung oder räuberische Erpressung an sich gebracht hat.

Raub ist die Entwendung unter Anwendung von Gewalt gegen eine Person oder unter Drohung mit Gefahr für Leib und Leben oder unter Verwendung von Mitteln zur Ausschaltung der Widerstandskraft.

12. Haftpflichtversicherung

Der Versicherungsschutz erstreckt sich im Rahmen der Allgemeinen Versicherungsbedingungen für Haftpflichtversicherung (AHB) und der sonstigen Vertragsbedingungen auf

- die Ihnen als Unternehmer des zu versichernden Betriebes aufgrund gesetzlicher Haftpflichtbestimmungen privatrechtlichen Inhalts entstehende Haftpflicht aus Personen- und Sachschäden fremder Dritter.

Die Leistungen des Versicherers umfassen

- die Befriedigung berechtigter Ansprüche und
- die Abwehr unberechtigter Ansprüche.

im Rahmen der vereinbarten Deckungssummen.

Der Unternehmer muß für alle Schäden (Personen-, Sach- und Vermögensschäden) haften, die er selbst bzw. seine Mitarbeiter aus dem Betrieb, dem Haus- und Grundbesitz und den betrieblichen Einrichtungen und Tätigkeiten heraus, anderen zufügen. Laut bürgerlichem Gesetzbuch kennt die Haftpflicht keine Begrenzung. Der Abschluß einer Betriebs-Haftpflichtversicherung ist für den Unternehmer daher ein „Muß".

Betriebshaftpflichtversicherungen schützen das versicherte Unternehmen vor finanziellen Folgen von Schäden Dritter, die aus dem Betrieb selbst, dem Haus- und Grundbesitz, den betrieblichen Einrichtungen oder Tätigkeiten innerhalb und außerhalb des Betriebes erwachsen können.

13. Technische Versicherung/Maschinen

Der Versicherungsschutz erstreckt sich im Rahmen der Allgemeinen Bedingungen auf unvorhergesehene und plötzlich eintretende Schäden an den im Versicherungsschein einzeln aufgeführten Sachen.

Entschädigung wird im einzelnen geleistet

bei stationären Sachen nach den Allgemeinen Maschinenversicherungs-Bedingungen (AMB), insbesondere für Schäden durch

- Bedienungsfehler, Ungeschicklichkeit, Fahrlässigkeit, Böswilligkeit
- Konstruktions-, Material- oder Ausführungsfehler
- Kurzschluß
- Sturm, Frost, Eisgang;

bei fahrbaren Geräten nach den Allgemeinen Bedingungen für die Maschinen- und Kaskoversicherung von fahrbaren Geräten (ABMG), zusätzlich für Schäden durch

- Brand, Blitzschlag, Explosion
- Naturgewalten
- während eines Transportes
- während einer Montage oder Demontage

oder nach den Allgemeinen Bedingungen für die Kaskoversicherung von Baugeräten (ABG) nur für Schäden durch

- ein unmittelbar von außen her plötzlich und unvorhergesehenen einwirkendes Ereignis (Unfall).

14. Glasversicherung

Der Versicherungsschutz erstreckt sich im Rahmen der Allgemeinen Versicherungs-Bedingungen für Glasversicherungen auf alle Bruchschäden an den fertig eingesetzten Scheiben. Eingeschlossen sind die Kosten einer im Schadensfall etwa erforderlich werdenden Behelfsverglasung.

Die Glasversicherung kommt z. B. für Schäden auf, die entstehen durch Unvorsichtigkeit, spielende Kinder, Mutwillen dritter Personen, Gebäudeabsenkung, Sturm, Frost, Autoprellsteine usw.

15. Leuchtröhrenversicherung

Der Versicherungsschutz erstreckt sich
- für die Leuchtröhrenversicherung auf alle Schäden, die in einem Zerbrechen der Leuchtröhren (sog. Systeme) bestehen oder
- nach der Klausel für Erweiterte Leuchtröhrenversicherung auf alle Schäden, die in einem Zerbrechen der Leuchtröhren (sog. Systeme) bestehen und auf Schäden an den übrigen Teilen der Anlage.

Die Leuchtröhrenversicherung kommt z. B. für Schäden auf, die entstehen durch Sturm, Hagel, Eisbildung, Erschütterungen, Kurzschluß, Kabelbrand, Steinwurf, Mutwillen dritter Personen, herabfallendes Mauerwerk, Einwirkungen atmosphärischer Elektrizität usw.

Im Schadensfall wird Naturalersatz geleistet: Zerbrochene Röhren und beschädigte Anlageteile werden im Auftrag in gleicher Weise ersetzt.

16. Kraftfahrzeug-Versicherung

Die **Kraftfahrzeug-Haftpflichtversicherung** umfaßt die Befriedigung begründeter und die Abwehr unbegründeter Schadensersatzansprüche, die gegen den Versicherungsnehmer oder mitversicherte Personen erhoben werden.

Die **Fahrzeugteilversicherung** ersetzt Schäden, die
- durch Brand oder Explosion,
- durch Entwendung, insbesondere Diebstahl,
- durch unmittelbare Einwirkung von Sturm, Hagel, Blitzschlag oder Überschwemmung,
- durch einen Zusammenstoß mit Haarwild und
- durch Glasbruch entstehen.

Die **Fahrzeug-Vollversicherung** ersetzt darüber hinaus Schäden, die
- durch Unfall, d. h. durch ein unmittelbar von außen her plötzlich mit mechanischer Gewalt einwirkendes Ereignis sowie
- durch mut- oder böswillige Handlungen betriebsfremder Personen entstehen.

Der Versicherungsschutz erstreckt sich in der Voll- und Teilversicherung auch auf Bruchschäden an der Verglasung des Fahrzeugs.

Die **Kraftfahrunfallversicherung** gewährt Versicherungsschutz für Personenschäden durch Unfälle, die in ursächlichem Zusammenhang mit dem Lenken, Benutzen, Behandeln, dem Be- und Entladen sowie Abstellen des Kraftfahrzeuges eintreten.

17. Rechtsschutzversicherung

Der Versicherungsschutz erstreckt sich im Rahmen der Allgemeinen Bedingungen für die Rechtsschutzversicherung (ARB) auf die Wahrnehmung der rechtlichen Interessen des Versicherungsnehmers bei gleichzeitiger Übernahme der dabei entstehenden Kosten. Bezahlt werden bis zu 50000 DM je Schadensfall (Deckungssumme). Versicherungsschutz wird in ganz Europa und den außereuropäischen Anliegerstaaten des Mittelmeeres gewährt.

Die Rechtsschutzversicherung kann erforderlichenfalls um weitere Risiken, wie Top-Manager-, Grundstücks- und Miet- sowie Familien-Rechtsschutz (für den privaten Bereich des Firmeninhabers) ergänzt werden.

18. Transportversicherungen

Transportversicherungen versichern Güter auf dem Transportweg zum Verteiler oder Abnehmer gegen Schäden und Verlust.

19. Waren- und Ausfuhrkreditversicherung

Einen nützlichen Schutz vor Forderungsausfällen kann eine Warenkreditversicherung bieten, die zumeist auch die Kundenbonität überwacht. Dies gilt insbesondere für Ausfuhren, für die z. B. die Hermes AG Schutz vor Forderungsausfällen bietet.

Faustregeln für den Abschluß von Versicherungsverträgen

Beim Abschluß von Versicherungsverträgen sollte man folgende Regeln beachten:

• Man sollte Vergleichsangebote einholen, eventuell einen Versi-

cherungsmakler zuziehen, der nicht nur für eine Versicherungsgesellschaft tätig ist und deshalb objektive Urteile erwarten läßt.

- Unterversicherung ist zu vermeiden, denn sie Versicherungsgesellschaft leistet Schadensersatz nur im Verhältnis der Versicherungssumme zum Wert der versicherten Gegenstände. Unterversicherung sichert nur anteiligen Schadenersatz.
- Überversicherung ist unzweckmäßig, da nur der Schaden – und
  nicht mehr – ersetzt wird.
- Es sollten Preisgleitklauseln vereinbart werden, da anderenfalls
  laufend Angleichungen an die Inflationsrate notwendig werden.

Später muß laufend geprüft werden, ob sich die Versicherungssumme durch Zu- und Abgänge im Bestand ändern muß und ob
von der Versicherungsgesellschaft erteilte Auflagen eingehalten
wurden.

Checkliste vor Abschluß einer Versicherung

- Stellen Sie im Rahmen einer Risikoanalyse Ihre größten Risiken
  sowie Versorgungslücken fest und setzen Sie Prioritäten.
- Holen Sie umfassende Informationen über Leistungen und Bedingungen verschiedener Versicherungen bei deren Vertretern
  oder bei unabhängigen Maklern ein.
- Erkundigungen bei anderen Unternehmen helfen oft weiter und
  sparen Geld!
- Lesen Sie die Angebote sowie das Kleingedruckte genau durch.
- Lassen Sie sich unklare Formulierungen erklären und Zusiche-
  rungen schriftlich geben.
- Beziehen Sie auch private Risiken in betriebliche Versicherun-
  gen ein.
- Vermeiden Sie Unterversicherungen und teure Doppelversiche-
  rungen.
- Senken Sie Prämien durch Alarmanlagen und sonstige Schutz-
  maßnahmen.
- Nutzen Sie günstige Policen von Spezialanbietern.
- Schließen Sie Versicherungen mit kurzer Laufzeit ab – mög-
  lichst über ein Jahr.
- Nehmen Sie den Service des Versicherers auch beim Ausfüllen
  Ihrer Schadensformulare in Anspruch.

Eines ist jeden Fall sicher: Eine Versicherung gegen Versicherungen gibt es noch nicht. Vielleicht eine Marktlücke?

Notizen:

12. Kommunikation zwischen Berater und Beratenem

12.1 Grundlagen

Die Existenzgründungsberatung hat die Aufgabe, das Beratungsbedürfnis eines Existenzgründers zu befriedigen. Hierbei werden vielfältige Anforderungen an den Gründungsberaters gestellt. Er sollte eine umfassende theoretische Ausbildung und über reichlich Praxiserfahrung verfügen. Gefordert werden z. B. ein Hochschulabschluß in der Betriebswirtschaftslehre oder im Bereich des Ingenieurwesens sowie umfassende Kenntnisse aus einer selbständigen Tätigkeit heraus. Prüfen Sie die Kompetenz Ihres Existenzgründungsberaters. Ist bzw. war er erfolgreich selbständig? Verfügt er über besagte Hochschulabschlüsse?

Wenn Ihr Berater erfolgreich selbständig ist und über geeignete Abschlüsse verfügt, ist er sicherlich für Sie als Existenzgründer eine Hilfe.

Schwarze Schafe gibt es auch unter den Existenzgründungsberatern genug. Grundsätzlich sollten Sie den Sprung ins kalte Wasser vermeiden und einem fairen Berater vertrauen, der Ihnen hilft, Ihr Ziel zu erreichen, ohne daß Sie dabei ins Schleudern geraten. Führen Sie zur Orientierung immer ein kostenloses Erstgespräch (Dauer: 20–30 Minuten). Hierbei sollte bereits die ganz persönliche Beratung, die sich auf Ihre wirtschaftlichen und technischen Probleme bezieht, im Vordergrund stehen. Versuchen Sie im Erstgespräch für Sie relevante Problemkreise anzusprechen, um ein Gefühl von der Kompetenz Ihres Gesprächspartners für Ihre ganz speziellen Bedürfnisse zu erlangen.

Hinweis: Bevor Sie sich von einem Berater helfen lassen, sollten Sie zur Klärung allgemeiner Fragen ein Gründerseminar besuchen. Lassen Sie sich beraten!

12.2 Der Kommunikationsablauf zwischen Berater und Beratenem

Die Existenzaufbauberatung setzt sich z. B. mit unternehmerischen Problemen, mit dem organisatorischen Aufbau oder auch technischen Problemen auseinander. Typischerweise durchläuft der Existenzgründer mit seinem Berater im Rahmen dieser Gespräche folgende Phasen:

Phase 1:

Das erste Beratungsgespräch zwischen dem Existenzgründer und dem Gründungsberater im Büro des Beraters sollte folgende Gesprächsinhalte haben:
- Schilderung des Vorhabens
- Diskussion über das Vorhaben
- Fragen zu dem Projekt und zu der Gründerperson
- Investitionen
- Vorhandene Eigenmittel
- Erörterung der Finanzierungsmöglichkeiten
- Zukünftig anfallende Kosten
- Marktsituation

Es muß geklärt sein, ob die persönlichen und fachlichen Voraus setzungen des Mandanten gegeben sind.

Phase 2:

Der Gründungsberater hat – soweit erforderlich – eine Standortbesichtigung vorzunehmen.

Vom Gründungsberater werden erarbeitet:
- Investitionspläne
- Finanzierungskonzepte
- Kapitaldienstbelastungen
- Kostenpläne
- Kalkulationshilfen für den Gründer
- Ermittlung der Rohertragsspanne
- Ermittlung des erforderlichen Mindestumsatzes

Phase 3:

In dieser Beratungsphase sind die Ergebnisse der bisherigen Ausarbeitungen eingehend mit dem Gründer zu erörtern. Insbesondere wird auf das entwickelte Kalkulationsverfahren einzugehen sein, auf die Rohertragsspanne und auf den erforderlichen Mindestumsatz. Gemeinsam mit dem Existenzgründer muß jetzt detailliert erörtert werden, ob dieser Umsatz zu erreichen ist und wie er zu realisieren sein wird. Hier bedarf es intensiver Unterstützung und Empfehlungen durch den Berater.

Das Ergebnis der dritten Beratungsphase ist die Antwort auf die Frage, ob weitere Untersuchungen und Erhebungen erforderlich sind.

Phase 4:

Der Existenzgründungsberater hat die Tabellen dem jetzigen Erkenntnisstand anzupassen. Folgende Darstellungen/Tabellen werden zusätzlich erarbeitet:
• Marktsituation
• Beispielhafte Erlös- und Kostenplanungen
• Ermittlung des Betriebsmittelbedarfs

Das Ergebnis dieser Beratungsphase sind erste Prognosen über den zu erwartenden wirtschaftlichen Erfolg des Gründungsvorhabens.

Phase 5:

In dieser Beratungsphase werden in einem ausführlichen Gespräch zwischen Gründer und Berater die Prognosen einer weiteren Kontrolle hinsichtlich ihres realen Gehalts unterzogen. Es sind Überlegungen anzustellen, wie die geplanten Ziele erreicht werden sollen.

Das Ergebnis dieser Phase werden Aussagen über die Realisierbarkeit einzelner Planvorgaben sein.

Phase 6:

Der Berater hat mit dem Gründer die Maßnahmen nach Geschäftseröffnung abzustimmen und eingehend zu erörtern.

Insbesondere sind die Maßnahmen zur Marktbearbeitung detailliert zu besprechen.

Das Ergebnis wird ein Katalog mit Empfehlungen für die Durchsetzung des Gründungskonzepts am Markt sein.

Phase 7

Der Gründungsberater wird nunmehr den Entwurf des Beratungsberichtes erstellen, um öffentliche Fördermittel für die Existenzgründungsberatung beantragen zu können.

Da Unwissenheit nicht vor Strafe schützt, kann der rechtzeitige Kontakt zum Experten oft viel Geld und Ärger ersparen.

Hinweis: Es ist oft nicht der schlechteste Rat, wenn einem davon abgeraten wird, einen Unternehmensplan weiter zu verfolgen.

12.3 Wichtige Helfer sind..

Zu den Helfern, die (weil von Ihnen engagiert) eindeutig auf Ihrer Seite stehen, gehören die Berater:

- **Rechtsanwälte** für alle Arten von Verträgen, für die Formulierung allgemeiner Geschäftsbedingungen
- **Steuerberater** für die steuerlich optimale Gestaltung Ihrer Firma, für die Beratung in Entlohnungsfragen (zumindest aus steuerlicher Sicht)
- **EDV-Berater** für die Einrichtung leistungsfähiger EDV-Systeme in allen Unternehmensbereichen, sei es für die Technisierung von Betriebsabläufen und Betriebsfunktionen oder zur Betriebsdatenerfassung
- **Marketingberater** für die Entwicklung und Betreuung Ihre Marketingkonzepts
- **Werbeagenturen** für die Ausarbeitung Ihres Werbekonzepts
- **Unternehmensberater** für sonstige betriebswirtschaftliche und technische Probleme oder als persönlicher Coach. Seriöse Unternehmensberater sich auch bereit, die Projektleitung für sachlich und zeitlich abgrenzbare Projekte in Ihrer Firma zu übernehmen
- **Fortbildungsinstitute** für alle Arten erforderlicher Wissensergänzung

12.4 Die Beraterauswahl

Ob Ihr Berater gut ist, hängt in großen Maße auch von Ihnen ab. Der Einsatz eines guten Beraters bringt i. d. R. erheblich mehr Nutzen als Kosten. Gehen Sie also entsprechend sorgfältig bei der Auswahl Ihres Beraters vor:

- Holen Sie Referenzen ein.
- Klären Sie mit dem Berater Ihre Ziele.
- Machen Sie möglichst viel selbst und mit Ihrem eigenen Personal, und setzen Sie den Berater nur dort ein, wo Ihnen tatsächlich Know-how fehlt.
- Lassen Sie sich nicht zu langfristigen vertraglichen Bindungen überreden, auch wenn Sie ein Paradoxon kennen sollten: Der gute Berater strebt danach, sich selbst (durch Erfüllung der Aufgabe) überflüssig zu machen – damit wird er letztendlich für Sie unentbehrlich.
- Ehe Sie den Berater und seine Leistung genau kennen: Verpflichten Sie sich nur zur Abnahme weniger Leistungstage.
- Weigern Sie sich, für reine Analysen ohne Lösungen zu bezahlen.
- Hüten Sie sich vor Akquisiteuren. Verlangen Sie, daß bestimmte Personen die Leistung erbringen.
- Bestehen Sie auf einem Partner, der Ihnen, falls gewünscht, auf Dauer zur Verfügung steht.
- Verlangen Sie dünne Berichte, aber griffige Lösungen und Maßnahmen.
- Zahlen Sie nicht für Auszüge aus Lehrbüchern. Die Bücher selbst sind eindeutig billiger als die Beratungshonorare.
- Gibt es fähige Berater in Ihrer Nähe, sind diese allein schon aus Kostengründen (geringere Fahrtspesen) weit entfernteren Beratungsfirmen vorzuziehen.
- Wählen Sie einen Berater, der zur Größe und Struktur Ihres Unternehmens paßt. Internationale Beratungsfirmen haben Stärken, die möglicherweise für Ihr Unternehmen völlig überdimensioniert sind.
- Ein guter Berater nimmt auf Sie, Ihre Ressourcen und Ihren Wissensstand Rücksicht. Er überfällt Sie nicht mit Fachchine-

sisch – im Gegenteil: Er übersetzt es so, daß Sie es verstehen und den Nutzen erkennen.

- Nicht zuletzt: Weisen Sie den sogenannten „triple-a"-Beratern (analysieren – abkassieren – abhauen) die Tür und zahlen Sie nicht, es sei denn, Sie haben sich zur Unterschrift auf einem Vertrag überreden lassen, der Sie zwingt, auch für unzureichende Leistungen zu bezahlen.

Fünf Tips zur Anwaltsuche

1. Fragen Sie Freunde, Bekannte und Kollegen nach Empfehlungen; wählen Sie zusätzlich aus den „Gelben Seiten" weitere geeignete Adressen aus. Treffen Sie die Auswahl passend zu Ihrem Vorhaben. Nicht immer muß es der teure internationale Fachanwalt sein.

2. Rufen Sie an, bevor Sie die Kanzlei aufsuchen. Fragen Sie noch am Telefon, was Sie an Kosten für die erste Konsultation zu erwarten haben. Der persönliche Erstkontakt zur Klärung Ihres konkreten Beratungsbedarfs (15–20 Minuten) sollte kostenlos sein.

3. Klären Sie bei Ihrem Besuch, was Sie brauchen. Testen Sie, ob Ihnen Ihr Gegenüber Vertrauen einflößt und Sie ernst nimmt (vgl. Kirst, Selbständig mit Erfolg).

4. Erfragen Sie den zu erwartenden Umfang der Beratung, welche Kosten wofür und in welcher Höhe anfallen. Haben Sie künftig einen permanenten Beratungsbedarf, ist eine Monatspauschale vielleicht sinnvoll.

5. Selbst wenn Ihnen bereits der erste Anwalt zusagt, sprechen Sie mit mehreren Kandidaten, bevor Sie sich endgültig entscheiden.

Fünf Tips zur Steuerberatersuche

- Wählen Sie einen engagierten an Ihnen und Ihrer Geschäftsidee interessierten Partner. Er muß nicht unbedingt seit 25 Jahren eine Kanzlei führen.

- Fragen Sie danach, wer Ihre Angelegenheiten letztlich bearbeiten wird. Wird Ihnen der Steuerberater persönlich ohne langwierige Anmeldeprozeduren – notfalls kurzfristig – zu einer

Konsultation zur Verfügung stehen, oder sucht er vielleicht nur einmal wöchentlich seine Kanzlei auf?

- Bevorzugen Sie jemanden, der eine betriebswirtschaftliche Ausbildung aufzuweisen hat und Ihnen dadurch auch solche Zusammenhänge erläutern kann.
- Fragen Sie danach, ob er vielleicht andere Klienten aus Ihrer künftigen Branche betreut und dadurch spezielle Erfahrungen besitzt. Beachten Sie aber Ihre Wettbewerbssituation?
- Handeln Sie das Honorar aus; günstig ist oftmals eine monatliche Pauschale. Das erste Gespräch ist meist kostenlos (vgl. *U. Kirst*, Selbständig mit Erfolg).

Fünf Tips zum Thema Unternehmensberater

- Bestimmen Sie exakt Ihren Bedarf, Art und Umfang der gewünschten Leistung und die Mittel, die Sie dafür zur Verfügung haben. Prüfen Sie, ob die eine oder andere Position nicht schon durch eine IHK-Beratung oder eine Dienstleistung Ihrer Hausbank abzudecken ist.
- Fragen Sie nach der Qualifikation des Beraters für die von Ihnen speziell erwarteten Dienste, und lassen Sie sich Referenzen vorweisen. Legen Sie dabei keinen Wert auf schriftliche Lobeshymnen, sondern auf konkrete Ansprechpartner, die Sie selbst anrufen und befragen können. Tun Sie es auch!
- Besprechen Sie detailliert das Vorgehen, den Leistungsumfang und die Abrechenbarkeit der einzelnen Abschnitte. Stellen Sie dabei fest, ob die „Chemie" zwischen Ihnen und dem Berater stimmt. Immerhin wird er Einblick in wirtschaftliche und private Details erhalten.
- Vereinbaren Sie die Honorierung in Abhängigkeit von der Qualität der vorgelegten Teilergebnisse in Etappen. Die letzte Zahlung sollte beiden Seiten keine Spielräume lassen. Nutzen Sie die staatliche Beratungsförderung, aber bedenken Sie, daß Sie diese Mittel zu verauslagen haben. Erst nach Prüfung des endgültigen Beratungsberichtes durch die Förderstelle wird Geld fließen. Hüten Sie sich vor Pauschalpreisen, die nicht auf der vorherigen Analyse Ihrer Situation beruhen.
- Bedenken Sie, daß selbst der beste Berater Ihre künftigen Feh-

lentscheidungen nicht voraussieht und dafür auch nicht verantwortlich ist. Eine noch so gute Beratung bedeutet trotzdem
keine Garantie für Ihren geschäftlichen Erfolg. Sie verbessern
nur Ihre Chancen!

Notizen:

Tip: Die Chance, die Unternehmerrolle ohne finanzielle Risiken einmal selbst auszuprobieren bieten Planspiele. Ein m. E.
sehr geeignetes Planspiel trägt den Namen „EVa" und wurde
am betriebswirtschaftlichen Institut für empirische Grün-
dungs- und Organisationsforschung e. V. von *Dr. Heinz
Klandt* an der Universität Dortmund entwickelt.

Anschrift:
Dr. Heinz Klandt
c/o Universität Dortmund
Otto-Hahn-Str. 6a
44221 Dortmund
Tel.: 0231/7554600

...und wie geht es weiter?

Sicherlich kommt viel Arbeit auf Sie zu. Neben Spaß an der Arbeit sollten Sie Ihre Familie und Ihre Freunde jedoch nicht zu kurz
kommen lassen. Bewahren Sie sich Ihren Optimismus, bleiben Sie
gesund und lernen Sie, die Früchte Ihrer Arbeit nach einem erfolgreichen Start in die Selbständigkeit zu genießen.

Ich wünsche Ihnen einen kühlen Kopf und viel Erfolg.

Anhang

Anschriftenverzeichnis

Dr. Karsten Füser
Ditzenbrunner Str. 118
71254 Ditzingen
Tel.: 07156/6486 o. 0172/7129270

Suchen Sie bitte auch in Ihrem lokalen Telefonbuch nach örtlichen Niederlassungen der folgenden Institutionen:

„Alt hilft Jung" e. V.
Kennedyallee 62–70, 53175 Bonn, Tel.: (0228) 889236

Arbeitsgemeinschaft der Verbraucherverbände e. V.
Heilsbachstr. 20, 53123 Bonn, Tel.: (0228) 641011

Arbeitsgemeinschaft Selbständiger Unternehmer e. V.
mainzer Str. 238, 53179 Bonn, Tel.: (0228) 343044

Bayerische Garantiegemeinschaft mbH für mittelständische Beteiligungen
Königinstr. 7, 80539 München, Tel.: (089) 21240

BBB Bürgschaftsbank zu Berlin – Brandenburg GmbH
Bismarckstr. 105, 10625 Berlin, Tel.: (030) 3110040

Bremerische Kreditgarantiegemeinschaft GmbH
Balgebrückstr. 3–5, 28195 Bremen, Tel.: (0421) 321209

Bürgschaftsbank Brandenburg GmbH
Steinstr. 104–106, 14480 Potsdam, Tel.: (0331) 649630

Bürgschaftsbank des bremischen Handwerks GmbH
Ansgaritorstr. 24, 28195 Bremen, Tel: (0421) 3050039

Bürgschaftsgemeinschaft Hamburg GmbH
Hamburger Str. 23, 22083 Hamburg, Tel.: (040) 2270120

Bürgschaftsbank Hessen GmbH
Bahnhofstr. 63, 65185 Wiesbaden, Tel.: (0611/15070)

Bürgschaftsbank Mecklenburg-Vorpommern GmbH (BBMV)
Am Grünen Tal 19, 19063 Schwerin, Tel.: (0385) 34040

Bürgschaftsbank Nordrhein-Westfalen GmbH
Hellersbergstr. 12, 41460 Neuss, Tel.: (02131) 1070

Bund der Selbständigen
Heilsbachstr. 32, 53123 Bonn, Tel.: (0228) 643072

Bundesarchitektenkammer
Königwinterer Str. 709, 53227 Bonn, Tel.: (0228) 441041

Bundesministerium für Wirtschaft
Villemombler Str. 76, 53123 Bonn, Tel.: (0228) 6150

Bundesverband Deutscher Unternehmensberater (BDU) e.V.,
Friedrich-Wilhem-Str. 2, 53113 Bonn, Tel. (0228) 238055

Bundesverband der Freien Berufe
Godesberger Allee 54, 53175 Bonn, Tel.: (0228) 376635

Bundesverband der Wirtschaftsberater
Schützweg 3, 73087 Bad Beull, Tel. (07164) 4122

Bundes-Schufa e.V.
Kronprinzenstr. 28, 65185 Wiesbaden, Tel.: (0611) 395980

Bundesverband der Deutschen Arbeitgeberverbände
Gustav-Heinemann-Ufer 72, 50968 Köln, Tel.: (0221) 37950

Bundesverband des Deutschen Groß- und Außenhandels e.V.
Postfach 1349, 53003 Bonn, Tel.: (0228) 260040

Bundesverband des Deutschen Güterfernverkehrs e.V.
Breitenbachstr. 1, 60487 Frankfurt a.M., (069) 79190

Bundesverband Junger Unternehmer der ASU
Mainzer Str. 238, 53179 Bonn, Tel.: (0228) 954590

Bundesbetriebsberatungsstelle für den Deutschen Groß-
und Außenhandel GmbH
Kaiser-Friedrich-Str. 13, 53113 Bonn, Tel.: (0228) 213958

Bundesstelle für Außenhandelsinformationen
Agrippastr. 87–93, 50676 Köln, Tel.: (02 21) 2 05 07

Bundesverband der Deutschen Industrie e. V.
Gustav-Heinemann-Ufer 84–88, 50968 Köln, (02 21) 37 08 00

Bundesverband Unternehmerfrauen im Handwerk e. V.
c/o Landesgewerbeamt Baden-Württemberg
Postfach 4169, 76026 Karlsruhe, Tel.: (07 21) 1 35 40 30

Bürgschaftsbank Baden-Württemberg GmbH
Werastr. 15, 70182 Stuttgart, Tel.: (07 11) 16 45 – 6

Bürgschaftsgesellschaft des saarländischen Handwerks mbH
Johannisstr. 2, 66111 Saarbrücken, Tel.: (06 81) 3 03 30

Bürgschaftsbank Saarland GmbH
Johannisstr. 2, 66111 Saarbrücken, Tel.: (06 81) 3 03 30

Bürgschaftsbank Sachsen GmbH
Anton-Graff-Str. 20, 01309 Dresden, Tel.: (03 51) 4 40 90

Bürgschaftsbank Sachsen-Anhalt GmbH (BBST)
Große Diesdorfer Str. 228, 39108 Magdeburg, Tel.: (03 91) 73 75 20

Bürgschaftsbank Schleswig-Holstein GmBH
Muhliusstr. 38, 24103 Kiel, Tel.: (04 31) 5 93 80

Bürgschaftsbank Thüringen GmbH
Hirschlachufer 72, 99084 Erfurt, (03 61) 2 13 50

Bundesministerium der Finanzen (BMF)
Graurheindorfer Str. 108, 53117 Bonn, Tel.: (02 28) 68 20

Deutsche Angestellten-Gewerkschaft – Landesverband Hamburg
Holstenswall 5, 20355 Hamburg, Tel.: (0 40) 34 91 51

Deutscher Bauernverband e. V.
Postfach 81980, 53134 Bonn, Tel.: (02 28) 8 19 80

Deutscher Existenzgründer-Verband (DEV)
Violenstr. 39, 28195 Bremen, Tel.: 04 21/33 79 77 74

Deutscher Hotel- und Gaststättenverband e. V.
Postfach 200455, 53134 Bonn, Tel.: (02 28) 82 00 80

Deutscher Industrie- und Handelstag
Adenauerallee 148, 53113 Bonn, (0229) 1040

Deutscher Journalisten-Verband e. V.
Brennauerstr. 60, 53115 Bonn, Tel.: (0228) 222971

Deutscher Reisebüro-Verband e. V.
Mannheimer Str. 15, 60329 Frankfurt a. M., (069) 2739070

Europaverband der Selbständigen
Oberbexbacher Str. 7, 66450 Bexbach, Tel.: (06826) 1470

Investitions- und Strukturbank Rheinland-Pfalz (ISB) GmbH
Wilhelm-Theodor-Römheld-Str. 22, 55130 Mainz,
Tel. (06131) 9850

Kreditanstalt für Wiederaufbau
Palmgartenstr. 5–9, 60325 Frankfurt, Tel.: (069) 74310

Kreditgarantiegemeinschaft des bayerischen Handwerks GmbH
Max-Josef-Str. 4, 80333 München, Tel.: (089) 557265

Kreditgemeinschaft für den Handel in Bayern GmbH
Brienner Str. 45, 80333 München, Tel.: (089) 55118136

Kreditgarantiegemeinschaft des Hotel- und Gaststättengewerbes
in Bayern GmbH
Königinstr. 17, 80539 München, Tel.: (089) 21240

Kreditgarantiegemeinschaft des bayerischen Gartenbaues GmbH
Königinstr. 17, 80539 München, Tel.: (089) 21240

Kredit-Garantiegemeinschaft des rheinland-pfälz.
Handwerks GmbH
Am Altenhof 15, 67655 Kaiserslautern, Tel.: (0631) 8401131

Kredit-Garantiegemeinschaft des
Handels Rheinland-Pfalz GmbH
Ludwigstr. 7, 55116 Mainz, Tel.: (06131) 221081

Leitstelle für die Gewerbeförderungsmittel des Bundes im
Einzelhandel
Sachsenring 89, 50677 Köln, Tel.: (0221) 328210

Niedersächsische Bürgschaftsbank (NBB) GmbH
Schiffsgraben 33, 30175 Hannover, Tel.: (0511) 337050

Ring Deutscher Makler
Mönckebergstr. 27, 20095 Hamburg, Tel.: (040) 331210

Senior-Experten-Service
Buschstr. 2, 53113 Bonn, Tel.: (0228) 260900

Stiftung Warentest
Lützowplatz 11–13, 10789 Berlin, Tel.: (030) 26311

Verband der Bürgschaftsbanken
Hamburger Str. 23, 22083 Hamburg, Tel.: (040) 2270130

Verband Deutscher Unternehmerinnen
Hustav-Heinemann-Ufer 94, 50968 Köln, Tel.: (0221) 375074

Vereinigung Beratender Betriebs- und Volkswirte e. V.,
Holstenstraße 15, 25335 Elmshorn, Tel.: (04121) 25252

Vereinigung Mittelständischer Unternehmer e. V.
Elisabethstr. 34, 80796 München, Tel.: (089) 334185

Wirtschaftsjunioren Deutschland
Adenauerallee 148, 53113 Bonn, Tel.: (0228) 104514

Zentralausschuß der Deutschen Werbewirtschaft
Villichgasse 17, 53177 Bonn, Tel.: (0228) 351025

Zentrale zur Bekämpfung unlauteren Wettbewerbs e. V.
Landgrafenstr. 24b, 61348 Bad Homburg, Tel. (06172) 29021

Zentralverband des Deutschen Handwerks
Johanniterstr. 1, 53113 Bonn, Tel.: (0228) 5451

Ansprechpartner für die Förderprogramme der Länder

Baden-Württemberg
Landeskreditbank Baden-Württemberg
Friedrichstraße 24, 70174 Stuttgart

Bayern
Bayer. Landesanstalt für Aufbaufinanzierung
Königinstr. 15, 80539 München

Berlin
Zentralstelle für Wirtschaftsförderung
Dominicusstr. 12, 10823 Berlin

Brandenburg
Investitionsbank des Landes Brandenburg
Steinstr. 104–106, 14480 Potsdam-Babelsberg

Bremen
Wirtschaftsförderungsgesellschaft
der Freien Hansestadt Bremen
Hanseatenhof 8, 28195 Bremen

Hamburg
Wirtschaftsbehörde, Amt für Wirtschaft
Alter Steinweg 4, 20459 Hamburg

Hessen
Wirtschaftsförderung Hessen Investitionsbank
Abraham-Lincoln-Str. 38–42, 65189 Wiesbaden

Mecklenburg-Vorpommern
Gesellschaft für Wirtschaftsförderung des
Landes Mecklenburg-Vorpommern mbH
Schloßgartenallee 15, 19026 Schwerin

Niedersachsen
Niedersächsische Landestreuhandstelle für Wirtschaftsförderung
Hamburger Allee 4, 30161 Hannover

Nordrhein-Westfalen
Gesellschaft für Wirtschaftsförderung in Nordrhein-Westfalen
Kavalleriestr. 8–10, 40213 Düsseldorf

Rheinland-Pfalz
Ministerium für Wirtschaft und Verkehr
Bauhofstr. 4, 55 116 Mainz

Saarland
Saarländische Investitionskreditbank AG
Johannisstr. 2, 66 111 Saarbrücken

Sachsen
Wirtschaftsförderung Sachsen GmbH
Albertstr. 34, 01 097 Dresden

Sachsen-Anhalt
Landesförderinstitut Sachsen-Anhalt
Harnackstr. 3, 39 104 Magdeburg

Schleswig-Holstein
Investitionsbank Schleswig-Holstein
Fleethörn 29–31, 24 103 Kiel

Thüringen
Thüringer Aufbaubank
Neuwerkstr. 10, 99 084 Erfurt

Literaturverzeichnis

Arnold, J., Existenzgründung: 99 Tips und wie man sie realisiert für Handel, Handwerk, Dienstleistungs- und Produktionsbetriebe, Augsburg, 1990

Arnold, J., Existenzgründung, Von der Idee zum Erfolg, Würzburg, 1996

Arnold, J., Unternehmenssicherung – mit System zum dauerhaften Erfolg, Würzburg, 1997

Bach, W./Kilian, U., Sicher in die Selbständigkeit von A–Z, WRS Verlag, Wirtschaft, Recht und Steuern, 6. Aufl., 1997

Bausteine zum Erfolg, Selbständig im Handwerk, Ratschläge, Hinweise, Infos, Hrsg.: Handwerkskammer der Pfalz und Handwerkskammer Rheinhessen, Kaiserslautern und Mainz, o. D.

Bitzer, M., Intrapreneurship – Unternehmertum in der Unternehmung, Stuttgart, 1991

Bundesministerium für Wirtschaft: Starthilfe. Der erfolgreiche Weg in die Selbständigkeit, Bonn, 1994

Bundesministerium für Wirtschaft: Wirtschaftliche Förderung in den alten Bundesländern, für mittelständische Unternehmen, Freie Berufe und Existenzgründungen, Stand: Februar 1995

Bundesministerium für Wirtschaft, Am Anfang steht die Idee u. a. Arbeitsmaterialien, Bonn, 1996 f.

Bundesministerium für Wirtschaft: Der Existenzgründungsberater, BMWi, Bonn, 1997

Dittrich, H., Wege und Tips zur Existenzgründung, Humbold Verlag, 5. Aufl., 1994

Durand-Noll, M., Jetzt mache ich mich selbständig, ECON Verlag, 1996

Egger, U.-P./Gronemeier, P., Sprung in die Selbständigkeit, Wiesbaden, 1994

Egger, U.-P./Gronemeier, P., Existenzgründung, Wiesbaden, 1996

Emge, H., Wie werde ich Unternehmer, Reinbeck, 1996

Geilinger, U., Der Business-Plan. Eine praxisorientierte Anleitung zur Erstellung eines Business-Plans, Zürich, 1991

Goebel, P., Erfolgreiche Jungunternehmer, München, 1990

Grob, H. L., ttt – toi, toi, toi beim Aufbruch in die Selbständigkeit, Planspiel mit Videodokumentation, Münster/Bielefeld, 1997

Hebig, M., Existenzgründungsberatung, Erich Schmidt Verlag, 1994

Hofmann, H.-J., Handbuch Selbständigkeit, Econ-Verlag, 1995

Hoffmann, M, Existenzgründung, Heidelberg, 1996

Hofmeister, R., Business Plan, Ueberreuter, 1996

Heil, H., Junge Unternehmen – Impulsgeber für die Konjunktur, Bonn, 1996

Herz, P., Geldquellen für Existenzgründer. Finanzierung und Fördermöglichkeiten, Regensburg, 1997

Jungbluth, M. (Hrsg.), Meine Firma...erfolgreich gründen. Planungssoftware, Neunkirchen, 1997

Kanarek, L., 101 Tips für Existenzgründer, München, 1996

Kirst, U. (Hrsg.), Selbständig mit Erfolg, Deutscher Wirtschaftsdienst, 1994

Kohlert, H., Herausforderung Selbständigkeit: Der Leitfaden für Unternehmensgründer, Renningen/Wien, 1997

Kotsch-Faßhauer, L., Wie macht man sich selbständig? Rechtliche und praktische Hilfen zur Existenzgründung, Stuttgart, 1997

Kroll, H., Existenzgründung – Existenzsicherung: Erfolg als Unternehmer, Hannover, 1995

Müller-Michaelis, M., Existenzgründung, Südwest Verlag, 1995

Petersen, U, Was bieten die neuen Bundesländer dem Existenzgründer?, Freiburg i. Br., 1994

Rasner, C./Füser K./Faix, W., Das Existenzgründerbuch, Verlag moderne industrie, Landsberg/Lech, 1996

Riest, M., Existenzgründung, Vincentz Verlag, 1996

Selbständig und erfolgreich sein. Ein Leitfaden für Existenzgründer, 8. Aufl., Deutscher Sparkassenverlag, Stuttgart, 1997

Siewert, H. H., Existenzgründungstraining. Ihr Weg zu Vermögen und Wohlstand, Renningen, 1995

Struck, U., Geschäftspläne: Voraussetzung für erfolgreiche Kapitalbeschaffung, Stuttgart, 1990

Teves, N., Checkliste für Existenzgründer – Eine Planungshilfe zur Unternehmensgründung, 9. Aufl., Deutscher Sparkassenverlag, Stuttgart, 1997

Vesper, K. H., Entrepreneurial education, Los Angeles, 1995

Wöhe, G., Einführung in die Allgemeine Betriebswirtschaftslehre, 19. Aufl., Verlag Vahlen, München, 1996.

Buchanzeige

Götz/Herrling/Potthoff/Richter

Jahrbuch für Geldanleger 1999

Von Herbert Götz, Erich Herrling, Andreas Potthoff
und Uli Richter

dtv-Band 5891
1998. ca. 980 Seiten. Kartoniert ca. DM 31,90

Auch im Jahr 1999 sein Vermögen vermehren!

Das Werk faßt die wichtigsten Informationen für
Geld- und Wertpapieranleger zusammen, gewich-
tet die Ereignisse des vergangenen Jahres und
gibt Hinweise für die Anlageentscheidungen des
laufenden Jahres. Neben Einschätzungen der
Märkte, der Rahmenbedingungen und Anbieter
sind Informationen über die wesentlichen
Anlageprodukte zusammengestellt, so daß daraus
eine individuelle Strategie entwickelt werden kann.

Die enthaltenen Ratschläge und Tips wollen
Chancen aufzeigen, die vor dem Hintergrund
der Analysen der Autoren formuliert sind, so
daß der Leser Anregungen zu eigenen
Entscheidungen erhält.

Beck-Wirtschafts-
berater im  Deutscher
Taschenbuch
Verlag   A 5285